# KOMMUNALRECHT BADEN-WÜRTTEMBERG

Hemmer/Wüst/Rausch/Hein

Hemmer/Wüst Verlagsgesellschaft
Hemmer/Wüst/Rausch/Hein, Kommunalrecht/Baden-Württemberg

**ISBN 978-3-96838-311-8**

**7. Auflage 2024**

gedruckt auf chlorfrei gebleichtem Papier
von Schleunungdruck GmbH, Marktheidenfeld

# ASSESSORKURSORTE IM ÜBERBLICK

## BAYERN

RA Gold
Mergentheimer Str. 44
97082 Würzburg
Tel.: (0931) 79 78 2-50
Fax: (0931) 79 78 2-51
Mail: assessor@hemmer.de

## BADEN-WÜRTTEMBERG

### POSTVERSAND

RAe Kaiser / Notz
Hindenburgstr. 15
78467 Konstanz
Tel.: (07531) 69 63 63
Fax: (07531) 69 63 64
Mail: konstanz@hemmer.de

### ONLINEKURS + FINAL

RAin Baier
Mergentheimerstr. 44
97082 Würzburg
Tel. (0931) 79 78 2-47
Fax. (0931) 79 78 2-60
Mail: stuttgart@hemmer.de

## BERLIN/POTSDAM/BRANDENBURG

RA Gast
Schumannstr. 18
10117 Berlin
Tel.: (030) 24 04 57 38
Fax: (030) 24 04 76 71
Mail: mitte@hemmer-berlin.de

## BREMEN/HAMBURG

RAe Schlömer & Sperl
Steinhöft 5-7
20459 Hamburg
Tel.: (040) 317 669 17
Fax: (040) 317 669 20
Mail: oe@hemmer.de

## HESSEN

RA Hahn
Mergentheimer Str. 44
97082 Würzburg
Tel.: (0931) 79 78 2-50
Fax: /0931) 79 78 2-51
Mail: assessor-hessen@hemmer.de

## MECKLENBURG-VORPOMMERN

RA Lück
Dalmsdorf 21a
17237 Kratzeburg
Tel.: (039822) 25 00 38
Mail: greifswald@hemmer.de

## RHEINLAND-PFALZ

### POSTVERSAND

RA Geron
Dreifaltigkeitsweg 49
53489 Sinzig
Tel.: (02642) 61 44
Fax: (02642) 61 44
Mail: trier@hemmer.de

## NIEDERSACHSEN

RAe Sperl/Schlömer
Steinhöft 5 - 7
20459 Hamburg
Tel.: (040) 317 669 17
Fax: (040) 317 669 20
Mail: assessor-nord@hemmer.de

## NORDRHEIN-WESTFALEN

RAin Dr. Ronneberg
Meckenheimer Allee 148
53113 Bonn
Tel.: (0228) 91 14 125
Fax: (0228) 91 14 141
Mail: bonn@hemmer.de

## SAARLAND

RA Bold
Presales Str. 2
66987 Thaleischweiler-Fröschen
Tel.: (0151) 52 51 71 24
Mail: saarbruecken@hemmer.de

## SCHLESWIG-HOLSTEIN

RAe Sperl/Schlömer
Steinhöft 5 - 7
20459 Hamburg
Tel.: (040) 317 669 17
Fax: (040) 317 669 20
Mail: assessor-nord@hemmer.de

## SACHSEN/SACHSEN-ANHALT/THÜRINGEN

RA Singbartl + Ass. jur. Kalina
Oststraße 8
04317 Leipzig
Tel.: (07930) 99 23 38
Mail: oe-ost@hemmer.de

# Vorwort

## **Kommunalrecht/Baden-Württemberg** mit der **hemmer-Methode**

Wer in vier Jahren sein Studium abschließen will, kann sich einen Irrtum in Bezug auf Stoffauswahl und -aneignung nicht leisten. Hoffen Sie nicht auf leichte Rezepte und den einfachen Rechtsprechungsfall. Hüten Sie sich vor Übervereinfachung beim Lernen. Stellen Sie deswegen frühzeitig die Weichen richtig.

Dieser Grundsatz gilt speziell für den Bereich des Kommunalrechts, denn eine reine Kommunalrechtsklausur kommt nur selten vor. Kommunalrecht wird dagegen häufig als einer von mehreren Teilen der verwaltungsrechtlichen Klausur erscheinen so z.B. bei der Baurechtsklausur, der Sicherheitsrechtsklausur oder auch der Verfassungsrechtsklausur.

Dem Skript **Kommunalrecht/Baden-Württemberg** liegt die Auswertung vieler Prüfungsarbeiten zugrunde, in denen Kommunalrecht eine wichtige Rolle gespielt hat. Probleme wie Selbstverwaltungsrecht, Beschlussfassung, Rechts- und Fachaufsicht, Kommunalverfassungsstreit und vieles mehr werden ausführlich und in ihrem Zusammenhang mit anderen Problemfeldern dargestellt.

Die **hemmer-Methode** vermittelt Ihnen die **erste richtige Einordnung** und das **Problembewusstsein**, welches Sie brauchen, um an einer Klausur bzw. dem Ersteller nicht vorbeizuschreiben. Häufig ist dem Studierenden nicht klar, warum er schlechte Klausuren schreibt. Wir geben Ihnen **gezielte Tipps**! Vertrauen Sie auf unsere **Expertenkniffe**.

Durch die ständige Diskussion mit unseren Kursteilnehmerinnen und Kursteilnehmern ist uns als erfahrenen Repetitoren klar geworden, welche **Probleme** die Studierenden haben, ihr **Wissen anzuwenden**. Wir haben aber auch von unseren Kursteilnehmerinnen und Kursteilnehmern profitiert und von ihnen erfahren, welche **Argumentationsketten** in der Prüfung zum Erfolg geführt haben.

Die **hemmer-Methode** gibt **jahrelange Erfahrung** weiter, erspart Ihnen viele schmerzliche Irrtümer, setzt richtungsweisende Maßstäbe und begleitet Sie als **Gebrauchsanweisung** in Ihrer Ausbildung:

### 1. Grundwissen:

Die **Grundwissenskripten** sind für die Studierenden in den ersten Semestern gedacht. In den Theoriebänden Grundwissen werden leicht verständlich und kurz die wichtigsten Rechtsinstitute vorgestellt und das notwendige Grundwissen vermittelt. Die Skripten werden durch den jeweiligen Band unserer **Reihe „Die wichtigsten Fälle“** ergänzt.

### 2. Basics:

Das Grundwerk für Studium und Examen. Es schafft schnell **Einordnungswissen** und mittels der **hemmer-Methode** richtiges Problembewusstsein für Klausur und Hausarbeit. Wichtig ist, **wann und wie** Wissen in der Klausur angewendet wird.

### 3. Skriptenreihe:

**Vertiefendes Prüfungswissen:** Über 1.000 Klausuren wurden auf ihre „essentials" abgeklopft.

Anwendungsorientiert werden die für die Prüfung nötigen Zusammenhänge umfassend aufgezeigt und wiederkehrende Argumentationsketten eingeübt.

Gleichzeitig wird durch die **hemmer-Methode** auf **anspruchsvollem Niveau** vermittelt, nach welchen Kriterien Prüfungsfälle beurteilt werden. Mit dem Verstehen wächst die Zustimmung zu Ihrem Studium. Spaß und Motivation beim Lernen entstehen erst durch Verständnis.

Lernen Sie, durch Verstehen am juristischen Sprachspiel teilzunehmen. Wir schaffen den „background“, mit dem Sie die innere Struktur von Klausur und Hausarbeit erkennen: **„Problem erkannt, Gefahr gebannt“**. Profitieren Sie von unserem **strategischen Wissen**. Wir werden Sie mit unserem know-how auf das Anforderungsprofil einstimmen, das Sie in Klausur und Hausarbeit erwartet.

Die Theoriebände Grundwissen, die Basics, die Skriptenreihe und der Hauptkurs sind als **modernes, offenes und flexibles Lernsystem** aufeinander abgestimmt und ergänzen sich ideal. Die **studentenfreundliche Preisgestaltung** ermöglicht den **Erwerb als Gesamtwerk**.

### 4. Hauptkurs:

**Schulung am examenstypischen Fall mit der Assoziationsmethode.** Trainieren Sie unter professioneller Anleitung, was Sie im Examen erwartet und wie Sie bestmöglich mit dem Examensfall umgehen.

Nur wer die Dramaturgie eines Falles verstanden hat, ist in Klausur und Hausarbeit auf der sicheren Seite! Häufig hören wir von unseren Kursteilnehmenden: **„Erst jetzt hat Jura richtig Spaß gemacht“**.

Die Ergebnisse unserer Kursteilnehmerinnen und Kursteilnehmer geben uns Recht. Maßstab ist der Erfolg. Die Examensergebnisse zeigen, dass unsere Kursteilnehmenden überdurchschnittlich abschneiden.

**Die Examensergebnisse unserer Kursteilnehmerinnen und Kursteilnehmer können auch Ansporn für Sie sein, intelligent zu lernen: Wer nur auf vier Punkte lernt, landet leicht bei drei.**
**Lassen Sie sich aber nicht von diesen Supernoten verschrecken, sehen Sie dieses Niveau als Ansporn für Ihre Ausbildung.**

Wir hoffen, mit unserem Gesamtangebot bei der Konkretisierung des Rechts mitzuwirken und wünschen Ihnen **viel Spaß beim Durcharbeiten** unserer Skripten.

Wir würden uns freuen, mit Ihnen in unserem Hauptkurs und mit der **hemmer-Methode** gemeinsam Verständnis an der Juristerei zu trainieren. Nur wer erlernt, was ihn im Examen erwartet, lernt richtig!

So leicht ist es, uns kennenzulernen: Probehören ist jederzeit in den jeweiligen Kursorten möglich.

**Karl-Edmund Hemmer & Achim Wüst**

## Kommentare:


| | |
|---|---|
| *Aker/Hafner/Notheis* | Gemeindeordnung und Gemeindehaushaltsverordnung Baden-Württemberg, |
| *Faiß* | Das Kommunalabgabenrecht in Baden-Württemberg, Loseblattsammlung |
| *Haug* | Verfassung des Landes Baden-Württemberg: Handkommentar |
| *Jarass/Pieroth* | Grundgesetz |
| *Kopp/Ramsauer* | Verwaltungsverfahrensgesetz |
| *Kopp/Schenke* | Verwaltungsgerichtsordnung |
| *Kunze/Bronner/Katz* | Gemeindeordnung für Baden-Württemberg, Loseblattsammlung |
| *Kunze/Hekking* | Gesetz über die kommunale Zusammenarbeit für Baden-Württemberg |
| *Trumpp* | Landkreisordnung für Baden-Württemberg |


## Lehrbücher:


| | |
|---|---|
| *Burgi* | Kommunalrecht |
| *Engel/Heilshorn* | Kommunalrecht Baden-Württemberg |
| *Ennuschat/Ibler/Remmert* | Öffentliches Recht in Baden-Württemberg |
| *Geis* | Kommunalrecht |
| *Gern* | Kommunalrecht Baden-Württemberg |
| *Hufen* | Verwaltungsprozessrecht |
| *Lange* | Kommunalrecht |
| *Maurer/Waldhoff* | Allgemeines Verwaltungsrecht |
| *Schenke* | Verwaltungsprozessrecht |


**Weiterführende Literatur (insbesondere Aufsätze) in den Fußnoten**

## § 1 EINLEITUNG

*Kommunalrecht = Summe diverser Gesetze und Verordnungen*

Wie viele andere Bereiche des besonderen Verwaltungsrechts bietet 1
auch das Kommunalrecht ein beinahe unendlich breites Feld juristischer Betätigung (und damit auch theoretisch möglicher Prüfungsaufgaben in Klausur und Examen) mit einer wahren Normenflut (denken Sie etwa an GG, LV, GemO, GKZ, KAG, KomWG, DVO GemO, um nur einige zu nennen).

**Wichtige gesetzliche Grundlagen des Kommunalrechts:**

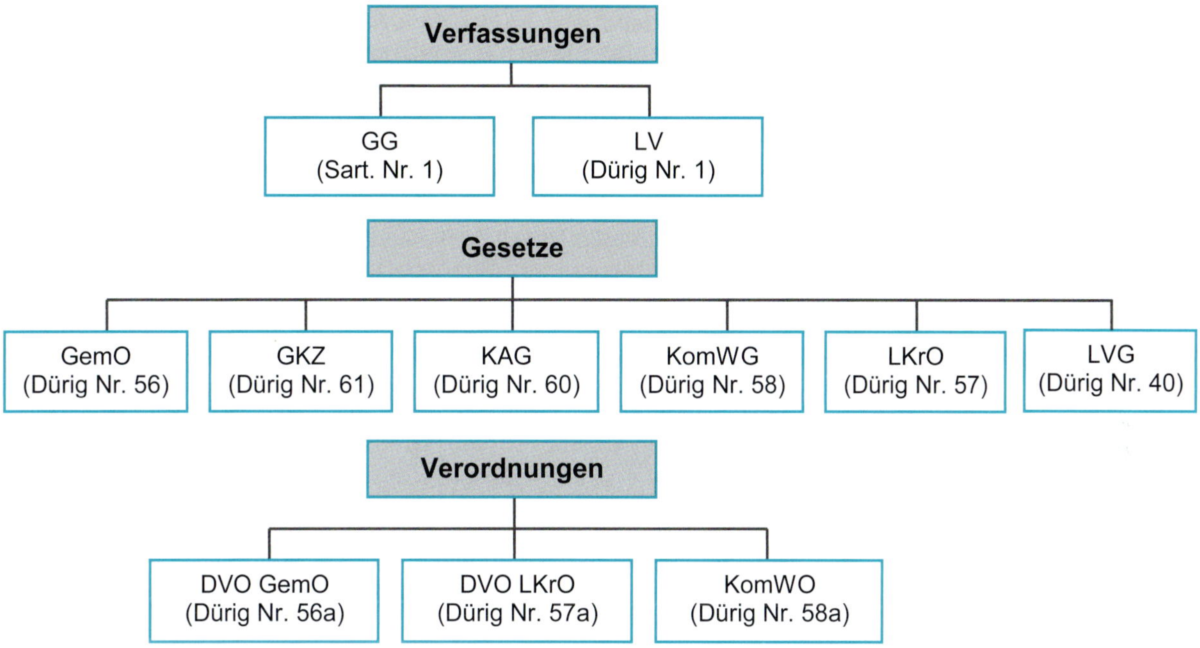


*richtige Verortung der Probleme klausurentscheidend*

Auf alle Detailprobleme einzugehen, kann aber nicht Aufgabe eines 2
Skripts sein. Auch dem Leser wäre damit wenig gedient. Dieses Skript beschränkt sich daher darauf, die in der Praxis und in der Klausur relevanten Gebiete darzustellen. Dabei wurde besonderer Wert auf die richtige Verortung der Probleme gelegt. In der Klausur reicht es nämlich nicht aus, von einem Problem schon einmal gehört zu haben. Wichtig ist es vielmehr zu wissen, in welchen Konstellationen (wann) und auch im Rahmen welcher Klageart an welcher Stelle im Prüfungsaufbau (wo) dieses Problem auftauchen kann.

> ***Bsp.:*** *Gegenüber einer Kommune ergeht eine aufsichtliche Beanstandung (Einzelheiten dazu unten in § 4 Kommunalaufsicht, Rn. 62 ff.).*
>
> Es reicht nicht aus, sich zu merken, dass die VA-Qualität einer solchen Maßnahme streitig ist.
>
> Richtig ist es, zwischen Rechts- und Fachaufsicht zu trennen. Bei der rechtsaufsichtlichen Beanstandung handelt es sich nämlich völlig unstreitig um einen VA. Anders hingegen ist es im Bereich der Fachaufsicht, wo diese Frage höchst umstritten ist. Also sind auch nur hier breitere Ausführungen und eine Entscheidung der Streitfrage angebracht (Frage des „Wann“).
>
> Auswirkungen hat die Rechtsnatur einer solchen Maßnahme auf die Frage nach der richtigen Klageart, da nur beim Vorliegen eines VAs eine Anfechtungsklage in Betracht kommt, § 42 I Alt. 1 VwGO (Frage des „Wo“).

**hemmer-Methode: Natürlich gibt es im Kommunalrecht weitere, im Rahmen dieses Skripts nicht behandelte Probleme. Sollte ein solches einmal in einer Klausur auftauchen, dürfen Sie aber davon ausgehen, dass dann auch keine Detailkenntnisse verlangt werden.**
**Es genügt der saubere Umgang mit dem Gesetzestext (den Sie im Hauptkurs ausgiebig üben). Sollten Sie etwa für die mündliche Prüfung im öffentlichen Recht bei einem „Praktiker“ weitere Detailkenntnisse im Kommunalrecht benötigen, empfiehlt es sich sowieso, sich diese anhand von Protokollen vorangegangener Prüfungen unter Heranziehung der einschlägigen Kommentierungen anzueignen.**

*Aufbau des Skriptes*

Dieses Skript weicht von der Darstellung im Rahmen eines Klageschemas, wie sie in den übrigen Skripten dieser Reihe (Hemmer/Wüst, Verwaltungsrecht I - III, Baurecht, Polizeirecht) praktiziert wird, weitgehend ab. Im Gegensatz etwa zur typischen Polizeirechtsklausur (Stichwort: Fortsetzungsfeststellungsklage) zeichnet sich eine „typische“ Kommunalrechtsklausur nämlich gerade dadurch aus, dass sie nur in Ausnahmefällen eine reine Kommunalrechtsklausur ist. 3

Der Regelfall ist eine kombinierte Klausur aus Problemen des Kommunalrechts (häufig Beschlussfassung bzw. Setzung von Ortsrecht) und einem Aufhänger aus einem beliebigen anderen Bereich.

> ***Bsp.:*** *Kombination mit Baurecht (Erlass eines Bebauungsplans), mit Polizeirecht (Erlass einer Polizeiverordnung), aber auch z.B. mit einer Grundrechtsklausur (Überprüfung einer Satzung, deren Inhalt grundrechtlich sensible Bereiche berührt) - diese Aufzählung lässt sich beliebig fortsetzen.*

**hemmer-Methode: Dies ist das Resultat jahrelanger Klausurerfahrung und Klausurauswertung. Daran ersehen Sie aber auch, dass Sie es sich nicht leisten können, in diesem Gebiet „auf Lücke“ zu setzen, da das Kommunalrecht häufiger Klausurgegenstand ist.**

*Einteilung des Kommunalrechts*

In einer groben Einteilung kann das Kommunalrecht in drei verschiedene Gebiete eingeteilt werden: Erstens geht es um die rechtlichen Beziehungen des Verwaltungsträgers Gemeinde zu anderen staatlichen Stellen, insbesondere dem Land Baden-Württemberg, das die Aufsicht über die Gemeinden führt. Dazu gehören die verfassungsrechtliche Rechtsstellung der Gemeinden (§ 2), die Stellung der Gemeinden in der Verwaltungsorganisation (§ 3) und die Aufsicht (§ 4). 4

Weiterer Teil des Kommunalrechts sind die internen Rechtsbeziehungen innerhalb der Gemeinde zwischen den Organen Bürgermeister und Gemeinderat, die Gegenstand eines Kommunalverfassungsstreits sein können (§§ 5, 6).

Die Rechtsbeziehungen zwischen der Gemeinde und dem Einzelnen können als der dritte Teil des Kommunalrechts begriffen werden. Hierzu zählen die öffentlichen Einrichtungen (§ 9), die Rechtsetzung (§ 10) und das Kommunalabgabenrecht (§ 11). Dazwischen finden Sie die Erläuterungen zur bürgerschaftlichen Mitwirkung in der Gemeinde (§ 7) und den kommunalen Unternehmen und Beteiligungen (§ 8).

*Darstellung im Skript*

Wie Sie bei der Lektüre feststellen werden, folgt die Reihenfolge der Abschnitte in diesem Skript im Wesentlichen dieser Einteilung. Um schematischem Lernen vorzubeugen, sind die Verschränkungen und Überschneidungen zwischen diesen drei Teilen an den entsprechenden Stellen im Text dargestellt. Als Beispiel sei nur das bei den Ratssitzungen einzuhaltende Verfahren genannt: 5

Ein unberechtigter Ausschluss eines Ratsmitglieds aus der Sitzung kann einen Kommunalverfassungsstreit zur Folge haben und damit die Rechtsverhältnisse innerhalb der Gemeinde betreffen. Zugleich kann dies aber auch die Fehlerhaftigkeit eines Ratsbeschlusses begründen mit der Folge, dass etwa eine Satzung rechtswidrig ist.

Sie finden alle relevanten prozessualen Konstellationen in den jeweiligen Abschnitten. Eine Sonderstellung nimmt insoweit die Darstellung zum Kommunalverfassungsstreit (§ 6) ein. Diese ergänzt unmittelbar das vorhergehende Kapitel zu Handeln und Organen der Gemeinde (§ 5).

Lassen Sie sich auch vom Umfang einzelner Kapitel (insbesondere § 5) nicht abschrecken! Sie müssen in einer Klausur nicht alle Probleme auswendig kennen. Nutzen Sie das Skript vielmehr auch als Nachschlagewerk! Denken Sie an den Vorteil, dass dieses Skript in einer Skriptenreihe erscheint. An vielen Stellen wird auf die entsprechenden Darstellungen in den anderen Skripten verwiesen. Dort können Sie dann noch tiefer in die entsprechende Problematik eindringen.

## § 2 VERFASSUNGSRECHTLICHE RECHTSSTELLUNG DER GEMEINDEN

### A. Überblick

#### I. Bundesrecht (GG)

*Garantie der kommunalen Selbstverwaltung, Art. 28 II S. 1 GG*

Art. 28 II S. 1 GG gewährleistet den Gemeinden als Gebietskörperschaften das Recht, alle Angelegenheiten der örtlichen Gemeinschaft i.R.d. Gesetze in eigener Verantwortung zu regeln, vgl. § 1 GemO. 6

Neben der Gliederung des Staatsaufbaus in Bund und Länder schreibt das GG damit eine zusätzliche Institution vor, die Gemeinden. Wenn allerdings in diesem Zusammenhang von einer „dritten Ebene" gesprochen wird, darf dies nicht missverstanden werden. Denn die Gemeinden sind im Bund-Länder-Verhältnis Teil der staatlichen Organisation der Länder (sog. zweigliedriger Bundesstaatsbegriff).[1]

*Gemeindeverbände, Art. 28 II S. 2 GG*

Art. 28 II S. 2 GG verleiht zudem den Gemeindeverbänden ein Recht auf Selbstverwaltung. Zu den Gemeindeverbänden in diesem Sinne zählen in Baden-Württemberg insbesondere die Landkreise.[2] Ein Landkreis besteht aus mehreren Gemeinden und ist als Gebietskörperschaft ebenso wie die Gemeinde eine Selbstverwaltungskörperschaft. Nähere Bestimmungen über die Gemeinden werden zudem in Art. 28 I S. 2 - 4 GG getroffen.

*weitere Vorschriften des GG über die Gemeinden*

Weitere Regelungen über die Gemeinden enthält das GG in der Finanzverfassung. Gem. Art. 106 V - IX GG stehen den Gemeinden Anteile an bestimmten Steuern zu, und Art. 106 VIII GG sieht den Ausgleich von Sonderbelastungen vor. In Art. 93 I Nr. 4b GG ist zudem die kommunale Verfassungsbeschwerde zum BVerfG vorgesehen, die sich jedoch - im Gegensatz zur Individualverfassungsbeschwerde - nur gegen Gesetze richten kann. 7

#### II. Landesrecht (LV)

*Art. 71 bis 76 LV*

Die Landesverfassung gewährleistet in Art. 71 I S. 1, 2 LV ebenfalls das Selbstverwaltungsrecht und konkretisiert den Schutz der Gemeinden und Gemeindeverbände. Nähere Regelungen enthalten Art. 72 - 76 LV. Über Art. 28 II S. 1 GG geht Art. 71 I S. 1 LV insoweit hinaus, als auch den Zweckverbänden das Recht auf Selbstverwaltung gewährleistet wird. 8

**hemmer-Methode: Bundesgesetze und andere Akte der Bundesstaatsgewalt sind nur an den Vorschriften des GG zu messen, da das gesamte Bundesrecht im Rang über dem Landesrecht steht. Dagegen müssen Landesgesetze sowohl dem Bundesrecht als auch der LV entsprechen. Ist in der Klausur ein Akt der Landesstaatsgewalt zu prüfen, so können Sie sowohl GG als auch LV anführen, nicht jedoch bei Handeln des Bundes. In der Sache ergibt sich dabei zwischen Art. 28 GG einerseits und Art. 71 LV andererseits keine unterschiedliche Wertung. Das Land Baden-Württemberg ist eine nachkonstitutionelle, künstliche Gründung und nimmt die Wertungen des GG bereits in die Normen der LV auf (vgl. Art. 2 I, 23 I LV).**

1 Jarass/Pieroth, Art. 20 GG, Rn. 17; Brüning, grundlegend BVerfGE 13, 54 (77).

2 Ennuschat/Ibler/Remmert, § 1 Rn. 96; Engel/Heilshorn, § 22 Rn. 1.

## III. Dezentralisation innerhalb der Länder

*Dezentralisation als Reduzierung staatl. Macht*

Die Dezentralisation (Aufgabenerfüllung in mittelbarer Staatsverwaltung, d.h. nicht durch staatliche Organe selbst) führt zu einer Reduzierung staatlicher Macht und dient damit der Sicherung staatsbürgerlicher Freiheit. Weitere Vorteile sind Sach- und Bürgernähe sowie Einfachheit und u.U. auch größere Effektivität der Verwaltung.

## Exkurs: Stellung der Gemeinden im Staatsaufbau

⇨ horizontale Gewaltenteilung

*gemeindl. Tätigkeit: Ausübung exekutiver u. legislativer Gewalt*

Die Gemeinden sind unter dem Aspekt der horizontalen Gewaltenteilung (Legislative, Exekutive, Judikative) primär Träger der vollziehenden, jedoch auch der rechtsetzenden Gewalt (vgl. Art. 71 II LV).

⇨ vertikale Gewaltenteilung

*mittelbare Staatsverwaltung*

Was die vertikale Gewaltenteilung (Bund, Länder) anbelangt, so gehören die Gemeinden zum Organisationsbereich der Länder, genauer gesagt zur mittelbaren Staats- bzw. Landesverwaltung.[3] Jedoch genießen die Gemeinden aufgrund ihres Selbstverwaltungsrechts (Art. 28 II S. 1 GG, Art. 71 I, II LV) eine so stark ausgeprägte Sonderstellung im Staatsgefüge, dass man in ihnen gleichzeitig auch eine eigene, „dritte Ebene" neben Bund und Ländern sieht. Man spricht deshalb üblicherweise von einem in Bund, Länder und Gemeinden dreigegliederten Verwaltungsaufbau der Bundesrepublik. Die Gemeinden sind also auf der einen Seite trotz ihrer Einbindung in die Staatsorganisation nicht nur „verlängerte Arme des Staates", auf der anderen Seite sind sie trotz ihrer Eigenständigkeit keine „Staaten im Staat".

**hemmer-Methode: Aus diesen Gründen wird die Bezeichnung als mittelbare Staatsverwaltung auch vereinzelt in der Literatur strikt abgelehnt, da sie der Stellung der Gemeinde außerhalb der eigentlichen Staatsverwaltung nicht hinreichend Rechnung trage. Dennoch ist diese Bezeichnung allgemein üblich und kann daher grundsätzlich ohne Bedenken gebraucht werden. Allerdings erscheint eine klarstellende Erläuterung im obigen Sinne angebracht, um auf der sicheren Seite zu sein.**

⇨ sog. „Ursprünglichkeit" der Gemeinden

*str.: Gemeinde als Träger originärer o. derivativer Gewalt*

Diese eigentümliche Stellung findet ihren Ausdruck in der Diskussion darüber, ob die Gemeinden Träger originärer oder derivativer (= vom Staat abgeleiteter) Hoheitsgewalt sind. Ausgangspunkt ist dabei die Bezeichnung der Gemeinden als „ursprüngliche" Gebietskörperschaften in Art. 1 IV GemO.

Die Rechtsprechung folgerte teilweise zunächst aus dem Begriff der Ursprünglichkeit, dass die Eigenschaft der Gemeinden, Gebietskörperschaft zu sein, nicht vom Staat verliehen, sondern nur von ihm anerkannt und bestätigt wird. Später ließ sie dahingestellt sein, „ob die Rechte der Gemeinden aus eigener, ursprünglicher Wurzel gewachsen und nicht vom Staat herzuleiten" sind.

Die Literatur sieht in dem Adjektiv „ursprünglich" überwiegend nur einen Ausdruck dafür, dass die Gemeinden historisch älter sind als der Staat und ihm gegenüber eine stärkere Stellung haben als Landkreise und Bezirke.

3 Von mittelbarer Staatsverwaltung spricht man, wenn der Staat seine Verwaltungsaufgaben nicht selbst durch eigene Behörden erfüllt (= unmittelbare Staatsverwaltung), sondern sie rechtlich selbstständigen Organisationseinheiten zur Erledigung überträgt oder überlässt.

Sie bilden zwar in geographischer, soziologischer und politischer Hinsicht das Fundament des Staates, nicht jedoch auch in rechtlicher. Der Staat leitet seine Hoheitsgewalt nicht von den Gemeinden ab, sondern umgekehrt die Gemeinden die ihre vom Staat.

**hemmer-Methode: Auch wenn es sich hier vordergründig um ein rein akademisches Problem handelt, könnte es für Sie durchaus einmal in einer Klausur verwertbar sein. Wenn es nämlich in einer Klausur entscheidend auf die Reichweite der kommunalen Selbstverwaltungsgarantie ankommt, kann in diesem Zusammenhang auch auf die „Ursprünglichkeit“ eingegangen und gefragt werden, ob sich hieraus Aussagen über den Gehalt der Selbstverwaltungsgarantie treffen lassen. Dies wird aber letztlich nach beiden Ansichten zu verneinen sein. Deshalb gilt: Klausurtaktik! Wenn Sie meinen, genug Zeit zu haben, um auf diesen - eher historischen - Streit einzugehen, sollten Sie ihn knapp abhandeln, da er letztlich nicht weiterführt, ansonsten im Zweifel weglassen!**

⇨ Verhältnis der Kommunen untereinander

Die kommunalen Körperschaften stehen im Verhältnis der Gleichordnung. Auch wenn z.B. Gemeinden, Landkreise und Bezirke gebietsmäßig „ineinandergeschachtelt“ sind, bedeutet dies keine rechtliche Über- und Unterordnung. Die einzelnen Kommunen stehen gleichgeordnet nebeneinander.

Streitig ist jedoch das Verhältnis der gemeindlichen Selbstverwaltung zur Selbstverwaltung der Landkreise. Nach einer Auffassung kommt den Landkreisen unter den Gemeindeverbänden (zu diesen gehören neben den Landkreisen noch die Bezirke und die Verwaltungsgemeinschaften, str.) eine Sonderstellung zu. Dies ergebe sich aus Art. 28 I S. 2 GG, wonach auch für die Kreise eine demokratische Struktur vorgegeben sei. Sie stünden insoweit den Gemeinden gleich (sog. einheitliches kommunales Leistungsniveau).

Daraus wird gefolgert, dass auch den Landkreisen ein ihrem Herkommen nach angemessener Wirkungskreis übertragen sein müsse;[4] letztendlich solle damit den Landkreisen wie auch den Gemeinden ein von vornherein festgelegter, unantastbarer Aufgabenbereich garantiert sein.

Darüber hinaus gelte die Garantie der kommunalen Selbstverwaltung auch im Verhältnis zueinander. Diese sei jeweils in ihrem Kernbereich unantastbar. Im Randbereich sei nach dem Verhältnismäßigkeitsgrundsatz ein Ausgleich herzustellen.[5]

Nach anderer Auffassung unterscheidet Art. 28 II S. 1 GG nicht zwischen lokalen (Gemeinde-) und regionalörtlichen (Kreis-)Aufgaben. Art. 28 II S. 1 GG lasse mithin die Kreise an seinem Gewährleistungsbereich nicht teilhaben.

*h.M.: Art. 28 II GG enthält institutionelle Garantie des Landkreises in derzeit üblicher Form*

Unabhängig von dieser Frage der Aufgabenverteilung sieht aber die ganz h.M. in Art. 28 II GG eine institutionelle Garantie des Landkreises in der derzeit üblichen Form.[6]

4 Vgl. BVerwGE 6, 19 - 29 (23) = jurisbyhemmer.

5 Vgl. BVerwGE 67, 321 - 324 (324) = jurisbyhemmer.

6 Vgl. BHKM, 2. Teil, Rn. 52.

## B. Die kommunale Selbstverwaltungsgarantie

*institutionelle Rechtssubjektsgarantie*

Art. 28 II S. 1 GG ist kein Grundrecht und auch kein grundrechtsgleiches Recht, sondern wird als institutionelle Rechtssubjektsgarantie zugunsten der Gemeinden bezeichnet.[7] Festgelegt ist zunächst, dass es im Staatsaufbau Gemeinden geben muss. 9

*institutionelle Rechtsinstitutionsgarantie*

Hierauf ist Art. 28 II S. 1 GG jedoch nicht beschränkt, sondern sieht darüber hinaus vor, dass die Gemeinden alle örtlichen Angelegenheiten selbst und eigenverantwortlich regeln können. Gewährleistet ist somit die Allzuständigkeit der Gemeinden und die Universalität ihres Wirkungskreises, sog. institutionelle Rechtsinstitutionsgarantie.[8] Diese Vorgaben verpflichten Bund und Länder und sind damit objektives Recht.

*subjektive Rechtsstellungsgarantie*

Zudem enthält Art. 28 II S. 1 GG ein wehrfähiges subjektives Recht der Gemeinden auf Einhaltung dieser verfassungsrechtlichen Verpflichtungen, sog. subjektive Rechtsstellungsgarantie. Im Vordergrund[9] dieser subjektiven Rechtsstellung stehen die Kommunalverfassungsbeschwerde zum BVerfG und die kommunale Normenkontrolle zum Verfassungsgerichtshof (hierzu unter Rn. 33 ff.).

***Einleitender Beispielsfall:*** *Die baden - württembergische Staatsregierung will im Rahmen ihrer neuesten Sparmaßnahmen durch formelles Gesetz die Gemeinden als Verwaltungsorgane gänzlich abschaffen, weil hier keine effektive Verwaltungsarbeit möglich sei. Die Verwaltungsaufgaben sollen stattdessen von Zentralbehörden, die bei der jeweils zuständigen Regierung angesiedelt werden, erledigt werden. Aus rechtsstaatlichen Gesichtspunkten sehe man keine Bedenken, da die Bürger durch die Bundes- bzw. Landtagswahlen an der staatlichen Willensbildung ausreichend mitwirken. Auch seien die Entscheidungen auf kommunaler Ebene eher unwichtig. Ein Schaden drohe außerdem deswegen nicht, weil schließlich auch die Zentralbehörden an Recht und Gesetz gebunden seien.*

*Wie ist die materielle Rechtmäßigkeit eines solchen Gesetzes zu beurteilen?*

Ein solches Gesetz wäre unmittelbar am Grundgesetz und der Landesverfassung (LV) zu messen. Gemäß Art. 28 II S. 1 GG ist den Gemeinden das Recht gewährleistet, alle Angelegenheiten der örtlichen Gemeinschaft im Rahmen der Gesetze in eigener Verantwortung zu regeln. Art. 71 I, II LV enthält eine nahezu wortgleiche Formulierung. Dieses Recht will das Gesetz im obigen Beispielsfall den Gemeinden gerade nehmen. Bereits deshalb ist das Gesetz verfassungswidrig. Auf die Frage, ob eine zentralistische Wahrnehmung der Aufgaben auf der untersten Ebene mit den Verfassungsprinzipien im Übrigen vereinbar wäre, sowie auf die Frage der Effizienz der jetzigen Verwaltung braucht nicht eingegangen zu werden. Der Verfassungsgeber nahm nämlich mit der jetzigen Form der Selbstverwaltung etwa verbundene Nachteile bewusst in Kauf. Zu einem Gesetz, das dies ändern wollte, wäre also in jedem Fall eine Verfassungsänderung erforderlich.

---

7 Engel/Heilshorn, § 5 Rn. 13; Lange, Kap. 1 Rn. 3; Brüning, JURA 2015, 592 (594).

8 Ennuschat/Ibler/Remmert, § 1 Rn. 59; Engel/Heilshorn, § 5 Rn. 15; Lange, Kap. 1 Rn. 3; Brüning, JURA 2015, 592 (595).

9 Daneben umfasst die subjektive Rechtsstellungsgarantie auch Schutz- und Leistungsansprüche, z.B. ein Recht auf Anhörung (Art. 29 VII S. 3, VIII S. 2 GG) und Mitwirkung an staatlichen Planungsprozessen. Dazu unter Rn. 31.

**Institutionelle Rechtsinstitutionsgarantie**

- **Allzuständigkeit bzw. Universalität**
  = „alle Angelegenheiten" der örtlichen Gemeinschaft
- **Eigenverantwortlichkeit bzw. Autonomie**
  = Entschließungsfreiheit hinsichtlich des Ob, Wann und Wie der Aufgabenwahrnehmung

**Institutionelle Rechtssubjektsgarantie / Existenzgarantie**
Institutionell: es muss Gemeinden (und Gemeindeverbände) als selbstständige Verwaltungsträger im Staatsaufbau geben
Individuell: die *einzelne* Gemeinde ist eingeschränkt in ihrer Existenz geschützt ⇨ Auflösung nur aus Gründen des öffentlichen Wohls (Verhältnismäßigkeit)

**Subjektive Rechtsstellungsgarantie**
Absicherung der institutionellen Rechtsinstitutionsgarantie
und
der Rechtssubjektsgarantie
= Rechtsschutzmöglichkeiten, aber auch Anhörungs- und Beteiligungsrechte

*abwehrrechtliche Funktion und Gewährleistung von Leistungsrechten*

Das Recht auf Selbstverwaltung der Gemeinden ist einem Grundrecht vergleichbar, denn es dient der Abwehr staatlicher Eingriffe sowie der Gewährleistung eines Mindeststandards an Selbstverwaltung. 9a

**hemmer-Methode: Deshalb ist es üblich und für die Klausur empfehlenswert, Art. 28 II S. 1 GG in dem für die Grundrechte üblichen Aufbau zu prüfen: 1. Schutzbereich; 2. Eingriff; 3. Verfassungsrechtliche Rechtfertigung. Dabei sind detaillierte Kenntnisse bzgl. der Schutzbereichselemente unerlässlich.**

**Schutzbereich, Art. 28 II S. 1 GG / Art. 71 I, II LV**

- **Existenz der Gemeinde**
- **Allzuständigkeit bzgl. der Aufgabenwahrnehmung**
- **Eigenverantwortlichkeit der Aufgabenwahrnehmung**

**Eingriff**

**Rechtfertigung**

- **Kernbereich der Selbstverwaltung**
  ⇨ **Substanzmethode** (fester Kern)
  ⇨ **Substraktionsmethode** (nach Eingriff verbleibender Rest)
  ↓
  **Keine Rechtfertigung möglich**
- **Randbereich der Selbstverwaltung**
  ↓
  **Rechtfertigung möglich**
  insbes. Verhältnismäßigkeitsprüfung
  beachte: Grundsatz gemeindefreundlichen Verhaltens

**hemmer-Methode: Auch wenn Art. 28 II GG nach h.M. kein grundrechtsgleiches Recht ist, kann man das vorangegangene Prüfungsschema auch zu dessen Prüfung verwenden. Wichtig ist dann nur, nicht vom *„Grundrecht"* oder *„grundrechtsgleichen Recht"* zu sprechen.**[10]

## I. Schutzbereich des kommunalen Selbstverwaltungsrechts

*Schutzbereich*

Art. 28 II S. 1 GG und Art. 71 I, II LV sind im Wesentlichen inhaltsgleich.[11] Die nachfolgenden Ausführungen zu Schutzbereich, Eingriff und Rechtfertigung beziehen sich daher sowohl auf die Bundes- als auch auf die Landesverfassung. *10*

Im Wesentlichen lassen sich folgende drei Elemente des Schutzbereichs unterscheiden: *11*

- ⇨ institutionelle Rechtssubjektsgarantie
- ⇨ Allzuständigkeit bzw. Universalität bzgl. der Aufgaben
- ⇨ Eigenverantwortlichkeit bzw. Autonomie bzgl. der Aufgabenwahrnehmung

### 1. Institutionelle Rechtssubjektsgarantie

*Existenz der Gemeinden*

Gewährleistet ist zum einen, dass es überhaupt Gemeinden als selbstständige Verwaltungsträger im Staatsaufbau geben muss. Gemeinden dürfen daher weder gänzlich abgeschafft noch durch selbstständige staatliche Verwaltungseinheiten ersetzt werden. *12*

Der Bestand der einzelnen Gemeinde ist jedoch nur begrenzt geschützt. Zumal die institutionelle Garantie kein individuelles Recht der Gemeinden beinhaltet, ist die Auflösung einer Gemeinde oder ein Eingriff in ihren territorialen Bestand aus Gründen des öffentlichen Wohls nach vorheriger Anhörung der Gemeinde zulässig.[12]

### 2. Institutionelle Rechtsinstitutionsgarantie

#### a) Allzuständigkeit (bzw. Universalität)

*Gemeinde grds. immer für örtl. Angelegenheiten zuständig*

Die Gemeinde ist ohne besonderen Kompetenztitel grundsätzlich für alle örtlichen Angelegenheiten zuständig. Ihr ist also ein bestimmter Aufgabenbereich garantiert - und zwar auch im Verhältnis zu anderen Gemeinden[13] und zu den (Gemeindeverbänden i.S.v. Art. 28 II GG) Kreisen und Bezirken.[14] Denn schon nach dem Wortlaut von Art. 28 II S. 1 GG bzw. Art. 71 I, II LV kommt es nicht darauf an, zu wessen Gunsten in das Selbstverwaltungsrecht eingegriffen wird. Außerdem belegt die Entstehungsgeschichte des Art. 28 II GG dieses Ergebnis. *13*

10 Für die Frage der Statthaftigkeit/Antragsberechtigung von Landesverfassungsrechtsbehelfen ist wiederum teilweise anerkannt, die entsprechende landesverfassungsrechtliche Regelung als „grundrechtsgleiches Recht" zu behandeln, so etwa st. Rspr. des BayVerfGH bzgl. der dort statthaften Popularklage gem. Art. 98 S. 4 Bayerische Verfassung, vgl. VerfGH Bayern, 18.04.1996, 13-VII-93.

11 VGH Mannheim, NuR 2004, 668 (670).

12 Vgl. BVerfGE 50, 50 - 56; BVerfGE 50, 195 - 205 (202 f.): **alle Entscheidungen** = **juris**byhemmer.

13 Vgl. BVerwGE 67, 321 - 324 = **juris**byhemmer.

14 Vgl. BVerfG, DVBl. 1989, 300 - 306 (303) = **juris**byhemmer.

*Definition über die Rastede-Formel*

Was jedoch zu den Angelegenheiten der örtlichen Gemeinschaft gehört, ist nicht immer leicht zu bestimmen und steht auch nicht ein für alle Mal fest. Nach der Definition des BVerfG (sog. Rastede-Formel)[15] sind dies „diejenigen Bedürfnisse und Interessen, die in der örtlichen Gemeinschaft wurzeln oder auf sie einen spezifischen Bezug haben, die also den Gemeindeeinwohnern gerade als solchen gemeinsam sind, indem sie das Zusammenleben und -wohnen der Menschen in der Gemeinde betreffen". 14

**hemmer-Methode: Auch wenn Sie die Definition nicht immer direkt zum Ziel führen wird, sondern diese weiter konkretisiert werden muss, sollten Sie sich - bis ins Detail („wurzeln"!) - den ersten, griffigeren Teil merken und in der Klausur als „Sound" bringen. Wichtig sind die Raumbezogenheit („örtlich") und der soziale Zusammenhang („Gemeinschaft").**

Z.T. wird auch formuliert, es handele sich um solche Aufgaben, die innerhalb der Grenzen der Gemeinde anfallen und sich nicht zugleich als Aufgaben einer größeren Organisationseinheit darstellen.[16]

*insbes. Aufgaben der Daseinsvorsorge*

Ein feststehender Katalog örtlicher Angelegenheiten existiert nicht. 15
Der auf diese Weise umschriebene Aufgabenbereich umfasst insbesondere die Aufgaben der sog. Daseinsvorsorge,[17] d.h. die durch das Gemeinwesen sicherzustellende Versorgung mit wesentlichen Gütern und Dienstleistungen einschließlich der Infrastruktur. Keinesfalls fallen allgemeinpolitische Fragen in den gemeindlichen Zuständigkeitsbereich (dazu unter Rn. 20).

*Zukunftsoffenheit der gemeindlichen Aufgaben*

Sind die kommunalen Aufgaben nicht einzeln bestimmt, sondern nur 16
durch den weiten Oberbegriff der „Angelegenheiten der örtlichen Gemeinschaft", so folgt hieraus auch die Zukunftsoffenheit dieses Aufgabenkreises: Durch entsprechende gesellschaftliche Veränderungen können neue örtliche Aufgaben entstehen, die es in der Vergangenheit nicht gab oder nicht als öffentliche Aufgaben angesehen wurden. Dies wird auch mit einem Aufgabenerfindungsrecht der Gemeinde beschrieben.

### b) Eigenverantwortlichkeit (bzw. Autonomie)

*weisungsfreie Selbstverwaltung*

Da die Gemeinden die Selbstverwaltungsaufgaben „in eigener Ver- 17
antwortung" regeln, haben sie grds. die Entschließungsfreiheit hinsichtlich des Ob, Wann und Wie der Aufgabenerfüllung.[18] Autonomie bedeutet selbstständige, weisungsfreie Verwaltung durch eigene, selbstbestimmte Organe in eigenem Namen und eigener Verantwortung. Kurz gesagt: weisungsfreie Selbstwahrnehmung.

*Gemeindehoheiten*

Wesentliche Bestandteile der Eigenverantwortlichkeit werden unter 18
dem Begriff der sog. Gemeindehoheiten zusammengefasst.[19] Es handelt sich bei den Gemeindehoheiten um eine heuristische Zusammenfassung typisierter Ausschnitte aus dem Gesamtumfang der kommunalen Aufgaben. Hierzu zählen:

*Gebiets- und Organisationshoheit*

⇨ Die Gebietshoheit, wonach jeder, der sich im Gemeindegebiet aufhält, der Herrschaftsgewalt der Gemeinde unterworfen ist.[20]

15 Vgl. BVerfG, DVBl. 1989, 300 - 306 = **juris**byhemmer.

16 VGH Mannheim, NUR 2004, 668 (670); BVerfGE 8, 122 (134).

17 Engel/Heilshorn, § 5 Rn. 20; Lange, Kap. 1 Rn. 33; BVerwG, NVwZ 2005, 958 (959).

18 Jarass/Pieroth, Art. 28 GG, Rn. 16.

19 Ennuschat/Ibler/Remmert, § 1 Rn. 61-68; Jarass/Pieroth, Art. 28 Rn. 13.

20 BVerwGE 137, 95 = BWGZ 2010; VGH Mannheim, ESVGH 48, 45-52 = VBlBW 1998, 58; Ennuschat/Ibler/Remmert, § 1 Rn. 63.

⇨ Unter Organisationshoheit versteht man das Recht der Gemeinde, die Gemeindeverwaltung nach eigenen Vorstellungen zu organisieren.

**Bspe.:** *(1) Einrichtung der Ämter und deren Aufgaben; (2) die Möglichkeit, juristische Personen des Privatrechts zu gründen (sog. Eigengesellschaften) und diese bestimmte öffentliche Aufgaben wahrnehmen zu lassen (z.B. Stadtwerke AG, Stadtmarketing GmbH). (3) Möglichkeit des Gemeinderats, bestimmte Aufgaben auf Ausschüsse oder den Bürgermeister zur Entscheidung zu übertragen (§ 39 I, § 44 II GemO).*

*Personalhoheit*

⇨ Im Zusammenhang damit steht die Personalhoheit. Die Gemeinde hat die Befugnis, die Bediensteten auszuwählen, anzustellen, zu befördern und zu entlassen.[21]

*Finanzhoheit*

⇨ Die Finanzhoheit begründet ein Recht auf eigenverantwortliche Einnahmen- und Ausgabenwirtschaft einschließlich eigener Haushaltsführung und Vermögensverwaltung (vgl. Art. 28 II S. 3 GG).

Darüber hinaus haben die Gemeinden einen Anspruch auf eine angemessene Finanzausstattung, da eigenverantwortliches Handeln entsprechende Leistungsfähigkeit voraussetzt.[22]

Auf Landesebene ist dies in Art. 73 I LV geregelt. Besondere Ausprägung der Finanzhoheit ist die Verpflichtung des Landes aus Art. 71 III S. 2, 3 LV, Mehrbelastungen auszugleichen.

*Steuer- und Abgabenhoheit*

⇨ Steuer- und Abgabenhoheit: Sie gewährleistet den Gemeinden die Befugnis, Steuern, Gebühren und Beiträge zu erheben, um die Kosten zu decken, die durch die Erfüllung gemeindlicher Aufgaben entstehen. In der Landesverfassung ist dies in Art. 73 II LV ausdrücklich bestimmt. Das KAG[23] setzt dies einfachgesetzlich um.[24]

Die Frage, ob zur Steuerhoheit auch ein sog. Steuerfindungsrecht zählt, d.h. das Recht, in bestimmtem Rahmen neuartige Steuern einzuführen (örtliche Verbrauchs- und Aufwandsteuern gem. § 9 IV KAG), hat der VGH Mannheim (Gemeindehaushalt 2013, 71) bejaht. Mit diesem Recht sei die Befugnis der Gemeinden verbunden, sich selbst eigene Steuerquellen zu erschließen. Sie stehe aber unter den sich aus § 9 IV KAG ergebenden Vorbehalten.

*Planungshoheit*

⇨ Die Planungshoheit beinhaltet die Befugnis der Gemeinden, das Gemeindegebiet selbst zu ordnen, zu gestalten und zu entwikkeln.[25]

**Bspe.:** *Ausdruck der Planungshoheit sind im Baurecht die Befugnis der Gemeinde, die Bauleitpläne aufzustellen (§ 1 III, § 2 I S. 1 BauGB) und das Einvernehmenserfordernis nach § 36 I BauGB für die Einzelzulassung von Vorhaben in bestimmten Fällen.*

*Satzungshoheit*

⇨ Zur verfassungsrechtlich gewährleisteten Selbstverwaltung zählt auch die Satzungshoheit. Diese verleiht die Befugnis, in Angelegenheiten des eigenen, örtlichen Wirkungskreises administratives Recht setzen zu dürfen.[26] Die Satzungsautonomie wird in § 4 I S. 1 GemO ausdrücklich verbürgt.

---

21 BVerfGE 1, 167 (175); VerfGH NRW, NWVBl. 2001, 340 (347 f.); Ennuschat/Ibler/Remmert, § 1 Rn. 65; Lange, Kap. 1 Rn. 75.

22 Vgl. Haug, Art. 73 LV, Rn. 8.

23 Kommunalabgabengesetz, Dürig Nr. 60; Dolde/Kirchhof/Stilz Nr. 37.

24 Ausführlich zu den Kommunalabgaben unter Rn. 567 ff.

25 BVerfGE 95, 1 (26 f.); 76, 107 (118 f.); Brüning, JURA 2015, 592 (596).

26 Grundlegend BVerwGE 6, 247 (252) = DÖV 1958, 581; Engel/Heilshorn, § 18 Rn. 2; Lange, Kap. 1 Rn. 66.

**hemmer-Methode: Beachten Sie Folgendes: So frei die Gemeinde in diesen Hoheiten auch zu sein scheint, so abhängig ist sie vom Gesetzgeber: Die kommunale Selbstverwaltungsgarantie besteht gem. Art. 28 II S. 1 GG (nur) „im Rahmen der Gesetze". D.h., die Gemeinde kann sich in der Eingriffsverwaltung (Vorbehalt des Gesetzes!) keine Ermächtigungsgrundlage selbst schaffen, sondern ist darauf angewiesen, dass der Gesetzgeber - wegen Art. 84 I S. 7 GG kann das nur der Landesgesetzgeber sein - ihr diese Ermächtigungsgrundlage zur Verfügung stellt, wie z.B. in § 11 GemO für Satzungen, auf deren Grundlage dann belastende Verwaltungsakte ergehen können.**

*weitere Kriterien*

Die hier genannten Gemeindehoheiten sind eine beispielhafte Aufzählung, die keinen Anspruch auf Vollständigkeit erhebt. Die einzelnen Begriffe (Schlagworte) überschneiden sich teilweise. Dementsprechend werden in der Literatur zum Teil auch manche Aspekte unterschiedlichen Begriffen zugeordnet. Geht es in der Klausur um eine Tätigkeit der Gemeinde, die sich nicht unter die Gemeindehoheiten subsumieren lässt, so müssen weitere Kriterien herangezogen werden, um die Örtlichkeit der Angelegenheit zu bestimmen: 19

*Traditionsargument*

Wurde eine Aufgabe in der geschichtlichen Entwicklung als örtliche angesehen, so ist dies ein Indiz dafür, dass dies auch aktuell der Fall ist.[27] Dieses Indiz kann allerdings widerlegt werden, denn es ist nicht ausgeschlossen, dass im Laufe der Zeit eine Angelegenheit den örtlichen Charakter verliert, etwa durch technischen Fortschritt oder gesellschaftliche und wirtschaftliche Veränderungen.

*aktueller Bestand eigenverantwortlich wahrgenommener Aufgaben*

Bleiben danach noch Zweifel, so kann in der Regel davon ausgegangen werden, dass diejenigen Aufgaben, welche die Gemeinden derzeit in eigener Verantwortung wahrnehmen, zu den örtlichen Angelegenheiten zu zählen sind.

### 3. Nicht durch die Selbstverwaltungsgarantie gedeckt

*Abgrenzung zum Kompetenzbereich des Bundes und der Länder*

Die Gemeinde kann aus der Selbstverwaltungsgarantie allerdings nicht das Recht ableiten, sich mit allgemeinpolitischen Fragen auseinanderzusetzen und sich dazu öffentlich zu äußern, wenn diesen Fragen der spezifische Bezug zur örtlichen Gemeinschaft fehlt.[28] Wichtige Beispiele hierzu sind: 20

⇨ Befassung mit Verteidigungsfragen[29]

*Verteidigung = überörtl. Aufgabe*

Dem Bund kommt in diesem Bereich die Gesetzgebungs- und Verwaltungskompetenz zu. Damit verbleibt für eine Betätigung der Gemeinden auf diesem Feld grundsätzlich kein Raum (Einheitlichkeit der Außen- bzw. Verteidigungspolitik). Andererseits stehen den Gemeinden aber Anhörungs- und Mitwirkungsrechte in anderen Bereichen auch bei überörtlichen Aufgaben zu, wenn sie tatsächlich betroffen sind. Die daraus abzuleitende Befassungskompetenz umfasst Stellungnahmen, soweit diese in spezifischer Weise ortsbezogen sind.

Dabei ist es Sache der Gemeinde, wann sie zu einem Vorhaben, das sich aus ihrer Sicht auf den Aufgabenvollzug mit Folgen für das Zusammenleben und Wohnen der Menschen in der Gemeinde auswirken wird, Stellung bezieht.[30]

27 BVerfGE 26, 228 (238); Brüning, JURA 2015, 592 (595); Lange, Kap. 1 Rn. 25.
28 OVG Münster, NVwZ-RR 2006, 273; Engel/Heilshorn, § 5 Rn. 11; Ennuschat/Ibler/Remmert, § 1 Rn. 71.
29 BVerwG, DVBl. 1991, 491 (494); Engel/Heilshorn, § 5 Rn. 33.
30 Vgl. BVerwG, DVBl. 1991, 491 - 494 (494) = jurisbyhemmer.

Demgegenüber überschreitet eine Gemeinde den spezifisch örtlichen Bezug, wenn sie allgemeinpolitische Stellungnahmen zu Sachbereichen wie etwa Fragen der Verteidigung abgibt, die nach der Zuständigkeitsordnung anderen Hoheitsträgern zugewiesen sind. Deshalb sind auch Äußerungen der Gemeinde, welche schon nach ihrem Wortlaut den Charakter politischer Stellungnahmen haben oder den Anschein solcher erwecken, unzulässig. Beispiele sind:

⇨ Erklärung des Gemeindegebiets zur atomwaffenfreien Zone[31]

⇨ Schutz der Bevölkerung vor Gefahren der Kernenergie.[32]

⇨ Kritische Äußerungen des Bürgermeisters über eine Religionsgemeinschaft, soweit sich diese Äußerungen nicht auf örtliche Probleme und Fragestellungen beschränken.[33]

**hemmer-Methode: Achten Sie auf die Wertung, die hinter diesen Entscheidungen steht! Eine Gemeinde ist nicht „eine Art Sachwalter des öffentlichen Interesses".[34]**

*Städtepartnerschaften und Mitwirkung in komm. Spitzenverbänden*

Städtepartnerschaften sind durch die Selbstverwaltungsgarantie gedeckt, soweit in der kommunalen Maßnahme gleichzeitig ein besonderes Engagement von Gemeindebürgern zum Ausdruck kommt. Die Partnerschaft muss geradezu von den Gemeindebürgern getragen werden.[35] Anerkannt ist zudem, dass Gemeinden ihren eigenen Wirkungskreis überschreiten dürfen, um in kommunalen Spitzenverbänden mitzuarbeiten.[36]

### 4. Gleicher Schutzbereich in GG und LV

*Art. 28 II S. 1 GG und Art. 71 LV*

Trotz Unterschieden in der Formulierung haben Art. 28 II S. 1 GG und Art. 71 I, II S. 1 LV den gleichen Schutzbereich.[37] Zwar spricht die LV nicht von „örtlichen" Aufgaben, sie unterscheidet jedoch zwischen „ihren" Angelegenheiten (Art. 71 I S. 2 LV) und übertragenen Aufgaben (Art. 71 III S. 1 LV). 21

Die LV geht demnach ebenso wie das GG von einer Zweiteilung der gemeindlichen Aufgaben aus (sog. Aufgabendualismus).[38] Der sog. Aufgabenmonismus sieht demgegenüber nicht nur die „örtlichen", sondern alle öffentlichen Aufgaben den Gemeinden zugewiesen.

**hemmer-Methode: Anders als die LV weist die GemO in § 2 alle öffentlichen Aufgaben den Gemeinden zu. Dies hat aber auf die verfassungsrechtliche Lage keinen Einfluss.[39] Die dualistische Sicht auf Verfassungsebene hat zur Folge, dass eine Verletzung von Art. 28 II S. 1 GG bzw. Art. 71 LV nur in Betracht kommt, wenn es um eine örtliche Angelegenheit geht.**

## II. Eingriffe

*Beispiele von Eingriffen in Art. 28 II GG*

Nach dem beschriebenen Schutzbereich kommen unterschiedliche Arten von Eingriffen in die kommunale Selbstverwaltungsgarantie in Betracht:[40] 22

31 Engel/Heilshorn, § 5 Rn. 33.

32 Vgl. BayVGH, BayVBl. 1979, 625 - 629 = **juris**byhemmer.

33 Vgl. BayVGH, NVwZ 1995, 502 = **juris**byhemmer.

34 VGH Mannheim, DVBl. 1977, 345 (346); BVerwG, BayVBl. 1983, 731.

35 BVerwGE 87, 237 = NVwZ 1991, 685; hierzu instruktive Fallbearbeitung Schiffbauer, JuS 2015, 548-553.

36 BVerwG, NVwZ 1991, 682 (685).

37 Ennuschat/Ibler/Remmert, § 1 Rn. 101; Haug, Art. 71 LV Rn. 6 und 28 ff.

38 StGH Baden-Württemberg, ESVGH 26, 1 (5); VGH Mannheim, ESVGH 34, 294 (299); Aker/Haffner/Notheis, § 2 GemO, Rn. 1.

39 Zu § 2 GemO ausführlich unter Rn. 50.

40 Burgi, § 6 Rn. 26 ff.; Ennuschat/Ibler/Remmert, § 1 Rn. 76 ff.; Engel/Heilshorn, § 5 Rn. 68.

⇨ Auflösung einer Gemeinde oder Eingriff in den territorialen Bestand

⇨ eine Angelegenheit der örtlichen Gemeinschaft wird entzogen

*Bsp.: Übertragung der Abfallentsorgung von den Gemeinden auf die Landkreise (sog. Hochzonung)*

⇨ Übertragung zusätzlicher Aufgaben unter Begründung von Wahrnehmungspflichten

*Bsp.: Übertragung neuer Pflichtaufgaben im Bereich der Sozial- und Jugendhilfe (sog. Aufgabenüberbürdung)*

⇨ die Eigenverantwortlichkeit der Aufgabenwahrnehmung wird beschränkt

*Bspe.: Einführung einer Zweckmäßigkeitskontrolle; Einflussnahme auf die Aufgabenerfüllung; Vorgaben für die Art und Weise der Aufgabenerledigung*

*Ausnahme: bloße Rechtsreflexe*

Nicht gezielte Belastungen der Gemeinde, die sich lediglich reflexartig durch das Zusammenspiel unterschiedlicher Normen auswirken, stellen grundsätzlich keinen Eingriff dar. *22a*

*Bsp.: Reduzierung der Arbeitslosenhilfe durch den Bund mit der Folge der Mehrbelastung der Gemeinden in Form von Sozialhilfekosten*

## III. Verfassungsrechtliche Rechtfertigung von Eingriffen

*Gesetzesvorbehalt*

*= Gesetz im materiellen Sinn*

Das Recht der Gemeinden aus Art. 28 II S. 1 GG besteht „i.R.d. Gesetze“. Es steht damit nach allgemeiner Meinung unter Gesetzesvorbehalt.[41] „Gesetze“ meint dabei Gesetze im materiellen Sinn, also nicht nur förmliche Parlamentsgesetze, sondern auch Rechtsverordnungen und Satzungen.[42] Auch das Unionsrecht vermag das kommunale Selbstverwaltungsrecht einzuschränken.[43] *23*

Der Gesetzesvorbehalt umfasst neben der institutionellen Rechtssubjektsgarantie nicht nur (wie der Wortlaut des Art. 28 II S. 1 GG es nahelegt) die Art und Weise der Erledigung der Angelegenheiten der örtlichen Gemeinschaft, sondern ebenso die gemeindliche Zuständigkeit für diese Angelegenheiten,[44] also Autonomie und Universalität.

**hemmer-Methode: Auch hier zeigt sich, dass Sie Art. 28 II S. 1 GG im Aufbau wie ein Grundrecht prüfen können. Wie bei Grundrechten umfasst auch der Gesetzesvorbehalt des Art. 28 II S. 1 GG Eingriffe durch Gesetz oder aufgrund Gesetzes. Als Eingriffe kommen daher sowohl (formelle) Gesetze als auch Rechtsverordnungen, Satzungen und andere behördliche Maßnahmen (insbesondere Verwaltungsakte) in Betracht.**

*Voraussetzungen*

Natürlich kann die Selbstverwaltungsgarantie[45] nicht beliebig durch Gesetz eingeschränkt werden. Vielmehr sind dem Gesetzesvorbehalt seinerseits Schranken gesetzt. Das **BVerfG unterscheidet** hinsichtlich dieser „Schranken-Schranken“ zwischen **Eingriffen in den Kernbereich und solchen in den Randbereich**: *23a*

41 Engel/Heilshorn, § 5 Rn. 66; Ennuschat/Ibler/Remmert, § 1 Rn. 80; Jarass/Pieroth, Art. 28 Rn. 20.
42 BVerfGE 107, 1 (15); 79, 127 (143); 56, 298 (309); Jarass/Pieroth, Art. 28 GG, Rn. 20.
43 Brüning, JURA 2015, 592 (595); Burgi, § 16 Rn. 22 (Einheimischenmodelle). Instruktive Fallbearbeitung hierzu Behme/Jukic, JA 2015, 923-929.
44 BVerfGE 79, 127 (143); 107, 1 (12); BVerwGE 6, 19 (24).
45 BVerfG, BVerfGE 79, 127 - 161 = **juris**byhemmer.

### 1. Eingriffe in den Kernbereich

*Eingriff stets verfassungswidrig / keine Aushöhlung der Selbstverwaltung*

Eingriffe in den Kernbereich verstoßen ausnahmslos gegen Art. 28 II S. 1 GG und sind verfassungswidrig.[46] Bei der Ermittlung der Grenze zwischen Kern- und Randbereich muss jeweils untersucht werden, welche Bedeutung dem Selbstverwaltungsrecht in verfassungsrechtlicher und politischer Hinsicht unter Berücksichtigung der geschichtlichen Entwicklung zukommt und welche Funktion es nach der getroffenen Einschränkung noch entfalten kann. Hierzu werden verschiedene Ansätze vertreten, die aber in vielen Fällen zum gleichen Ergebnis führen. 24

*BVerfG: Substanzmethode*

Die vom BVerfG vertretene Substanzmethode geht von einem bestimmbaren Aufgabenbestand aus, der den Gemeinden nicht entzogen werden darf. Es handelt sich also um einen festen Kern, eine Substanz an Aufgaben, für deren Wahrnehmung die Gemeinden zuständig sein müssen. Dieser Wesensgehalt ist insbesondere aufgrund einer historischen Betrachtung zu bestimmen.[47] 25

*Substraktionsmethode*

Nicht von einem festen Kern geht die bisweilen ebenfalls vom BVerfG vertretene Substraktionsmethode aus. Maßgeblich ist demnach lediglich, dass nach dem Eingriff für die Gemeinde ausreichende Aufgaben zur eigenverantwortlichen Erledigung verbleiben.[48] Demnach ist der Kernbereich des Selbstverwaltungsrechts jedenfalls dann verletzt, wenn es ausgehöhlt wird oder kein hinreichender Spielraum für seine Ausübung mehr verbleibt. 26

**hemmer-Methode: Einen Eingriff in den Kernbereich hat das BVerfG noch in keiner Entscheidung angenommen. Deshalb sollten auch Sie in der Klausur zurückhaltend sein. Sprechen Sie die Existenz eines Kernbereichs an, lehnen aber einen Eingriff in diesen klausurtaktisch günstig ab: Nur dann kommen Sie zu den Anforderungen an Eingriffe in den Randbereich der Selbstverwaltungsgarantie!**

### 2. Eingriffe in den Randbereich

*Verhältnismäßigkeit*

Eingriffe in den Randbereich dagegen sind zulässig, wenn sie verhältnismäßig sind. Der Gesetzgeber muss also einen legitimen Zweck (Gemeininteresse) verfolgen und die Beschränkung des Selbstverwaltungsrechts muss im Hinblick auf diesen Zweck geeignet, erforderlich und angemessen sein. 27

Ein legitimer Zweck liegt insbesondere dann nicht vor, wenn der Gesetzgeber es ausschließlich darauf abgesehen hat, die mit der dezentralen Aufgabenansiedlung wesensnotwendig verbundenen Nachteile zu beseitigen. 28

Denn Grundgesetz und Landesverfassung haben sich - unter Inkaufnahme dieser Nachteile - für das Institut der gemeindlichen Selbstverwaltung entschieden. Die Verfassung gewichtet die mit den Gemeinden verbundenen Vorteile wie Bürgernähe, Partizipation des Einzelnen und Dezentralisation grundsätzlich höher als die daraus folgenden Nachteile.

Folgende Gesichtspunkte scheiden also als alleinige Motivation für einen Aufgabenentzug aus:[49] 29

---

46 Grundlegend BVerfGE 1, 167 (175); Engel/Heilshorn, § 5 Rn. 70.

47 Vgl. BVerfGE 1, 167 - 184 (175) = **juris**byhemmer; BVerfGE 26, 228 - 245 (238) = **juris**byhemmer.

48 BVerfGE 125, 141 = NVwZ 2010, 895; BVerfGE 79, 127 (146).

49 Vgl. BVerfG, DVBl. 1989, 300 - 306 (303 f.) = **juris**byhemmer.

- ⇨ Verwaltungsvereinfachung, Zuständigkeitskonzentration, verbesserte Übersichtlichkeit der öffentlichen Verwaltung,
- ⇨ Wirtschaftlichkeits- und Sparsamkeitsüberlegungen (jedenfalls solange ein Belassen der Aufgabe bei den Gemeinden nicht zu einem unverhältnismäßigen Kostenanstieg führt)
- ⇨ Gleichheitserwägungen: Der Gleichbehandlungsgrundsatz verlangt lediglich die Gleichbehandlung des Bürgers durch den jeweils zuständigen, nicht aber auch durch mehrere, voneinander unabhängige Verwaltungsträger. Unterschiede zwischen verschiedenen, rechtlich selbstständigen Verwaltungsträgern wie den Gemeinden sind eben der Dezentralisation immanent.

*gemeindefreundliches Verhalten*

Schließlich wird aus Art. 28 II S. 1 GG noch der Grundsatz des gemeindefreundlichen Verhaltens abgeleitet. Dieser verpflichtet den Staat und andere Hoheitsträger, bei Bestehen von Handlungsspielräumen den gemeindlichen Interessen tendenziell Vorrang vor anderen Interessen zu geben. 30

*effektive Aufgabenerfüllung ist zulässiges Kriterium*

Ein Entzug örtlicher Aufgaben ist insbesondere zulässig, wenn andernfalls die ordnungsgemäße Aufgabenerfüllung nicht sichergestellt werden könnte.[50] Im Hinblick auf den Verhältnismäßigkeitsgrundsatz kann es allerdings geboten sein, zur Kompensation des Zuständigkeitsverlustes Mitsprache- oder Anhörungsrechte bzgl. der hochgezonten Aufgabe einzuräumen.[51]

**Bsp.:** *Ein* ***Bundesgesetz*** *sieht vor, dass künftig der Gemeinderat einer Gemeinde nicht mehr von den Gemeindebürgern gewählt, sondern durch die Aufsichtsbehörde eingesetzt wird. Hintergrund ist, dass der Bundesinnenminister, der weithin dafür bekannt ist, angetreten zu sein, um für Recht und Ordnung zu sorgen, es leid ist, dass „inkompetente und korrupte Kommunalregenten" sein Bild vom sauberen deutschen Staat stören, indem auf kommunaler Ebene immer wieder rechtswidrige Beschlüsse gefasst und auch vollzogen werden.*

*Dies sei weitgehend zu verhindern, wenn nur noch als kompetent und zuverlässig eingestufte Bürger durch den Staat in den Gemeinderat berufen würden.*

*Für die kommunale Selbstverwaltung verbliebe noch genügend Raum, da schließlich immer noch der Bürgermeister gewählt würde. Durch dieses Gesetz könne aber weitgehend gewährleistet werden, dass die Beschlüsse, die dieser zu vollziehen habe, auch rechtmäßig seien.*

*Die baden-württembergische Gemeinde Streitsbach (S) hält dieses Gesetz für nichtig und will sich dagegen zur Wehr setzen. Sie sieht in dem Gesetz eine Einmischung in ihre inneren Angelegenheiten und verfassungsrechtlich garantierten Rechtspositionen. Jedenfalls durch einfaches Gesetz sei dies nicht möglich.*

*Welche Rechtsbehelfe stehen der Gemeinde zur Verfügung? Wird sie Erfolg haben? (Unterstellen Sie dabei, dass der Bund die Gesetzgebungskompetenz zum Erlass eines solchen Gesetzes hat!)*

***Abwandlung:*** *Ändert sich etwas, wenn es sich um ein Landesgesetz handelt?*

Lösung des Ausgangsfalls:

A) Verwaltungsrechtliche Klagemöglichkeiten (Unterlassungsklage, Feststellungsklage)

50 BVerfGE 79, 127 (160) = DVBl. 1989, 300.

51 BVerfGE 138, 1 = NVwZ 2015, 728.

Diese Klagemöglichkeiten sind vorliegend nicht gegeben, weil es bereits an der Eröffnung des Verwaltungsrechtsweges, § 40 I S. 1 VwGO, fehlt. Hier handelt es sich zwar um eine öffentlich-rechtliche Streitigkeit,[52] da zwei Träger öffentlicher Gewalt miteinander streiten (modifizierte Subjektstheorie).

Die Streitigkeit ist aber verfassungsrechtlicher Art, da die Auslegung und Anwendung der Verfassung, Art. 28 II GG, Art. 11 II BV, den eigentlichen Kern des Rechtsstreits bilden.[53]

**hemmer-Methode: Hier ist eine andere Ansicht vertretbar, da die Gemeinde gerade kein Verfassungsorgan ist und es damit an der sog. doppelten Verfassungsunmittelbarkeit fehlt.**

B) Normenkontrolle gemäß § 47 VwGO

Diese scheidet aus, da ein Bundesgesetz nicht Gegenstand einer Normenkontrolle nach § 47 VwGO sein kann, § 47 I VwGO.

C) Normenkontrollen gemäß Art. 93 I Nr. 2, 100 GG

Diese Rechtsmittel stehen der Gemeinde nicht zur Verfügung, da sie für beide Verfahren nicht antragsberechtigt ist.

D) Verfassungsbeschwerde gem. Art. 93 I Nr. 4a GG, §§ 13 Nr. 8a, 90 ff. BVerfGG

Diese ist unzulässig, da Art. 28 II GG kein Grundrecht ist, sondern nur eine institutionelle Garantie: Eine Gemeinde kann nach der Rechtsprechung des BVerfG[54] nicht Grundrechtsträger sein. Selbst wenn man dies bejaht, ist aber die Verfassungsbeschwerde nach Art. 93 I Nr. 4b GG spezieller.

E) Kommunale Verfassungsbeschwerde gem. Art. 93 I Nr. 4b GG, § 91 BVerfGG

I. Zulässigkeit

1. Antragsberechtigung

Antragsberechtigt im Verfahren der kommunalen Verfassungsbeschwerde ist jede Gemeinde oder jeder Gemeindeverband, also hier die Gemeinde S.

2. Prüfungsgegenstand

Vorliegend soll Bundesrecht überprüft werden. Ein Bundesgesetz ist zulässiger Prüfungsgegenstand der kommunalen Verfassungsbeschwerde.

3. Prüfungsmaßstab

Im Verfahren nach Art. 93 I Nr. 4b GG ist ausschließlich Art. 28 II GG Prüfungsmaßstab, da das Bundesverfassungsgericht nicht Landesverfassungsrecht überprüft. Dies stellt auch Art. 93 I Nr. 4b GG noch einmal ausdrücklich klar.

4. Beschwerdebefugnis

Da die kommunale Verfassungsbeschwerde der Individualverfassungsbeschwerde nachgebildet ist, ist wie bei dieser erforderlich, dass die Gemeinde durch die angegriffene Norm selbst, gegenwärtig und unmittelbar betroffen ist. Dies ist hier der Fall.

52 Ausführlich zu diesem Prüfungspunkt Hemmer/Wüst, Verwaltungsrecht I, Rn. 22 ff.

53 Vgl. Schenke/Ruthig in: Kopp/Schenke, § 40 VwGO, Rn. 31 ff.

54 Vgl. dazu BVerfGE 50, 50 - 56 = **juris**byhemmer; BVerfGE 56, 298 - 353 (312) = **juris**byhemmer; anders jedoch mitunter bzgl. der Statthaftigkeit/Antragsberechtigung auf landesverfassungsrechtlicher Ebene bzgl. der entsprechenden Landesregelung

5. Subsidiarität

Die Beschwerde nach Art. 93 I Nr. 4b GG ist subsidiär gegenüber einer Beschwerde zum Landesverfassungsgericht (VerfGH Ba-Wü), Art. 93 I Nr. 4b letzter Halbsatz GG, § 91 S. 2 BVerfGG. Da hier aber ausschließlich Bundesrecht geprüft werden soll, kommt eine „Beschwerde" zum VerfGH Ba-Wü nicht in Betracht, da Bundesrecht auch Landesverfassungsrecht bricht, Art. 31 GG.

6. Form, §§ 23, 92 BVerfGG

Gemäß § 23 I BVerfGG hat die Gemeinde den Antrag schriftlich mit Begründung (§ 92 BVerfGG) beim Bundesverfassungsgericht einzureichen.

7. Frist, § 93 BVerfGG

Es gilt die Jahresfrist des § 93 III BVerfGG. Diese ist vorliegend aber gewahrt, da sich die Beschwerde gegen ein gerade erlassenes Gesetz richtet.

8. Zwischenergebnis:

Eine kommunale Verfassungsbeschwerde nach Art. 93 I Nr. 4b GG ist zulässig.

II. Begründetheit

Das Bundesgesetz, in dem bestimmt wird, dass der Gemeinderat durch die Aufsichtsbehörde eingesetzt und nicht mehr durch Wahl der Gemeindeangehörigen bestimmt wird, könnte wegen Verstoßes gegen Art. 28 II GG nichtig sein.

Art. 28 II GG enthält eine Garantie der kommunalen Selbstverwaltung. Der Schutzbereich dieser Selbstverwaltungsgarantie umfasst auch die Autonomie der Gemeinde, d.h. das Recht, in selbstständiger, weisungsfreier Verwaltung durch eigene, selbstbestimmte Organe ihre originären Aufgaben zu erfüllen. Da hier gerade die Selbstbestimmung der Organe durch das Gesetz betroffen ist, fällt das Verhalten in den Schutzbereich der kommunalen Selbstverwaltung.

Im Entzug der Selbstbestimmung bei der Bestimmung der Mitglieder des Verwaltungsorgans Gemeinderat liegt hier auch ein Eingriff.

Fraglich ist, ob dieser gerechtfertigt ist. Das gemeindliche Selbstverwaltungsrecht besteht nur im Rahmen der Gesetze. Vorliegend erfolgt der Eingriff unproblematisch durch ein Gesetz.

Dies macht den Eingriff aber noch nicht per se rechtmäßig. Das einschränkende Gesetz hat vielmehr seinerseits die wertsetzende Bedeutung des eingeschränkten Rechts als Grenze der Einschränkungsmöglichkeit zu berücksichtigen. Ob dies durch das vorliegende Gesetz gewährleistet ist, richtet sich danach, ob das Gesetz das Recht auf kommunale Selbstverwaltung nur in einem Randbereich verletzt (Argumentation hierfür etwa: Auch die eingesetzten Gemeinderäte sind Gemeindebürger; es verbleibt darüber hinaus die Wahl des Bürgermeisters) oder aber ob eine Verletzung im Kernbereich vorliegt.

Ein Eingriff in den Kernbereich ist dabei grundsätzlich unzulässig. Wie bei Grundrechten gilt auch hier: Der Wesensgehalt der kommunalen Selbstverwaltung muss unangetastet bleiben. Vorliegend ist insoweit zu berücksichtigen, dass die freie Wahl des Gemeinderates als Vertretung der Gemeindebürger und Vollzugsorgan der Gemeinde seit jeher Wesensmerkmal der kommunalen Selbstverwaltung ist. Nach der Substanztheorie legt dies einen Eingriff in den Kernbereich nahe. Durch das vorliegende Gesetz wird derart tief in das Selbstverwaltungsrecht der Gemeinde eingegriffen, dass die „Selbstorganisationsfähigkeit" der Gemeinde aufgehoben wird. Damit ist auch nach der Subtraktionsmethode ein Eingriff in den Kernbereich gegeben.

Da insoweit auch das typische Erscheinungsbild nicht mehr gewahrt ist, liegt auch nach diesem Kriterium ein Eingriff in den Kernbereich vor. Die Willensbildung in der Gemeinde (Gemeinderat) wird nach dem Gesetz maßgeblich durch staatlich und damit insoweit drittbestimmte Vertreter der Gemeindebürger bestimmt. Dann liegt es aber nahe, dass diese nicht mehr den Willen der Gemeindebürger repräsentieren, letztlich die Gemeinde also mittelbar fremdbestimmt wird.

Der Gemeinde verbleibt damit nur noch eine formale Selbstverwaltung als Hülse, der aber ein wesentliches Merkmal, nämlich die Selbstbestimmung ihrer Organe, entzogen ist. Daher kommt auch die Gemeinwohltheorie zu dem Ergebnis, dass sich dieses Gesetz nicht mehr mit der grundgesetzlichen Gewährleistung der Selbstbestimmung in Art. 28 II GG vereinbaren lässt, da die Gründe, die für die gesetzliche Regelung sprechen, einen derart weitgehenden Eingriff nicht rechtfertigen können. Der Eingriff ist also unverhältnismäßig.

Das vorliegende Gesetz verletzt daher den Art. 28 II GG und ist deshalb verfassungswidrig. Die kommunale Verfassungsbeschwerde nach Art. 93 I Nr. 4b GG der Gemeinde S hat damit Erfolg. Das BVerfG hat das Gesetz gem. § 95 III BVerfGG für nichtig zu erklären.

**hemmer-Methode: Schöpfen Sie die Möglichkeiten der Klausur vollständig aus! Wer hier direkt auf die kommunale Verfassungsbeschwerde nach Art. 93 I Nr. 4b GG zusteuert, vergibt damit die Chance, dem Korrektor zu zeigen, dass er die Rechtsbehelfe von VwGO und Grundgesetz kennt und den Umgang mit ihnen sicher beherrscht. Gerade die Fragestellung in vorliegendem Fall war darauf angelegt, sämtliche denkbaren Rechtsbehelfe abzudecken. Schreiben Sie andererseits Ihre Klausur aber mit leichter Hand: Außer der kommunalen Verfassungsbeschwerde nach Art. 93 I Nr. 4b GG kommt hier kein anderes Rechtsmittel ernsthaft in Betracht.**
**Geben Sie dies bereits dadurch zu erkennen, dass Sie, anstelle den Korrektor durch schematisches Abspulen auswendig gelernter Prüfungsschemata im schwerfälligen Gutachtenstil zu langweilen, im Urteilsstil direkt die maßgeblichen Erwägungen anstellen und zum nächsten Problem (sprich Klageart) übergehen!**

Lösung Abwandlung:

A) – D) wie oben

E) Kommunale Normenkontrolle gem. Art. 68 I S. 2 Nr. 4 i.V. mit Art. 76 Landesverfassung, §§ 8 I Nr. 8, 54 VerfGHG

I. Zulässigkeit

1. Antragsberechtigung / Antragsteller

Antragsberechtigt in diesem Verfahren: Gemeinden oder Gemeindeverbände. Darunter fällt auch die Gemeinde S.

2. Prüfungsgegenstand / Antragsgegenstand

Zu den Gesetzen in diesem Sinn gehören nur die Landesgesetze. Nach dem VerfGH können zudem nur Gesetze im formellen Sinn Prüfungsgegenstand sein Der Sachverhalt enthält insoweit zwar keine näheren Angaben, es kann aber vorliegend davon ausgegangen werden, dass das Gesetz jedenfalls schon verabschiedet ist. Dies reicht aus, d.h. ein Gesetz muss lediglich existent, also verkündet, aber noch nicht in Kraft getreten sein.

3. Antragsbefugnis

Antragsbefugnis: Gem. Art. 76 LV ist erforderlich, dass eine mögliche Verletzung der Rechte aus Art. 71 ff. LV geltend gemacht wird;[55] zudem Beschwer selbst, gegenwärtig und unmittelbar nötig. Hier macht aber die Gemeinde S gerade ihre eigene Betroffenheit durch das angegriffene Gesetz geltend.

4. Form, Art. 15 I VerfGH

Die Beschwerdeschrift der Gemeinde muss die beanstandete Rechtsnorm und das gerügte Recht eindeutig bezeichnen und erkennen lassen, inwiefern eine Verletzung des Art. 71 I, II LV vorliegt. Sie muss also den wesentlichen Sachverhalt enthalten. Eine Frist ist für dieses Verfahren nicht vorgesehen.

II. Begründetheit

Da der Umfang der Gewährleistung des Art. 71 I, II LV mit dem des Art. 28 II GG identisch ist (s.o.), ist die kommunale Normenkontrolle der Gemeinde S gem. Art. 76 LV i.V.m. §§ 8 I Nr. 8, 54 VerfGHG wegen Verletzung des Art. 71 I, II LV ebenfalls erfolgreich. Auch dies hat die Nichtigerklärung des Gesetzes durch den VerfGH zur Folge.

G) Kommunale Verfassungsbeschwerde gem. Art. 93 I Nr. 4b GG

Eine kommunale Verfassungsbeschwerde scheidet aus Subsidiaritätsgründen aus, Art. 93 I Nr. 4b letzter Halbsatz GG, § 91 S. 2 BVerfGG.

**hemmer-Methode: Achtung!! Die kommunale Verfassungsbeschwerde nach Art. 93 I Nr. 4b GG ist grds. subsidiär zu jeglicher Überprüfungsmöglichkeit vor einem Landesverfassungsgericht. Dabei ist „Beschwerde" i.S.v. Art. 93 I Nr. 4b GG und § 91 S. 2 BVerfGG im *untechnischen* Sinne zu verstehen. Wichtiger baden-württembergischer Verfassungsrechtsbehelf und damit „Beschwerde" in diesem Sinne ist die Kommunale Normenkontrolle gem. Art. 68 I S. 2 Nr. 4 i.V.m. Art. 76 LV. Im Falle der Behauptung der Verletzung der kommunalen Selbstverwaltungsgarantie durch dem Land Baden-Württemberg zuzurechnendes Handeln, welches keine Landesnorm darstellt (Exekutivakt, Gerichtsentscheidung), müssen sich Gemeinden der Landesverfassungsbeschwerde gem. §§ 55-59 VerfGHG bedienen, wobei Art. 71 LV hier - anders als auf Bundesebene Art. 28 GG - als „grundrechtsähnliches Recht" gerügt werden kann. Die Möglichkeit der Landesverfassungsbeschwerde geht ebenso der kommunalen Verfassungsbeschwerde nach Art. 93 I Nr. 4b GG aufgrund deren Subsidiarität vor. Anders wäre dies nur zu sehen, würde auf Landesebene kein entsprechender Rechtsschutz gewährt, was auch im Falle materiell-rechtlicher Defizite denkbar ist.[56]**

## IV. Die Selbstverwaltungsgarantie als Leistungsrecht

*Leistungsrechte aus Art. 28 II GG*

Neben der negativen, abwehrrechtlichen Dimension weist das Selbstverwaltungsrecht der Gemeinden auch eine positive Komponente auf, d.h. es verbürgt in gewissem Umfang auch Leistungs- und Teilhaberechte: 31

⇨ Recht auf Förderung und Stärkung der Selbstverwaltung, wozu auch die Erhaltung der finanziellen Leistungsfähigkeit der Gemeinden gehört, vgl. Art. 73 I, III LV

⇨ Mitwirkungsrechte, wie die Anhörung im Verfahren bei Gesetzen und Verordnungen nach Art. 71 IV LV, ein Anhörungsrecht bei Planungen anderer Verwaltungsträger, welche die Gemeinde berühren[57], oder das Einvernehmen nach § 36 I BauGB

55 Ennuschat/Ibler/Remmert, § 1 Rn. 111; weiter Haug, Art. 76 LV, Rn. 1 und 9.

56 BVerfG, Beschluss der 1. Kammer des Zweiten Senats vom 25. Juni 2007- 2 BvR 635/07; BVerfG, Urteil des Zweiten Senats vom 21. November 2017- 2 BvR 2177/16.

57 Brüning, JURA 2015, 592 (601); Burgi, § 6 Rn. 20; Jarass/Pieroth, Art. 28 GG, Rn. 19.

⇨ Auftrag an den Normgeber, lebens- und leistungsfähige Selbstverwaltungskörperschaften zu schaffen

⇨ Grundsatz des gemeindefreundlichen Verhaltens

**hemmer-Methode: Klausurtaktik: Das Schlagwort „Kommunale Selbstverwaltung" taucht sehr häufig in Klausuren mit zahlreichen anderen Problemen auf, in denen sich eine Gemeinde gegen irgendwelche gegen sie gerichtete Maßnahmen wehrt bzw. Ansprüche gegen Dritte (den Staat oder andere Körperschaften des öffentlichen Rechts) geltend macht. Typischerweise ist in solchen Klausuren in der Zulässigkeitsprüfung einer Anfechtungs-/Verpflichtungsklage unter dem Prüfungspunkt der Klagebefugnis, § 42 II VwGO - ohne nähere Untersuchung - festzustellen, dass eine Verletzung der Gemeinde in ihrem Recht auf kommunale Selbstverwaltung wegen der thematischen Weite der kommunalen Selbstverwaltung möglich erscheint bzw. sich der behauptete Anspruch möglicherweise daraus ergeben könnte (Möglichkeitstheorie).[58] In der Begründetheitsprüfung wird sich dann aber regelmäßig wegen der großen Einschränkungsmöglichkeiten auf Grund des Gesetzesvorbehalts als Ergebnis der Prüfung ergeben, dass eine Verletzung des Rechts auf kommunale Selbstverwaltung ausscheidet. In diesen Klausuren werden die eigentlichen Probleme in anderen Bereichen liegen, sodass es auf das Recht auf kommunale Selbstverwaltung nicht entscheidend ankommt; der Klausurersteller will hier nur einen zusätzlichen Prüfungspunkt einbauen, der dann dementsprechend knapp abzuhandeln ist.**

## V. Die Selbstverwaltungsgarantie als Verpflichtung

Aus dem Selbstverwaltungsrecht ergibt sich auch eine Bindung der Gemeinde hinsichtlich der Aufrechterhaltung des Aufgabenbestands und damit die grundsätzliche Pflicht der gemeindlichen Wahrung und Sicherung ihres eigenen Bestands.[59] Dies ist zu beachten, wenn die Gemeinde Aufgaben, welche sich als Selbstverwaltungsaufgaben darstellen, privatisiert (hierzu ausführlich unter Rn. 428 ff.). *31a*

## VI. Das Selbstverwaltungsrecht der Gemeindeverbände, Art. 28 II S. 2 GG

*insbes. Landkreise*

Die Gemeindeverbände, zu denen insbesondere die Landkreise zählen, haben gem. Art. 28 II S. 2 GG und Art. 71 I, II LV ebenfalls das Recht der Selbstverwaltung. Im Vergleich zu den Gemeinden ist dies jedoch in verschiedener Hinsicht abgeschwächt. *32*

*keine originären Aufgaben*

Der Aufgabenkreis ist nur nach näherer gesetzlicher Bestimmung gewährleistet, es gibt demnach keine feststehenden, originären Aufgaben, die den Kreisen von Verfassungs wegen grundsätzlich zugewiesen sind.[60] Das Selbstverwaltungsrecht beinhaltet demnach, dass den Gemeindeverbänden überhaupt Aufgaben zugewiesen sein müssen, nicht aber die Allzuständigkeit.

Zudem besteht im Verhältnis zu den Gemeinden für die Aufgabenwahrnehmung ein Regel-Ausnahme-Prinzip zugunsten der Gemeinden.[61]

58 Vgl. dazu näher **Hemmer/Wüst, Verwaltungsrecht I, Rn. 114 ff.**

59 BVerwG, DVBl. 2009, 1382 = **Life&LAW 01/2010, 44** = JuS 2011, 375 (Anm. Muckel); die Rspr. des BVerwG ablehnend Schoch, DVBl. 2009, 1533; Ehlers, DVBl. 2009, 1456; Katz, NVwZ 2010, 405.

60 BVerwGE 152, 188 = JuS 2016, 478 (Anm. Waldhoff); BVerfGE 83, 363 (383); Schoch, DVBl. 2008, 937 (938);.

61 BVerfGE 83, 363 (382); 79 127 (152); Jarass/Pieroth, Art. 28 GG, Rn. 28.

## C. Verfassungsgerichtlicher Rechtsschutz der Gemeinde

### I. Kommunale Normenkontrolle vor dem VerfGH

*Verfassungsgerichtshof*

Die Gemeinden und Gemeindeverbände können sich gem. Art. 76 LV i.V.m. §§ 8 I Nr. 8, 54 VerfGHG an den VerfGH BW wenden, um die Verletzung der Art. 71 bis 75 LV durch ein Gesetz geltend zu machen. 33

*Prüfungsgegenstand: nur formelle Gesetze*

Zu den Gesetzen in diesem Sinn gehören nur die Landesgesetze. Nach dem VerfGH können zudem nur Gesetze im formellen Sinn Prüfungsgegenstand sein,[62] nicht jedoch sonstige Rechtsnormen (d.h. Rechtsnormen im nur materiellen Sinn).

**hemmer-Methode: Untergesetzliche landesrechtliche Rechtsnormen kann die Gemeinde mit der Normenkontrolle vor dem VGH gem. § 47 I Nr. 2 VwGO i.V.m. § 4 AGVwGO überprüfen lassen.**

*Prüfungsschema*

Prüfungsschema für die Normenkontrolle auf Antrag der Gemeinde bzw. des Gemeindeverbands: 34

**I. Zulässigkeit des Antrags**

1. Zuständigkeit: Art. 76 LV, §§ 8 I Nr. 8, 54 VerfGH
2. Antragsteller: Gemeinde oder Gemeindeverband; einen Antragsgegner kennt das Verfahren nicht
3. Antragsgegenstand: formelle Landesgesetze
4. Antragsbefugnis: Gem. Art. 76 LV ist erforderlich, dass eine mögliche Verletzung der Rechte aus Art. 71 ff. LV geltend gemacht wird;[63] zudem Beschwer selbst, gegenwärtig und unmittelbar nötig
5. Form, § 15 I VerfGH: schriftlich und begründet; keine Fristbindung

**II. Begründetheit des Antrags**

Der Antrag ist begründet, wenn das Gesetz gegen die Art. 71 - 75 verstößt.[64]

**hemmer-Methode: Anders als bei der abstrakten Normenkontrolle nach Art. 93 I Nr. 2 GG oder Art. 68 I Nr. 2 LV ist in dem Verfahren nach Art. 76 LV eine Antragsbefugnis erforderlich, deren Voraussetzungen der Kommunalverfassungsbeschwerde nach Art. 93 I Nr. 4b GG entsprechen.**

### II. Kommunale Verfassungsbeschwerde zum BVerfG[65]

*Bundesverfassungsgericht*

Das BVerfG ist gem. Art. 93 I Nr. 4b GG i.V.m. §§ 13 Nr. 8a, 91 ff. BVerfGG zur Entscheidung über eine Kommunalverfassungsbeschwerde zuständig. 35

*Beschwerdeberechtigung*

Beschwerdeberechtigt zur kommunalen Verfassungsbeschwerde sind ebenfalls Gemeinden und Gemeindeverbände.

62 StGH Baden-Württemberg, ESVGH 19, 123; Ennuschat/Ibler/Remmert, § 1 Rn. 111; Haug, Art. 76 LV, Rn. 6.

63 Ennuschat/Ibler/Remmert, § 1 Rn. 111; weiter Haug, Art. 76 LV, Rn. 1 und 9.

64 Haug, Art. 76 LV, Rn. 9; Ennuschat/Ibler/Remmert, § 1 Rn. 111; ohne Begrenzung auf die Rechte aus Art. 71 - 75 LV aber StGH Baden-Württemberg, ESVGH 22, 202 (208).

65 Instruktiv hierzu Starke, Grundfälle zur Kommunalverfassungsbeschwerde, JuS 2008, 319-324; Schmidt, Die Kommunalverfassungsbeschwerde, JA 2008, 763-772; Guckelberger, Verfassungsbeschwerden kommunaler Gebietskörperschaften, JURA 2008, 819-826.

*Beschwerdegegenstand*

Beschwerdegegenstand sind gem. Art. 93 I Nr. 4b GG und § 91 S. 1 BVerfGG Gesetze, wobei der Begriff weit verstanden wird. Anders als der VerfGH versteht das BVerfG jedoch darunter alle Gesetze im formellen und auch im bloß materiellen Sinn. Da die kommunale Verfassungsbeschwerde auch nicht auf Bundesrecht beschränkt ist, kann Gegenstand zunächst auch jede Rechtsvorschrift des Landesrechts sein.[66]

*Beschwerdebefugnis*

Die Beschwerdebefugnis nach § 90 I BVerfGG setzt voraus, dass der Beschwerdeführer geltend macht, durch das Gesetz möglicherweise in seiner Selbstverwaltungsbefugnis aus Art. 28 II GG verletzt zu sein. 36

Rügefähig sind nach der Rspr. des BVerfG zudem die das Bild der Selbstverwaltung prägenden Verfassungsnormen („spezielle Ausprägungen"). Zudem muss eine Beschwer selbst, gegenwärtig und unmittelbar vorliegen.[67]

*Rechtswegerschöpfung und Subsidiarität*

Des Weiteren muss der Rechtsweg erschöpft sein, § 90 II BVerfGG. 37
Zumal es gegen formelle Gesetze keinen Rechtsweg gibt, bereitet dieser Prüfungspunkt selten Probleme. Gegen materielle Gesetze muss zuvor eine Normenkontrolle gem. § 47 I Nr. 2 VwGO i.V.m. § 4 AGVwGO erhoben werden.[68]

Jedoch ist die kommunale Verfassungsbeschwerde gegen Landesgesetze ausgeschlossen, sofern Beschwerde beim Landesverfassungsgericht erhoben werden kann, vgl. Art 93 I Nr. 4b GG a.E. (Subsidiarität). Eine solche Möglichkeit ist in Art. 76 LV gerade vorgesehen. Da dieses Verfahren nach der Rspr. des VerfGH jedoch nur für die formellen Landesgesetze gilt, ist die kommunale Verfassungsbeschwerde nach Art. 93 I Nr. 4b GG auch nur für die formellen Landesgesetze wegen Subsidiarität ausgeschlossen. Untergesetzliche Rechtsnormen des Landesrechts unterliegen dagegen der Verfassungsbeschwerde nach Art. 93 I Nr. 4b GG.[69]

**hemmer-Methode: Dies ist rechtspolitisch unbefriedigend, ergibt sich jedoch aus den gesetzlichen Vorschriften und der Beschränkung des Verfahrens nach Art. 76 LV auf formelle Landesgesetze - anders übrigens als bei der Individualverfassungsbeschwerde, bei der das BVerfG die Zulässigkeitsvoraussetzung der Subsidiarität selbst entwickelt hat.**

*Form und Frist*

Die Anforderungen an einen ordnungsgemäßen Antrag sind in den §§ 23, 92 BVerfGG geregelt. Zu beachten ist zudem die Frist des § 93 III BVerfGG. Bei untergesetzlichen Rechtsnormen beginnt die Frist erst mit rechtskräftigem Abschluss des verwaltungsgerichtlichen Normenkontrollverfahrens, soweit der Rechtsbehelf seinerseits innerhalb eines Jahres nach Inkrafttreten erhoben wurde.

Zusammengefasst stellt sich der verfassungsgerichtliche Rechtsschutz der Gemeinden und Gemeindeverbände folgendermaßen dar: 38

- ⇨ gegen Bundesgesetze (formelle und materielle)
  ⇨ Kommunale Verfassungsbeschwerde zum BVerfG
- ⇨ gegen formelle Landesgesetze
  ⇨ Verfahren nach Art. 76 LV zum VerfGH
- ⇨ gegen untergesetzliche landesrechtliche Rechtsnormen
  ⇨ Kommunale Verfassungsbeschwerde zum BVerfG, sofern zuvor Normenkontrolle gem. § 47 I Nr. 2 VwGO erhoben wurde

66 Ennuschat/Ibler/Remmert, § 1 Rn. 108; Engel/Heilshorn, § 5 Rn. 89; Burgi, § 9 Rn. 3.

67 Ennuschat/Ibler/Remmert, § 1 Rn. 108; Engel/Heilshorn, § 5 Rn. 90.

68 BVerfGE 76, 107.

69 BVerfGE 107, 1 = DVBl. 2003, 919.

*keine verfassungsgerichtlichen Rechtsbehelfe gegen Einzelmaßnahmen*

Gegen Einzelmaßnahmen staatlicher Stellen stehen den Gemeinden keine verfassungsgerichtlichen Rechtsbehelfe zur Verfügung. Insbesondere sind nur „Gesetze" Gegenstand der kommunalen Verfassungsbeschwerde nach Art. 93 I Nr. 4b GG, während die (Jedermann-)Verfassungsbeschwerde nach Nr. 4a gegen jeden Akt der öffentlichen Gewalt gerichtet werden kann. Gegen Einzelmaßnahmen kann die Gemeinde nur im Verwaltungsrechtsweg vorgehen. 39

## D. Grundrechtsberechtigung der Gemeinden?

*jur. Personen des ÖR grds. nicht grundrechtsberechtigt*

Nach BVerfG und h.M. in der Literatur sind juristische Personen des öffentlichen Rechts grundsätzlich nicht grundrechtsberechtigt, weil die Grundrechte i.S.d. Art. 19 III GG ihrem Wesen nach nicht auf sie anwendbar sind. 40

Gründe für diese Auffassung sind:

*BVerfG: keine „grundrechtstypische Gefährdungslage"*

**a)** Primärer Zweck der Grundrechte ist der Schutz natürlicher Personen gegen Eingriffe des Staats. Dem entspricht auch die traditionelle Funktion der Grundrechte im Staat-Bürger-Verhältnis. Die Ausformung der Grundrechte geschah im Hinblick auf die Erfahrung typischer Gefährdungen und Verletzungen der Würde, der Freiheit und der rechtlichen Gleichheit der einzelnen Menschen oder von Menschengruppen durch die öffentliche Gewalt.[70] Grundrechte gelten nach dem BVerfG damit nur bei einer „grundrechtstypischen Gefährdungslage".[71] 41

Juristische Personen des öffentlichen Rechts befinden sich nicht in einer solchen Lage. Denn „die Erfüllung öffentlicher Aufgaben durch juristische Personen des öffentlichen Rechts vollzieht sich grundsätzlich nicht in Wahrnehmung unabgeleiteter, ursprünglicher Freiheiten, das eigene Leben, die Existenz, nach eigenen Entwürfen zu gestalten oder über sich selbst zu bestimmen, sondern aufgrund von Kompetenzen, die vom positiven Recht zugeordnet und inhaltlich bemessen und begrenzt sind".[72] Für eine Gemeinde gilt das Grundrecht aus Art. 3 I GG nicht. Jedoch ist zu beachten, dass im Gleichheitssatz ein allgemeiner Rechtsgrundsatz zum Ausdruck kommt und dieser damit objektiv auch Geltung innerhalb des hoheitlichen Staatsaufbaus beansprucht. Insoweit kann dann auf das Rechtsstaatsprinzip zurückgegriffen werden.

*aber Ausnahmen*

**hemmer-Methode: Eine Ausnahme gilt für diejenigen juristischen Personen des öffentlichen Rechts, deren Aufgaben der unmittelbaren Grundrechtsverwirklichung dienen,[73] wie Rundfunkanstalten (Art. 5 I, 10 I GG), Religionsgemeinschaften (umfassende Grundrechtsberechtigung), Universitäten (Art. 5 III GG) sowie vom Staat distanzierte Einrichtungen wie Museen, Theater etc. (Art. 5 III GG). Insoweit haben diese Körperschaften eine „grundrechtsdienende" Funktion, als durch sie die Bürger ihre Grundrechte effektiv ausüben können. Diese juristischen Personen des öffentlichen Rechts lassen ein „personales Substrat" erkennen bzw. befinden sich in einer „grundrechtstypischen Gefährdungslage.**
**Bei den Gemeinden lägen diese Voraussetzungen aber trotz ihres Selbstverwaltungsrechts nicht vor. Die Selbstverwaltungsgarantie diene zwar der allgemeinen politischen Bürgerfreiheit, lasse sich aber nicht unmittelbar einem grundrechtsgeschützten Lebensbereich zuordnen. Auch im Bereich der Daseinsvorsorge seien die Gemeinden nicht „Sachwalter" des Einzelnen bei der Wahrnehmung seiner Grundrechte.**

70 BVerfGE 61, 82 (100) - Sasbach.

71 BVerfGE 61, 82 (102); Kingreen/Poscher, Staatsrecht II, Rn. 217; Ludwigs/Friedmann, JA 2018, 807 (811); Tonikidis, JURA 2012, 517 (522).

72 BVerfGE 61, 82 (101); bestätigt durch BVerfG, NVwZ 2005, 82 = **Life&LAW 04/2005, 254.**

73 Kingreen/Poscher, Staatsrecht II, Rn. 222; Tonikidis, JURA 2012, 517 (523).

*auch nicht bei privatrechtlichem Handeln*

Die Grundrechtsberechtigung verneint die h.M. auch dann, wenn eine juristische Person des öffentlichen Rechts privatrechtlich tätig wird und nicht (unmittelbar) öffentliche Aufgaben erfüllt.[74] Auch hier fehlt es an der erforderlichen grundrechtstypischen Gefährdungslage, sie ist nicht „grundrechtsschutzbedürftig".[75] Dabei ist insbesondere zu berücksichtigen, dass eine Gemeinde sich bei rein „fiskalischem" Handeln außerhalb ihres eigentlichen Aufgabenbereichs bewegt. So ist auch in der GemO festgelegt, dass eine wirtschaftliche Betätigung ohne Bezug zu den öffentlichen Aufgaben nicht zulässig ist (vgl. § 102 I Nr. 1 GemO). 42

*Fiskusprivilegien*

Zudem sei die Gemeinde auch bei privatrechtlichem Handeln staatlichen Eingriffen nicht ebenso unterworfen wie ein Privater. Das BVerfG verweist insofern auf verschiedene „Fiskusprivilegien"[76] wie § 17 VwVG und § 882a ZPO, Besonderheiten hinsichtlich der Polizei- und Steuerpflichtigkeit öffentlich-rechtlicher Körperschaften und Möglichkeiten staatsinterner Einflussnahme.

*h.L.: personales Substrat*

**b)** Ist mit der h.M. in der Literatur ein „personales Substrat" Voraussetzung für die Grundrechtsberechtigung juristischer Personen, so fehlt dieses gerade bei den juristischen Personen des öffentlichen Rechts. Denn hinter diesen stehen keine natürlichen Personen, sondern stets der Staat. 43

*Konfusionsargument*

Staatliche Funktionsträger seien stets nur Erscheinungsformen der einheitlichen Staatsgewalt und könnten nicht gleichzeitig Verpflichtete und Berechtigte der Grundrechte sein (sog. Konfusionsargument).[77]

**hemmer-Methode: Auf die sog. Justizgrundrechte können sich dagegen nach allg. Meinung auch juristische Personen des öffentlichen Rechts berufen. Diese sind das Recht auf den gesetzlichen Richter (Art. 101 I S. 2 GG) und das Recht auf rechtliches Gehör (Art. 103 I GG).[78]**

Insbesondere das Eigentum der Gemeinde wird nach h.M. verfassungsrechtlich nicht von Art. 14 I S. 1 GG, aber durch die kommunale Selbstverwaltungsgarantie insoweit geschützt, als dies für die eigenverantwortliche Wahrnehmung der Angelegenheiten der örtlichen Gemeinschaft erforderlich ist. Ohne Zweifel bedeutet dies einen geringeren Schutz, als er i.R.d. Eigentumsgrundrechts bestehen würde.

*Mindermeinung*

**c)** Eine Mindermeinung hält dem entgegen, dass sich eine grundsätzliche Unterscheidung von juristischen Personen des Privatrechts und solchen des öffentlichen Rechts nicht mit Art. 19 III GG begründen lasse. Ferner sei das Argument der Einheit der Staatsgewalt nicht tragfähig, da das GG an verschiedenen Stellen unterschiedliche Träger der Staatsgewalt vorsehe und voraussetze. 44

**Exkurs:** In der Rspr. wurde eine (teilweise) Grundrechtsberechtigung der Gemeinden nur vom BayVerfGH angenommen. Als Argument führt das Gericht an, dass die Rechtsordnung den Kommunen den Erwerb von Privateigentum gestatte. Daher müssten sie (wie Private) ebenfalls vor Übergriffen der öffentlichen Hand geschützt werden. Weiteres Argument sind die Protokolle zur Entstehungsgeschichte des Art. 14 GG i.R.d. Verfassungskonvents.[79]

---

74 BVerfG, NVwZ 2016, 1553 (1555); so auch BVerwG, NVwZ 2005, 963 = **Life&LAW 10/2005, 701.**

75 BVerfGE 61, 82 (105) = NJW 1982, 2173.

76 BVerfGE 61, 82 (106) = NJW 1982, 2173; Ludwigs/Friedmann, JA 2018, 807 (812); Tonikidis, JURA 2012, 517 (522).

77 BVerfGE 21, 362 (369 f.); Kingreen/Poscher, Staatsrecht II, Rn. 217; Ludwigs/Friedmann, JA 2018, 807 (812); Tonikidis, JURA 2012, 517 (522).

78 BVerfGE 6, 45 (49 f.); 13, 132 (139 f.); Jarass/Pieroth, Art. 19 GG, Rn. 20; Tonikidis, JURA 2012, 517 (521).

79 Vgl. dazu Kingreen/Poscher, Staatsrecht II, Rn. 223 m.w.N.; Merten, DÖV 2019, 41; Ludwigs/Friedmann, JA 2018, 807 (812). In der Rspr. wurde eine (teilweise) Grundrechtsberechtigung der Gemeinden nur vom BayVerfGH angenommen, vgl. BayVerfGH, NVwZ 1985, 260.

*aber: Berufung auf Verfahrensgrundsätze (+)*

**d)** Der Rechtsprechung des BVerfG und der h.L. folgend ist die Gemeinde mangels Grundrechtsberechtigung nicht beschwerdeberechtigt für eine (Jedermanns-) Verfassungsbeschwerde gem. Art. 93 I Nr. 4a GG. Eine Ausnahme gilt selbstverständlich für die „Justizgrundrechte" nach Art. 101 I S. 2, Art. 103 I GG. *45*

Diese Bestimmungen gehörten weder formell noch inhaltlich zu den Grundrechten i.S.v. Art. 19 GG, sondern enthielten objektive Verfahrensgrundsätze, die für jedes gerichtliche Verfahren gelten und daher auch jedem zugutekommen müssten, der nach den Verfahrensnormen parteifähig sei oder von dem Verfahren unmittelbar betroffen werde.

*Lit.: Kritik an BVerfG*

Auch die Literatur tritt der Ansicht des BVerfG z.T. entgegen. Art. 19 III GG differenziere seinem Wortlaut nach nicht zwischen juristischen Personen des Privatrechts und des öffentlichen Rechts.[80] *45a*

Vor allem aber sei der Ansatz des BVerfG verfehlt, von einer Einheit der Staatsgewalt auszugehen. Diese Sichtweise werde der staatsorganisatorischen Grundentscheidung zur Dezentralisation und insbesondere der Bedeutung des Art. 28 II GG für die Positionsbestimmung der Gemeinden im Staat nicht gerecht.

Jedenfalls dann, wenn sich die Kommunen als juristische Personen im fiskalischen Bereich zulässigerweise wie ein Privatmann am allgemeinen Rechtsverkehr beteiligten, seien sie gegenüber staatlichen Eingriffen in gleicher Weise schutzbedürftig wie ein Privater, sodass insoweit auch eine grundrechtstypische Gefährdungslage bestehe und von einer Grundrechtsfähigkeit auszugehen sei. Es gehe auch an der politischen Wirklichkeit vorbei, die Gemeinde als „Unterstaat" oder „parastaatlich" zu qualifizieren.[81]

Z.T. will die Literatur in Konsequenz dessen den Gemeinden auch eine Berufung auf die Grundrechte der Art. 2 I, 5 GG im Einzelfall gestatten. Dies dürfte wohl zu weit gehen.

*maßgeblich: Verständnis von Stellung d. Gemeinden im Staatsgefüge*

Wertungsmäßig orientiert sich die Entscheidung darüber, ob man den Gemeinden überhaupt eine Grundrechtsfähigkeit zubilligt oder nicht, also stark daran, ob man sie mehr als „Staaten im Staate" oder mehr als „verlängerte Staatsarme" sieht.

**hemmer-Methode: Bereits aus dieser Darstellung ersehen Sie, dass diese Frage seit Jahren stark umstritten ist, weshalb dieses Problem auch jederzeit in einer Klausur auftauchen könnte.**
**Wichtig für Sie ist dann nicht so sehr das Ergebnis. Entscheidend ist, dass Sie das Problem sauber herausarbeiten. In einer solchen Klausur sind regelmäßig beide Ansichten vertretbar. Beachten Sie aber das Regel-Ausnahme-Verhältnis.**

80 Vgl. Kingreen/Poscher, Rn. 237 ff.

81 Vgl. Bauer/Böhle/Ecker, Bay. Kommunalgesetze, Art. 1 GO, Rn. 9.

## § 3 DIE GEMEINDEN UND GEMEINDEVERBÄNDE IM STAATSAUFBAU

### A. Verwaltungsorganisation

*Teil der Verwaltung*

**a)** Die Gemeinden und Gemeindeverbände sind Teil der Staatsfunktion (Staatsgewalt) „Verwaltung" im Gegensatz zu Gesetzgebung und Rechtsprechung. 46

*Teil der Länderverwaltung*

**b)** Im föderalen Bund-Länder-Verhältnis sind die Gemeinden und Gemeindeverbände Teil der Verwaltung der Länder. 47

*unmittelbare und mittelbare Staatsverwaltung*

**c)** Die Verwaltungsorganisation auf der Ebene der Länder besteht zum einen aus dem Bundesland als Verwaltungsträger (selbstständige Körperschaft als juristische Person des öffentlichen Rechts), wie dem Land Baden-Württemberg. Das Land ist Verwaltungsträger der unmittelbaren Staatsverwaltung. Zur unmittelbaren Landesverwaltung zählen z.B. die Landesministerien und die Regierungspräsidien. Rechtsträger ist das Land, insbesondere i.S.v. § 78 I Nr. 1 VwGO. 48

Die Begrifflichkeiten werden hier unterschiedlich gebraucht. Z.T. wird die unmittelbare Staatsverwaltung auch bloß als „Staatsverwaltung" bezeichnet, in Unterscheidung zur „Kommunalverwaltung" oder zur „Selbstverwaltung".

Neben dem Land gibt es weitere selbstständige juristische Personen des öffentlichen Rechts, welche herkömmlicherweise in Körperschaften, Anstalten und Stiftungen unterschieden werden.[82] Diese gegliederte Verwaltungsorganisation ist u.a. in Art. 69 I und Art. 71 I S. 3 LV ermöglicht bzw. vorausgesetzt (vgl. auf Bundesebene Art. 86 GG). Diese juristischen Personen des öffentlichen Rechts werden als die „mittelbare Staatsverwaltung" oder als „Selbstverwaltung" bezeichnet (vgl. Art 69 I LV).

Selbstständige juristische Personen (außer dem Land selbst) müssen durch Gesetz vorgesehen sein (sog. institutioneller Gesetzesvorbehalt).[83] Für die Gemeinden bestimmt dies § 1 IV GemO. Für die Landkreise ist dies in § 1 II LKrO, für Zweckverbände in § 3 S. 1 GKZ festgelegt. Weiteres Beispiel sind die Universitäten, vgl. § 5 I UG.

**hemmer-Methode: Die Gemeinden sind also nicht die einzigen verselbstständigten Verwaltungsträger. Tatsächlich gibt es eine Vielzahl weiterer juristischer Personen des öffentlichen Rechts. Kennzeichnend für den häufigsten Fall der Körperschaft des öffentlichen Rechts sind die Erfüllung bestimmter, gesetzlich festgelegter Aufgaben, die eigenverantwortliche Wahrnehmung von Aufgaben (d.h. die Körperschaften unterliegen der Rechtsaufsicht des Landes und keiner Zweckmäßigkeitskontrolle) sowie die Mitwirkung einer bestimmten Bevölkerungsgruppe an der Willensbildung dieser juristischen Person. Die Gemeinden nehmen unter diesen Verwaltungsträgern eine Sonderstellung ein. Zum einen sind sie historisch gewachsen und verfassungsrechtlich verankert, zum anderen haben sie hohe politische und praktische Bedeutung.**

*Struktur der unmittelbaren und mittelbaren Staatsverwaltung*

Es ergibt sich für die Verwaltungsorganisation auf der Ebene des Landes Baden-Württemberg folgendes Schema (Rechtecke stehen für juristische Personen = Verwaltungsträger, Kreise für Behörden, Pfeile für die Aufsicht des Landes über die mittelbare Staatsverwaltung): 49

82 Instruktiv zur mittelbaren Staatsverwaltung und den examensrelevanten Bezügen Kemmler, JA 2015, 328-334.

83 Ennuschat/Ibler/Remmert, § 1 Rn. 443; Kopp/Ramsauer, § 3 VwVfG, Rn. 7a; Jarass/Pieroth, Art. 86 GG, Rn. 2.

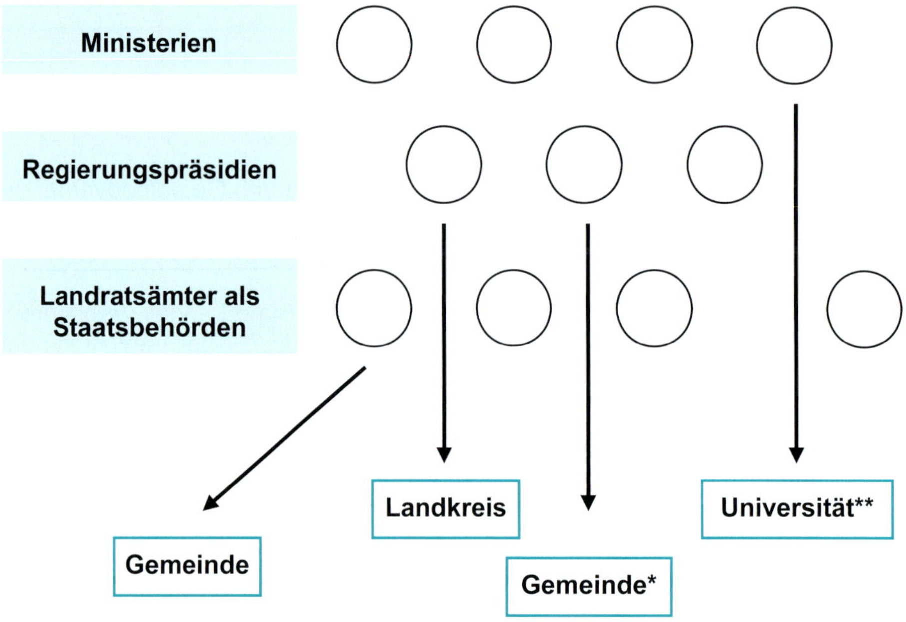


* Stadtkreis oder Große Kreisstadt, §§ 3, 119 GemO, § 12 LVG
** oder andere jur. Person des öffentlichen Rechts

## B. Aufgaben der Gemeinden und Landkreise

### I. Aufgaben der Gemeinde

*Aufgabenmonismus statt Aufgabendualismus*

Der Gemeindeordnung liegt ein monistisches Modell zugrunde, d.h. eine Differenzierung zwischen Selbstverwaltungs- und Auftragsangelegenheiten (sog. Aufgabendualismus) findet nicht statt.[84] Dennoch wird in § 2 GemO zwischen drei Kategorien gemeindlicher Aufgaben unterschieden. 50

*freiwillige Aufgaben, § 2 I GemO*

In § 2 I GemO sind die sog. freiwilligen Aufgaben der Gemeinde verankert. Es handelt sich um zur örtlichen Gemeinschaft gehörende Aufgaben, zu deren Wahrnehmung die Gemeinde nicht gesetzlich verpflichtet ist.[85] In diesem Bereich entscheiden die Gemeinden im pflichtgemäßen Ermessen über das Ob, Wann und Wie der Aufgabenerfüllung.

> ***Bspe.:** kommunale Vereinsförderung; örtliche Kulturpflege; Städtepartnerschaften; Schaffung von öffentlichen Einrichtungen, § 10 II GemO (Schwimmbäder, Festhallen etc.); Einrichtung von Sparkassen, § 2 SpG; Reintegration Obdachloser*

*Pflichtaufgaben, § 2 II GemO*

Daneben kennt § 2 II S. 1 GemO die sog. (weisungsfreien) Pflichtaufgaben. In diesem Bereich werden die Gemeinden durch Gesetz zur Erfüllung bestimmter öffentlicher Aufgaben verpflichtet.[86] In diesem Bereich entscheiden die Gemeinden im pflichtgemäßen Ermessen allein über das Wie der Aufgabenerfüllung. Auch diese Aufgaben nehmen am Schutz des Art. 28 II GG teil; der Gemeinde erwächst aus diesen Aufgaben eine wehrfähige Rechtsposition, insbesondere gegen staatliche Aufsichtsmaßnahmen.

84 Aker/Haffner/Notheis, § 2 GemO, Rn. 2; Kunze/Bronner/Katz, § 2 GemO, Rn. 3; Engel/Heilshorn, § 8 Rn. 2.
85 Aker/Haffner/Notheis, § 2 GemO, Rn. 3; Kunze/Bronner/Katz, § 2 GemO, Rn. 11; Engel/Heilshorn, § 8 Rn. 6; Ennuschat/Ibler/Remmert, § 1 Rn. 40.
86 Aker/Haffner/Notheis, § 2 GemO, Rn. 14; Kunze/Bronner/Katz, § 2 GemO, Rn. 25; Engel/Heilshorn, § 8 Rn. 9; Ennuschat/Ibler/Remmert, § 1 Rn. 40.

*Bspe.: Bauleitplanung, §§ 1 III, 2 I BauGB; Abwasserbeseitigung, § 46 I WG; Straßenbaulast, §§ 9, 44 StrG; Schulträgerschaft, § 28 I SchulG; Bereitstellung und Unterhaltung der Friedhöfe, § 1 I BestattG*

*Weisungsaufgaben, § 2 III GemO*

Schließlich sieht § 2 III GemO vor, dass den Gemeinden durch Gesetz Pflichtaufgaben zur Erfüllung nach Weisung auferlegt werden können, welche als „Weisungsaufgaben“ bezeichnet werden.[87] Kennzeichnend für sie ist ein umfassendes Weisungsrecht (Rechts- und Fachaufsicht) der staatlichen Aufsichtsbehörden (vgl. §§ 2 III, 118 II, 129, 130 GemO). Es handelt sich hierbei um überörtliche staatliche Aufgaben, zu deren Erfüllung sich das Land oder der Bund der Gemeinden als „verlängerter Arm“ bedient. Im Bereich der Weisungsaufgaben kann sich die Gemeinde grundsätzlich nicht auf die Selbstverwaltungsgarantie des Art. 28 II GG berufen. Zuständiges Organ ist gem. § 44 III GemO bzw. § 15 II LVG grds. der Bürgermeister.

*Bspe.: Tätigkeit der Gemeinden als untere Fachbehörden, d.h. untere Baurechtsbehörde (§§ 48 I, 46 II LBO); Ortspolizeibehörde (§ 62 IV S. 2 PolG); untere Straßenverkehrsbehörde (§ 2 III S. 3 StVOZustG); untere Denkmalschutzbehörde (§ 3 III S. 1 DSchG)*

Die Wahrnehmung von Bundesangelegenheiten ist die Ausnahme. Die Mitwirkung der Gemeinden beschränkt sich auf die Vorbereitung und Durchführung der Bundestagswahl (§ 17 I BWahlG) und den Bereich der Ausbildungsförderung (§ 2 I AG BAföG i.V.m. § 39 I BAföG).

**hemmer-Methode: Die Unterscheidung zwischen den freiwilligen Aufgaben und den Pflichtaufgaben ist wenig klausurrelevant. Elementar ist aber die Unterscheidung zwischen denjenigen Aufgaben, die von Art. 28 II GG geschützt sind (Selbstverwaltungsaufgaben als Oberbegriff für freiwillige und Pflichtaufgaben) und denjenigen, bei denen sich die Gemeinde nicht auf ihre Selbstverwaltungsgarantie berufen kann (Weisungsaufgaben).**
**Pflichtaufgaben zur Erfüllung nach Weisungen kommen in der Klausur häufig vor, da fast der gesamte Bereich der Gefahrenabwehr als Pflichtaufgabe zur Erfüllung nach Weisung ausgestaltet ist.**

Um Weisungsaufgaben handelt es sich, wenn ein Gesetz eine bestimmte Angelegenheit als Weisungsaufgabe bezeichnet oder ein Weisungsrecht vorsieht. Dies ist in § 15 II LVG[88] für alle diejenigen Fälle bestimmt, in denen eine Gemeinde als untere Verwaltungsbehörde tätig wird. Dies betrifft nach § 15 I LVG die Großen Kreisstädte und die Stadtkreise. Der Begriff der unteren Verwaltungsbehörde ist damit in einer Klausur gleichsam ein Signalwort dafür, dass es sich um keine von Art. 28 II GG geschützte kommunale Tätigkeit handelt. Enthält dagegen ein Gesetz die Ermächtigung an eine Gemeinde, durch Satzung zu handeln, so ist diese Materie der kommunalen Selbstverwaltung überantwortet, selbst wenn die Satzungsermächtigung in einem Gesetz steht, dessen Wahrnehmung ansonsten dem Land zufällt (z.B. § 74 LBO). 51

**hemmer-Methode: Die fundamentale Unterscheidung von weisungsfreien (= eigentliche Selbstverwaltungsaufgaben) und Weisungsaufgaben ist außerordentlich wichtig. So wird in der GemO an verschiedenen Stellen daran angeknüpft, vgl. § 4 I, § 21 II Nr. 1, § 44 III S. 1, S. 3 GemO, sowie in § 7 I S. 3 GKZ. Weisungsaufgaben sind grundsätzlich (mit Ausnahmen, vgl. § 15 II PolG) den Entscheidungsrechten des Gemeinderats entzogen. Bei Weisungsaufgaben unterliegt die Gemeinde zudem der Fachaufsicht, also einer Recht- und Zweckmäßigkeitskontrolle des Landes, § 118 II GemO.**

87 Aker/Haffner/Notheis, § 2 GemO, Rn. 16; Kunze/Bronner/Katz, § 2 GemO, Rn. 30; Engel/Heilshorn, § 8 Rn. 14; Ennuschat/Ibler/Remmert, § 1 Rn. 41.

88 Landesverwaltungsgesetz, Dürig Nr. 40; Dolde/Kirchhof/Stilz Nr. 20.

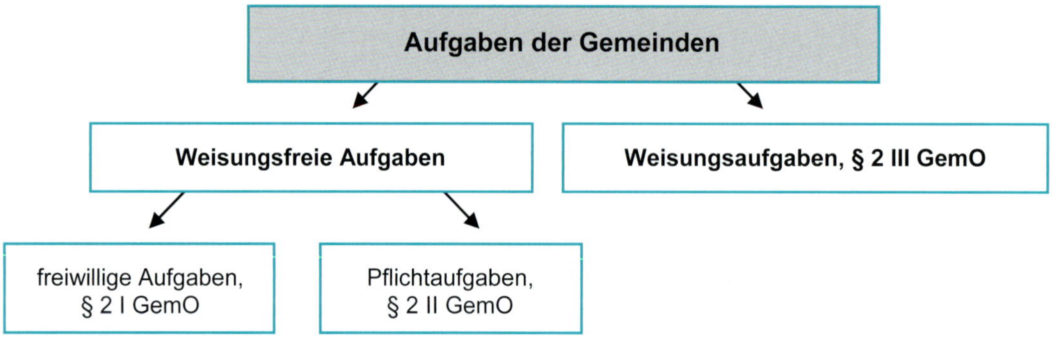


## II. Aufgaben der Landkreise

*nur gesetzlich zugewiesene Aufgaben*

Für die Landkreise gilt grundsätzlich die gleiche Einteilung der Auf- 52
gaben. Allerdings ist zu beachten, dass dem Landkreis nicht „alle" öffentlichen Aufgaben zugewiesen sind, sondern seine Aufgaben grundsätzlich einer gesetzlichen Zuweisung bedürfen. Gem. § 2 I LKrO ist er jedoch für alle die (verwaltungsorganisatorische oder wirtschaftliche) Leistungsfähigkeit der kreisangehörigen Gemeinden übersteigenden Aufgaben zuständig, also für die Wahrnehmung der überörtlichen Angelegenheiten. Dies ist nach verwaltungsorganisatorischen, wirtschaftlichen und technischen Gesichtspunkten zu entscheiden.[89]

*weisungsfreie und Weisungsaufgaben, § 2 LKrO*

Auch die Aufgaben des Landkreises werden in § 2 LKrO in Pflichtaufgaben (vgl. Abs. 3) und Weisungsaufgaben (Abs. 4) unterschieden (hierzu unter Rn. 56). Wichtig ist wie bei den Aufgaben der Gemeinden die Unterscheidung zwischen den Weisungsaufgaben und den weisungsfreien Aufgaben.

*Landratsamt als Staatsbehörde*

Als eine wichtige Besonderheit sind die Aufgaben hervorzuheben, 53
die dem Landratsamt als untere Verwaltungsbehörde gem. § 15 I Nr. 1 LVG obliegen. Handelt das Landratsamt als untere Verwaltungsbehörde, so wird es als Staatsbehörde bezeichnet, vgl. § 1 III S. 2 LKrO, und nimmt damit keine Selbstverwaltungsaufgaben des Landkreises wahr.[90]

*Rechtsträger des LRA als Staatsbehörde ist Land, nicht Landkreis*

Anders als bei den Stadtkreisen (und Großen Kreisstädten, § 15 II 54
LVG) ist damit das Landratsamt zugleich sowohl Behörde des Landkreises als auch Behörde des Landes Baden-Württemberg.[91] Dies hat insbesondere die Konsequenz, dass bei einer Tätigkeit des Landratsamts als untere Verwaltungsbehörde und damit als „Staatsbehörde" das Land der Rechtsträger dieser Behörde ist.[92] Passivlegitimiert i.S.v. § 78 I Nr. 1 VwGO ist das Land, nicht der Landkreis.

**hemmer-Methode: Bei der Tätigkeit des Landratsamts als Staatsbehörde wird von einer Organleihe[93] oder Institutionsleihe[94] gesprochen. Dies sind jedoch reine Begrifflichkeiten ohne eigenständige rechtliche Aussage. Entscheidend ist, dass Sie die rechtlichen Folgen des regelmäßigen Falls „Landratsamt als untere Verwaltungsbehörde" kennen. Natürlich schadet es nicht, wenn Sie in der Klausur noch den Begriff „Organleihe" fallen lassen. Das Landratsamt ist kein Organ, sondern eine Behörde. Eine Organleihe kann damit nur in der Person des Landrats vorliegen.**

89 Vgl. VGH Mannheim ESVGH 58, 228 = VBlBW 2008, 373; Engel/Heilshorn, § 22 Rn. 5; Trumpp, § 1 Rn. 3 und § 2 Rn. 1.
90 Engel/Heilshorn, § 22 Rn. 20; Trumpp; § 1 LKrO, Rn. 11.
91 Vgl. das Schaubild unter Rn. 49.
92 Trumpp, § 1 Rn. 11; Lange, Kap. 18 Rn. 31; Engel/Heilshorn, § 22 Rn. 27.
93 VGH Mannheim, ESVGH 26, 151 (153); Trumpp, § 1 Rn. 11; Lange, Kap. 18 Rn. 31.
94 Engel/Heilshorn, § 22 Rn. 21; Geis, § 18 Rn. 2.

***Bsp.:*** *Alexandra (A) beantragt eine Baugenehmigung beim zuständigen Landratsamt. Der Antrag wird abgelehnt. Nach Durchführung des Vorverfahrens erhebt A Klage. Wer ist der richtige Beklagte i.S.v. § 78 I Nr. 1 VwGO?*

Richtiger Beklagter ist gem. § 78 I Nr. 1 VwGO der Rechtsträger, dessen Behörde den beantragten Verwaltungsakt unterlassen hat. Diese Behörde ist hier das Landratsamt. Da das Landratsamt bei der Entscheidung über eine Baugenehmigung gem. § 46 I Nr. 3 LBO, § 15 I Nr. 1 LVG als untere Verwaltungsbehörde und damit nach § 1 III S. 2 LKrO als Staatsbehörde tätig geworden ist, ist der Rechtsträger des Landratsamts insoweit das Land.

Hätte nicht ein Landratsamt, sondern ein Stadtkreis oder eine Große Kreisstadt die Erteilung der Baugenehmigung abgelehnt, so wäre richtiger Beklagter i.S.v. § 78 I Nr. 1 VwGO die Stadt selbst, da diese stets ihr eigener Rechtsträger ist. Sie wird niemals als Staatsbehörde tätig.

**hemmer-Methode: Die Unterscheidung zwischen den weisungsfreien und den Weisungsaufgaben sowie dem Landratsamt als Staatsbehörde müssen Sie kennen. Immer dann, wenn das Landratsamt als untere Verwaltungsbehörde (Staatsbehörde) gehandelt hat oder handeln soll, ist das Land Baden-Württemberg der Klagegegner (häufigster Fall: LBO).**

## C. Gemeindetypen: Gemeinden, Große Kreisstädte, Stadtkreise

*unterschiedliche Aufgaben*

Die Gemeindetypen unterscheiden sich insbesondere im Hinblick auf ihre Aufgaben. *55*

Gemeinden sind entweder kreisangehörig (Regelfall) oder kreisfrei (Stadtkreis). Grundsätzlich sind alle Gemeinden kreisangehörig, sofern sie nicht durch Gesetz zu Stadtkreisen erklärt werden (vgl. § 3 I GemO). Die Stadtkreise sind in § 131 I GemO und § 12 LVG abschließend[95] aufgezählt. Gemeinden mit über 20.000 Einwohnern können nach § 3 II GemO auf Antrag von der Landesregierung zur Großen Kreisstadt erklärt werden.

**hemmer-Methode: In Baden-Württemberg gibt es derzeit 1.101 Gemeinden und 35 Landkreise. Neun Gemeinden sind kreisfrei (sog. Stadtkreise), 93 Gemeinden sind Große Kreisstädte. Ob eine Gemeinde nach § 3 II GemO Große Kreisstadt ist, muss Ihnen (außer im Sonderfall des § 131 II GemO) in einem Klausursachverhalt mitgeteilt werden. 312 Gemeinden führen die Bezeichnung „Stadt", vgl. § 5 II GemO.**

### I. Kreisangehörige Gemeinden

*Gemeinde und Landkreis*

Kreisangehörigkeit einer Gemeinde bedeutet, dass die Wahrnehmung der kommunalen Aufgaben zwischen der Gemeinde und dem Landkreis aufgeteilt ist. Zwar gilt § 2 GemO, der den Gemeinden grundsätzlich alle öffentlichen Aufgaben zuweist. Jedoch ist der Landkreis gem. § 2 I LKrO für die die Leistungsfähigkeit der kreisangehörigen Gemeinden übersteigenden öffentlichen Aufgaben (als sog. freiwillige Aufgaben des Landkreises) zuständig. Dies ist nach verwaltungsorganisatorischen, wirtschaftlichen und technischen Gesichtspunkten zu entscheiden.[96] *56*

***Bspe.:***[97] *Übergemeindliche Aufgaben (Organisation des ÖPNV; Unterstützung des regionalen Fremdenverkehrs); Ergänzungsaufgaben (Unterhaltung von Kreisaltenheimen und Volkshochschulen); Ausgleichsaufgaben (Vergabe von Finanzmitteln an Gemeinden; Rechtsberatung und Rechtsbetreuung zugunsten der Gemeinden)*

95 Kunze/Bronner/Katz, § 3 GemO, Rn. 2; Aker/Haffner/Notheis, § 3 GemO, Rn. 4; Engel/Heilshorn, § 10 Rn. 7.

96 Vgl. VGH Mannheim ESVGH 58, 228 = VBlBW 2008, 373.

97 Engel/Heilshorn, § 22 Rn. 7-14; Trumpp, § 2 Rn. 4; Lange, Kap. 18 Rn. 62 ff.

Daneben nimmt der Landkreis Weisungsaufgaben mit und Pflichtaufgaben ohne Weisungsrecht wahr (§ 2 III, IV LKrO).

> **Bspe:** *Straßenbaulast für die Kreisstraßen (§ 43 II StrG); Abfallentsorgung (§ 20 KrWG i.V.m. § 6 I LAbfG); Ausführung des Wohngeldgesetzes (WoGG) oder des BAföG (§ 2 I BAföG)*

Im übertragenen Wirkungskreis wird für das Territorium der kreisangehörigen Gemeinden üblicherweise das Landratsamt als untere Verwaltungsbehörde nach § 15 I Nr. 1 LVG tätig.

> **Bspe:** *Bauaufsicht, § 46 I Nr. 3 LBO; Aufgaben der unteren Wasserbehörden, § 80 II Nr. 3 WG; Aufgaben der unteren Naturschutzbehörden, § 57 I S. 1 Nr. 3 NatSchG; Melde-, Pass- und Ausländerwesen*

## II. Stadtkreise (kreisfreie Städte)

*Stadtkreise sind kreisfrei*

Nicht kreisangehörig sind die kreisfreien Städte, § 3 I GemO. Diese nehmen sowohl die Aufgaben der Selbstverwaltung als auch die Aufgaben der unteren Verwaltungsbehörde wahr (§ 15 I Nr. 2 LVG). Sie verfügen daher über einen umfassenden Verwaltungsapparat. 57

## III. Große Kreisstädte

*Große Kreisstädte*

Kreisangehörige Gemeinden mit mehr als 20.000 Einwohnern können von der Landesregierung zu Großen Kreisstädten erklärt werden (§ 3 II GemO). Sie bleiben kreisangehörig.[98] 58

*§§ 15 I Nr. 1, 19 I LVG*

Die Große Kreisstadt ist jedoch in (wesentlichem) Umfang für die Aufgaben zuständig, die bei den kreisangehörigen Gemeinden ansonsten das Landratsamt wahrnimmt. Denn § 15 I Nr. 1 LVG bestimmt die Großen Kreisstädte grundsätzlich als untere Verwaltungsbehörden. Ausgenommen hiervon sind jedoch die in § 19 I LVG aufgeführten Angelegenheiten.[99]

Weitere Auswirkungen der Erklärung zur Großen Kreisstadt sind: Der Bürgermeister führt (wie in den Stadtkreisen) die Bezeichnung Oberbürgermeister (§ 42 IV GemO), der Erste Beigeordnete die Bezeichnung Bürgermeister, und auch den weiteren Beigeordneten kann die Amtsbezeichnung Bürgermeister verliehen werden (§ 49 III S. 2 und S. 4 GemO). Die Große Kreisstadt ist zur Einrichtung eines Rechnungsprüfungsamts verpflichtet (§ 109 GemO).

Zusammengefasst:

- ⇨ Die Stadtkreise erfüllen alle kommunalen Aufgaben. Diese sind weisungsfreie Aufgaben oder Weisungsaufgaben. Zu den Weisungsaufgaben zählen die Aufgaben der unteren Verwaltungsbehörde (§ 15 II LVG). 59

- ⇨ Die kreisangehörigen Gemeinden, die nicht Große Kreisstädte sind, nehmen im Wesentlichen weisungsfreie Aufgaben wahr. Für die Aufgaben der unteren Verwaltungsbehörde ist gem. § 1 III LKrO das Landratsamt als staatliche Behörde zuständig. Für die weisungsfreien Aufgaben, die die Leistungsfähigkeit der Gemeinden übersteigen, ist gem. § 2 I LKrO der Landkreis zuständig.

98 Kunze/Bronner/Katz, § 3 GemO, Rn. 6; Aker/Haffner/Notheis, § 2 GemO, Rn. 14; Engel/Heilshorn, § 10 Rn. 7.

99 Engel/Heilshorn, § 9 Rn. 12; Aker/Haffner/Notheis, § 3 GemO, Rn. 14.

⇨ Die Großen Kreisstädte haben grds. den gleichen Aufgabenumfang wie andere kreisangehörige Gemeinden. Sie sind jedoch anstelle des Landratsamts für die Aufgaben der unteren Verwaltungsbehörde zuständig, mit Ausnahme der in § 19 I LVG genannten Aufgaben, für die der Landkreis zuständig ist.

### Exkurs: Aufgabenarten der Verfassung und der GemO

*verfassungsrechtliche Unterscheidung der Aufgaben*

Art. 28 II GG und Art. 71 LV unterscheiden zwischen den Angelegenheiten der örtlichen Gemeinschaft und sonstigen, d.h. den überörtlichen Aufgaben (sog. Aufgabendualismus).[100] 60

*Unterscheidung in GemO und LKrO*

Die einfachgesetzliche Unterscheidung (in § 2 GemO und § 2 LKrO) ist diejenige zwischen den weisungsfreien und den Weisungsaufgaben. Wegen der umfassenden Zuweisung dieser Aufgaben an die Gemeinden und Landkreise folgen die Kommunalgesetze dem monistischen Modell (hierzu bereits unter Rn. 50).

Die verfassungsrechtliche Abgrenzung zwischen den Aufgabenarten muss nicht mit der einfachgesetzlichen Unterscheidung zwischen weisungsfreien und Weisungsaufgaben übereinstimmen.

Richtig ist zwar, dass in den allermeisten Fällen die weisungsfreien Aufgaben auch solche der örtlichen Gemeinschaft sind, während es sich bei den Weisungsaufgaben in der Regel zugleich um überörtliche Angelegenheiten handelt.

Dies ist jedoch nicht zwingend so. Dies ergibt sich zum einen daraus, dass der verfassungsrechtliche Begriff der örtlichen Angelegenheiten aus der Verfassung zu gewinnen ist und nicht durch einfaches Recht bestimmt werden kann. Umgekehrt unterscheidet die GemO gerade nicht zwischen örtlichen und überörtlichen Aufgaben, sondern rein „formal" nur danach, ob eine Aufgabe durch Gesetz als Pflichtaufgabe nach Weisung (Weisungsaufgabe) wahrgenommen wird. 61

Tatsächlich können durchaus bestimmte Aufgaben, die die Gemeinden nach Weisung erledigen, Angelegenheiten der örtlichen Gemeinschaft sein. Dies lässt sich etwa für die Ausführung des PolG so sehen, denn die Gefahrenabwehr auf dem Gemeindegebiet kann durchaus als Angelegenheit der örtlichen Gemeinschaft i.S.d. Art. 28 II GG, Art. 71 LV angesehen werden. Indem § 62 IV S. 2 PolG diese als Pflichtaufgabe nach Weisung vorsieht, handelt es sich jedoch um eine Weisungsaufgabe. Das PolG stellt damit einen (gerechtfertigten) Eingriff in die kommunale Selbstverwaltungsgarantie dar.

**hemmer-Methode: Eher theoretisch ist der Fall, dass die Gemeinde zur weisungsfreien Wahrnehmung einer überörtlichen Angelegenheit zuständig ist.[101] Eine undifferenzierte Gleichsetzung des Verfassungsrechts und des einfachen Rechts sollte jedoch unterbleiben. Wenn weisungsfreie Aufgaben betroffen sind, genügt es in der Klausur, bei § 42 II VwGO festzustellen, dass die Gemeinde in ihrem subjektiv-öffentlichen Recht aus Art. 28 II GG, Art. 71 LV verletzt sein kann, sofern nicht ohnehin spezialgesetzliche Ausprägungen der Selbstverwaltung (§ 1, § 36 I BauGB) einschlägig sind.**

### Exkurs Ende

100 StGH Baden-Württemberg, ESVGH 26, 1 (5); VGH Mannheim, ESVGH 34, 294 (299); Engel/Heilshorn.

101 Ein subjektiv-öffentliches Recht der Gemeinde könnte sich dann zwar nicht aus der Verfassung, aber aus § 2 I GemO ergeben.

## § 4 DIE STAATSAUFSICHT ÜBER KOMMUNEN

### A. Einführung

*Aufsicht des Landes*

Die Gemeinden stehen unter der Aufsicht des Landes. Dabei bedeutet Aufsicht die Kontrolle des gemeindlichen Verwaltungshandelns durch Staatsbehörden. Die Aufsichtsbefugnisse dienen in erster Linie dazu, die Gesetzmäßigkeit der Verwaltung (Art. 20 III GG) sicherzustellen. 62

**hemmer-Methode: Die Staatsaufsicht findet innerhalb der Exekutive statt, ist somit eine Eigenkontrolle. Ergänzt wird sie durch die verwaltungsinterne Kontrolle nach § 79 LVwVfG und §§ 68 ff. VwGO sowie durch die gemeindeinterne Kontrolle des Bürgermeisters gegenüber dem Gemeinderat durch das Widerspruchsrecht des § 42 II GemO.**
**Im Landesverfassungsrecht bestimmt Art. 75 I S. 1 LV, dass das Land die Gesetzmäßigkeit der Verwaltung der Kommunen überwacht.**

*Differenzierung*

Die Art und der Umfang der staatlichen Aufsicht über das Handeln der Gemeinde richten sich nach der Art der Aufgabe, zu deren Erfüllung die Gemeinde im konkreten Fall tätig wird.[102] So unterliegt die Gemeinde 63

- ⇨ in weisungsfreien Angelegenheiten nach § 2 I, II GemO der Rechtsaufsicht, § 118 I GemO[103]
- ⇨ bei Weisungsaufgaben nach § 2 III GemO der Fachaufsicht, § 118 II GemO i.V.m. den Fachgesetzen (vgl. etwa spezialgesetzliche Anordnungsbefugnisse nach § 62 IV S. 2 PolG, § 47 V S. 1 LBO oder § 21 III LVG).

*Rechtsaufsicht*

Die Rechtsaufsicht (synonym: Kommunalaufsicht) beschränkt sich auf die Kontrolle, dass die Gemeinden im Einklang mit den Gesetzen verwaltet werden. Sie ist als reine Rechtmäßigkeitskontrolle das Korrelat zur Selbstverwaltung der Gemeinden.[104] Maßnahmen der Rechtsaufsicht lassen sich systematisch in repressive (hierzu unter Rn. 68 ff.) und präventive (hierzu unter Rn. 108 ff.) unterscheiden. Eine zusammenhängende Kodifizierung haben nur die repressiven Aufsichtsmittel (§§ 120 - 124 und § 128 GemO) erfahren. 64

*kein Gegenpol zum Selbstverwaltungsrecht*

Staatsaufsicht und kommunale Selbstverwaltung stehen sich nicht gleichsam unversöhnlich gegenüber.[105] Die staatliche Aufsicht ist vielmehr auf Kooperation (insbesondere durch Beratung der Kommunen) als auf Konfrontation angelegt. Die Entscheidung, ob und wie von Aufsichtsbefugnissen Gebrauch gemacht wird, wird wesentlich von der Verpflichtung, die kommunale Selbstverwaltung zu fördern und zu schützen, bestimmt. Zudem darf die Aufsicht die Entschlusskraft und Verantwortungsfreudigkeit der Gemeinden nicht beeinträchtigen, vgl. § 118 III GemO.[106]

*Fachaufsicht*

Fachaufsicht ist die mit Weisungsbefugnissen ausgestattete Aufsicht über die Gemeinden, die sowohl eine Rechtmäßigkeits- als auch eine Zweckmäßigkeitskontrolle gemeindlichen Handelns zum Gegenstand hat.[107] Die Fachaufsicht ermöglicht damit eine viel stärkere (politische) Steuerung der Gemeinden (hierzu unter Rn. 128 ff.). 65

102 Engel/Heilshorn, § 11 Rn. 4; Schoch, JURA 2006, 188 (188).
103 Für die Landkreise gelten diese Vorschriften gem. § 51 II S. 1 LKrO entsprechend.
104 VGH Mannheim, VBlBW 1989, 332; BVerfGE 78, 331 (341); 6, 104 (118).
105 Engel/Heilshorn, § 11 Rn. 2; Schoch, JURA 2006, 188 (189); Lange, Kap. 17 Rn. 11.
106 Engel/Heilshorn, § 11 Rn. 2; Zur Bedeutung des § 118 III GemO bei der Ermessensausübung vgl. Rn. 101.
107 Rn. 1; Kunze/Bronner/Katz, § 2 GemO, Rn. 31; Engel/Heilshorn, § 11 Rn. 32; Schoch, JURA 2006, 188 (189); Knemeyer, JuS 2000, 521 (524).

**hemmer-Methode: Für die Tätigkeit des Landratsamts als unterer Verwaltungsbehörde und damit als Staatsbehörde (§ 1 III S. 2 LKrO) ist in § 20 LVG die Fachaufsicht durch die Regierungspräsidien vorgesehen.**

| | | |
|---|---|---|
| Aufgabenbereich | **Weisungsfreie Angelegenheiten, § 2 I, II GemO** | **Weisungsaufgaben, § 2 III GemO** |
| | **Rechtsaufsicht, § 118 I GemO**<br>Zuständige Behörde gem. § 119 GemO | **Fachaufsicht, § 118 II GemO**<br>Zuständige Behörde, vgl. § 129 I GemO |
| *aufsichtliche Befugnisse* | **§§ 120 - 124, 128 GemO** | **§§ 129 II S. 1 i.V.m. 120 GemO; § 129 III GemO** |
| *Rechtsschutz: ⇨ Klageart* | **Anfechtungsklage** | **AK / LK / FK str. (frag., VA-Qualität?)** |
| *⇨ Klagebefugnis* | **Art. 28 II GG, Art. 71 LV** | **grds. (-): u.U. Recht auf sachgemäße / nicht willkürliche Aufsicht** |

## B. Rechtsaufsicht

*nur Rechtmäßigkeitskontrolle*

In den weisungsfreien Angelegenheiten unterliegt die Gemeinde der Rechtsaufsicht, die in § 118 I, §§ 119 - 124 GemO geregelt ist. Sie beschränkt sich darauf, die Gesetzmäßigkeit der Verwaltung sicherzustellen. Sie ist damit auf die Rechtskontrolle beschränkt, eine Zweckmäßigkeitskontrolle findet nicht statt. Steht das Handeln der Gemeinde in ihrem Ermessen, so kann die Rechtsaufsicht die Ermessensausübung lediglich auf die rechtlichen Ermessensfehler gem. § 40 LVwVfG überprüfen.[108] 66

### I. Rechtsaufsichtsbehörden, § 119 GemO

*zuständige Rechtsaufsichtsbehörden*

Die Zuständigkeit der Behörden zur Rechtsaufsicht ist in § 119 GemO bestimmt. Sie unterscheidet sich danach, ob es sich um einen Stadtkreis, eine Große Kreisstadt oder eine (andere) kreisangehörige Gemeinde handelt. 67

Rechtsaufsichtsbehörde für die kreisangehörigen Gemeinden ist das Landratsamt, für Stadtkreise und Große Kreisstädte das Regierungspräsidium. Für alle Gemeinden ist obere Rechtsaufsichtsbehörde das Regierungspräsidium und oberste Rechtsaufsichtsbehörde ist das Innenministerium.

**hemmer-Methode: Für die Aufsicht über die Landkreise bestimmt § 51 I LKrO die zuständigen Rechtsaufsichtsbehörden.**

108 Engel/Heilshorn, § 11 Rn. 9; Ennuschat/Ibler/Remmert, § 1 Rn. 505; Schoch, JURA 2006, 188 (188); zu den Ermessensfehlern ausführlich Hemmer/Wüst, Verwaltungsrecht I, Rn. 363 ff.

## II. Repressive Aufsichtsmittel, §§ 120 - 124, 128 GemO[109]

*Spektrum zulässiger Aufsichtsmittel*

Den Rechtsaufsichtsbehörden stehen verschiedene Aufsichtsmittel zur Verfügung, mit denen sie die Rechtmäßigkeit des gemeindlichen Handelns sicherstellen können. Die repressiven Aufsichtsmittel dienen der Reaktion auf ein bereits erfolgtes rechtswidriges Handeln oder pflichtwidriges Unterlassen.[110] Die in den §§ 120 ff. GemO vorgesehenen Aufsichtsmittel stellen einen abschließenden Maßnahmenkatalog dar (sog. numerus clausus der repressiven Aufsichtsmittel).[111] 68

*Auswahlermessen*

Bei Rechtsaufsichtsmaßnahmen steht die Auswahl der Aufsichtsmittel im pflichtgemäßen Ermessen der Aufsichtsbehörde (hierzu unter Rn. 100). Das Auswahlermessen wird allerdings durch den Verhältnismäßigkeitsgrundsatz begrenzt.[112]

### 1. Informationsrecht, § 120 GemO

*vorgelagertes Aufsichtsmittel*

Das Informationsrecht ist den Aufsichtsmitteln der §§ 121 ff. GemO vorgelagert. Es dient der Beschaffung von Informationen durch die Aufsichtsbehörden, auf deren Grundlage sie weitere aufsichtsrechtliche Schritte einleiten können. Der Einsatz dieses Aufsichtsmittels setzt nach h.M. voraus, dass konkrete Anhaltspunkte für ein rechtswidriges Verhalten der Gemeinde bestehen.[113] 69

*nur für einzelne Angelegenheiten*

Gem. § 120 GemO kann sich die Rechtsaufsicht über einzelne Angelegenheiten der Gemeinde in geeigneter Weise unterrichten, soweit dies zur Erfüllung ihrer Aufgaben erforderlich ist. Da das Informationsrecht auf „einzelne“ Vorgänge beschränkt ist, ist ein Verlangen der Aufsicht, alle Akten eines bestimmten Zeitraums oder künftig alle Akten zu einem Kreis von Aufgaben vorzulegen, unzulässig.[114]

Mit dem Informationsrecht nach § 120 GemO korrespondiert eine Pflicht der Gemeinde, die Aufsichtsbehörde in dem gewünschten Umfang zu informieren.[115] Das Informationsrecht kann die Behörde durch schriftliche Anfragen, die Aufforderung zur Abgabe dienstlicher Äußerungen, Einsichtnahme in Akten, aber auch durch Teilnahme eines Bediensteten der Rechtsaufsichtsbehörde an der Gemeinderatssitzung ausüben. 69a

*VA-Charakter*

Da das Informationsverlangen die Rechtsfolge auslöst, dass die Gemeinde zur Information in der gewünschten Form verpflichtet ist, enthalten Anordnungen i.R.d. § 120 GemO eine „Regelung“ i.S.v. § 35 LVwVfG. Sie sind wie auch sonstige Anordnungen der Rechtsaufsicht Verwaltungsakte.[116]

---

109 Instruktive Fallbearbeitungen im Bereich der Kommunalaufsicht bieten Beyerbach, JA 2018, 121-129 (= Landesrecht BW); Bätge, JuS 2018, 562-569; Herrmann/Rosenfeldt, JURA 2018, 398-408; Kümper, JURA 2015, 1231-1241; Schiffbauer, JuS 2015, 548-553; Körlings/Tönningsen, JuS 2014, 422-427; Funke/Papp, JuS 2009, 246-251; Jochum, JuS 2008, 1096-1100; Reimer, JuS 2005, 817-824.

110 Engel/Heilshorn, § 11 Rn. 15; Ennuschat/Ibler/Remmert, § 1 Rn. 506; Schoch, JURA 2006, 188 (190); Lange, Kap. 17 Rn. 62.

111 Engel/Heilshorn, § 11 Rn. 11; Schoch, JURA 2006, 188 (192); Franz, JuS 2004, 937 (939).

112 Schoch, JURA 2006, 188 (192); Aker/Haffner/Notheis, § 118 GemO, Rn. 23.

113 Engel/Heilshorn, § 11 Rn. 12; Schoch, JURA 2006, 188 (192); Lange, Kap. 17 Rn. 67; a.A. Ennuschat/Ibler/Remmert, § 1 Rn. 510.

114 Aker/Haffner/Notheis, § 120 GemO, Rn. 5; Ennuschat/Ibler/Remmert, § 1 Rn. 510; Schoch, JURA 2006, 188 (188).

115 Aker/Haffner/Notheis, § 120 GemO, Rn. 7; Engel/Heilshorn, § 11 Rn. 12; Ennuschat/Ibler/Remmert, § 1 Rn. 510; Schoch, JURA 2006, 188 (188).

116 Kunze/Bronner/Katz, § 125 GemO, Rn. 4. Ausführlich zum VA-Charakter der Aufsichtsmaßnahmen unter Rn. 104 f.

## 2. Beanstandungsrecht, § 121 I GemO[117]

*rechtswidrige Beschlüsse und Anordnungen der Gemeinde*

Mit der Beanstandung nach § 121 I S. 1 GemO kann sich die Rechtsaufsichtsbehörde gegen rechtswidrige Beschlüsse und Anordnungen der Gemeinde wenden. Sie zielt auf die Korrektur eines von der Kommunalaufsichtsbehörde für rechtswidrig erachteten positiven Tuns,[118] nicht aber eines Unterlassens. 70

*drei Rechtsgrundlagen*

§ 121 I GemO ist Rechtsgrundlage für insgesamt drei verschiedene Arten von Anordnungen der Rechtsaufsicht:

- ⇨ Beanstandung, § 121 I S. 1 HS 1 GemO
- ⇨ Aufhebungsverlangen, § 121 I S. 1 HS 2 GemO
- ⇨ Verlangen, eine getroffene Folgemaßnahme rückgängig zu machen, § 121 I S. 2 GemO

### a) Beanstandung und Aufhebungsverlangen, § 121 I S. 1 GemO

*Beschlüsse und Anordnungen*

**aa)** Das Beanstandungsrecht bezieht sich auf Beschlüsse (des Gemeinderats) und auf Anordnungen (des Bürgermeisters oder der Gemeindebediensteten), somit auf jegliche Handlungen der Gemeinde. Insbesondere ist unter einer „Anordnung" jede durch den Bürgermeister oder in seinem Auftrag durch die Bediensteten der Gemeindeverwaltung getroffene Entscheidung zu verstehen.[119] 71

***Bspe:*** *Beschluss der Gemeinde bzgl. der Erklärung zur atomwaffenfreien Zone; rechtswidrige Abgabensatzung; rechtswidrige Verweigerung des gemeindlichen Einvernehmens nach § 36 BauGB; Anweisung des Bürgermeisters durch Beschluss des Gemeinderats, einen bestimmten Verwaltungsakt zu erlassen; Abschluss eines öffentlich-rechtlichen Vertrags; Abschluss zivilrechtlicher Rechtsgeschäfte.*

Voraussetzung für eine Beanstandung ist, dass der Beschluss oder die Anordnung rechtswidrig ist. 72

**hemmer-Methode: Ist in der Klausur die Rechtmäßigkeit einer Beanstandungsverfügung zu prüfen, müssen Sie also inzident die Rechtmäßigkeit des beanstandeten Beschlusses bzw. der beanstandeten Anordnung prüfen.**

*Beanstandung ist VA*

Die rechtsaufsichtliche Beanstandung bedeutet die Rüge der Gesetzwidrigkeit der beanstandeten Handlung. Sie beinhaltet die Feststellung, dass der Beschluss oder die Anordnung der Gemeinde rechtswidrig ist. In dieser Aussage liegt die „Regelung" i.S.v. § 35 LVwVfG. Die Beanstandung ist somit ein (sog. feststellender) Verwaltungsakt.[120] 73

*Aufhebungsverlangen*

**bb)** Zudem kann die Rechtsaufsichtsbehörde anordnen, dass rechtswidrige gemeindliche Beschlüsse und Anordnungen (binnen einer angemessenen Frist) aufgehoben werden. Da es zumeist im Falle rechtswidrigen gemeindlichen Handelns keinen plausiblen Grund geben dürfte, von einem Aufhebungsverlangen abzusehen, ist mit der Beanstandung grds. ein Aufhebungsverlangen zu verbinden. Ein Aufhebungsverlangen wäre nur nicht zulässig, wenn rechtmäßige Zustände auf andere Weise hergestellt werden können (Übermaßverbot). 74

---

117 Zu § 121 II GemO ausführlich unter Rn. 113 f.

118 Aker/Haffner/Notheis, § 118 GemO, Rn. 3; Lange, Kap. 17 Rn. 76; Burgi, § 8 Rn. 47.

119 Aker/Haffner/Notheis, § 121 GemO, Rn. 7; Engel/Heilshorn, § 11 Rn. 16 (Fn. 498); Lange, Kap. 17 Rn. 81.

120 BVerwGE 19, 121 (123); a.A. OVG Münster, NVwZ-RR 1992, 449 (449) unter dem Hinweis auf den bloßen Anstoß zur Selbstkorrektur.

*Bspe: (1) Mangelt es für einen bereits erlassenen kommunalen Abgabenbescheid an einer wirksamen Satzung, reicht zur Herstellung rechtmäßiger Zustände ein rückwirkender Satzungserlass aus. (2) Entscheidet der Bgm. anstelle des zuständigen Gemeinderats, genügt die Aufforderung, die Entscheidung des Gemeinderats herbeizuführen.*[121]

*aber: Möglichkeit der Aufhebung Voraussetzung*

Das Aufhebungsverlangen ist jedoch nur rechtmäßig, wenn die Gemeinde die Möglichkeit hat, den Beschluss oder die Anordnung aufzuheben. Bei Beschlüssen des Gemeinderats ist dies ohne Weiteres möglich, denn diese sind bei Rechtswidrigkeit ohnehin unwirksam. Eine Aufhebung durch weiteren Beschluss ist dann lediglich deklaratorisch. Schwierigkeiten können sich jedoch bei außenwirksamem Handeln ergeben. Ein Aufhebungsverlangen darf nur ergehen, wenn dies der Gemeinde tatsächlich und rechtlich möglich ist (Gesetzmäßigkeit der Verwaltung).[122] 75

*Bsp: Ein Aufhebungsverlangen ist ausgeschlossen, wenn die Gemeinde einen rechtswidrigen Verwaltungsakt wegen des in § 48 II oder IV LVwVfG verkörperten Vertrauensschutzes nicht aufheben kann.*

**hemmer-Methode: Wird also ein Verwaltungsakt der Gemeinde beanstandet und seine Aufhebung verlangt, so müssen Sie nicht nur inzident dessen Rechtmäßigkeit prüfen (i.R.d. Beanstandung), sondern auch die Rechtmäßigkeit einer (fiktiven) Rücknahme aufgrund § 48 LVwVfG (i.R.d. Aufhebungsverlangens). Wird der Abschluss eines öffentlich-rechtlichen oder zivilrechtlichen Vertrags beanstandet, so wird ein Aufhebungsverlangen regelmäßig rechtswidrig sein. Denn in aller Regel wird die Gemeinde keine Möglichkeit haben, einen wirksamen Vertrag „aufzuheben". Dies wäre nur denkbar, wenn eine Kündigung des öffentlich-rechtlichen Vertrags nach § 60 LVwVfG (bzw. Anfechtung, Kündigung oder Rücktritt bei einem zivilrechtlichen Vertrag) möglich ist.**

*Änderung = Teilaufhebung*

Häufig wird die Rechtsaufsicht nicht den gesamten Beschluss oder die gesamte Anordnung der Gemeinde beanstanden und Aufhebung verlangen, sondern nur einen Teil der Regelung beanstanden und insoweit eine Aufhebung anordnen. Dies ist grundsätzlich möglich. Zu beachten ist, dass sich in diesen Fällen die gewünschte Aufhebung häufig als Änderungsverlangen darstellt. Dies ist jedoch nichts anderes als eine Teilaufhebung. 76

*Bsp.: Der Gemeinderat beschließt neue „Richtlinien über die Zulassung zu den öffentlichen Einrichtungen der Gemeinde". In diesen wird u.a. die Gemeindeverwaltung verpflichtet, eine Zulassung abzulehnen, wenn eine Beschädigung der Einrichtung droht, oder bei Anträgen extremistischer Personen oder Vereinigungen. Die Rechtsaufsicht beanstandet den Beschluss, soweit Extremisten abzulehnen sind, und verlangt einen entsprechenden Änderungsbeschluss des Gemeinderats.*

Rechtsgrundlage für die teilweise Beanstandung und das Änderungsverlangen ist § 121 I S. 1 GemO. Die verlangte Änderung ist eine teilweise Aufhebung des Beschlusses des Gemeinderats und damit ein Aufhebungsverlangen gem. § 121 I S. 1 HS 2 GemO.

*angemessene Frist*

Das Aufhebungsverlangen muss mit einer angemessenen Frist versehen sein, vgl. § 121 I S. 1 GemO. Die Dauer der angemessenen Frist richtet sich nach den Umständen des Einzelfalls. Es kommt darauf an, welche Handlungen der Gemeinde dazu erforderlich sind.[123] 77

*Bsp.: Wird die Aufhebung eines Beschlusses des Gemeinderats verlangt, so ist zu berücksichtigen, dass eine Gemeinderatssitzung ordnungsgemäß einzuberufen ist. Dies erfordert zuvor die rechtzeitige Mitteilung der Verhandlungsgegenstände (§ 34 I S. 1 GemO) und die rechtzeitige ortsübliche Bekanntgabe von Zeit, Ort und Tagesordnung (§ 34 I S. 7 GemO).*

121 Seeger/Füsslin/Vogel, E 3 zu § 121 GemO; Aker/Haffner/Notheis, § 121 GemO, Rn. 10; Lange, Kap. 17 Rn. 93.

122 Aker/Haffner/Notheis, § 121 GemO, Rn. 10; Kunze/Bronner/Katz, § 121 GemO, Rn. 13; Lange, Kap. 17 Rn. 97.

123 Aker/Haffner/Notheis, § 121 GemO, Rn. 9; Kunze/Bronner/Katz, § 121 GemO, Rn. 15; Schoch, JURA 2006, 188 (193).

*Um einen Notfall gem. § 34 II GemO wird es sich regelmäßig nicht handeln. Zudem ist zweifelhaft, ob überhaupt eine Pflicht zur Einberufung besteht, wenn die Rechtsaufsicht die Aufhebung verlangt. Dazu müsste es gem. § 34 I S. 2 GemO „die Geschäftslage erfordern". In aller Regel wird es jedoch ausreichend sein, wenn der Gemeinderat den Aufhebungsbeschluss in der nächsten Ratssitzung fasst, da dieser bei Rechtswidrigkeit des aufzuhebenden Beschlusses ohnehin nur deklaratorisch ist.*

Wird keine Frist gesetzt oder ist diese zu kurz, ist das Aufhebungsverlangen rechtswidrig. 78

### b) Verlangen der Rückgängigmachung, § 121 I S. 2 GemO

*Rückgängigmachung*

Die Rechtsaufsicht kann verlangen, dass Maßnahmen, die aufgrund der beanstandeten Beschlüsse und Anordnungen getroffen wurden (sog. Folgemaßnahmen), rückgängig gemacht werden. Dieses Verlangen steht unter dem Vorbehalt der Verhältnismäßigkeit und der Gesetzmäßigkeit der Verwaltung. 79

***Bspe:*** *Der Gemeinderat fasst einen rechtswidrigen Beschluss über die Vergabe eines Bauauftrags. Ein Verlangen der Rückgängigmachung ist ausgeschlossen, wenn der Bgm. den Auftrag bereits vergeben (= Folgemaßnahme nach § 43 I GemO) und sich die Gemeinde kein Rücktrittsrecht vorbehalten hat.*

### c) Aufschiebende Wirkung der Beanstandung, § 121 I S. 3 GemO

*Vollzugsverbot*

Die Beanstandung von Beschlüssen und Anordnungen hat gem. § 121 I S. 3 GemO aufschiebende Wirkung. Dies hat (nur) die Konsequenz, dass die beanstandete Maßnahme nicht vollzogen werden muss und darf.[124] Insbesondere ist der Bürgermeister, der gem. § 43 I GemO grundsätzlich zum Vollzug der Beschlüsse des Gemeinderats verpflichtet ist, von dieser Pflicht befreit, solange die Beanstandung wirksam ist. 80

**hemmer-Methode: Die aufschiebende Wirkung nach § 121 I S. 3 GemO hat den gleichen Inhalt wie ein Widerspruch des Bürgermeisters gegen einen Beschluss nach § 43 II S. 3 GemO.**
**Die aufschiebende Wirkung i.S.d. § 121 I S. 3 GemO (ebenso wie § 43 II S. 3 GemO) ist nicht mit der aufschiebenden Wirkung nach § 80 I VwGO gleichzusetzen. Vergleichbar ist nur die Auswirkung, dass eine Regelung nicht vollzogen werden darf. Während sich jedoch § 80 I VwGO auf einen Verwaltungsakt bezieht, betrifft § 121 I S. 3 GemO jegliche gemeindlichen Handlungen. Die aufschiebende Wirkung nach § 80 I VwGO wird durch einen Rechtsbehelf des Betroffenen eines Verwaltungsakts herbeigeführt. Dagegen wird die aufschiebende Wirkung nach § 121 I S. 3 GemO nicht durch einen Rechtsbehelf, sondern durch eine Beanstandung der Rechtsaufsicht ausgelöst. Auch der Widerspruch des Bürgermeisters nach § 43 II GemO ist kein Rechtsbehelf, sondern eine Befugnis des Bürgermeisters zur objektiven Rechtskontrolle im gemeindeinternen Verhältnis zum Gemeinderat (dazu näher unter Rn. 260 ff.).**

*Widerspruch der Gemeinde gegen die Beanstandung*

Legt die Gemeinde Widerspruch gegen die Beanstandung ein, so hat dieser aufschiebende Wirkung gem. § 80 I S. 1 VwGO. Dies führt dazu, dass der mit dem Widerspruch angefochtene Verwaltungsakt so lange nicht zu beachten ist, wie die aufschiebende Wirkung besteht. 81

124 Aker/Haffner/Notheis, § 121 GemO, Rn. 14; Kunze/Bronner/Katz, § 121 GemO, Rn. 17; Schoch, JURA 2006, 188 (192); Lange, Kap. 17 Rn. 90.

Demnach führt die aufschiebende Wirkung des Widerspruchs nach § 80 I S. 1 VwGO dazu, dass die aufschiebende Wirkung der Beanstandung nach § 121 I S. 3 GemO entfällt.[125] D.h., dass dann insbesondere wieder der Bürgermeister gem. § 43 I GemO verpflichtet ist, einen beanstandeten Beschluss des Gemeinderats zu vollziehen. Das gilt jedenfalls dann, sofern er nicht selbst dem Beschluss widerspricht, § 44 II S. 3 GemO. Will die Rechtsaufsicht die aufschiebende Wirkung des Widerspruchs gegen die Beanstandung verhindern, muss sie gem. § 80 II S. 1 Nr. 4 VwGO die sofortige Vollziehung anordnen.[126]

*Beanstandung hat keine Auswirkung auf Außenverhältnis*

Rechtmäßigkeit und Wirksamkeit von Beschlüssen und Anordnungen der Gemeinde im Außenverhältnis bleiben von der Beanstandung und ihrer aufschiebenden Wirkung nach § 121 I S. 3 GemO unberührt.[127] Gegenüber Dritten sind Rechtmäßigkeit und Wirksamkeit gemeindlicher Regelungen nach den dafür geltenden Grundsätzen zu beurteilen. Dies folgt aus dem Regelungsgehalt der Beanstandung, welche nur die Gemeinde betrifft, und deren Rechtsverhältnis zur Aufsichtsbehörde. Insbesondere betrifft auch die aufschiebende Wirkung gem. § 121 I S. 3 GemO nur die gemeindeinternen Rechtsverhältnisse. 82

***Bsp.:*** *Die Gemeinde hat dem N die Zulassung erteilt, in der Stadthalle (öffentliche Einrichtung der Gemeinde) eine Veranstaltung durchzuführen. Vor dem Veranstaltungstermin wird die Zulassung aufgehoben. Die Rechtsaufsicht beanstandet die Aufhebung, da die Voraussetzungen nach §§ 48, 49 LVwVfG nicht vorgelegen hätten. Was muss N tun, um die Veranstaltung in der Stadthalle durchführen zu können?*

Die Gemeinde hat die zuvor erteilte Zulassung aufgehoben. Die Aufhebung beseitigt die Zulassung rechtsgestaltend mit dem Zeitpunkt ihrer Wirksamkeit, d.h. ab (wirksamer) Bekanntgabe an N (§ 43 I LVwVfG). Mit dem wirksamen Erlass der Aufhebung ist N nicht mehr zugelassen. Um dies zu verhindern, muss er die Aufhebung angreifen. Er muss Widerspruch einlegen. Dieser hat gem. § 80 I S. 1 VwGO aufschiebende Wirkung, sodass die Zulassung „wiederauflebt", solange die aufschiebende Wirkung besteht. Wird der Widerspruch zurückgewiesen, muss er fristgerecht Anfechtungsklage erheben, sodass die aufschiebende Wirkung gem. § 80b VwGO fortdauert.

Daran ändert die Beanstandung und deren aufschiebende Wirkung nach § 121 I S. 3 GemO nichts. Diese hat lediglich den Regelungsgehalt, dass die Aufhebung der Zulassung rechtswidrig ist und sie gemeindeintern nicht vollzogen werden darf. Im Verhältnis der Gemeinde zu N hat die Beanstandung keine Wirkung. Insbesondere beseitigt sie die Aufhebung seiner Zulassung nicht. Die Aufhebung wird nur dadurch (vorläufig) beseitigt, dass N sie mit Widerspruch und Anfechtungsklage angreift, die bis zur Entscheidung über die Rechtsbehelfe die aufschiebende Wirkung nach § 80 I VwGO entfalten.

## 3. Anordnungsrecht, § 122 GemO

*bei rechtswidrigem Unterlassen der Gemeinde*

Erfüllt eine Gemeinde die ihr obliegenden gesetzlichen Pflichten nicht, kann die Rechtsaufsichtsbehörde anordnen, dass die Gemeinde innerhalb einer angemessenen Frist das Erforderliche veranlasst und die notwendigen Maßnahmen durchführt, § 122 GemO. 83

Während in den Fällen des § 121 I GemO ein rechtswidriges Handeln der Gemeinde Gegenstand der Aufsichtsmaßnahme ist, bezieht sich das Anordnungsrecht nach § 122 GemO auf ein pflicht- und damit rechtswidriges Unterlassen der Gemeinde.[128]

125 Aker/Haffner/Notheis, § 121 GemO, Rn. 14; Kunze/Bronner/Katz, § 121 GemO, Rn. 17.

126 Aker/Haffner/Notheis, § 121 GemO, Rn. 14; Kunze/Bronner/Katz, § 121 GemO, Rn. 17; Lange, Kap. 17 Rn. 91.

127 Kunze/Bronner/Katz, § 121 GemO, Rn. 17; Schoch, JURA 2006, 188 (192); a.A. Lange, Kap. 17 Rn. 90.

128 Aker/Haffner/Notheis, § 122 GemO, Rn. 1; Kunze/Bronner/Katz, § 122 GemO, Rn. 1; Engel/Heilshorn, § 11 Rn. 19; Schoch, JURA 2006, 188 (193).

Beanstandungsrecht und Anordnungsrecht sind somit komplementär, indem sich Ersteres gegen positives Tun, Letzteres gegen Unterlassen der Gemeinde richtet. Beide Befugnisse zusammen erfassen damit jedes rechtswidrige Verhalten der Gemeinde.

*erforderlich ist Pflicht der Gemeinde zu bestimmtem Handeln*

Erforderlich ist, dass die Gemeinde eine ihr gesetzlich obliegende Pflicht verletzt. Die Gemeinde muss demnach zu einem positiven Tun verpflichtet sein. Besteht Ermessen der Gemeinde, so darf eine Anordnung nach § 122 GemO nur dann ergehen, wenn das (Entschließungs-)Ermessen auf Null reduziert ist. In Betracht kommen Verpflichtungen sowohl zu gemeindeinternen Maßnahmen als auch zu außenwirksamen Handlungen.[129] 84

> ***Bspe.:***[130] *Anberaumung einer Einwohnerversammlung auf Antrag der Einwohner gem. § 20a II GemO; Einberufung des Gemeinderats nach § 34 I S. 2 GemO; Zulassung zu einer öffentlichen Einrichtung nach § 10 II S. 2 GemO; umweltgerechte Behandlung von Abfällen; Durchsetzung der Pflicht zur Bauleitplanung, § 1 III BauGB*

*angemessene Frist*

Für die Durchführung der Maßnahme muss eine angemessene Frist gesetzt werden. Es gelten die gleichen Grundsätze wie zu dem Aufhebungsverlangen nach § 121 I S. 1 GemO (vgl. Rn. 77). 85

## 4. Ersatzvornahme, § 123 GemO

*Durchführung anstelle und auf Kosten der Gemeinde*

Kommt die Gemeinde einer rechtsaufsichtlichen Anordnung nach den §§ 120 - 122 GemO nicht fristgemäß nach, so kann die Rechtsaufsichtsbehörde die Anordnung anstelle und auf Kosten der Gemeinde selbst durchführen oder durch einen Dritten durchführen lassen. 86

### a) Rechtliche Voraussetzungen der Ersatzvornahme

*Gemeinde befolgt Anordnung nicht*

**aa)** Tatbestandlich ist zunächst erforderlich, dass die Gemeinde eine Anordnung aufgrund der §§ 120 - 122 GemO nicht oder nicht vollständig befolgt.[131] 87

Da es um ein Tätigwerden der Rechtsaufsicht bzw. eines beauftragten Dritten geht, kommen als Grundlage einer Ersatzvornahme allerdings nur Aufsichtsmaßnahmen in Betracht, welche die Gemeinde zu einem positiven Tun verpflichten. Dies sind primär das mit einer Beanstandung verbundene Aufhebungsverlangen und das Verlangen der Rückgängigmachung nach § 121 I S. 1, S. 2 GemO[132] sowie eine Anordnung nach § 122 GemO. Entgegen dem Wortlaut des § 123 GemO kann eine (isolierte) Beanstandung nach § 121 I S. 1 GemO nicht Grundlage einer Ersatzvornahme sein, da sie die Gemeinde nicht zu einem positiven Tun verpflichtet, sondern lediglich den Regelungsinhalt hat, die Rechtswidrigkeit des Beschlusses bzw. der Anordnung der Gemeinde festzustellen. Wohl nur theoretisch ist eine Ersatzvornahme bei einer Anordnung aufgrund des Informationsrechts nach § 120 GemO denkbar. 88

**hemmer-Methode: Die Ersatzvornahme nach § 123 GemO stellt eine verwaltungsvollstreckungsrechtliche Spezialregelung zu der im LVwVG geregelten Ersatzvornahme dar (§ 25 LVwVG). Es geht jeweils um die Durchsetzung der in einem Verwaltungsakt geregelten Pflichten. Eine solche Vollstreckung ist nur bei Verwaltungsakten denkbar, welche zu einem Tun, Dulden oder Unterlassen verpflichten (sog. befehlender Verwaltungsakt, § 1 I S. 1 LVwVG).**

129 Aker/Haffner/Notheis, § 122 GemO, Rn. 3; Kunze/Bronner/Katz, § 122 GemO, Rn. 5; Schoch, JURA 2006, 188 (193).

130 Weitere Beispiele bei Engel/Heilshorn, § 11 Rn. 20 und Kunze/Bronner/Katz, § 122 GemO, Rn. 5.

131 Aker/Haffner/Notheis, § 123 GemO, Rn. 1; Engel/Heilshorn, § 11 Rn. 21; Schoch, JURA 2006, 188 (194).

132 Kunze/Bronner/Katz, § 121 GemO, Rn. 5; so wohl auch Schoch, JURA 2006, 188 (194).

**Andere Verwaltungsakte, welche keinen solchen Regelungsgehalt haben (dies sind die sog. feststellenden und rechtsgestaltenden Verwaltungsakte), können nicht durchgesetzt werden. Auch die Ersatzvornahme nach § 123 GemO kommt nur bei einem befehlenden Verwaltungsakt in Betracht. § 123 GemO ist zudem auf Anordnungen beschränkt, die zu einem positiven Tun (und nicht einem Unterlassen) verpflichten.[133] Da die Beanstandung keinen solchen Regelungsinhalt hat, kann sie nicht durch eine Ersatzvornahme durchgesetzt werden. Weiter ist die Ersatzvornahme zudem auf vertretbare Handlungen beschränkt.**

*Verwaltungsvollstreckungsrecht anwendbar; Rechtmäßigkeit des Grund-VA unbeachtlich*

**bb)** Die Ersatzvornahme ist eine Maßnahme des Verwaltungsvollstreckungsrechts, d.h. es gelten gem. § 1 LVwVG dessen Voraussetzungen. Die zugrunde liegende Anordnung muss demnach nach § 2 LVwVG bestandskräftig oder sofort vollziehbar sein, auf die Rechtmäßigkeit kommt es dem Wortlaut nach nicht an.[134] Erforderlich ist lediglich, dass die Gemeinde einer wirksamen und vollziehbaren Anordnung nach §§ 120 - 122 GemO nicht nachkommt, d.h. die in einer solchen Anordnung enthaltene Regelung nicht befolgt. Da diese Anordnungen Verwaltungsakte sind, sind sie gem. § 43 LVwVfG wirksam, sofern sie nicht gem. § 44 LVwVfG nichtig sind. *89*

*Fristablauf*

**cc)** Die in der Anordnung bestimmte Frist muss abgelaufen sein. *90*

*Androhung der Ersatzvornahme*

**dd)** Die Ersatzvornahme muss in der Regel zuvor angedroht werden. Zwar wird dies in § 123 GemO nicht gefordert und auch § 20 LVwVG wird für die Ersatzvornahme nach der GemO als nicht anwendbar angesehen.[135] Das Erfordernis einer Androhung wird jedoch aus dem allgemeinen Verhältnis zwischen Staat und Gemeinden geschlossen.[136] *91*

Dies kann auch mit § 118 III GemO begründet werden. Die Ersatzvornahme greift in erheblichem Umfang in das Selbstverwaltungsrecht der Gemeinde ein. Indem die Rechtsaufsichtsbehörde anstelle der Gemeinde und damit wie ein besonderes Organ tätig wird, wird die Selbstverwaltung punktuell beseitigt. Daher muss der Gemeinde vor einem derartigen Eingriff die Möglichkeit eingeräumt werden, die zugrunde liegende Anordnung zu befolgen.

Die Pflicht zur Androhung entfällt lediglich unter besonderen Umständen.[137] Einen solchen stellt eine besondere Eilbedürftigkeit dar.

*Ermessen*

**ee)** Ferner muss das aufsichtliche Ermessen fehlerfrei ausgeübt worden sein, § 123 i.V.m. § 118 III GemO. *92*

## b) Die Ersatzvornahmehandlung

*Gegenstand der Ersatzvornahme*

**aa)** § 123 GemO berechtigt die Rechtsaufsicht zur Durchsetzung jeglicher Maßnahmen im Wege der Ersatzvornahme, die von der Gemeinde selbst durchgeführt werden könnten.[138] *93*

> ***Bspe.:*** *Erlass einer Satzung[139] oder eines Verwaltungsakts; Erteilung des gemeindlichen Einvernehmens; Weisungen an Bedienstete der Gemeindeverwaltung; Vertragsschluss mit einem Dritten; Vornahme von Realakten*

133 Kunze/Bronner/Katz, § 123 GemO, Rn. 4.
134 BVerfG, NVwZ 1999, 290 (292); a.A. Hollenbach, VBlBW 2000, 464 (469).
135 OVG Münster, NWVBl. 2008, 69.
136 Kunze/Bronner/Katz, § 123 GemO, Rn. 14; so auch Aker/Haffner/Notheis, § 123 GemO, Rn. 2.
137 Kunze/Bronner/Katz, § 123 GemO, Rn. 14.
138 Aker/Haffner/Notheis, § 123 GemO, Rn. 5; Engel/Heilshorn, § 11 Rn. 21; Schoch, JURA 2006, 188 (194); Lange, Kap. 17 Rn. 109.
139 BVerwG, DÖV 1993, 77 (78); Seeger/Füsslin/Vogel, E 2 zu § 123 GemO.

*Rechtsaufsicht als Vertreter der Gemeinde*

**bb)** Die Rechtsaufsichtsbehörde wird als Vertreter der Gemeinde tätig.[140] Die im Wege der Ersatzvornahme vorgenommenen Handlungen wirken in vollem Umfang für und gegen die Gemeinde. Zwischen der Rechtsaufsichtsbehörde und dem von der Umsetzungsmaßnahme Betroffenen bestehen keine Rechtsbeziehungen. *94*

*Doppelnatur*

Im Rechtssinne weist die Ersatzvornahme eine Doppelnatur auf, sofern sie eine Maßnahme beinhaltet, die Rechtswirkungen ggü. Dritten entfaltet: Die Ersatzvornahme ist ein Verwaltungsakt ggü. der Gemeinde,[141] den diese mit Widerspruch und Anfechtungsklage angreifen kann. Die Regelung liegt darin, dass der Gemeinde für diese Handlung die Zuständigkeit entzogen wird. Im Verhältnis zum Dritten ist hingegen die Rechtsnatur der kommunalaufsichtlich ersetzten Handlung ausschlaggebend. *95*

> **Bspe.:** *(1) Wird im Wege einer Ersatzvornahme eine Satzung erlassen, besteht dem Bürger gegenüber die Ersatzvornahme in einer gemeindlichen Rechtsnorm. (2) Besteht die Ersatzvornahme im Erlass eines Abgabenbescheides, so handelt es sich um einen gemeindlichen Abgabenbescheid, gegen den der Betroffene mittels Anfechtungsrechtsbehelfen vorgehen kann.*

*Klage-/Antragsgegner*

**cc)** Der von der Ersatzvornahme betroffene Dritte kann gegen einen Verwaltungsakt Anfechtungsklage erheben oder gegen eine Satzung Normenkontrollklage einlegen. Richtiger Beklagter bzw. Antragsgegner ist die Gemeinde.[142] *96*

### c) Kosten der Ersatzvornahme

*Kosten der Ersatzvornahme*

Gem. § 123 GemO wird die Ersatzvornahme auf Kosten der Gemeinde durchgeführt. Die Rechtsaufsichtsbehörde kann die ihr entstandenen Kosten von der Gemeinde ersetzt verlangen. § 123 GemO ist demnach Rechtsgrundlage für einen Kostenbescheid gegen die Gemeinde.[143] *97*

## 5. Bestellung eines Beauftragten, § 124 GemO

*Bestellung eines Beauftragten*

Entspricht die Verwaltung der Gemeinde in erheblichem Umfang nicht den Erfordernissen einer gesetzmäßigen Verwaltung und reichen die Befugnisse nach den §§ 120 - 123 GemO nicht aus, so kann die Rechtsaufsicht einen Beauftragten bestellen, der alle oder einzelne Aufgaben der Gemeinde auf deren Kosten wahrnimmt. Die Bestellung eines Beauftragten (sog. Staatskommissar bzw. Staatsbeauftragter)[144] ist wegen des damit verbundenen gravierenden Eingriffs in das Selbstverwaltungsrecht nur zulässig, wenn andere Aufsichtsmittel nicht ausreichen (ultima ratio-Gedanke).[145] *98*

Der Beauftragte hat dann die Stellung eines (besonderen) Organs der Gemeinde. Er kann an die Stelle eines oder aller Gemeindeorgane treten.[146] Mit der Bestellung gehen die Zuständigkeiten des jeweiligen Organs auf den Beauftragten über.[147] Da er zugleich Beauftragter der Rechtsaufsichtsbehörde ist, nimmt er eine Doppelfunktion wahr.

---

140 Aker/Haffner/Notheis, § 123 GemO, Rn. 7; Kunze/Bronner/Katz, § 123 GemO, Rn. 16; Engel/Heilshorn, § 11 Rn. 22; Schoch, JURA 2006, 188 (194).

141 Aker/Haffner/Notheis, § 123 GemO, Rn. 7; Kunze/Bronner/Katz, § 123 GemO, Rn. 27; Schoch, JURA 2006, 188 (194); Burgi, § 8 Rn. 47.

142 Aker/Haffner/Notheis, § 123 GemO, Rn. 16; Kunze/Bronner/Katz, § 123 GemO, Rn. 19; Franz, JuS 2004, 937 (940); Lange, Kap. 17 Rn. 113.

143 Kunze/Bronner/Katz, § 123 GemO, Rn. 26; a.A. Lange, Kap. 17 Rn. 130, wonach im Streitfall eine allg. Leistungsklage zu erheben ist.

144 Engel/Heilshorn, § 11 Rn. 23; zur Abgrenzung zu sog. Amtsverweser nach § 48 II S. 1 GemO vgl. Kunze/Bronner/Katz, § 48 GemO, Rn. 16;

145 Ennuschat/Ibler/Remmert, § 1 Rn. 515; Aker/Haffner/Notheis, § 123 GemO, Rn. 1; Lange, § 17 Rn. 131; Schoch, JURA 2006, 188 (194); Franz, JuS 2004, 937 (941). Nach BVerwGE 119, 25 (45) ist die Ersatzvornahme das mildere Aufsichtsmittel.

146 Aker/Haffner/Notheis, § 123 GemO, Rn. 12; Lange, § 17 Rn. 139; Schoch, JURA 2006, 188 (194).

147 Aker/Haffner/Notheis, § 123 GemO, Rn. 13; Lange, § 17 Rn. 141; Schoch, JURA 2006, 188 (194).

Der Beauftragte ist abzuberufen, sobald ein anderes, milderes Aufsichtsmittel den verfolgten Zweck, eine gesetzmäßige Verwaltung, zu erreichen vermag.

### 6. Vorzeitige Beendigung der Amtszeit des Bürgermeisters, § 128 GemO

*Abberufung des Bürgermeisters*

Nach § 128 GemO kann die Amtszeit des Bürgermeisters vorzeitig beendet werden, wenn dieser den Anforderungen des Amtes nicht gerecht wird und dadurch erhebliche Missstände in der Verwaltung auftreten. 99

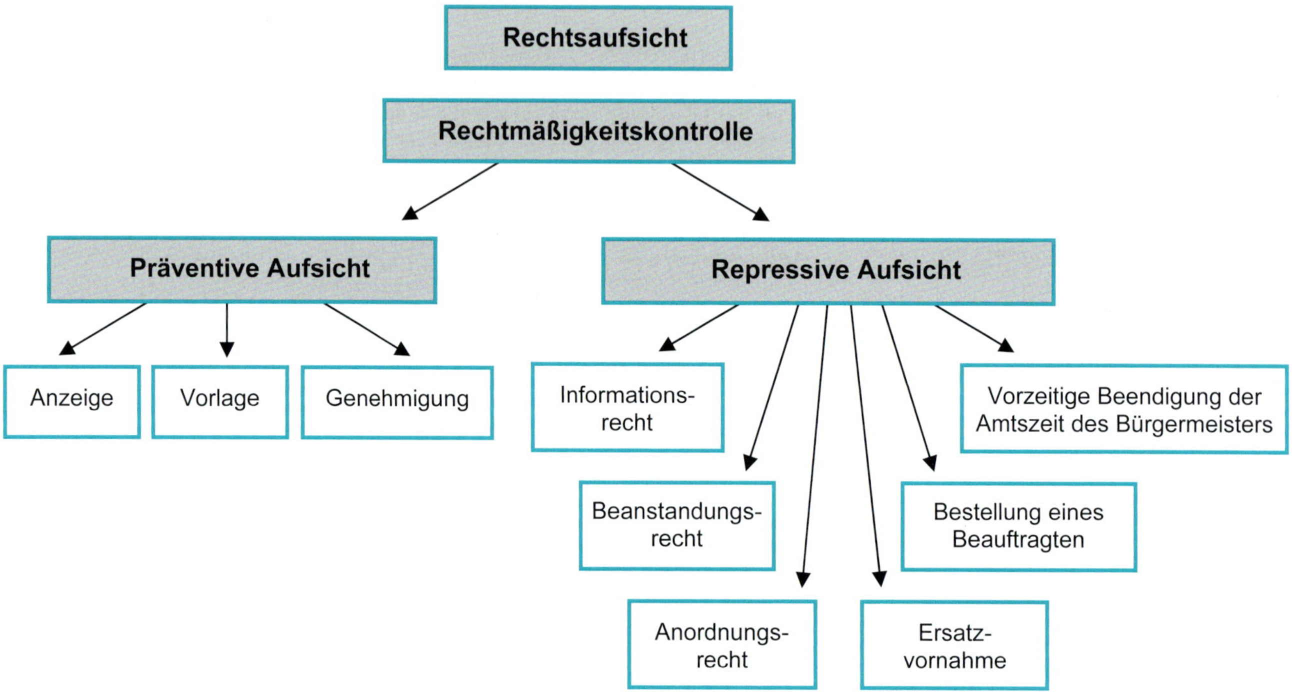


## III. Allgemeine Anforderungen an die Rechtsaufsicht

*Ermessensausübung: Prüfung auf Ermessensfehler, § 40 LVwVfG, § 114 S. 1 VwGO*

Die rechtsaufsichtlichen Maßnahmen der §§ 120 - 124, 128 GemO stehen im Ermessen der zuständigen Behörden (sog. Opportunitätsprinzip). Liegen die tatbestandlichen Voraussetzungen einer Rechtsgrundlage vor, so entscheidet die Rechtsaufsichtsbehörde nach pflichtgemäßem Ermessen über das weitere Vorgehen. Hierbei ist § 40 LVwVfG zu beachten, der dem Prüfungsmaßstab des Verwaltungsgerichts nach § 114 S. 1 VwGO entspricht. 100

*§ 118 III GemO beachten!*

Zusätzlich wird das Ermessen in § 118 III GemO gesteuert. Danach ist die Aufsicht so auszuüben, dass Entschlusskraft und Verantwortungsfreudigkeit der Gemeinde nicht beeinträchtigt werden.[148] 101

In Einzelfällen kann dies dazu führen, dass eine bestimmte rechtsaufsichtliche Anordnung ermessensfehlerhaft ist. Hiermit kann die Ermessensfehlerhaftigkeit einer (bloßen) Beanstandung begründet werden, wenn die beanstandete Regelung nicht mehr aufgehoben werden kann (vgl. hierzu Rn. 77).

148 VGH Mannheim, BWGZ 1995, 416; Ennuschat/Ibler/Remmert, § 1 Rn. 526; Schoch, JURA 2006, 188 (195).

**hemmer-Methode: In der Klausur dürfen Sie auf keinen Fall die Prüfung des Ermessens „unter den Tisch fallen lassen“. § 118 III GemO sollten Sie ansprechen. Die Ermessensfehlerhaftigkeit einer rechtsaufsichtlichen Maßnahme wird dies jedoch nur selten begründen.**

*Entschließungsermessen*

Es besteht sowohl Entschließungs- als auch Auswahlermessen.[149] 102
Bei der Entschließung, ob eine aufsichtliche Maßnahme getroffen wird, ist zwischen dem Selbstverwaltungsinteresse der Gemeinde und dem öffentlichen Interesse an der Beseitigung der Rechtsverletzung abzuwägen. Es sind Schwere und Auswirkungen des jeweiligen Rechtsverstoßes und der Grundsatz der Gesetzmäßigkeit der Verwaltung (Art. 20 III GG) zu berücksichtigen. Verletzungen materiellen Rechts wiegen schwerer als bloße Verfahrensfehler.

*Auswahlermessen*

Bei der Entscheidung darüber, welches Aufsichtsmittel sie anwendet 103
(Auswahlermessen), hat die Aufsichtsbehörde den Grundsatz der Verhältnismäßigkeit zu beachten. Hierbei ist zu berücksichtigen, dass der Aufsicht eine Vielzahl von Befugnissen eingeräumt ist. Das besonders einschneidende Mittel der Bestellung eines Beauftragten dürfte nur in Ausnahmefällen in Betracht kommen.

**hemmer-Methode: Zusätzlich kann auch der Grundsatz des gemeindefreundlichen Verhaltens herangezogen werden (vgl. Rn. 30).**

*Reduktion des Ermessens auf Null*

Zu beachten ist, dass das aufsichtsbehördliche Entschließungsermessen auf Null reduziert sein kann.[150] Bei eindeutigen Rechtsverstößen ist die Behörde zum Einschreiten verpflichtet, muss bei der Entscheidung über das Wie des Einschreitens aber Ermessenserwägungen anstellen.

> ***Bspe.:*** *(1) Der Grundsatz der Bundestreue gebietet eine Pflicht zum Einschreiten, wenn Kommunen rechtswidrig in Bundeskompetenzen übergreifen. Hintergrund ist, dass der Bund über keine kommunalaufsichtlichen Eingriffsbefugnisse verfügt.[151] (2) Verstößt eine Kommune gegen Unionsrecht, gebietet die effektive Durchsetzung des Unionsrechts (Art. 4 III EUV) ein aufsichtsbehördliches Einschreiten.*

## IV. Rechtsschutz der Gemeinde gegen repressive Aufsichtsmaßnahmen im Bereich der Rechtsaufsicht

### 1. Statthafte Klageart

*Anfechtungsklage*

Statthafte Klageart ist die Anfechtungsklage. Maßnahmen der 104
Rechtsaufsicht sind Verwaltungsakte gem. § 35 S. 1 LVwVfG, da sie vom Rechtskreis des Staates in den Rechtskreis der außerhalb des Staates stehenden Gemeinde wirken (Außenwirkung).[152]

Kommunalaufsichtliche Maßnahmen greifen in das Selbstverwaltungsrecht der Gemeinden aus Art. 28 II GG bzw. Art. 71 LV ein. Sie haben gebietenden Charakter, womit ihnen Regelungswirkung zukommt.

*deklaratorische Bedeutung des § 125 GemO*

Zumal die Voraussetzungen einer verwaltungsgerichtlichen Klage abschließend bundesgesetzlich in der Verwaltungsgerichtsordnung geregelt sind, eröffnet § 125 GemO nicht den Klageweg gegen Verfügungen der Rechtsaufsichtsbehörden. Der Hinweis auf Anfechtungs- und Verpflichtungsklage lässt allenfalls erkennen, dass der Landesgesetzgeber aufsichtsbehördliche Maßnahmen als Verwaltungsakte ansieht. § 125 GemO hat damit nur deklaratorische Bedeutung.[153]

149 Ennuschat/Ibler/Remmert, § 1 Rn. 525; Aker/Haffner/Notheis, § 118 GemO, Rn. 22; Schoch, JURA 2006, 188 (195).
150 Aker/Haffner/Notheis, § 118 GemO, Rn. 24; Schoch, JURA 2006, 188 (195); Ennuschat/Ibler/Remmert, § 1 Rn. 526.
151 BVerfGE 8, 228 (236).
152 Aker/Haffner/Notheis, § 125 GemO, Rn. 1; Engel/Heilshorn, § 11 Rn. 36; Ennuschat/Ibler/Remmert, § 1 Rn. 539; Schoch, JURA 2006, 188 (195).
153 Aker/Haffner/Notheis, § 125 GemO, Rn. 1; Kunze/Bronner/Katz, § 125 GemO, Rn. 2; Schoch, JURA 2006, 188 (195); Lange, § 17 Rn. 213.

### 2. Klagebefugnis, § 42 II VwGO

*Art. 28 II GG bzw. Art. 71 LV*

Die Klagebefugnis der Gemeinde gegen die Maßnahmen ergibt sich stets aus dem Selbstverwaltungsrecht gem. Art. 28 II GG bzw. Art. 71 LV. In der Klausur empfiehlt es sich, hier das entsprechende Element des Schutzbereichs (z.B. Satzungshoheit, Planungshoheit) zu nennen. 105

**hemmer-Methode: Wenn der Adressat eines belastenden Verwaltungsakts gegen diesen vorgeht, so ergibt sich die Klagebefugnis grundsätzlich schon aus der Stellung als Adressat eines belastenden Verwaltungsakts. Bei der Gemeinde gilt im Prinzip nichts anderes, doch sollte man mit dem Wort „Adressatentheorie" Zurückhaltung üben, da sich die Gemeinde nicht auf die Verletzung der allgemeinen Handlungsfreiheit (Art. 2 I GG) berufen kann, sondern nur auf ihr Selbstverwaltungsrecht.**
**Dies freilich auch nur dann, wenn sie gegen rechtsaufsichtliche Maßnahmen vorgeht. Zum Rechtsschutz gegen fachaufsichtliche Weisungen ausführlich unter Rn. 134 ff.**

### 3. Vorverfahren

*Widerspruchsverfahren sowie § 15 I S. 1 AGVwGO*

Vor Erhebung der Klage ist gem. § 68 I S. 1 VwGO ein Widerspruchsverfahren durchzuführen. Dieses entfällt gem. § 15 I S. 1 AGVwGO, wenn das Regierungspräsidium den Aufsichtsakt erlassen hat (vgl. § 119 S. 1 und 2 GemO). Gleiches gilt gem. § 68 I S. 1 Nr. 1 VwGO, wenn die Aufsichtsmaßnahme (ausnahmsweise) von der obersten Rechtsaufsichtsbehörde erlassen wurde, denn das Innenministerium (vgl. § 119 S. 3 GemO) ist eine oberste Landesbehörde. 106

## V. Rechtsschutz Dritter gegen repressive Aufsichtsmaßnahmen im Bereich der Rechtsaufsicht

Zumal die Vorschriften über die Kommunalaufsicht ausschließlich im öffentlichen Interesse bestehen, kommt Rechtsschutz Dritter (insbesondere der Bürger) nicht in Betracht.[154] Es mangelt bereits an der Klagebefugnis nach § 42 II VwGO. Ebenso steht einem Organ bzw. Organteil der Gemeinde keine Klagebefugnis zu. Eine Verpflichtungsklage auf Einschreiten der Kommunalaufsichtsbehörde ist folglich ebenso unzulässig wie eine Anfechtungsklage gegen eine an die Gemeinde gerichtete aufsichtsbehördliche Verfügung.[155] 107

§§ 118 ff. GO entfalten keinen drittschützenden Charakter. Rechtsschutz gegen eine Verfügung der Rechtsaufsichtsbehörde hat der Bürger dann, wenn er durch sie unmittelbar betroffen ist.

> ***Bsp.:*** *Schulschließung durch die Rechtsaufsichtsbehörde im Wege der Ersatzvornahme nach § 123 GemO*

Allerdings richtet sich der Rechtsschutz in diesem Fall nicht gegen die Ersatzvornahme als solche, sondern den aus ihr hervorgegangenen Rechtsakt.

154 BVerwG, DÖV 1972, 723.

155 Vgl. Schoch, JURA 2006, 188 (196); Franz, JuS 2004, 937 (940); Lange, Kap. 17 Rn. 113. Hierzu bereits unter Rn. 96.

## VI. Präventive Aufsicht

### 1. Überblick

*repressive und präventive Aufsicht*

Die dargestellten rechtsaufsichtlichen Befugnisse greifen bei bereits eingetretenen Rechtsverstößen der Gemeinde (durch positives Tun oder Unterlassen) ein. Sie können daher als repressive Aufsichtsmittel angesehen werden. Für bestimmte Fälle sehen die Gesetze jedoch Befugnisse der Aufsicht vor, die einen Rechtsverstoß von vornherein zu verhindern suchen.[156] 108

Zu diesen präventiven Aufsichtsmitteln gehören Anzeige- und Vorlagepflichten sowie Genehmigungsvorbehalte.[157]

### 2. Anzeigepflichten

*Rechtsaufsichtsbehörde soll Kenntnis erlangen*

Anzeigepflichten haben den Zweck, der Aufsicht die Prüfung der anzuzeigenden Maßnahme zu ermöglichen.[158] Die Anzeige führt damit im Grunde nur zur Information der Aufsichtsbehörde, die andernfalls in vielen Fällen davon überhaupt keine Kenntnis erlangen würde. 109

> **Bspe.:** *Eine Anzeigepflicht besteht für alle Satzungen der Gemeinde, § 4 III S. 3 GemO. Gleiches gilt für den Beschluss, Kassengeschäfte von einer Stelle außerhalb der Gemeindeverwaltung besorgen zu lassen, § 94 GemO.*

**hemmer-Methode: Natürlich könnte die Aufsicht diese Information auch dadurch erhalten, dass sie die Gemeinde nach § 120 GemO auffordert, ihr bestimmte Vorgänge mitzuteilen. Voraussetzung hierfür ist jedoch, dass die Aufsicht überhaupt über diese Kenntnis erlangt. Durch eine Anzeigepflicht für eine bestimmte Art von Vorgängen erlangt die Aufsicht diese Kenntnis ohne Weiteres, wenn die Gemeinde sich an die Verpflichtung hält. Fraglich ist zudem, ob § 120 GemO die Aufsicht befugt, pauschal die Gemeinde zur Information über eine bestimmte Art von Vorgängen zu informieren, da das Informationsrecht nur für „einzelne" Angelegenheiten besteht.**

*Verletzung der Anzeigepflicht für Rechtmäßigkeit der Satzung unerheblich*

Der Verstoß gegen die Anzeigepflicht hat auf die Rechtmäßigkeit und Wirksamkeit der Satzung keinen Einfluss.[159] Wird eine Satzung nicht angezeigt, so kann die Rechtsaufsicht die Gemeinde dazu auffordern. Rechtsgrundlage dafür ist § 122 GemO, denn durch die Nichtanzeige erfüllt die Gemeinde die ihr nach § 4 III S. 3 GemO obliegende Pflicht nicht. Alternativ kommt die Ausübung des Informationsrechts nach § 120 GemO in Betracht. 110

Die Rechtsaufsicht prüft die Satzung und kann dann ggf. rechtsaufsichtliche Maßnahmen ergreifen, wenn sie diese für rechtswidrig hält. Üblicherweise wird sie die Satzung beanstanden und die Aufhebung der Satzung verlangen (§ 121 I S. 1 GemO).

156 Engel/Heilshorn, § 11 Rn. 25; Ennuschat/Ibler/Remmert, § 1 Rn. 506; Schoch, JURA 2006, 188 (190); Lange, § 17 Rn. 154.

157 Engel/Heilshorn, § 11 Rn. 25; Aker/Haffner/Notheis, § 118 GemO, Rn. 36.1; Ennuschat/Ibler/Remmert, § 1 Rn. 506 und 509.

158 Engel/Heilshorn, § 11 Rn. 26; Aker/Haffner/Notheis, § 118 GemO, Rn. 40; Schoch, JURA 2006, 188 (191); Lange, § 17 Rn. 177.

159 Kunze/Bronner/Katz, § 4 GemO, Rn. 34; Aker/Haffner/Notheis, § 118 GemO, Rn. 40.

## 3. Vorlagepflichten

### a) Anwendungsbereich

*einzelne Vorlagepflichten*

Beschlüsse, die für die Gemeinde besondere Bedeutung haben, müssen der Rechtsaufsichtsbehörde vorgelegt werden.[160] Vorlagepflichtig sind u.a. Beschlüsse über 111

- ⇨ die Haushaltssatzung, § 81 II GemO
- ⇨ die Veräußerung von Vermögen unter Wert, § 92 III GemO
- ⇨ sowie bestimmte Maßnahmen bei Unternehmen und Beteiligungen der Gemeinde, vgl. § 108 GemO
- ⇨ Verträge der Gemeinde mit einem Gemeinderat oder dem Bürgermeister, § 126 II GemO

Keine Vorlagepflicht i.S.d. § 121 II GemO statuiert § 16 I PolG. Denn § 121 II GemO erfordert die Pflicht zur Vorlage an die Rechtsaufsichtsbehörde. § 16 I PolG schreibt jedoch die Vorlage an die (nach dem PolG zuständige) Fachaufsichtsbehörde vor. 112

### b) Vollzugsverbot, § 121 II GemO

*Beschluss darf nicht vollzogen werden*

Für Beschlüsse, die der Vorlagepflicht unterliegen, bestimmt § 121 II GemO, dass diese erst vollzogen werden dürfen, wenn die Rechtsaufsicht die Gesetzmäßigkeit bestätigt oder den Beschluss nicht innerhalb eines Monats beanstandet. Die Monatsfrist beginnt erst mit der Vorlage des Beschlusses an die Rechtsaufsicht, d.h. mit Eingang der Unterlagen bei dieser. 113

**hemmer-Methode: Die Vorlagepflicht entspricht weitgehend der Anzeigepflicht. Allerdings hindert die Anzeigepflicht die Gemeinde nicht am Vollzug der getroffenen Entscheidung.**

*Vollzugsverbot*

Das Vollzugsverbot des § 121 II GemO hat die gleiche Wirkung wie die „aufschiebende Wirkung" nach § 121 I S. 3 und § 43 II S. 3 GemO. Die Gemeinde, d.h. ihre Organe, dürfen keine Maßnahmen zur Ausführung des Beschlusses treffen. Insbesondere gilt auch wieder für den Bürgermeister, dass er nicht nach § 43 I GemO verpflichtet ist, einen solchen Beschluss des Gemeinderats zu vollziehen.

*Rechtmäßigkeit des Beschlusses*

§ 121 II GemO beeinflusst Rechtmäßigkeit und Wirksamkeit des Beschlusses nicht.[161] Vollzieht die Gemeinde den Beschluss trotz des Verbots nach § 121 II GemO, so hat dies ebenfalls keinen Einfluss auf Rechtmäßigkeit und Wirksamkeit im Außenverhältnis. § 121 II GemO ist folglich eine reine Ordnungsvorschrift. 114

**hemmer-Methode: Der Verstoß gegen die Vorlagepflicht und das Vollzugsverbot gem. § 121 II GemO berührt die Rechtmäßigkeit des Beschlusses und der Vollzugsmaßnahmen nicht. Der Sinn des § 121 II GemO liegt insbesondere in der Wirkung auf die persönliche Verantwortung des Bürgermeisters. Besteht das Vollzugsverbot des § 121 II GemO, so verstößt er nicht gegen § 43 I GemO, wenn er einen Beschluss des Gemeinderats nicht vollzieht. Er darf diesen nicht vollziehen. Vollzieht er ihn dennoch, so verstößt er gegen § 121 II GemO. Dies kann sich auf eine Ersatzpflicht des Bürgermeisters und seine persönliche Verantwortlichkeit als Beamter (Disziplinarrecht) auswirken.**

160 Engel/Heilshorn, § 11 Rn. 27; Aker/Haffner/Notheis, § 121 GemO, Rn. 15.

161 Engel/Heilshorn, § 11 Rn. 27; Kunze/Bronner/Katz, § 121 GemO, Rn. 23; Aker/Haffner/Notheis, § 121 GemO, Rn. 15.

*Bsp.: Zur lokalen Wirtschaftsförderung beschließt der Gemeinderat die Veräußerung eines Grundstücks unter Wert an Bürger B, der eine Betriebsstätte errichten möchte. Noch bevor die Rechtsaufsicht die Rechtmäßigkeit des Beschlusses bestätigt hat und vor Ablauf eines Monats nach Vorlage des Beschlusses erlässt der Bürgermeister einen Bescheid an B, in dem die Veräußerung des Grundstücks gegen Zahlung eines unter dem Verkehrswert liegenden Betrags bestimmt wird.*

*1. Hat der Bürgermeister Rechtsvorschriften verletzt?*

*2. Ist der Bescheid an B rechtmäßig?*

1. Mit dem Erlass des Bescheids an B könnte der Bürgermeister gegen § 121 II GemO verstoßen. Danach darf ein Beschluss der Gemeinde, der der Rechtsaufsicht vorzulegen ist, erst vollzogen werden, wenn die Gesetzmäßigkeit bestätigt ist oder der Beschluss nicht innerhalb eines Monats beanstandet wird.

Der Beschluss über die Veräußerung des Grundstücks sieht eine Veräußerung von Gemeindevermögen unter Wert vor und ist daher gem. § 92 III GemO der Rechtsaufsichtsbehörde vorzulegen.

Weiter müsste auch der Erlass des Bescheids einen Vollzug des Beschlusses darstellen. Vollzug ist jede Maßnahme, die der Verwirklichung des Beschlusses dient. Inhalt des Beschlusses ist es, dem B das Eigentum an dem Grundstück (gegen Zahlung eines Betrags) zu übertragen. Der Bescheid enthält die Pflicht der Gemeinde zur Veräußerung des Grundstücks an B und ist damit einem (zivilrechtlichen) Kausalgeschäft vergleichbar. Der Bescheid ist Rechtsgrund für die später erfolgende Eigentumsübertragung an B und damit ein Vollzug des Beschlusses.

Die Rechtsaufsicht hatte die Rechtmäßigkeit des Beschlusses auch nicht bestätigt und die Monatsfrist des § 121 II GemO war noch nicht abgelaufen. Damit hat der Bürgermeister gegen § 121 II GemO verstoßen. Insoweit ist das Verhalten des Bürgermeisters rechtswidrig.

2. Der Bescheid an B könnte gegen § 121 II GemO verstoßen, denn er stellt eine Vollzugsmaßnahme im Sinne dieser Vorschrift dar (s.o.). § 121 II GemO stellt jedoch nur ein Verbot gegen die Gemeinde und ihre Organe dar. Die Regelung betrifft nur das Rechtsverhältnis zur Rechtsaufsicht und die gemeindeinternen Verhältnisse. Rechtmäßigkeit und Wirksamkeit von Maßnahmen der Gemeinde im Außenverhältnis, d.h. insbesondere zum Einzelnen, werden davon nicht berührt. Der Bescheid verstößt nicht gegen § 121 II GemO bzw. ist jedenfalls nicht wegen eines Verstoßes gegen diese Vorschrift rechtswidrig.

**hemmer-Methode: Unerheblich ist dabei, ob die Gemeinde einseitig, d.h. durch Verwaltungsakt, handelt, einen öffentlich-rechtlichen Vertrag schließt oder zivilrechtlich vorgeht. Der Verstoß gegen § 121 II GemO ist für alle diese Rechtsgeschäfte unbeachtlich. Rechtswidrig ist das Handeln des Bürgermeisters, nicht aber im Außenverhältnis die vorgenommene Handlung. Innen- und Außenrechtsbeziehungen müssen auseinandergehalten werden!**

## 4. Genehmigungsvorbehalte

### a) Anwendungsbereich

*einzelne Genehmigungsvorbehalte*

Das einschneidenste präventive Aufsichtsmittel ist der Genehmigungsvorbehalt.[162] Von der Möglichkeit, Entscheidungen unter den Vorbehalt einer Genehmigung zu stellen, wurde in folgenden Normierungen Gebrauch gemacht: 115

162 Kunze/Bronner/Katz, § 4 GemO, Rn. 36; Engel/Heilshorn, § 11 Rn. 28; Schoch, JURA 2006, 188 (190); Lange, § 17 Rn. 154.

- Vereinbarungen über Gebietsänderungen, § 8 II S. 1 GemO
- Änderung der Verbandssatzung und Vereinbarung einer Verwaltungsgemeinschaft, § 60 II GemO
- Vereinbarung über die Auseinandersetzung der Verwaltungsgemeinschaft, § 62 II S. 2 GemO
- Gemeindehaushaltsrecht, § 87 II, IV, V, § 88 II, III GemO
- einzelne Bauleitpläne, §§ 6 I, 10 II BauGB
- Verbandssatzung zur Bildung eines Zweckverbands, § 7 GKZ
- die öffentlich-rechtliche Vereinbarung nach § 25 V GKZ

### b) Verletzung des Genehmigungserfordernisses

*Verstoß führt zur (formellen) Rechtswidrigkeit*

Wird die Genehmigungspflicht verletzt, d.h. die Regelung ohne Genehmigung erlassen, ist sie rechtswidrig. Die Genehmigungspflicht ist eine Verfahrensanforderung und ein Verstoß führt zur formellen Rechtswidrigkeit. 116

**hemmer-Methode: Für die Genehmigungsvorbehalte des Gemeindehaushaltsrechts bestimmt § 117 I GemO, dass zivilrechtliche Rechtsgeschäfte des Gemeindehaushaltsrechts ohne erforderliche Genehmigung (schwebend) unwirksam sind.**

*Auswirkung bei Satzungen: Unwirksamkeit*

Handelt es sich um den (häufigsten) Fall einer genehmigungspflichtigen Satzung, so führt der Rechtsfehler zur Unwirksamkeit der Satzung.[163] Wie für alle Rechtsnormen gilt auch für Satzungen der Grundsatz, dass sie bei Rechtswidrigkeit unwirksam sind. Auch Unbeachtlichkeitsregelungen greifen nicht ein: 117

§ 4 IV GemO lässt den Verstoß gegen ein Genehmigungserfordernis nach der GemO nicht unbeachtlich werden, denn gem. § 4 IV S. 2 Nr. 1 GemO ist die Genehmigung nicht erfasst. Satzungen, die ohne eine nach der GemO erforderliche Genehmigung erlassen wurden, sind damit nicht heilbar.[164]

Flächennutzungspläne und nach § 10 II BauGB genehmigungspflichtige Bebauungspläne sind ebenfalls unwirksam, da der Verstoß gegen das Genehmigungserfordernis weder von der Unbeachtlichkeitsregelung des § 214 I BauGB (vgl. S. 1 Nr. 3) noch von § 215 I BauGB (vgl. S. 1 Nr. 1) erfasst wird. 118

### c) Rechtsschutz der Gemeinde bei Nichterteilung der Genehmigung

*Rechtsschutz der Gemeinde*

Wird die Genehmigung nicht erteilt, so kann die Gemeinde Widerspruch einlegen und danach auf Erteilung der Genehmigung klagen. 119

*Verpflichtungsklage*

**aa)** Statthafte Klageart ist die Verpflichtungsklage, denn die Genehmigung ist ein Verwaltungsakt gem. § 35 LVwVfG.[165] Die intendierte Außenwirkung ergibt sich daraus, dass Regelungen der Gemeinde im weisungsfreien Bereich von ihrem Selbstverwaltungsrecht umfasst sind. Das Versagen der Genehmigung führt dazu, dass die Gemeinde die Regelung nicht wirksam oder zumindest nicht rechtmäßig erlassen kann und ihr damit die Ausübung des Selbstverwaltungsrechts entzogen wird. 120

163 VGH Mannheim, ESVGH 11, 106.

164 Kunze/Bronner/Katz, § 4 GemO, Rn. 42; Aker/Haffner/Notheis, § 4 GemO, Rn. 25. Zu § 4 IV GemO ausführlich unter Rn. 551 ff.

165 Schoch, JURA 2006, 188 (195); Engel/Heilshorn, § 11 Rn. 36. Zum gerichtlichen Vorgehen des Einzelnen unter Rn. 124.

**hemmer-Methode: Inhaltlich ist dies die gleiche Argumentation wie zur VA-Qualität der rechtsaufsichtlichen Maßnahmen nach §§ 120 - 124, 128 GemO.**

*Art. 28 II GG bzw. Art. 71 LV*

**bb)** Die Gemeinde ist klagebefugt gem. § 42 II VwGO. Sie hat grundsätzlich einen Anspruch auf Erteilung der Genehmigung[166] aus Art. 28 II GG bzw. Art. 71 LV, wenn die genehmigungspflichtige Regelung rechtmäßig ist. 121

Denn die Aufsichtsbehörde darf die Genehmigung nur wegen Rechtsfehlern versagen. Im weisungsfreien Bereich ist sie (auch bei der Entscheidung über eine Genehmigung) auf eine Rechtskontrolle beschränkt. Könnte sie die Genehmigung auch aus Zweckmäßigkeitserwägungen ablehnen, so würde dies der Einführung eines Weisungsrechts gleichkommen. Deshalb hat die Gemeinde im weisungsfreien Bereich grundsätzlich einen Anspruch auf die Erteilung der Genehmigung.[167]

*Sonderfall: Genehmigungserteilung im Ermessen*

Etwas anderes gilt im weisungsfreien Bereich nur dann, wenn sich aus dem Gesetz oder infolge Auslegung des Gesetzes ergibt, dass der Genehmigungsbehörde ausnahmsweise ein Mitwirkungs- und Mitentscheidungsrecht zusteht. Dies ist jedoch - nicht zuletzt mit Blick auf Art. 28 II S. 2 GG - nur in Ausnahmefällen anzunehmen. Insbesondere muss eine Gesetzesauslegung eindeutig ergeben, dass die Genehmigungsbehörde trotz Weisungsfreiheit nicht nur auf eine Rechtskontrolle beschränkt ist.[168] 122

*Bspe.: Auf die Erteilung einer Genehmigung der Satzung zur Bildung eines Gemeindeverwaltungsverbands (oder der Vereinbarung einer Verwaltungsgemeinschaft) besteht nach § 60 II S. 2 GemO kein Rechtsanspruch. Dadurch soll der Rechtsaufsichtsbehörde ermöglicht werden, auf eine zweckmäßige kommunale Neugliederung hinzuwirken. Mitwirkungsrechte (vgl. Art. 75 I S. 2 LV) eröffnen auch die Genehmigungen nach § 87 II S. 2 GemO und § 88 II S. 2, III GemO im Gemeindewirtschaftsrecht. Auf diese Weise soll eine geordnete Wirtschaftsführung sichergestellt werden.*[169]

*Kondominium*

Die Genehmigung ist dann keine Maßnahme auf dem Gebiet der Rechtsaufsicht, sondern ein staatlicher Organisationsakt im pflichtgemäßen Ermessen der Genehmigungsbehörde. Die Genehmigung wird in diesem Fall auch als sog. Kondominium bezeichnet.[170]

Aber auch wenn die Behörde ausnahmsweise Zweckmäßigkeitserwägungen anstellen kann, ihr folglich bei der Entscheidung über die Genehmigung Ermessen zusteht, hat die Gemeinde zumindest einen Anspruch auf ermessensfehlerfreie Entscheidung über die Erteilung der Genehmigung. Dies genügt für die Klagebefugnis nach § 42 II VwGO.

**hemmer-Methode: Die Klage der Gemeinde auf Erteilung einer Genehmigung im weisungsfreien Bereich ist daher niemals unzulässig, da ihr grundsätzlich ein Anspruch auf die Genehmigung zusteht, zumindest aber ein Anspruch auf ermessensfehlerfreie Entscheidung. Anders ist dies im Bereich der Weisungsaufgaben.**

*Begründetheit*

**cc)** In der Begründetheit ist zu prüfen, ob die Gemeinde einen Anspruch auf Erteilung der Genehmigung hat, § 113 V S. 1 VwGO. Dies ist in der Regel gem. Art. 28 II S. 1 GG der Fall, wenn die zu genehmigende Regelung rechtmäßig ist. 123

166 Engel/Heilshorn, § 11 Rn. 28; Kunze/Bronner/Katz, § 4 GemO, Rn. 38; Aker/Haffner/Notheis, § 4 GemO, Rn. 17; Lange, Kap. 17 Rn. 219.

167 BVerwGE 27, 350 (352); VGH München NVwZ 1989, 551 (552 f.).

168 VGH Mannheim, ESVGH 28, 174 = BWVPr 1979, 65.

169 Kunze/Bronner/Katz, § 118 GemO, Rn. 30; Aker/Haffner/Notheis, § 118 GemO, Rn. 38.

170 Aker/Haffner/Notheis, § 4 GemO, Rn. 16 und § 118 GemO, Rn. 41; Lange, Kap. 17 Rn. 168; Geis, § 24 Rn. 16; Knemeyer, JuS 2000, 521 (523).

Besteht ausnahmsweise Ermessen, so kann das Verwaltungsgericht bei fehlender Spruchreife bzgl. des Erlasses der begehrten Genehmigung die beklagte Rechtsaufsichtsbehörde nur verpflichten, die beklagte Gemeinde unter Beachtung der Rechtsauffassung des Gerichts neu zu bescheiden (sog. Bescheidungsklage, § 113 V S. 2 VwGO).[171] Anders ist dies nur, wenn das Ermessen der Aufsichtsbehörde auf Null geschrumpft ist.

### d) Rechtsschutz des Einzelnen

*Rechtsschutz des Einzelnen*

Fraglich ist, ob der Einzelne gegen eine aufsichtliche Genehmigung klageweise vorgehen kann. 124

*Bsp.: Die Landeshauptstadt Stuttgart beschließt einen genehmigungsbedürftigen Bebauungsplan nach § 10 II BauGB. Gegen die rechtsaufsichtliche Erteilung der Genehmigung möchte der Eigentümer eines Plangrundstücks Klage erheben.*

*Klage des Einzelnen gegen die Genehmigung ist unzulässig*

Eine Klage gegen die Genehmigung ist nach allg. Meinung unzulässig. Dies hat zur Folge, dass der Einzelne gegen die Satzung vorgehen muss. Statthafte Antragsart ist dabei die Normenkontrolle gem. § 47 I VwGO. 125

Begründet wird dies teilweise damit, dass die Genehmigung nur im Verhältnis zur Gemeinde ein Verwaltungsakt sei, gegenüber dem Bürger hingegen unselbstständiger Teil des Rechtsetzungsverfahrens.[172] 126

Nach h.M. ist eine solche Doppelnatur abzulehnen. Richtig sei zwar, dass die Genehmigung Teil eines Rechtsetzungsverfahrens ist. Dies ändere jedoch nichts an ihrer VA-Qualität. Eine „Doppelnatur" sei ebenso abzulehnen wie die Annahme eines sog. relativen Verwaltungsakts. Der Rechtsschutz des Einzelnen gegen die Genehmigung einer Satzung scheitere an der fehlenden Klagebefugnis, da eine Betroffenheit in eigenen Rechten durch die Genehmigung selbst (noch) nicht eintrete, sondern erst durch den Erlass der Satzung. Denn die Genehmigung habe allenfalls den Regelungsinhalt, dass die Satzung für rechtmäßig gehalten werde. Diese Regelung betreffe den Einzelnen nicht.[173]

Die erstgenannte Ansicht muss sich zudem fragen lassen, ob bei Ablehnung eines Verwaltungsakts zwar nicht die Anfechtungsklage, aber eine allg. Leistungs- oder Feststellungsklage zulässig ist, da das Vorliegen eines Verwaltungsakts bekanntlich nicht über den Rechtsschutz entscheidet, sondern nur über die Klageart. 127

## C. Fachaufsicht

*Abgrenzung zur Rechtsaufsicht*

Die Rechtsaufsicht bildet das Korrelat zur Selbstverwaltungsgarantie (vgl. Rn. 64). Die Rechtsaufsicht hingegen wahrt staatliche Einwirkungsmöglichkeiten unter dem Aspekt originärer staatlicher (nur aus Zweckmäßigkeitsgründen), den Kommunen übertragener Aufgabenwahrnehmung.[174] 128

171 Ausführlich zur Begründetheitsprüfung bei der Verpflichtungsklage **Hemmer/Wüst, Verwaltungsrecht II, Rn. 55 ff.**

172 Gern, Rn. 149; so auch die frühere Rspr., vgl. BVerwGE 34, 301= DÖV 1970, 277; BVerwG, BayVBl. 1963, 283 (284).

173 Schenke, Rn. 209 und 502d; Fechner, LKV 2006, 160; Kopp/Schenke, Anh. § 42 VwGO, Rn. 10 und Rn. 64 (m.w.N.).

174 Engel/Heilshorn, § 11 Rn. 32; Knemeyer, JuS 2000, 521 (523); Lange, Kap. 17 Rn. 187; Schoch, JURA 2006, 358 (359).

Die Aufsicht im Bereich der Weisungsaufgaben richtet sich gem. § 118 II GemO nach den jeweiligen Fachgesetzen, die Weisungsaufgaben der Gemeinden vorsehen. Wichtigster Anwendungsfall der Fachaufsicht sind die Aufgaben der Stadtkreise und Großen Kreisstädte als untere Verwaltungsbehörden. Diese Aufgaben werden gem. § 15 II LVG als Pflichtaufgaben nach Weisung erfüllt. Gem. § 21 I, III LVG unterliegen sie dabei der Fachaufsicht mit einem unbeschränkten Weisungsrecht.

*Behördenzuständigkeiten*

Die Zuständigkeiten zur Fachaufsicht sind nicht in der GemO be- 129
stimmt, sondern richten sich ebenfalls nach den jeweiligen Gesetzen (z.B. § 47 V S. 1 LBO, vgl. auch § 129 I GemO).[175] Für die Stadtkreise und Großen Kreisstädte als untere Verwaltungsbehörden sind gem. § 21 II LVG die Regierungspräsidien und die jeweiligen Ministerien für die Fachaufsicht zuständig.

*Kontrolle von Recht- und Zweckmäßigkeit*

Die Fachaufsicht beinhaltet nicht nur die Überprüfung der Rechtmä- 130
ßigkeit, sondern auch die Kontrolle der Zweckmäßigkeit des gemeindlichen Handelns.[176]

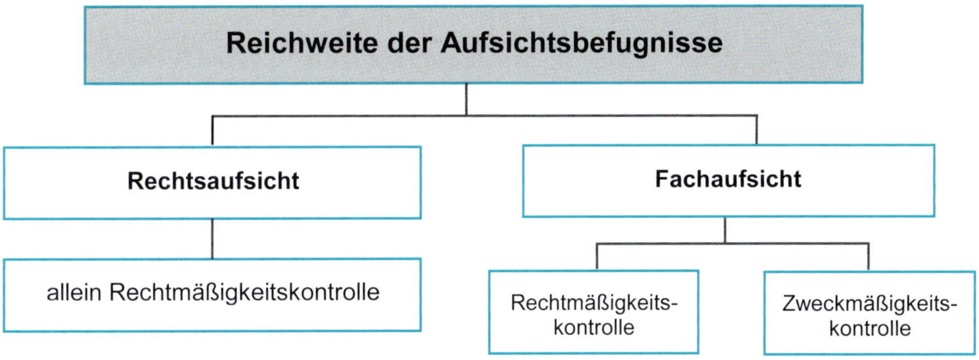


## I. Ausübung und Befugnisse der Fachaufsicht

### 1. Weisungen

*Weisungsrecht*

Das für die Fachaufsicht charakteristische Aufsichtsmittel ist die 131
Weisung über die Ausführung der Fachgesetze, welche die Weisungsaufgaben beinhalten.[177] Diese Sachanweisungen ermöglichen neben der nachträglichen Korrektur bereits getroffener auch die Steuerung bevorstehender und künftiger Maßnahmen der Gemeinden.

> **Bspe.:** *Polizeirecht, § 65 V S. 1 PolG; Baurecht, § 47 V S. 1 LBO; Denkmalschutzrecht, § 3 III S. 1 DSchG; Straßenverkehrsrecht, § 2 III S. 3 StVOZustG*

Zuständiges Organ hinsichtlich der Weisungsaufgaben ist gem. § 44 III GemO der Bürgermeister. Als Ausprägung der Pflicht zu gemeindefreundlichem Verhalten bedarf es vor Erlass der Weisung einer Anhörung der Gemeinde.[178]

*Umfang des Weisungsrechts*

Enthält das Fachgesetz keine Aussage zum Umfang des Weisungsrechts, ist von einem beschränkten Weisungsrecht auszugehen.[179]

---

175 Aker/Haffner/Notheis, § 129 GemO, Rn. 1; Ennuschat/Ibler/Remmert, § 1 Rn. 529; Lange, Kap. 17 Rn. 189; Schoch, JURA 2006, 188 (189).

176 Aker/Haffner/Notheis, § 129 GemO, Rn. 1; Schoch, JURA 2006, 188 (189); Knemeyer, JuS 2000, 521 (524).

177 Aker/Haffner/Notheis, § 129 GemO, Rn. 5; Engel/Heilshorn, § 11 Rn. 32; Franz, JuS 2004, 937 (942); Knemeyer, JuS 2000, 521 (524).

178 Engel/Heilshorn, § 11 Rn. 33; Ennuschat/Ibler/Remmert, § 1 Rn. 531; Schoch, JURA 2006, 358 (361).

179 Aker/Haffner/Notheis, § 129 GemO, Rn. 3; Kunze/Bronner/Katz, § 2 GemO, Rn. 30; Franz, JuS 2004, 937 (942).

Wie die Gemeinde eine Weisungsaufgabe personell und sachlich erledigt, fällt in ihre Personal- und Organisationshoheit. In diesem Bereich besteht kein Weisungsrecht der Fachaufsichtsbehörde.[180]

Ein besonderes Weisungsrecht für den Fall, dass ein Bundesgesetz von den Ländern im Auftrag des Bundes ausgeführt wird (Bundesauftragsverwaltung, Art. 85 GG), sieht § 129 III GemO vor. 131a

**hemmer-Methode: Der Normalfall der Ausführung von Bundesgesetzen durch die Länder ist gem. Art. 83 GG, dass die Länder die Bundesgesetze als eigene Angelegenheit ausführen. Die Einzelheiten bestimmen sich dann nach Art. 84 GG. Der Sonderfall der Bundesauftragsverwaltung gem. Art. 85 GG besteht insbesondere darin, dass der Bund nicht nur zur Rechtmäßigkeitskontrolle, sondern auch zur Zweckmäßigkeitskontrolle befugt ist. Dies ergibt sich aus der Möglichkeit allgemeiner Verwaltungsvorschriften (Art. 85 III S. 1 GG) und des Erlasses von Einzelweisungen (Art. 84 V S. 1 GG). Um die Verwaltung entsprechend diesen Vorschriften und Weisungen sicherzustellen, ist ein Weisungsrecht der Landesbehörden erforderlich, wenn die Gemeinden zur Ausführung des Bundesgesetzes zuständig sind. Dieses ist in § 129 III GemO geregelt.**

### 2. Informationsrecht, § 129 II S. 1 i.V.m. § 120 GemO

*Informationsrecht*

Die Ausübung des Weisungsrechts setzt eine umfassende Information der Aufsichtsbehörde voraus. Daher steht ihr gem. § 129 II S. 1 GemO das Informationsrecht des § 120 GemO zur Verfügung.[181] Für den Umfang des Informationsrechts gelten die gleichen Ausführungen wie zur Rechtsaufsicht (vgl. Rn. 72 f.). 132

## II. Durchsetzung der Fachaufsicht, § 129 II S. 2 GemO

*Regelfall*

Im Regelfall stellt eine fachaufsichtliche Weisung das zielführende Mittel dar, um die Vorstellungen der Fachaufsichtsbehörde im Bereich der Weisungsaufgaben ggü. der Gemeinde durchzusetzen. Die angewiesene Gemeinde (bzw. gem. § 44 III GemO der Bürgermeister) ist an die Weisung gebunden und hat diese auszuführen. 133

*Ausnahme: Durchsetzung nur durch die Fachaufsicht*

Kommt die Bürgermeister der Weisung nicht nach, kann die Fachaufsichtsbehörde diese nur selbst umsetzen, wenn ein gesetzliches Selbsteintrittsrecht besteht (so z.B. in § 47 V LBO oder § 65 II PolG normiert). Im Übrigen besteht nicht die Möglichkeit, die Befugnisse nach den §§ 121 - 124 und § 128 GemO auszuüben, zumal diese allein der Rechtsaufsicht zugewiesen sind.[182]

Hierzu bestimmt § 129 II S. 2 GemO, dass für die ordnungsgemäße Durchführung der Weisungsaufgaben die Rechtsaufsichtsbehörde für die Maßnahmen nach §§ 121 - 124 GemO zuständig ist. Verstößt also die Gemeinde bei einer Weisungsaufgabe gegen das Gesetz oder gegen Weisungen der Fachaufsicht, so kann die Rechtsaufsichtsbehörde ersucht werden, aufgrund ihrer rechtsaufsichtlichen Befugnisse einzugreifen.[183]

**hemmer-Methode: Dies hat den Zweck, die Ausübung der Befugnisse nach §§ 121 - 124 GemO bei der Rechtsaufsichtsbehörde zu konzentrieren. Dies hat allerdings praktisch wenig Bedeutung, da in den allermeisten Fällen das Landratsamt bzw. das Regierungspräsidium sowohl Rechts- als auch Fachaufsichtsbehörde ist.**

180 Aker/Haffner/Notheis, § 129 GemO, Rn. 3; Kunze/Bronner/Katz, § 2 GemO, Rn. 30.

181 Aker/Haffner/Notheis, § 129 GemO, Rn. 5; Schoch, JURA 2006, 358 (360); Franz, JuS 2004, 937 (942); Knemeyer, JuS 2000, 521 (524).

182 Aker/Haffner/Notheis, § 129 GemO, Rn. 6; Engel/Heilshorn, § 11 Rn. 35; Schoch, JURA 2006, 358 (361); Knemeyer, JuS 2000, 521 (524).

183 Aker/Haffner/Notheis, § 129 GemO, Rn. 6; Engel/Heilshorn, § 11 Rn. 35; Schoch, JURA 2006, 358 (361); Knemeyer, JuS 2000, 521 (525).

## III. Rechtsschutz der Gemeinde gegen Maßnahmen im Bereich der Fachaufsicht

### 1. Statthafte Klageart

*Maßnahmen sind keine Verwaltungsakte*

134 Die Statthaftigkeit der Anfechtungsklage setzt voraus, dass ein Verwaltungsakt vorliegt. Ob fachaufsichtlichen Weisungen Außenwirkung i.S.d. § 35 S. 1 VwVfG zukommt oder diese als innerbehördlicher Vorgang zu qualifizieren sind, ist umstritten.

Nach der Rspr. des VGH Mannheim[184] sind fachaufsichtliche Maßnahmen grds. keine Verwaltungsakte, da sie nicht auf Außenwirkung gerichtet sind. Hierfür wäre erforderlich, dass die Maßnahme außerhalb des verwaltungsinternen Bereichs wirken soll, insbesondere die Gemeinde in einer eigenständigen Rechtsposition (Art. 28 II GG bzw. Art. 71 LV) berührt.

*keine Außenwirkung intendiert*

Dies ist jedoch bei Maßnahmen im Bereich der Weisungsaufgaben nicht der Fall. Die kommunale Selbstverwaltung ist nicht betroffen, denn im Bereich der Weisungsaufgaben handelt es sich üblicherweise nicht um Angelegenheiten der örtlichen Gemeinschaft, sondern um überörtliche Angelegenheiten. Im Bereich der Weisungsaufgaben wird die Gemeinde wie eine nachgeordnete Behörde der Fachaufsichtsbehörde tätig, nicht wie ein eigenständiger Verwaltungsträger. Damit wird zwar durch eine Weisung der Fachaufsicht die selbstständige juristische Person „Gemeinde" angesprochen, allerdings nicht in einem Bereich, in dem ihr selbstständige Rechtspositionen zustehen.

Die Maßnahmen der Fachaufsicht sind daher grundsätzlich nicht auf Außenwirkung gerichtet und damit keine Verwaltungsakte. Dies gilt auch für die Ausübung des Informationsrechts nach § 129 II S. 1 i.V.m. § 120 GemO.

*Übergriff in den weisungsfreien Bereich*

135 Umstritten sind die besonderen Fälle, in denen die Gemeinde jedoch durch Maßnahmen im Bereich der Weisungsaufgaben (auch) in ihrem Selbstverwaltungsrecht betroffen wird.

> ***Bsp.:*** *Weisung, für die Erfüllung einer Weisungsaufgabe bestimmtes Personal einzusetzen; Weisung, für bestimmte Straßen die „Zone 30" aufzuheben.*[185]

Betrifft eine Maßnahme (zugleich) die Personal- oder Organisationshoheit der Gemeinde oder berührt sie den weisungsfreien Bereich in anderer Weise, so wird damit in die Selbstverwaltung „übergegriffen".[186] Denn auch bei der Ausführung der Weisungsaufgaben bleiben die gemeindeinterne Organisation und das Personal, das die Gemeinde einsetzt, weisungsfrei.[187]

*str., ob Außenwirkung intendiert*

In diesen Fällen bejaht die h.M., dass die fachaufsichtliche Weisung auf Außenwirkung gerichtet ist. Die Maßnahme wird als Verwaltungsakt angesehen. Nach a.A. ist die VA-Qualität zu verneinen. Die Maßnahme habe zwar Außenwirkung, sie sei jedoch nicht auf Außenwirkung gerichtet. Bei Maßnahmen der Fachaufsicht sei stets nur eine Wirkung im Bereich der Weisungsaufgaben intendiert, nicht aber die gleichfalls eintretende Betroffenheit im Selbstverwaltungsrecht.[188] Es muss dann eine Leistungs- oder eine Feststellungsklage erhoben werden.

---

184 VGH Mannheim, VBlBW 2005, 229 (230); so ferner Schwerdtner, VBlBW 1996, 209 (211); A.A. hingegen Aker/Haffner/Notheis, § 129 GemO, Rn. 10.

185 Dazu BVerwG, DVBl. 1995, 744; VGH Mannheim, VBlBW 1994, 191 = DVBl. 1994, 348.

186 VGH Mannheim, VBlBW 1994, 191 (192) = DVBl. 1994, 348; Kopp/Schenke, VwGO, Anh. § 42 Rn. 78.

187 Aker/Haffner/Notheis, § 129 GemO, Rn. 3; Kunze/Bronner/Katz, § 2 GemO, Rn. 30; Schmidt-Jortzig, JuS 1979, 488 (490).

188 Schoch/Schmidt-Aßmann/Pietzcker, § 42 I VwGO, Rn. 57.

**hemmer-Methode: Lassen Sie sich nicht durch diese recht diffizilen Unterscheidungen verwirren. Einigkeit besteht darüber, dass eine Klage an der Klagebefugnis scheitert, wenn die Maßnahme nicht ausnahmsweise in das Selbstverwaltungsrecht eingreift. Wird in Art. 28 II GG übergegriffen, ist die Gemeinde auch klagebefugt. Uneinigkeit besteht lediglich über die Anwendung des § 35 LVwVfG auf diese Sonderfälle. Dies ist allerdings für die weitere Prüfung erheblich, denn davon hängt die statthafte Klageart ab.**

*Anfechtungsklage nicht statthaft*

Liegt kein Verwaltungsakt vor, ist eine Anfechtungsklage nicht statthaft. In Betracht kommt dann eine allg. Leistungs- oder Feststellungsklage.[189] Die allg. Leistungsklage wäre auf Aufhebung der Weisung zu richten, die allg. Feststellungsklage hätte zum Gegenstand, die Rechtswidrigkeit der Weisung festzustellen.

**hemmer-Methode: Von einer Maßnahme der Fachaufsicht zu unterscheiden ist der Fall, dass ein von der Gemeinde erlassener Verwaltungsakt auf einen Widerspruch des Betroffenen hin von der nächsthöheren Behörde im Widerspruchsbescheid aufgehoben wird. Der Widerspruchsbescheid ist keine Aufsichtsmaßnahme, sondern eine Entscheidung der nächsthöheren Behörde nach § 73 VwGO. Dessen Verwaltungsakt-Qualität steht außer Frage. Im Bereich der Weisungsaufgaben fehlt es aber an einem betroffenen subjektiv-öffentlichen Recht der Gemeinde und damit an der Klagebefugnis (hierzu unter Rn. 136). Anders ist dies bei weisungsfreien Aufgaben.**

## 2. Klagebefugnis

*Anfechtungsklage*

**a)** Liegt nach dem oben Gesagten (ausnahmsweise) ein Verwaltungsakt vor, so ist die Gemeinde in Art. 28 II S. 1 GG betroffen und damit gem. § 42 II VwGO klagebefugt. 136

*allg. Leistungs- oder Feststellungsklage*

**b)** Nach h.M. ist sowohl die Zulässigkeit einer allgemeinen Leistungsklage[190] als auch die Zulässigkeit einer Feststellungsklage[191] unter dem Gesichtspunkt des Ausschlusses einer Popularklage von einer Klagebefugnis analog § 42 II VwGO abhängig. Erforderlich ist also die mögliche Verletzung subjektiv-öffentlicher Rechte. 137

Durch eine Weisung der Fachaufsicht wird die Gemeinde nicht in eigenen, subjektiv-öffentlichen Rechten betroffen, da ihr im Bereich der Weisungsaufgaben nicht das Selbstverwaltungsrecht nach Art. 28 II S. 1 GG, Art. 71 LV zusteht.[192] Die Gemeinde kann sich bzgl. ihrer Klagebefugnis hier lediglich darauf berufen, gem. § 129 II GemO nur erforderliche Weisungen hinnehmen zu müssen.

## Exkurs: Verwaltungsgerichtliche Rechtsbehelfe der Gemeinde

*Rechtsbehelfe der Gemeinde*

Neben den verfassungsprozessualen Rechtsbehelfen kann sich die Gemeinde u.U. auch verwaltungsgerichtlich gegen Maßnahmen anderer Verwaltungsträger verteidigen, die in ihre Rechtspositionen eingreifen. 138

*Normenkontrolle zum VGH*

Gegen untergesetzliche Rechtsvorschriften des Landesrechts kann sie eine Normenkontrolle nach § 47 I VwGO vor dem VGH Mannheim anstrengen. 139

189 Ennuschat/Ibler/Remmert, § 1 Rn. 546; Schoch, JURA 2006, 358 (363); Engel/Heilshorn, § 11 Rn. 38.

190 Ogorek, JuS 2011, 511 (514); Hufen, § 16 Rn. 12; Schenke, Rn. 363; **Hemmer/Wüst, Verwaltungsrecht II, Rn. 191.**

191 Ogorek, JuS 2011, 511 (514); a.A. Hufen, § 18 Rn. 11; instruktiv zum Streitstand **Hemmer/Wüst, Verwaltungsrecht II, Rn. 329 ff.**

192 In den unter Rn. 135 ausgeführten Sonderfällen bejaht auch die zweitgenannte Ansicht die Klagebefugnis, da die Betroffenheit im weisungsfreien Bereich und damit in der Selbstverwaltung ja unstreitig vorliegt.

***Bsp.:*** *Normenkontrolle einer Gemeinde gegen den Bebauungsplan einer Nachbargemeinde wegen eines Verstoßes gegen das interkommunale Abstimmungsgebot des § 2 II S. 1 BauGB.*

*Eingriff in die Selbstverwaltung der Gemeinde durch Einzelmaßnahmen*

Die Gemeinde kann nicht nur durch Rechtsnormen in ihren Rechten betroffen sein, sondern auch durch Einzelmaßnahmen anderer Behörden. Dafür kommen nicht nur Maßnahmen der Aufsicht in Betracht, sondern auch andere Fallgestaltungen.[193] ***140***

***Bsp. 1:*** *Erteilung einer Baugenehmigung ohne das nach § 36 I BauGB erforderliche Einvernehmen der Gemeinde.*

*Einvernehmen der Gemeinde nach § 36 I BauGB*

Die Gemeinde muss Anfechtungsklage gegen die Baugenehmigung erheben. Sie ist in ihrem subjektiv-öffentlichen Recht aus § 36 I BauGB betroffen, das eine besondere Ausprägung der durch Art. 28 II S. 1 GG geschützten Planungshoheit der Gemeinde ist.[194] Ob die Baugenehmigung rechtswidrig und die Klage begründet ist, hängt u.a. davon ab, ob das Einvernehmen rechtmäßig ersetzt wurde.[195]

***Bsp. 2:*** *Erteilung einer Baugenehmigung unter Verstoß gegen einen Bebauungsplan.*

*Bebauungsplan*

Statthaft ist wiederum eine Anfechtungsklage. Die Gemeinde ist klagebefugt, denn die Baugenehmigung, die u.U. gegen einen Bebauungsplan verstößt, verletzt damit zugleich möglicherweise die Planungshoheit der Gemeinde (Art. 28 II S. 1 GG). Die Gemeinde hat nicht nur gem. § 1 BauGB das Recht, einen Bebauungsplan zu erlassen, sondern kann auch zugleich dessen Einhaltung durchsetzen, wenn sie nicht Baurechtsbehörde ist.

***Bsp. 3:*** *Durch eine atomrechtliche Genehmigung wird Grundstückseigentum der Gemeinde in seiner Nutzbarkeit eingeschränkt.*

*Planungen anderer Verwaltungsträger*

Die Klagebefugnis ergibt sich nicht aus Art. 14 I GG, denn die Gemeinde ist nach h.M. nicht grundrechtsberechtigt (vgl. hierzu Rn. 40 ff.).

Sie kann aber in ihrem Selbstverwaltungsrecht aus Art. 28 II S. 1 GG betroffen sein, denn dieses schützt auch das Vermögen der Gemeinde, soweit es zur Aufgabenerfüllung notwendig ist.

*Widerspruchsbescheid*

Besondere Beachtung erfordert noch Folgendes: ***140a***

***Bsp. 4:*** *Die kreisangehörige Gemeinde G hebt die zuvor an B erteilte Zulassung zur gemeindlichen Stadthalle auf. Die Stadthalle ist eine öffentliche Einrichtung der Gemeinde. B legt Widerspruch ein, dem die Gemeinde nicht abhilft. Im Widerspruchsbescheid des zuständigen Landratsamts wird die Aufhebung aufgehoben. Die Gemeinde sieht sich aber nach wie vor im Recht. Liegen die Sachentscheidungsvoraussetzungen einer Klage vor?*

I. Sachentscheidungsvoraussetzungen der Klage

1. Der Verwaltungsrechtsweg[196] ist gem. § 40 I S. 1 VwGO eröffnet, wenn eine öffentlich-rechtliche Streitigkeit nichtverfassungsrechtlicher Art vorliegt, für die keine abdrängende Sonderzuweisung besteht. Da die Stadthalle eine öffentliche Einrichtung ist, ist streitentscheidende Vorschrift hier insbes. § 10 II GemO, sodass die Streitigkeit öffentlich-rechtlich ist. Mangels doppelter Verfassungsunmittelbarkeit liegt keine verfassungsrechtliche Streitigkeit vor. Eine abdrängende Sonderzuweisung greift nicht ein. Der Verwaltungsrechtsweg ist eröffnet.

---

193 Vgl. auch die Beispiele bei Kopp/Schenke, § 42 VwGO, Rn. 137.

194 BVerwG, DVBl. 2008, 1329 = **Life&LAW 03/2009, 190.**

195 VGH Mannheim, ESVGH 62, 126 = VBlBW 2012, 30. Kollmann, JA 2016, 753-760; Weinbuch, JURA 2013, 53-60 und Heckel, JuS 2011, 904-910.

196 Die Eröffnung des Verwaltungsrechtswegs ist wie die Gerichtszuständigkeit entweder im **dreigliedrigen Aufbau** vor der Zulässigkeit oder bei **zweigliedrigem Aufbau** unter der Überschrift Sachentscheidungsvoraussetzungen zu prüfen (vgl. §§ 83, 173 VwGO i.V.m. 17 II GVG).

2. Statthaft ist die Anfechtungsklage gem. § 42 I Alt. 1 VwGO, denn die Gemeinde begehrt die Aufhebung des Widerspruchsbescheids (§ 79 I Nr. 2 VwGO). Dieser ist ein Verwaltungsakt.

3. Die Gemeinde müsste gem. § 42 II VwGO möglicherweise in eigenen Rechten verletzt sein. Die Klagebefugnis könnte sich aus einer Verletzung des subjektiv-öffentlichen Rechts aus Art. 28 II S. 1 GG ergeben. Der Betrieb und die Entscheidung über die Zulassung zu öffentlichen Einrichtungen der Gemeinde ist Bestandteil der kommunalen Organisationshoheit. Es handelt sich um eine Angelegenheit der örtlichen Gemeinschaft und zudem um eine weisungsfreie Aufgabe. Indem das Landratsamt die Aufhebung der Zulassung an B aufhebt, wird in das Selbstverwaltungsrecht gem. Art. 28 II S. 1 GG eingegriffen.

**hemmer-Methode: Handelt es sich dagegen um eine Weisungsaufgabe, dann ist die Gemeinde nicht klagebefugt, da sie dann nicht in ihrem Selbstverwaltungsrecht aus Art. 28 II S. 1 GG verletzt sein kann. Dann ist die Klage unzulässig. Zulässig kann sie nur im Bereich der weisungsfreien Aufgaben sein. Dies entspricht den Rechtsschutzmöglichkeiten der Gemeinde bei den Aufsichtsmaßnahmen: Auch dort sind Rechtsbehelfe in der Regel nur zulässig, wenn es um weisungsfreie Aufgaben der Gemeinde geht.**

4. Ein Vorverfahren ist gem. § 68 I Nr. 2 VwGO nicht erforderlich, da der Widerspruchsbescheid eine erstmalige Beschwer der Gemeinde enthält.

5. Die Klage muss form- und fristgerecht erhoben werden.

6. Ergebnis: Sofern die übrigen Zulässigkeitsvoraussetzungen vorliegen, ist die Klage zulässig.

**Exkurs Ende**

# § 5 HANDELN UND ORGANE DER GEMEINDE

## A. Überblick

Die Gemeinde als juristische Person handelt nicht selbst, sondern durch ihre Organe. Hauptorgane der Gemeinde sind der Gemeinderat und der Bürgermeister. § 23 GemO bezeichnet diese als die „Verwaltungsorgane der Gemeinde". Die Gemeinde ist demnach „dualistisch" geprägt.[197] Alle Handlungen der Gemeinde stammen aus dem Bereich der beiden Hauptorgane. 141

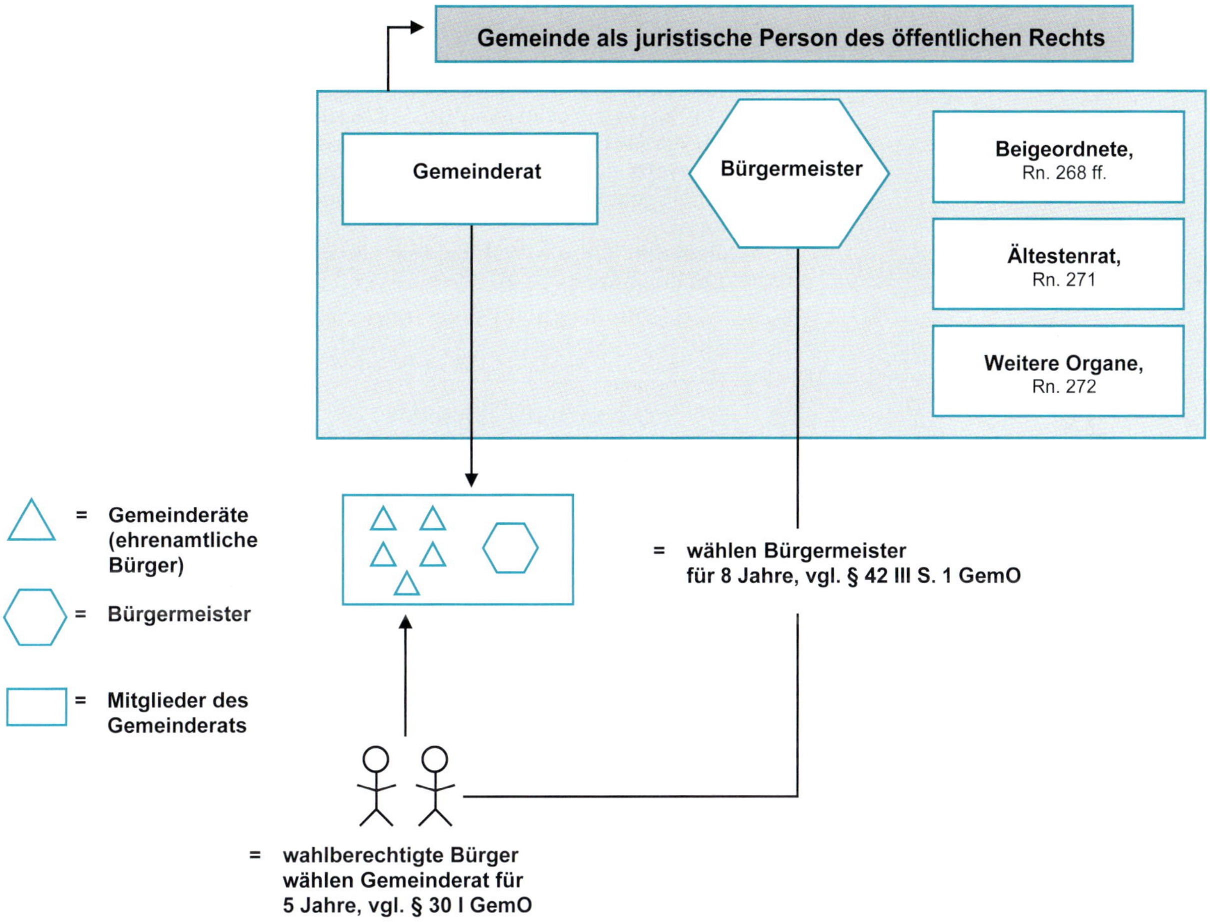


## B. Der Gemeinderat

*kollegiales Verwaltungsorgan*

Der Gemeinderat ist die Vertretung der Bürger und das Hauptorgan der Gemeinde, § 24 I S. 1 GemO. Er ist ein repräsentativ besetztes, kollegiales Verwaltungsorgan. Der Gemeinderat ist (unbeschadet seiner Rechtsetzungsbefugnisse) kein Parlament i.S. einer Legislative (deshalb verbieten sich auch zumeist rechtliche Parallelwertungen zum Bundestag), sondern i.S.d. drei Staatsfunktionen Teil der vollziehenden Gewalt, nicht der Gesetzgebung.[198] Die Gemeinderatsmitglieder genießen somit etwa im Unterschied zu den Abgeordneten nicht den Schutz des Art. 46 GG bzw. der Art. 37, 38 LV (Indemnität und Immunität). 142

197 Aker/Haffner/Notheis, § 23 GemO, Rn. 1; Kunze/Bronner/Katz, § 23 GemO, Rn. 4; Engel/Heilshorn, § 12 Rn. 4 ff.
198 VGH Mannheim, BWVPr 1987, 88; VGH Kassel, LKRZ 2014, 246; Engel/Heilshorn, § 13 Rn. 4.

Der Gemeinderat entspricht dem verfassungsrechtlichen Gebot der Art. 28 I S. 2 GG und Art. 72 I S. 1 LV, wonach das Volk eine Vertretung haben muss, die aus allgemeinen, unmittelbaren, freien, gleichen und geheimen Wahlen hervorgeht,[199] vgl. auch § 26 I GemO.

Als Hauptorgan legt der Gemeinderat die Grundsätze für die Verwaltung der Gemeinde fest und ist grundsätzlich zu allen Entscheidungen in der Gemeinde berufen, § 24 I S. 2 GemO. Ausnahmen hierzu sind die dem Bürgermeister gesetzlich zugewiesenen oder durch den Gemeinderat übertragenen Entscheidungen (hierzu ausführlich unter Rn. 225 ff.).

*Änderung des Kommunalwahlrechts*

**Beachte: Der Landtag von Baden-Württemberg hat am 29.03.2023 das Gesetz zur Änderung kommunal-wahlrechtlicher und anderer Vorschriften beschlossen, das wesentliche Änderungen des Kommunalwahlrechts beinhaltet. Durch eine Änderung in § 28 I GemO werden nun alle wahlberechtigten Bürger der Gemeinde bei der Wahl in den Gemeinderat wählbar. Erfasst sind damit auch Bürger ab Vollendung des 16. bis zur Vollendung des 18. Lebensjahrs, die bislang vom passiven Wahlrecht ausgenommen waren, denen das aktive Wahlrecht aber bereits seit einer Gesetzesänderung im Jahr 2013 zustand. Bzgl. der uneingeschränkten Mandatsausübung trotz §§ 104 ff. BGB vgl. § 32 IIa GemO.**
**Mindestalter für die Wählbarkeit als BM ist nun die Vollendung des 16. Lebensjahres.**

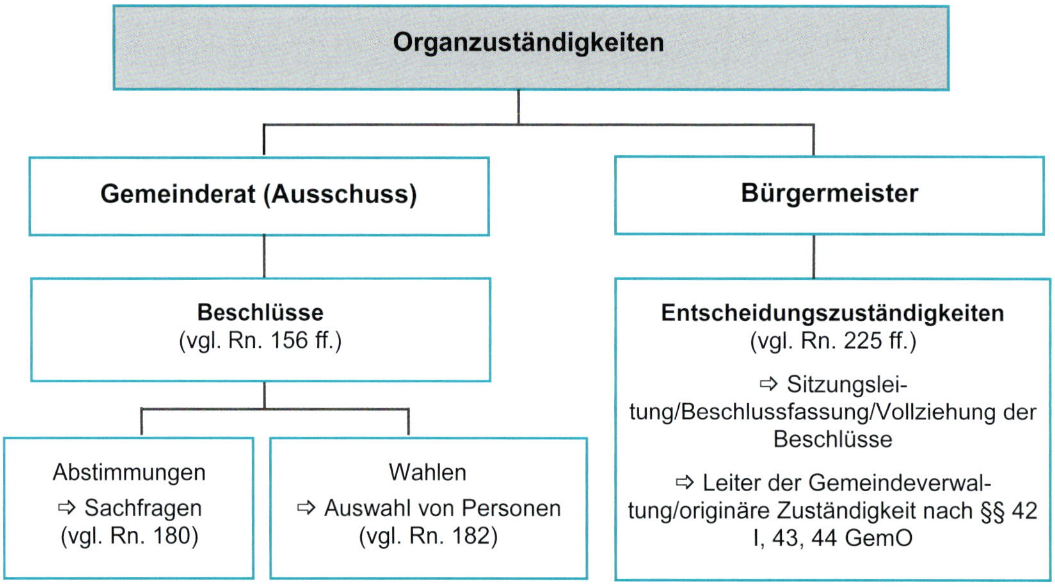


## I. Zusammensetzung des Gemeinderats

*Gemeinderäte und Bgm.*

Der Gemeinderat setzt sich aus den Gemeinderäten und dem Bür- 144
germeister zusammen (§ 25 I S. 1 GemO). Die Anzahl der Gemeinderäte ergibt sich aus § 25 II GemO.

**hemmer-Methode: Beachten Sie die Differenzierung zwischen den Gemeinderäten (ohne den Bürgermeister) und den Mitgliedern des Gemeinderats (mit Bürgermeister). Bei Abstimmungen und Minderheitenrechten kommt es z.T. auf die Mitglieder des Gemeinderats an, an anderer Stelle nur auf die Zahl der Gemeinderäte. Spricht das Gesetz von den „Gemeinderäten“, wie in § 24 IV und § 34 I S. 4, III GemO, ist nur die Zahl der ehrenamtlichen Mitglieder maßgeblich.**[200]

199 Engel/Heilshorn, § 13 Rn. 1 und 21; Aker/Haffner/Notheis, § 26 GemO, Rn. 1; Kunze/Bronner/Katz, § 26 GemO, Rn. 1.

200 Zu § 24 IV GemO vgl. Aker/Haffner/Notheis, § 24 GemO, Rn. 12; zu § 34 I GemO vgl. Kunze/Bronner/Katz, § 34 GemO, Rn. 13.

**Der Bürgermeister wird nicht mitgezählt. Der Bürgermeister ist dagegen mitzuzählen, wenn von den „Mitgliedern des Gemeinderats" die Rede ist (z.B. § 4 II, § 37 II, III, § 39 IV S. 2 GemO).[201] Auch bei Beschlüssen nach § 37 VI GemO zählt selbstverständlich der stimmberechtigte Bürgermeister mit.**

## II. Rechtsstellung der Gemeinderäte

*Gemeinderäte üben ehrenamtliche Tätigkeit aus*

Die Gemeinderäte werden von den Wahlberechtigten für die Dauer 145
von fünf Jahren gewählt, § 30 I GemO. Sie sind gem. § 32 I S. 1 GemO ehrenamtlich tätige Bürger, für die die Vorschriften der §§ 15 - 19 GemO gelten.

**Die ehrenamtlichen Mitglieder des Gemeinderats führen in Städten die Bezeichnung Stadtrat, § 25 I S. 2 GemO. Das Gesamtgremium wird auch in Städten als Gemeinderat bezeichnet.**

### 1. Exkurs: Ehrenamtliche Tätigkeit

*ehrenamtliche Tätigkeit*

Die Tätigkeit als Gemeinderat ist das wichtigste, aber nicht das ein- 145a
zige Ehrenamt.

*Hintergrund*

Durch die Heranziehung von Bürgern zu ehrenamtlicher Tätigkeit sollen bürgerschaftliche Anregungen aufgegriffen werden und auch die Distanz zum Gemeindevolk verringert werden.[202] Die bürgerschaftliche Mitwirkung an der Selbstverwaltung ist nach § 1 III GemO Recht und Pflicht der Bürger.

#### a) Begriff und Arten

*Definition: ehrenamtliche Tätigkeit*

Ehrenamtliche Tätigkeit i.S.v. § 15 I GemO ist die dauerhafte und 146
unentgeltliche Mitwirkung eines Bürgers bei der Erfüllung öffentlicher Aufgaben außerhalb eines Dienstverhältnisses.[203] Durch die ehrenamtliche Tätigkeit entsteht ein öffentlich-rechtliches Rechtsverhältnis eigener Art zwischen der Gemeinde und dem Bürger.

*verschiedene Arten von Ehrenämtern*

Ehrenamtliche Tätigkeit ist der Oberbegriff für die in § 15 I GemO 147
genannten Beteiligungen an den gemeindlichen Angelegenheiten.[204] Diese sind die Wahl in den Gemeinderat oder Ortschaftsrat, das gemeindliche Ehrenamt sowie die Bestellung zu ehrenamtlicher Mitwirkung.

Unter Ausübung eines Ehrenamts versteht man die Wahrnehmung bestimmter Verwaltungsgeschäfte für einen längeren Zeitraum, während eine ehrenamtliche Mitwirkung nur die Erledigung bei einer einzelnen Aufgabe beinhaltet.

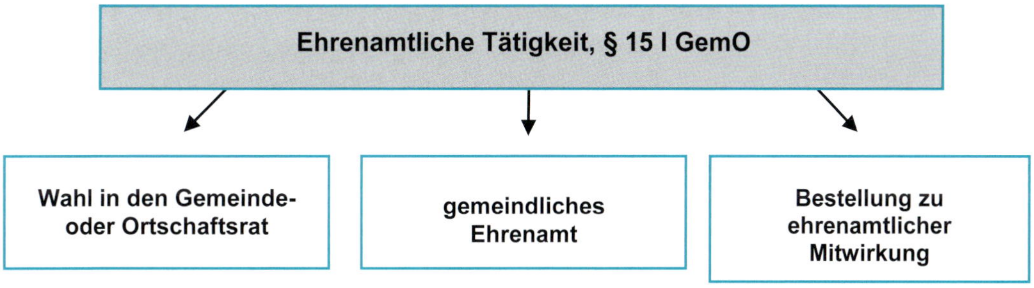


201 Zu § 37 II GemO vgl. Aker/Haffner/Notheis, § 37 GemO, Rn. 12; Kunze/Bronner/Katz, § 37 GemO, Rn. 15.
202 Kunze/Bronner/Katz, § 15 GemO, Rn. 1; Knemeyer, BWGZ 1989, 614 (615).
203 Lange, Kap. 2 Rn. 26; Aker/Haffner/Notheis, § 15 GemO, Rn. 2; Kunze/Bronner/Katz, § 15 GemO, Rn. 3.
204 Lange, Kap. 2 Rn. 26; Aker/Haffner/Notheis, § 15 GemO, Rn. 2; Kunze/Bronner/Katz, § 15 GemO, Rn. 3.

*Bspe.: Ehrenamtlich tätig ist das Gemeinderatsmitglied (§ 32 I S. 1 GemO); das Mitglied des Ortschaftsrats (§ 72 I i.V.m. § 32 I S. 1 GemO), zu den Beratungen des Gemeinderats hinzugezogene sachkundige Bürger (§ 33 III GemO);[205] beratende Mitglieder in Ausschüssen (§§ 40 I S. 4, 41 I S. 3 GemO);[206] Mitglieder des Bezirksbeirats (§ 65 GemO); ehrenamtlicher Bürgermeister (§ 42 II S. 1 GemO); ehrenamtliche Vertreter des Bgm. (§ 48 I S. 4 GemO).[207] Die Gemeinde kann auch außerhalb gesetzlicher Vorschriften ehrenamtliche Tätigkeit vorsehen,[208] z.B. die Mitwirkung bei einer Volkszählung oder als ehrenamtlicher Archivar der Gemeinde.*

## b) Begründung des Ehrenamts

*Bestellung der Ehrenamtlichen*

Die Bestellung zu ehrenamtlicher Tätigkeit erfolgt - mit Ausnahme der Gemeinderäte und der Ortschaftsräte (§§ 26, 69 GemO) - durch Wahl des Gemeinderats gem. §§ 15 II i.V.m. 37 VII GemO.[209] *148*

Die Bestellung erfüllt die Begriffsmerkmale des Verwaltungsakts gem. § 35 S. 1 LVwVfG, da die Regelung insbesondere auf Außenwirkung gerichtet ist. Die Rechtsstellung des betroffenen Bürgers wird verändert, indem der Status eines ehrenamtlich Tätigen mit den Rechten und Pflichten aus den §§ 16 - 19 GemO begründet wird (dies ist in gewisser Weise vergleichbar mit der Beamtenernennung).

Der zu ehrenamtlicher Tätigkeit bestellte Bürger hat gem. § 15 I GemO die Pflicht, die Tätigkeit anzunehmen und auszuüben. Er darf nur aus wichtigem Grund ablehnen oder sein Ausscheiden verlangen. Lehnt der Betroffene die Tätigkeit ab oder gibt er sie auf, ohne dass ein wichtiger Grund vorliegt, so kann ihm gem. § 16 III S. 1 GemO ein Ordnungsgeld auferlegt werden. Auch dieses stellt einen Verwaltungsakt dar,[210] gegen den mit Widerspruch und Anfechtungsklage vorgegangen werden kann.

## c) Pflichten aus dem Ehrenamt

*Pflichten des ehrenamtlich Tätigen*

Der ehrenamtlich Tätige unterliegt den in § 17 GemO genannten Pflichten. Er hat uneigennützig und verantwortungsbewusst zu handeln (Abs. 1) und ist zur Verschwiegenheit verpflichtet (Abs. 2). *149*

*Vertretungsverbot*

Darüber hinaus gilt das Vertretungsverbot gem. § 17 III GemO. Der ehrenamtlich Tätige darf Ansprüche und Interessen eines anderen gegen die Gemeinde nicht geltend machen, soweit er nicht als gesetzlicher Vertreter handelt.

Zweck dieses Vertretungsverbots ist es, Kollisionen zwischen der beruflichen Interessenvertretung der Ratsmitglieder und ihren Treuepflichten gegenüber der Gemeinde zu verhindern („prophylaktische Vermeidung von Interessenkonflikten").211 Auch soll bereits dem bösen Schein entgegengewirkt werden, dass ehrenamtlich tätige Mandatsträger ihre politische Macht mit der privaten Berufsausübung vermengen und Ansprüche gegenüber der Gemeinde zulasten des Gemeinwohls vertreten können.212

205 Dazu näher Kunze/Bronner/Katz, § 33 GemO, Rn. 9 ff.; Aker/Haffner/Notheis, § 33 GemO, Rn. 6.

206 Dazu näher Kunze/Bronner/Katz, § 40 GemO, Rn. 4; Aker/Haffner/Notheis, § 40 GemO, Rn. 5.

207 Der Status des Ehrenbeamten bedeutet gleichzeitig die ehrenamtliche Tätigkeit, vgl. Kunze/Bronner/Katz, § 42 GemO, Rn. 13.

208 Engel/Heilshorn, § 14 Rn. 27; Kunze/Bronner/Katz, § 15 GemO, Rn. 6.

209 Aker/Haffner/Notheis, § 15 GemO, Rn. 3.1; Kunze/Bronner/Katz, § 15 GemO, Rn. 9; Engel/Heilshorn, § 14 Rn. 27.

210 Aker/Haffner/Notheis, § 16 GemO, Rn. 16; Instruktiv zu dieser Thematik Enzensperger, VBlBW 2017, 192.

211 BVerfGE 52, 42 (54); Stühler, VBlBW 1993, 1 (1); OVG Münster, NJW 1981, 2210 (2210).

212 VGH Mannheim, DÖV 1988, 302 (303); VG Karlsruhe, Urt. v. 07.04.2011 - 6 K 2400/10.

### aa) Verfassungsmäßigkeit des Vertretungsverbots

Die Verfassungsmäßigkeit des § 17 III GemO wurde bereits in mehrfacher Hinsicht problematisiert, von den Gerichten aber stets bejaht. *149a*

§ 17 III GemO ist seiner Zielsetzung nach eine kommunalrechtliche Inkompatibilitätsvorschrift, keine Regelung des Rechts der Rechtsanwaltschaft (§ 3 II BRAO) i.S.v. Art. 72, 74 I Nr. 1 GG. Die Gesetzgebungskompetenz liegt deshalb beim Land.[213]

Nach Ansicht des BVerfG greift die Norm bereits nicht in den Schutzbereich des Art. 12 I GG ein. Es fehlt an der berufsregelnden Tendenz. § 17 III GemO reglementiert die Mandatsausübung der Gemeinderatsmitglieder, nicht typischerweise die Berufsausübung von Rechtsanwälten.[214]

Das Vertretungsverbot wäre aber ohnehin eine durch Gemeinwohlbelange gerechtfertigte Berufsausübungsregelung.

Dass zwar Ratsmitglieder, nicht aber auch Landtagsabgeordnete einem Vertretungsverbot ähnlich dem § 17 III GemO ausgesetzt sind, wird damit gerechtfertigt, dass die Verwobenheit des Bürgers in das Kommunalgeschehen stärker sei.[215]

### bb) Voraussetzungen des Vertretungsverbots

*Voraussetzungen*

§ 17 III GemO gilt für alle ehrenamtlich Tätigen in der Gemeinde,[216] zudem für den Bürgermeister und die Beigeordneten, § 52 GemO. Betroffen sind von der Normierung in erster Linie Rechtsanwälte, aber auch Steuerberater, Architekten, Bauunternehmer etc. *150*

Die weite Fassung des § 17 III GemO erstreckt das Vertretungsverbot auf die Geltendmachung von Ansprüchen im Rechtssinne und (bloßen) Interessen. Hierbei kann es sich um Ansprüche jeglicher Art handeln (§ 194 BGB), gleich ob privatrechtlicher oder öffentlichrechtlicher Natur. Unter bloßen Interessen versteht man Anliegen, auf deren Befriedigung kein Rechtsanspruch besteht. Ob im konkreten Fall tatsächlich ein Interessenkonflikt gegeben ist, ist irrelevant. § 21 I S. 2 GemO enthält ein absolutes Verbot zur Vermeidung bereits des bösen Scheins.

*Ausnahme: eigene Ansprüche*

Das Vertretungsverbot erfasst nur „Ansprüche und Interessen eines anderen". Eigene Ansprüche und Interessen dürfen die Ratsmitglieder selbstverständlich gegen die Gemeinde geltend machen. *150a*

> **Bspe.:** *(1) Rechtsanwalt und Ratsmitglied Andreas ist Vertreter eines Bürgerbegehrens. Dessen Interessen kann er so lange ggü. der Gemeinde geltend machen, wie die Ansprüche völlig gleichgerichtet mit den eigenen sind. (2) Nicht ausgeschlossen ist die Vertretung eines Gemeindeorgans oder eines Ratsmitglieds gegen ein anderes Gemeindeorgan (folglich immer beim KVS), da es in diesem Fall an einem Interessengegensatz zwischen der Gemeinde und einem außenstehenden Dritten fehlt.*[217]

213 BVerfG, DVBl. 1988, 54; Burgi, § 12 Rn. 45.

214 BVerfGE 41, 231 (241); 61, 68 (72); a.A. VerfGH Brandenburg, LKV 2012, 557 (557).

215 BVerwG, NJW 1984, 377.

216 Aker/Haffner/Notheis, § 17 GemO, Rn. 15; Kunze/Bronner/Katz, § 17 GemO, Rn. 14; Engel/Heilshorn, § 14 Rn. 35.

217 OVG Münster, DVBl. 2007, 454 = DÖV 2007, 847.

*Ausnahme: gesetzlicher Vertreter*

Ausgenommen vom Vertretungsverbot sind zudem diejenigen, die als „gesetzlicher Vertreter“ handeln, d.h. deren Vertretungsmacht unmittelbar aus dem Gesetz herleitbar ist.[218] *150b*

> **Bspe.:** *Eltern (§ 1626 BGB); Vereinsvorstand (§ 26 I S. 2, II BGB); Geschäftsführer und Vorstände (§ 78 AktG; § 35 GmbHG; §§ 125, 127 HGB) sowie Testamentsvollstrecker und Insolvenzverwalter im Rahmen ihrer jeweiligen Vertretungsbefugnis.*

### cc) Rechtsfolgen des Vertretungsverbots

*Rechtsfolgen*

§ 17 III GemO beinhaltet eine Treuepflicht des ehrenamtlich Tätigen. Wird gegen das Vertretungsverbot verstoßen, so kann gegen ihn nach § 17 IV i.V.m. § 16 III GemO ein Ordnungsgeld verhängt werden. *151*

Die Verhängung eines Ordnungsgeldes hat ggü. einem Ratsmitglied Außenwirkung und ist daher ein Verwaltungsakt. Der Gemeinderat kann als sog. Minusmaßnahme auch eine Ermahnung aussprechen, welche keinen Verwaltungsakt darstellt.[219]

Keine Wirkung hat ein Verstoß auf die Wirksamkeit vorgenommener Rechtsgeschäfte.[220] Dies gilt sowohl für öffentlich-rechtliche als auch zivilrechtliche Rechtshandlungen. Der Betroffene kann für den von ihm Vertretenen insbesondere wirksam Klage erheben. Strittig ist lediglich, ob das Gericht ihn zurückweisen kann. Der VGH verneint dies,[221] zumal das Vertretungsverbot nur im Innenverhältnis zwischen Gemeinde und Gemeinderat besteht.

Der ehrenamtlich Tätige kann sich auch nach § 823 II BGB i.V.m. § 17 III GemO schadensersatzpflichtig machen.

### d) Rechte aus dem Ehrenamt

*Anspruch auf Entschädigung*

Die Ausübung eines Ehrenamtes ist unentgeltlich. Zumal die ehrenamtlich Tätigen keine Nachteile durch die Amtsausübung erleiden sollen,[222] haben sie einen Anspruch auf Entschädigung (insbes. Ersatz von Auslagen und ihres Verdienstausfalls) nach § 19 GemO. *152*

## 2. Rechte der Gemeinderatsmitglieder

*Recht auf Ausübung des Mandats*

Zentrales Recht der Gemeinderatsmitglieder ist das Recht des freien Mandats, § 32 III GemO. Das Recht auf Ausübung des Amtes umfasst insbesondere das Recht auf Information (§ 24 IV GemO), auf Teilnahme an den Sitzungen (§ 34 GemO) sowie auf Rede, Beratung, Antragstellung und Abstimmung (§ 37 GemO) in den Sitzungen.[223] *153*

*Grundrechtsberechtigung der Ratsmitglieder*

Ob die Gemeinderäte grundrechtsberechtigt sind, ist umstritten.[224] Richtigerweise ist diese Frage differenziert zu beantworten. Das Gleiche gilt für den Bürgermeister als Ratsmitglied. *154*

---

218 Kunze/Bronner/Katz, § 17 GemO, Rn. 17; Aker/Haffner/Notheis, § 17 GemO, Rn. 23; Lange, Kap. 5 Rn. 169.

219 VGH Mannheim, VBlBW 2018, 71 (72); NVwZ-RR 2001, 262; Beschl. v. 10.09.1987 - 9 S 65/87; VGH Mannheim, VBlBW 1996, 99; eine instruktive Fallbearbeitung bieten Bergmann/Göltenbott, VBlBW 2017, 143-144 (Sachverhalt) und 171-176 (Lösung).

220 Kunze/Bronner/Katz, § 17 GemO, Rn. 19; Aker/Haffner/Notheis, § 17 GemO, Rn. 17.

221 VGH Mannheim, ESVGH 23, 203 (206); a.A. VGH München, NJW 1980, 1870; OVG Münster, NJW 1982, 67; Kopp/Schenke, § 67 VwGO, Rn. 22.

222 Aker/Haffner/Notheis, § 32 GemO, Rn. 4; Kunze/Bronner/Katz, § 19 GemO, Rn. 1; Engel/Heilshorn, § 14 Rn. 24.

223 Aker/Haffner/Notheis, § 32 GemO, Rn. 5; Ennuschat/Ibler/Remmert, § 1 Rn. 145.

224 Zusammenfassend Ogorek, JuS 2009, 511 (515); Hufen, § 21 Rn. 20.

Ausgangspunkt ist, dass Amtsträger in ihrer Eigenschaft als solche nicht grundrechtsberechtigt sind. Amtsträger sind Organwalter und somit Teil der juristischen Person des öffentlichen Rechts, für die sie handeln. Nach der Rspr. des BVerfG zu Art. 19 III GG sind die Grundrechte auf juristische Personen des öffentlichen Rechts grds. nicht anwendbar (hierzu bereits unter Rn. 40). Grund hierfür ist insbesondere das Konfusionsargument. D.h. Grundrechtsverpflichtung (Art. 1 III GG) und Grundrechtsberechtigung sollen grds. nicht zusammenfallen.[225]

*unterscheiden: Ratsmitglied als Amtsträger und als Privatperson*

Wie andere Amtsträger auch, so bleiben jedoch auch Gemeinderäte in ihrer Eigenschaft als Privatpersonen Grundrechtsträger. Außerhalb ihres Amts sind sie ohne Zweifel grundrechtsberechtigt.[226] Die Frage ist daher, in welchen Fällen Gemeinderäte nur in ihrer Eigenschaft als Amtsträger betroffen sind bzw. wo ihre „persönliche Rechtsstellung" beginnt.

*Maßnahmen in der Ratssitzung*

Umstritten ist dies bei Streitigkeiten im Zusammenhang mit den Sitzungen des Gemeinderats, d.h. im Kommunalverfassungsstreit.[227] 155

> **Bspe.:** *(1) Ratsmitglied A wird das Wort entzogen, nachdem er sich in polemischer und provokanter Weise geäußert hat. (2) Ratsmitglied B verlangt die Verhängung eines Rauchverbots in der Sitzung. (3) Ratsmitglied C möchte, dass Ton- und Filmaufnahmen durch einen Zuhörer unterbleiben.*

*h.M.: keine Grundrechtsberechtigung*

Nach wohl h.M. sind Gemeinderäte bei internen Maßnahmen nicht Grundrechtsträger. Insoweit stehen ihnen lediglich organschaftliche Rechtspositionen zu.[228]

*a.A.: Grundrechte verstärken Organrechte*

Nach a.A. geht es bei diesen Streitigkeiten stets auch um die persönliche Rechtsstellung der Ratsmitglieder (sog. Doppelbetroffenheit), sodass sie grundrechtsberechtigt sind und die Wirkung ihrer Grundrechte bei den Maßnahmen zu berücksichtigen ist. Dabei sollen die Organrechte durch die Grundrechte verstärkt werden können.[229]

Fraglich ist jedoch, wo dieser interne Bereich aufhört und der Bereich der Grundrechtsberechtigung anfängt. Richtigerweise wird man die gleiche „Grenze" zu ziehen haben wie bei der Frage der „Außenwirkung" i.R.d. § 35 VwVfG. 155a

> **Zu Bsp. (1):** Nach einer Entscheidung des BVerwG aus dem Jahr 1988[230] und der Rspr. des VGH Mannheim[231] hat ein Gemeinderatsmitglied das Recht, (auch) in Angelegenheiten der Gemeinde seine Meinung frei und uneingeschränkt zu äußern. Art. 5 I S. 1 GG steht ihm aber nur insoweit zu, als der ordnungsgemäße Ablauf der Sitzung für private Meinungsäußerungen Raum lässt. Da die Ratssitzungen der Willensbildung der Gemeinde dienen, muss das Gemeinderatsmitglied (wie übrigens auch jeder andere Sitzungsteilnehmer) während der Sitzungen um der Funktionsfähigkeit der gemeindlichen Selbstverwaltung willen Einschränkungen seines Grundrechts aus Art. 5 I S. 1 GG hinnehmen. Begrenzt wird seine Meinungsäußerungsfreiheit daher durch die ihm ausdrücklich in der Gemeindeordnung auferlegten Sonderpflichten (z.B. Verschwiegenheit nach § 17 II GemO) und - wie bei jedem anderen Bürger auch - durch die allgemeinen Gesetze i.S.d. Art. 5 II GG.

225 **Hemmer/Wüst, Staatsrecht I, Rn. 15 ff.**

226 VGH Mannheim, VBlBW 2001, 179; Erichsen/Biermann, JuS 1997, 157 (160).

227 Instruktive Fallbearbeitungen bieten Lange, NdsVBl. 2015, 92-95 (Meinungsäußerung durch das Tragen szenetypischer Kleidung im Gemeinderat).

228 OVG Lüneburg, NVwZ 2019, 570; OVG Münster, **Life&LAW 04/2016, 273**; DÖV 2013, 992; VGH Kassel, NVwZ-RR 2015, 735 (736); BVerwG, NVwZ 1997, 1220.

229 So BVerwG, NVwZ 1988, 837; zustimmend Hufen, § 21 Rn. 20.

230 BVerwG, NVwZ 1988, 837.

231 VGH Mannheim, VBlBW 2001, 179 = NVwZ-RR 2001, 262; VBlBW 1997, 177.

Nach h.M.[232] scheidet die Geltendmachung von Grundrechten hingegen aus. Ein Gemeinderat, dem das Wort entzogen wird, ist dadurch in seinem organschaftlichen Rederecht in der Sitzung betroffen, das aus seiner Stellung als Ratsmitglied folgt. Die Meinungsfreiheit aus Art. 5 I S. 1 GG ist nicht anwendbar; sie wird vielmehr über § 32 III S. 1 GemO (freies Mandat) einfachgesetzlich ausgeprägt. Im Lichte der Meinungsäußerungsfreiheit ist den Gemeinderäten aber ein hohes Maß an Äußerungsfreiheit zuzubilligen. Es findet allerdings eine strikte Trennung zwischen individuellen Grundrechten und Organrechten statt.

**Zu Bsp. (2):** Ein Anspruch auf Verhängung eines Rauchverbots ergibt sich aus der Funktionsfähigkeit des Gemeinderats, die erfordert, dass die Ratsmitglieder nicht gegen ihren Willen gesundheitlichen Gefahren ausgesetzt werden. Ratsmitglied A kann sich (auch nach der M.M.) nicht auf Art. 2 II S. 1 GG berufen; gleichwohl gebietet die Stellung als Gemeinderat und die Teilnahmepflicht nach § 34 III GemO, Ratsmitglieder in ihrer körperlichen Unversehrtheit zu schützen.

**Zu Bsp. (3):** Eine Berufung des C auf das allgemeine Persönlichkeitsrecht kommt nach allgemeiner Ansicht nicht infrage. Ein Recht auf Unterlassung von Ton- und Filmaufnahmen kann allerdings mit der Funktionsfähigkeit des Gemeinderats begründet werden (sog. innerorganisatorischer Störungsbeseitigungsanspruch). Die Ratsmitglieder müssen sich unbefangen in der Sitzung äußern können, wobei zu berücksichtigen ist, dass sie keine medienerfahrenen Berufspolitiker sind.

Daraus ergibt sich, dass die Ratsmitglieder auch in öffentlichen Sitzungen umfassend in ihrem organschaftlichen Mitwirkungs- und Rederecht zu schützen sind. Ungenehmigte Aufnahmen sind als Verstoß gegen das Recht aus § 32 III GemO zu werten.[233] Gleiches gilt bzgl. des aus Art. 28 II S. 2 GG fließenden Gebots der Sicherstellung der funktionsgerechten Aufgabenwahrnehmung durch den Gemeinderat.

Hier ist eine a.A. sicher vertretbar. Möglich ist dies unter Berufung auf die anderenfalls bei einer unvollständigen Medienöffentlichkeit bestehenden Beeinträchtigung des Demokratieprinzips (i.S.v. öffentlicher Kontrolle der Exekutive) und dem gewandelten Umgang mit Medien gegenüber dem der Entscheidung zugrunde liegenden Urteil des BVerwG aus dem Jahr 1990.[234]

**hemmer-Methode: Eine allgemeingültige Grenze ist hier schwierig zu bestimmen. Im Ergebnis wird es sich kaum auswirken, ob die Grundrechte herangezogen werden oder nicht, da das Ratsmitglied durch seine anerkannten organschaftlichen Rechte weitgehend geschützt ist. In der Klausur sollten Sie das Problem kurz aufwerfen und darauf hinweisen, dass Grundrechte grundsätzlich Abwehrrechte gegen den Staat sind. Letztlich können Sie die Frage der direkten Grundrechtsgeltung aber i.d.R. offenlassen. Lediglich bei Hinweisen im Sachverhalt ist eine weitergehende Auseinandersetzung empfehlenswert.**

## III. Rechtmäßigkeit von Beschlüssen des Gemeinderats

*Gemeinderat entscheidet durch Beschlüsse*

Als kollegial besetztes Organ entscheidet der Gemeinderat durch Beschlüsse. Sie sind die „Handlungsform“ des Gemeinderats. Da Beschlüsse nach § 37 VI S. 2 GemO mit Mehrheit gefasst werden, wird der Gemeinderat durch die Mehrheit der Ratsmitglieder repräsentiert. Die Entscheidungen des Gemeinderats sind die Entscheidungen seiner Mehrheit. 156

232 BVerwG, NVwZ 1997, 1220; Lange, Kap. 7 Rn. 114; Bauer/Kruse, JuS 1996, 512 (513).

233 BVerwG, NJW 1991, 118 (119) m.w.N.; Aker/Haffner/Notheis, § 35 GemO, Rn. 7; Engel/Heilshorn, § 14 Rn. 146.

234 Instruktiv hierzu Pernice-Warnke, NWVBl. 2015, 281 (284); Cancik, NdsVBl. 2015, 11 (14); ablehnend Wohlfahrt, LKRZ 2011, 130 (133).

**A. Formelle Rechtmäßigkeit**

**I. Zuständigkeit**

**1.** Verbandszuständigkeit der Gemeinde

**2.** Organzuständigkeit des Gemeinderats, v.a. § 24 I S. 2 GemO beachten; ggf. Zuständigkeit eines beschließenden Ausschusses gem. §§ 39, 40 GemO

**II. Verfahren**

**1.** Beschlussfähigkeit des Gemeinderats

a) Ordnungsgemäße Einberufung, § 34 I S. 1, 7, II GemO

b) Anwesenheit und Stimmberechtigung der Mehrheit, § 37 II, III GemO

**2.** Beschlussfassung im Gemeinderat

a) Formvorschriften für die Gemeinderatssitzung

aa) Sitzungszwang, § 37 I S. 1 GemO

bb) Bekanntmachung der Sitzung, Sitzungsort

cc) Öffentlichkeit, § 35 GemO

b) Ordnungsgemäße Beratung und Abstimmung

aa) Offene Abstimmung

bb) Mehrheitsentscheidung

cc) Persönliche Beteiligung, § 18 GemO

**B. Materielle Rechtmäßigkeit**

## 1. Formelle Rechtmäßigkeit

**hemmer-Methode: Einer Rechtsgrundlage bedürfen Beschlüsse des Gemeinderats grundsätzlich nicht, auch wenn sehr häufig eine existieren wird (z.B. bei Satzungsbeschlüssen). Dies ist für staatliches Handeln nur notwendig, soweit der Grundsatz des Vorbehalts des Gesetzes gilt, d.h. insbesondere bei Grundrechtseingriffen. Beschlüsse haben jedoch in aller Regel unmittelbar nur gemeindeinterne Wirkung. Die für einen Grundrechtseingriff erforderliche Außenwirkung hat erst der Vollzug durch den Bürgermeister. Ausnahmen hierzu sind selten. Beschlüsse, welche für sich genommen bereits unmittelbare Außenwirkung haben (sog. Sachbeschlüsse), sind z.B. die Entscheidung über die Zulässigkeit eines Bürgerbegehrens (§ 21 IV S. 1 GemO), der Beschluss über eine Straßenumbenennung (Art. 28 II S. 1 GG bzw. Art. 71 I LV) oder die Verhängung eines Ordnungsgeldes (§§ 17 IV, 16 III GemO).[235]**

## a) Zuständigkeit

### aa) Verbandszuständigkeit der Gemeinde

*Verbandszuständigkeit*

157 Die Verbandskompetenz ergibt sich aus Fachgesetzen oder aber aus der GemO (insbes. § 2 I GemO). Der Gemeinderat darf grundsätzlich nur in ihm gesetzlich zugewiesenen Fällen oder solchen Materien beschließen, die von Art. 28 II GG bzw. Art. 71 I LV erfasst sind (vgl. auch § 34 I S. 5 GemO).[236]

235 Instruktiv hierzu Lange, Kap. 7 Rn. 245-250; Engel/Heilshorn, § 14 Rn. 183.

236 Engel/Heilshorn, § 14 Rn. 183; Ennuschat/Ibler/Remmert, § 1 Rn. 218; Aker/Haffner/Notheis, § 34 GemO, Rn. 18.

*Befassungskompetenz*

Hierbei entsteht das Problem der sog. Befassungskompetenz der Gemeinde. Dabei geht es um Fälle, in denen die Gemeinde eine Erklärung in einer Angelegenheit abgibt, die nicht zu ihrem Aufgabenkreis zählt. *158*

**Bspe.:** *(1) Erklärung des Gemeindegebiets zur „atomwaffenfreien Zone"; (2) Verurteilung von Kriegsverbrechen und Menschenrechtsverletzungen im Ausland.*

*unverbindliche Stellungnahme der Gemeinde*

Charakteristisch für derartige Beschlüsse ist, dass sie bloße Deklarationen ohne rechtliche Verbindlichkeit sind. Die Gemeinde entscheidet nicht, sondern es wird nur eine Erklärung abgegeben (sog. schlichter Beschluss). Deshalb wird (in Abgrenzung zur Entscheidungskompetenz) von Befassungskompetenz gesprochen.

**hemmer-Methode: Theoretisch denkbar wären auch Beschlüsse mit (gewollter) rechtlicher Verbindlichkeit in diesem Bereich, etwa dass die Gemeinde die Bundesregierung verpflichten will, gegen Menschenrechtsverletzungen im Ausland militärisch einzugreifen. So weit ist bisher jedoch noch keine Gemeinde gegangen.**

*kein allgemeinpolitisches Mandat der Gemeinden*

Das Selbstverwaltungsrecht begrenzt die Verwaltungszuständigkeit der Gemeinde. Den Gemeinden ist nur erlaubt, sich aller Angelegenheiten der örtlichen Gemeinschaft anzunehmen, welche nicht durch Gesetz bereits anderen Trägern der öffentlichen Verwaltung übertragen sind. Gemeinden haben folglich kein allgemeinpolitisches Mandat,[237] womit in Angelegenheiten, die zum ausschließlichen Kompetenzbereich des Bundes oder der Länder zählen, keine Entscheidungszuständigkeit besteht. *159*

*Reichweite der Befassungskompetenz*

Fraglich ist aber, ob trotz fehlender Entscheidungskompetenz im Bereich staatlicher Aufgaben eine Befassungskompetenz bestehen kann. Eine solche über die Entscheidungszuständigkeit hinausgehende Befassungszuständigkeit besteht grundsätzlich nicht. Entsprechende Erklärungen sind mangels Verbandszuständigkeit rechtswidrig.[238] *159a*

**Zu Bsp. (1):** Die Stationierung von Atomwaffen ist eine Frage der Landesverteidigung und der außenpolitischen Beziehungen. Für beides ist der Bund zuständig (Art. 71, 73 I Nr. 1, 87b I S. 1 GG).

**Zu Bsp. (2):** Auch die Stellungnahme zu aktuellen außenpolitischen Fragen obliegt ausschließlich dem Bund (Art. 32 GG). Eine kommunale Stellungnahme ist damit ausgeschlossen.

Nach der Rspr. des VGH Mannheim gehört auch die Diskussion über die Genehmigung einer Fusion (!) kommunaler Sparkassen nicht zur Befassungskompetenz des Gemeinderats und darf deshalb nicht auf die Tagesordnung einer Sitzung gesetzt werden (vgl. § 34 I S. 5 GemO).[239]

*Ausnahme: spezifischer Ortsbezug*

Lediglich für Angelegenheiten, die einen konkreten, spezifischen Bezug zu der Gemeinde haben, geht die Befassungskompetenz über die Entscheidungskompetenz hinaus.[240] *159b*

237 Engel/Heilshorn, § 5 Rn. 28; Brüning, JURA 2015, 592 (596); Lange, Kap. 1 Rn. 36.

238 OVG Münster NVwZ 1995, 718; BVerwG, NVwZ 1989, 469. Anerkannt ist hingegen, dass Gemeinden ihren eigenen Wirkungskreis aber überschreiten dürfen, um in kommunalen Spitzenverbänden mitzuarbeiten, vgl. BVerwG, NVwZ 1991, 682 (685).

239 VGH Mannheim, VBlBW 2011, 95.

240 BVerwGE 87, 228 = NVwZ 1991, 682; Engel/Heilshorn, § 5 Rn. 29; Lange, Kap. 1 Rn. 36.

*Bsp.: So ist anerkannt, dass eine Befassungskompetenz bei Fragen der Landesverteidigung besteht, wenn und soweit die Gemeinde spezifisch betroffen ist. Dies dürfte bei der Errichtung eines Truppenübungsplatzes auf dem Gemeindegebiet oder in unmittelbarer Nähe der Fall sein.*

### bb) Organzuständigkeit des Gemeinderats

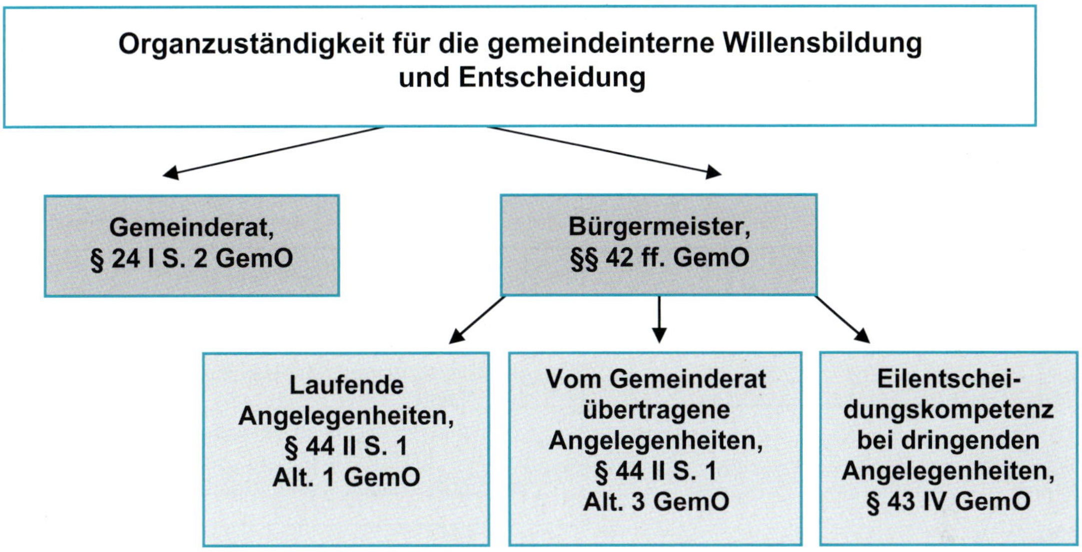


*dualistische Ratsverfassung*

Die Zuständigkeit innerhalb der Gemeinde ist nach dem dualistischen System einer Ratsverfassung[241] zwischen Gemeinderat und Bürgermeister aufgeteilt. 160

§ 24 I S. 2 GemO klärt das Verhältnis zwischen Gemeinderat und Bürgermeister: Danach entscheidet der Gemeinderat grundsätzlich über alle Angelegenheiten der Gemeinde. Der Bürgermeister ist nur aufgrund gesetzlicher Zuweisungen oder nach Übertragung von Aufgaben nach § 44 II S. 1 GemO durch den Gemeinderat zuständig.

Zuständigkeiten des Bürgermeisters, der gem. § 25 I S. 1 GemO zugleich Mitglied und Vorsitzender des Gemeinderats ist, ergeben sich insbesondere aus §§ 42 I, 43, 44 GemO. Ist der Bürgermeister zuständig, fehlt es an der Organzuständigkeit des Gemeinderats.

*Zuständigkeit eines beschließenden Ausschusses*

Der Gemeinderat kann auch dann unzuständig sein, wenn die Aufgabe einem beschließenden Ausschuss übertragen wurde, § 39 I GemO.[242]

241 Sog. Süddeutsche Ratsverfassung; Kunze/Bronner/Katz, § 23 GemO, Rn. 4.

242 Zu den (beschließenden) Ausschüssen ausführlich unter Rn. 201 ff.

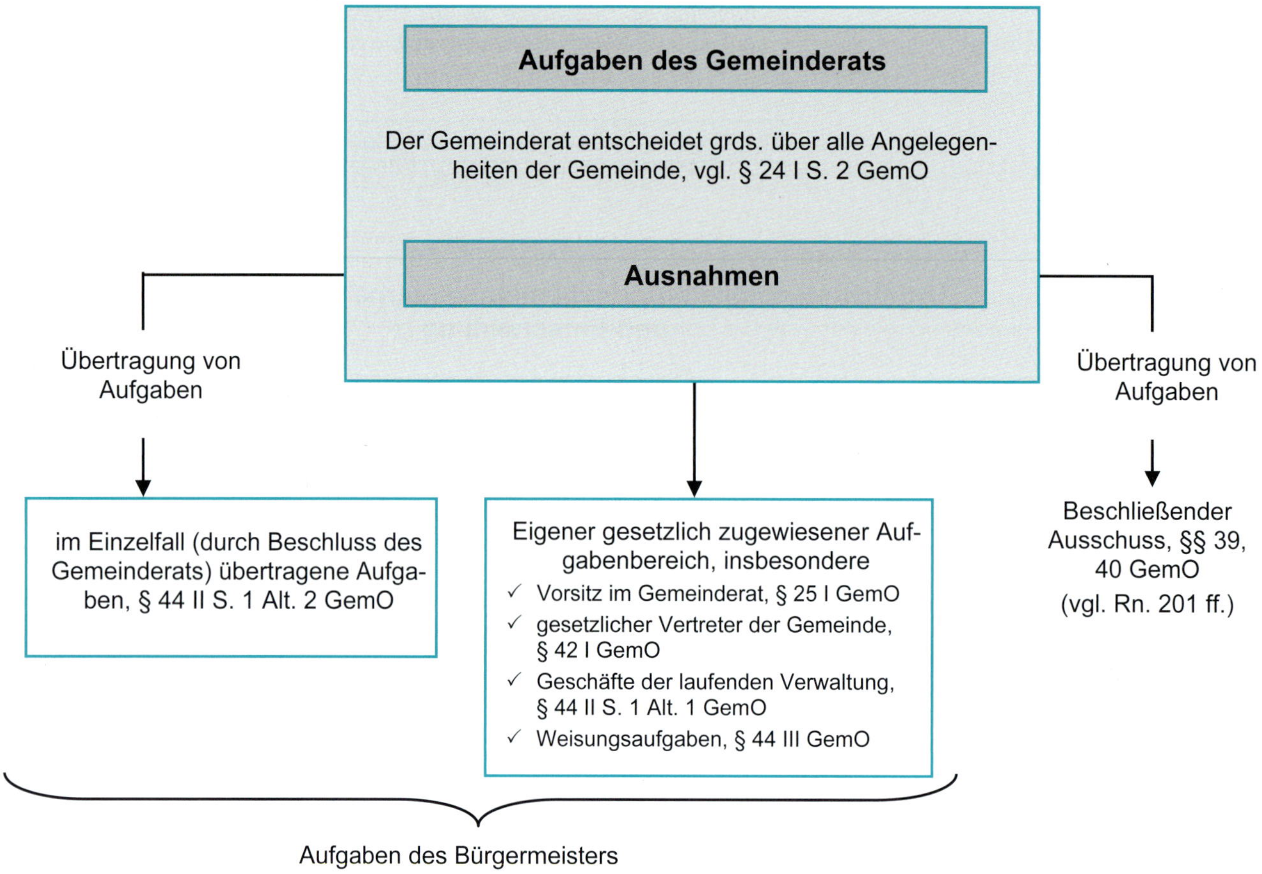


## b) Verfahren

*besonderes Verfahren bei Ratsbeschlüssen*

Jeder Beschluss des Gemeinderats ist Verwaltungshandeln. Anders 161
als andere Verwaltungsmaßnahmen unterliegt er jedoch besonderen Verfahrensanforderungen, die sich v.a. daraus ergeben, dass der Gemeinderat ein Kollegialorgan ist.

**hemmer-Methode: Neben den Verfahrensvorschriften der Gemeindeordnung können für bestimmte Entscheidungen in Fachgesetzen weitere Verfahrensanforderungen enthalten sein. Klausurrelevantes Beispiel ist der Erlass von Bauleitplänen nach dem BauGB, vgl. §§ 3, 4 BauGB.**

*Fehlerfolgen: grds. Rechtswidrigkeit und Unwirksamkeit*

Ein Verstoß gegen Verfahrensvorschriften hat grundsätzlich die 162
Rechtswidrigkeit und Unwirksamkeit des Beschlusses zur Folge. §§ 45, 46 LVwVfG sind nicht anwendbar, da Gemeinderatsbeschlüsse mangels Außenwirkung grundsätzlich keine Verwaltungsakte sind. Von der Unwirksamkeit gibt es zwei Ausnahmen:

*bloße Ordnungsvorschriften*

Einige Verfahrensvorschriften werden als sog. bloße Ordnungsvorschriften angesehen. Ihre Nichtbeachtung führt nicht zur Rechtswidrigkeit des Beschlusses.[243]

***Bspe.:** Eine fehlerhafte Sitzungsniederschrift hat keine Auswirkungen auf den Gemeinderatsbeschluss; Gleiches gilt grds. für Verstöße gegen Geschäftsordnungsbestimmungen.*

243 Engel/Heilshorn, § 14 Rn. 194; Burgi, § 12 Rn. 4.

*Heilung*

Daneben können Fehler unbeachtlich sein oder werden. In § 18 VI S. 2 - 4 GemO findet sich eine solche Vorschrift.[244] Für Beschlüsse über Satzungen, Rechtsverordnungen und Flächennutzungspläne ist § 4 IV, V GemO zu beachten.[245] Zudem können Mängel der Einberufung geheilt werden.[246]

### aa) Ordnungsgemäße Einberufung, § 34 I S. 1, S. 7, II GemO

*Schriftlichkeit*

**(1)** Gem. § 34 I S. 1 GemO beruft der Bürgermeister den Gemeinderat ein. Die Einberufung muss schriftlich oder in elektronischer Form unter rechtzeitiger Mitteilung der Verhandlungsgegenstände sowie Beifügung der erforderlichen Unterlagen erfolgen. 163

*zu ladender Personenkreis*

Alle Gemeinderäte müssen geladen werden, auch wenn sie wegen Krankheit, (Urlaubs-)Abwesenheit oder aus sonstigen Gründen nicht teilnehmen werden.

Nur so haben sie die Möglichkeit, auf Entscheidungen im Gemeinderat außerhalb der Sitzungen Einfluss zu nehmen, z.B. innerhalb ihrer Fraktion. Auch befangene Gemeinderäte sind zu laden, denn über das Vorliegen eines Ausschließungsgrunds hat in Zweifelsfällen der Gemeinderat nach § 18 III GemO selbst zu entscheiden.[247] Eine Ausnahme besteht hingegen bei Gemeinderäten, die nach § 36 III GemO von der Sitzungsteilnahme ausgeschlossen wurden.[248]

*Frist*

Die Einberufung muss mit angemessener Frist erfolgen und die Verhandlungsgegenstände mit den erforderlichen Unterlagen sind den Gemeinderäten rechtzeitig mitzuteilen. Der Zeitraum muss so lang sein, dass die Gemeinderäte sich auf die Sitzung einrichten können und ausreichend Zeit haben, sich mit den Verhandlungsgegenständen vertraut zu machen.[249] Dabei kommt es grundsätzlich auf die Umstände des Einzelfalls an, wie die Größe der Gemeinde sowie Anzahl und Schwierigkeit der Tagesordnungspunkte. 164

Die Mindestfrist beträgt grundsätzlich sieben Tage, im Einzelfall kann auch eine längere Frist geboten sein.[250] Bei einfachen Angelegenheiten und ausreichender Zeit zur pflichtgemäßen Vorbereitung kann auch eine kürzere Frist ausreichen.[251] Nach § 34 II GemO kann der Gemeinderat in Notfällen sogar ohne Frist einberufen werden.

*Angabe von Ort, Zeit und Verhandlungsgegenständen*

**(2)** Die Ladung muss den Ort und die Zeit der Sitzung angeben, wobei die Festlegung von Ort und Zeit im pflichtgemäßen Ermessen des Bürgermeisters liegt.[252] Zudem müssen die Verhandlungsgegenstände (sog. Tagesordnungspunkte) so bezeichnet werden, dass die Gemeinderäte und die interessierte Öffentlichkeit erkennen können, mit welchen Gegenständen sich der Gemeinderat in der Sitzung befassen wird. Die erforderlichen Unterlagen sind beizufügen, sofern nicht das öffentliche Wohl oder berechtigte Interessen Einzelner entgegenstehen. 165

244 Hierzu unter Rn. 198 f.
245 Hierzu ausführlich unter Rn. 551 ff.
246 Hierzu unter Rn. 166.
247 Kunze/Bronner/Katz, § 34 GemO, Rn. 3; Aker/Haffner/Notheis, § 34 GemO, Rn. 3.
248 Engel/Heilshorn, § 14 Rn. 130; Kunze/Bronner/Katz, § 34 GemO, Rn. 3; Aker/Haffner/Notheis, § 34 GemO, Rn. 3.
249 Engel/Heilshorn, § 14 Rn. 132; Kunze/Bronner/Katz, § 34 GemO, Rn. 4; Aker/Haffner/Notheis, § 34 GemO, Rn. 5; Lange, Kap. 7 Rn. 36.
250 Mit der Reform vom Dezember 2015 wurde die Frist von drei auf sieben Tage verlängert, vgl. LT-Drs. 15/7265, S. 40.
251 VGH Mannheim, VBlBW 2003, 119.
252 VGH Mannheim, VBlBW 1983, 106.

**hemmer-Methode: Ein Verstoß gegen die Pflicht, Verhandlungsgegenstände zu benennen und Unterlagen beizufügen, führt allerdings nur zur Rechtswidrigkeit derjenigen Beschlüsse, die in gerade dieser Angelegenheit gefasst werden. Über andere Verhandlungsgegenstände, die ordnungsgemäß und mit den erforderlichen Unterlagen mitgeteilt wurden, kann fehlerfrei beschlossen werden.**

*Heilung von Mängeln der Einberufung*

Werden Ratsmitglieder nicht ordnungsgemäß einberufen, so ist der Fehler geheilt, wenn die betroffenen Mitglieder anwesend sind und den Fehler nicht rügen.[253] Das Gleiche gilt, wenn die Einberufung insgesamt unterblieben oder anderweitig fehlerhaft ist. Heilung tritt in diesem Fall ein, wenn alle Gemeinderäte erscheinen und den Mangel nicht rügen.[254] 166

Grund für die Heilung ist, dass die Gemeinderäte auf eine ordnungsgemäße Einberufung verzichten können. Frist und Form nach § 34 I S. 1 GemO dienen ausschließlich den Gemeinderäten. Sie sollen rechtzeitig informiert werden und sich vorbereiten können. Das Unterlassen der Rüge in der Sitzung ist als Verzicht zu sehen.

*ortsübliche Bekanntgabe von Zeit, Ort und Tagesordnung*

**(3)** Zur Information der Einwohner der Gemeinde sind Zeit, Ort und Tagesordnung der öffentlichen Sitzungen rechtzeitig (i.d.R. drei Tage vor der Sitzung)[255] ortsüblich bekannt zu geben, § 34 I S. 7 GemO. Die öffentliche Bekanntgabe setzt voraus, dass mit ihr für die Einwohner eine zumutbare Möglichkeit der Kenntnisnahme eröffnet wird. Welche Art der Bekanntgabe eine solche zumutbare Kenntnisnahmemöglichkeit verschafft, kann nicht abstrakt bestimmt werden, sondern hängt wesentlich auch von den tatsächlichen Umständen in der betreffenden Gemeinde ab.[256] 167

*Verstoß gegen § 34 I S. 7 GemO ist nicht heilbar*

§ 34 I S. 7 GemO ist keine bloße Ordnungsvorschrift, ein Verstoß führt zur Rechtswidrigkeit der in der Sitzung gefassten Beschlüsse.[257] Die Verletzung dieser Vorschrift kann auch nicht dadurch geheilt werden, dass der Gemeinderat vollzählig zusammentritt und niemand diesen Verstoß rügt. Denn sie dient nicht den Interessen der Ratsmitglieder, sondern der Verwirklichung des Öffentlichkeitsgrundsatzes des § 35 GemO.[258]

**hemmer-Methode: Dementsprechend können Verhandlungsgegenstände, die nicht auf der ortsüblich bekanntgemachten Tagesordnung enthalten waren, auch nicht in der Sitzung „nachgeschoben“ werden.[259] Dies ist nur bei nichtöffentlichen Sitzungen möglich, für die § 34 I S. 7 GemO nicht gilt.**

Erforderlich ist eine „ortsübliche Bekanntgabe“. Die förmlichen Vorgaben des § 1 I DVO GemO für die ortsübliche Bekanntmachung müssen nicht eingehalten werden.[260] 168

Die notwendige Publizität wurde bis zur Einführung des § 41b GemO durch jede Art der Veröffentlichung gewährleistet, die geeignet war, die Einwohner zu informieren. Ausreichend war der Anschlag an der Verkündungstafel oder eine Mitteilung im redaktionellen Teil einer Tageszeitung. Überwiegend wählten die Gemeinden in Baden-Württemberg für die Bekanntgabe der Gemeinderatssitzungen die gleiche Form wie für öffentliche Bekanntmachungen.[261]

253 VGH Mannheim, VBlBW 2003, 119 (120); VBlBW 1999, 304.
254 VGH Mannheim, NVwZ-RR 1990, 370; Kunze/Bronner/Katz, § 34 GemO, Rn. 7.
255 VGH Mannheim, Beschl. v. 20.02.2018 - 1 S 2146/17.
256 VGH Mannheim, Beschl. v. 20.02.2018 - 1 S 2146/17.
257 Engel/Heilshorn, § 14 Rn. 141; Kunze/Bronner/Katz, § 34 GemO, Rn. 9; Aker/Haffner/Notheis, § 34 GemO, Rn. 23.
258 Kunze/Bronner/Katz, § 34 GemO, Rn. 9; Aker/Haffner/Notheis, § 34 GemO, Rn. 23.
259 Engel/Heilshorn, § 14 Rn. 141; Kunze/Bronner/Katz, § 34 GemO, Rn. 6.
260 Engel/Heilshorn, § 14 Rn. 141; Kunze/Bronner/Katz, § 34 GemO, Rn. 9; Aker/Haffner/Notheis, § 34 GemO, Rn. 23. Zu § 1 DVO GemO ausführlich unter Rn. 536 ff.
261 Aker/Haffner/Notheis, § 34 GemO, Rn. 23; Engel/Heilshorn, § 14 Rn. 141.

*§ 41b GemO*

Der im Oktober 2016 eingeführte § 41b GemO regelt die Veröffentlichung von Informationen bei Gemeinderats- und Ausschusssitzungen, sofern die Gemeinde über ein elektronisches System (Ratsinformationssystem oder „internetbasierte Plattform") zur Bereitstellung verfügt.[262] Nach der Klarstellung in § 41b VI GemO ist die Beachtung der Abs. 1 bis 5 allerdings nicht Voraussetzung für die Ordnungsmäßigkeit der Einberufung (§ 34 GemO) und Leitung der Sitzung (§ 36 GemO).

*Ausnahme: Einberufung in Notfällen*

**(4)** In Notfällen kann gem. § 34 II GemO der Gemeinderat ohne Frist, formlos, ohne Unterlagen, aber unter Angabe des Verhandlungsgegenstandes einberufen werden. In einem solchen Fall findet der § 34 I S. 7 GemO keine Anwendung, sodass eine ortsübliche Bekanntgabe nicht zu erfolgen braucht, vgl. § 34 II HS 2 GemO. Die lediglich erforderliche Mitteilung der Verhandlungsgegenstände kann hierbei mündlich oder in jeder anderen Form erfolgen.

### bb) Beschlussfähigkeit, § 37 II, III GemO

*Anwesenden- und Stimmberechtigtenmehrheit*

Der Gemeinderat ist gem. § 37 II S. 1 GemO beschlussfähig, wenn mindestens die Hälfte der Mitglieder[263] (einschließlich des Bürgermeisters) anwesend und stimmberechtigt ist. Dabei bedeutet „Stimmberechtigung" das Gleiche wie „Nicht-Befangenheit", m.a.W., die Befangenheit ist der einzige Fall der fehlenden Stimmberechtigung. Bei Befangenheit von mehr als der Hälfte ermäßigt sich die erforderliche Zahl auf ein Viertel der Mitglieder, § 37 II S. 2 GemO. Ist der Gemeinderat nicht beschlussfähig, so sind dennoch gefasste Beschlüsse unwirksam. 169

**hemmer-Methode: Zugrunde zu legen ist damit nicht die gesetzliche Mitgliederzahl nach § 25 II GemO, sondern die Zahl der tatsächlich besetzten Sitze. Bei der Wahl nicht besetzte Sitze oder solche, die nach Ausscheiden eines Gemeinderats nicht durch Nachrücken besetzt werden können, bleiben bei der Berechnung außer Betracht.**

*verringerte Anforderungen in zweiter Sitzung*

Um wirksame Beschlüsse zu ermöglichen, sieht § 37 III GemO vor, dass in einer zweiten Sitzung drei anwesende und stimmberechtigte Ratsmitglieder ausreichen, sofern der Gemeinderat in der ersten Sitzung wegen Abwesenheit oder Befangenheit beschlussunfähig war. Der Einberufung muss aber ein ausdrücklicher Hinweis auf die besondere Beschlussfähigkeit beigefügt werden.

*Entscheidung des Bürgermeisters*

Kann auch nach § 37 III GemO keine Beschlussfähigkeit erreicht werden, entscheidet der Bürgermeister nach Anhörung der nicht befangenen Gemeinderäte, § 37 IV S. 1 GemO. Bei Befangenheit des Bürgermeisters kann der Gemeinderat ein stimmberechtigtes Ratsmitglied für diese Angelegenheit zum Stellvertreter des Bürgermeisters bestellen. Unterbleibt dies, so bestellt die Rechtsaufsichtsbehörde gem. § 37 IV S. 2 i.V.m. § 124 GemO einen Beauftragten, der die Entscheidung trifft.

### cc) Sitzungszwang, § 37 I S. 1 GemO

*Sitzung erforderlich*

Nach § 37 I S. 1 GemO kann der Gemeinderat nur in einer „Sitzung" beschließen.[264] Dies bedeutet, dass es sich um eine Zusammenkunft der Ratsmitglieder aufgrund „Einladung" des Bürgermeisters handeln muss. 170

262 Aker/Haffner/Notheis, § 41b GemO, Rn. 1 und 2; Pautsch, apf 2016, 237 (239 f.).

263 Kunze/Bronner/Katz, § 37 GemO, Rn. 15; Aker/Haffner/Notheis, § 37 GemO, Rn. 12.

264 Von den Ausnahmen nach § 37 I S. 2 und § 37a GemO abgesehen, dazu unter Rn. 183 und 183a.

Keine Sitzung stellt das zufällige Zusammentreffen mehrerer Ratsmitglieder dar. Ebenso liegt keine Sitzung mehr vor, nachdem der Bürgermeister die Sitzung nach § 36 I S. 1 GemO geschlossen hat. Verbleiben danach mehrere Gemeinderäte im Sitzungssaal oder „verlegen" sie die Sitzung in den nächsten Biergarten, fehlt es u.a. an einer „Sitzung" i.S.d. § 37 I S. 1 GemO.

### dd) Öffentlichkeit, § 35 GemO

*Öffentlichkeitsgrundsatz*

Als Ausprägung des Demokratieprinzips gilt gem. § 35 I S. 1 GemO 171
der Grundsatz der Öffentlichkeit. Dieser gebietet, dass jedermann (und nicht nur Einwohner der Gemeinde) Zutritt zu der Sitzung haben muss. Der Öffentlichkeitsgrundsatz besteht auch für die (eigentliche) Sachberatung und -diskussion der jeweiligen Angelegenheit.[265] Es genügt die Herstellung einer Saalöffentlichkeit, einen Anspruch auf Einsatz von Aufnahme- und Übertragungsgeräten (sog. Medienöffentlichkeit) gewährt § 35 I S. 1 GemO nicht. Der Gesetzgeber hat vor allem berücksichtigt, dass die ungezwungene Rede und die freie Willensbildung im Gemeinderat durch Mitschnitte beeinträchtigt werden könnten.[266]

*tatsächlicher Zugang für jedermann*

**(1)** Die Pflicht, Zutritt zu gewähren, besteht naturgemäß nur i.R.d. 172
vorhandenen Kapazität. Dabei steht die Wahl des Raums im pflichtgemäßen Ermessen des Bürgermeisters.[267] Dieser handelt erst dann fehlerhaft, wenn der Raum angesichts der üblicherweise zu erwartenden Besucherzahl nicht ausreichend Platz bietet und eine Alternative möglich wäre. Eine Pflicht zum „Umzug" in einen größeren Raum als den üblicherweise benutzten wird man auch bei Sitzungen, die ein erhöhtes Interesse der Öffentlichkeit hervorrufen, grds. nicht anerkennen können.[268]

Ist der tatsächliche Zugang zu der Sitzung unterbunden, so verstößt dies nur dann gegen § 35 I S. 1 GemO, wenn dies dem Bürgermeister bzw. dem Gemeinderat bekannt ist oder sein musste.[269] Durch Zufall oder Dritte verursachte Hindernisse führen nicht zur Verletzung des Öffentlichkeitsgebots.

> ***Bsp.:*** *Der Öffentlichkeitsgrundsatz ist nicht verletzt, wenn der Hausmeister während der Ratssitzung ohne Rücksprache mit dem Bürgermeister die Eingangstüre des Rathauses verschließt und zu einem Feierabendbier in den Biergarten aufbricht.*

*Ausübung des Hausrechts berührt Öffentlichkeit nicht*

**(2)** Maßnahmen gegen Zuhörer aufgrund des Hausrechts berühren 173
§ 35 GemO grundsätzlich nicht,[270] sofern nicht alle Zuhörer aus dem Sitzungsraum verwiesen werden. Verwehrt der Bürgermeister aufgrund seines allgemeinen Hausrechts einem Besucher den Zutritt oder verweist er ihn nach § 36 I S. 2 GemO aus dem Sitzungssaal, so stellt dies auch dann keinen Verstoß gegen § 35 GemO dar, wenn die Maßnahme rechtswidrig ist.

*nichtöffentliche Sitzung*

**(3)** Die Sitzung wird nichtöffentlich durchgeführt, wenn es das öffent- 174
liche Wohl oder berechtigte Interessen Einzelner erfordern, § 35 I S. 2 GemO. Ob die Voraussetzungen für eine Behandlung in nichtöffentlicher Sitzung vorliegen, ist im Einzelfall zu entscheiden.

---

265 VGH Mannheim, VBlBW 2016, 34; VBlBW 2001, 65.
266 VGH Mannheim, Beschl. v. 28.09.2015 - 1 S 1124/15.
267 Engel/Heilshorn, § 14 Rn. 145; Kunze/Bronner/Katz, § 35 GemO, Rn. 2.
268 Aker/Haffner/Notheis, § 35 GemO, Rn. 5; Kunze/Bronner/Katz, § 35 GemO, Rn. 2.; a.A. VGH Mannheim, VBlBW 1983, 106.
269 Ennuschat/Ibler/Remmert, § 1 Rn. 222; Aker/Haffner/Notheis, § 35 GemO, Rn. 5.
270 VGH Mannheim, ESVGH 19, 209.

Gründe des öffentlichen Wohls rechtfertigen den Ausschluss der Öffentlichkeit, wenn Interessen einer Körperschaft des öffentlichen Rechts oder der örtlichen Gemeinschaft durch eine öffentliche Sitzung mit Wahrscheinlichkeit wesentlich und nachteilig verletzt werden könnten.[271]

*Bsp.: Grundstücksangelegenheiten zur Vermeidung von Grundstücksspekulationen; Beratung über das prozesstaktische Vorgehen bzgl. eines von der Gemeinde geführten Rechtsstreits; Vertragsverhandlungen*

Unter berechtigten Interessen Einzelner sind alle rechtlich geschützten oder anerkannten Interessen zu verstehen.[272] Dies ist insbesondere der Fall, wenn in der Sitzung persönliche oder wirtschaftliche Verhältnisse zur Sprache kommen können, an denen die Allgemeinheit kein überwiegendes Interesse hat und deren Offenlegung für den Betroffenen nachteilig sein könnte. *174a*

*Bsp.: Personalangelegenheiten; Fragen der Kreditwürdigkeit eines Vertragspartners; Steuergeheimnis, § 30 AO*

**hemmer-Methode: Ob das „öffentliche Wohl" oder „berechtigte Interessen Einzelner" einer öffentlichen Verhandlung entgegenstehen, müssen Sie in der Klausur aufgrund der Sachverhaltsangaben entscheiden.**

*Fehlerfolgen*

Wird nichtöffentlich verhandelt, obwohl die Voraussetzungen dafür nicht vorlagen, ist ein Beschluss rechtswidrig. Das Gleiche gilt für den umgekehrten Fall, dass öffentlich verhandelt wurde, obwohl nichtöffentlich hätte verhandelt werden müssen.[273] Eine wegen Verstoßes gegen § 35 I S. 1 GemO rechtswidrige nichtöffentliche Beratung des Gemeinderates kann durch einen nachfolgenden in öffentlicher Sitzung gefassten Beschluss nicht geheilt werden.[274] *174b*

**hemmer-Methode: Das Gemeinderatsmitglied hat allerdings kein im Wege des KVS durchsetzbares Recht auf öffentliche Verhandlung eines Gegenstands im Gemeinderat (hierzu unter Rn. 295).**

### ee) Ordnungsgemäße Sitzungsleitung durch den Bürgermeister, § 36 I GemO

*Leitung der Sitzung durch den Bürgermeister*

**(1)** Der Bürgermeister leitet die Sitzungen und gestaltet den Ablauf, § 36 I S. 1 GemO. Zur Verhandlungsleitung zählen u.a. der Aufruf der Verhandlungsgegenstände, die Feststellung der Beschlussfähigkeit sowie die Erteilung und der Entzug des Wortes. *175*

*Ordnung kontra Hausrecht*

Um einen störungsfreien und geordneten Sitzungsverlauf zu gewährleisten, handhabt der Bürgermeister zudem die Ordnung und übt das Hausrecht aus, § 36 I S. 2 GemO. Die Handhabung der „Ordnung" bezieht sich auf die Teilnehmer der Sitzung,[275] d.h. die Ratsmitglieder und ggf. zu den Beratungen hinzugezogene sachkundige Einwohner. Das „Hausrecht" richtet sich gegen die Zuhörer und sonstige Störungen, die sich aus der Öffentlichkeit der Sitzung ergeben.[276] Dies wird auch durch § 36 III GemO bestätigt, der sich auf Ratsmitglieder sowie hinzugezogene Einwohner bezieht und die „Ordnung" der Sitzung betrifft.[277]

271 VGH Mannheim, VBlBW 1980, 33 (34); Aker/Haffner/Notheis, § 35 GemO, Rn. 9; Kunze/Bronner/Katz, § 35 GemO, Rn. 4.

272 Aker/Haffner/Notheis, § 35 GemO, Rn. 10; Kunze/Bronner/Katz, § 35 GemO, Rn. 5.

273 Aker/Haffner/Notheis, § 35 GemO, Rn. 20; Kunze/Bronner/Katz, § 35 GemO, Rn. 13; Engel/Heilshorn, § 14 Rn. 153.

274 VGH Mannheim, VBlBW 2016, 34; VBlBW 2001, 65.

275 Ennuschat/Ibler/Remmert, § 1 Rn. 193; Aker/Haffner/Notheis, § 36 GemO, Rn. 11; a.A. Kintz, LKRZ 2012, 77 (80).

276 Kunze/Bronner/Katz, § 36 GemO, Rn. 5; Ennuschat/Ibler/Remmert, § 1 Rn. 193; Engel/Heilshorn, § 14 Rn. 163.

277 Zu den Ordnungsmaßnahmen zählt auch ein Rauchverbot in der Sitzung, vgl. Aker/Haffner/Notheis, § 36 GemO, Rn. 4; Engel/Heilshorn, § 14 Rn. 88.

**hemmer-Methode: Machen Sie sich die Konsequenzen klar, die sich aus dieser Unterscheidung ergeben: Der Streit um Ordnungsmaßnahmen ist gemeindeintern, Rechtsschutz erfolgt im Wege eines Kommunalverfassungsstreits.[278] Dagegen hat die Ausübung des Hausrechts nach § 36 I S. 2 GemO gegen einen Zuhörer, die einen Verwaltungsakt darstellt, einen „normalen" verwaltungsrechtlichen Streit im Staat-Bürger-Verhältnis zur Folge.**

*mögliche Maßnahmen*

Die Handhabung der Ordnung und Ausübung des Hausrechts steht im pflichtgemäßen Ermessen des Bürgermeisters. Dabei hat er sich am Grundsatz der Verhältnismäßigkeit zu orientieren. Einschneidendste Maßnahme ist die Verweisung aus dem Sitzungssaal. Dieser müssen grds. formlose (Ermahnung oder Rüge) oder förmliche Maßnahmen (Ordnungsruf, Androhung eines Sitzungsverweises oder Sitzungsunterbrechung) vorangehen.[279] 176

**hemmer-Methode: Dies kann für den Sitzungsverweis von Gemeinderatsmitgliedern auch dem § 36 III S. 1 GemO entnommen werden, wonach es einer groben Ungebühr oder wiederholten Verstößen gegen die Ordnung bedarf. Nur wenn der Gang der Verhandlungen in hohem Maße gestört ist, kommt eine Verweisung aus dem Beratungsraum in Betracht.[280]**

*Rechte der Gemeinderatsmitglieder müssen berücksichtigt werden*

Hinsichtlich der Verhandlungsleitung hat der Bürgermeister das Recht jedes einzelnen Gemeinderats auf Teilnahme an Beratung und Abstimmung, Rede und Antragstellung zu berücksichtigen. Dies ist zwar nicht ausdrücklich in der GemO vorgesehen, ergibt sich aber aus der Stellung und der Aufgabe der Gemeinderäte, im Gemeinderat die Bürger zu vertreten (§ 24 I S. 1 GemO) und aus ihrem freien Mandat (§ 32 III GemO). Diese (ungeschriebenen) Rechte der Gemeinderäte folgen aus deren Mitgliedschaft in einem kollegialen Vertretungsorgan. § 32 II GemO richtet sich dabei nur gegen Beeinträchtigungen durch Dritte, nicht gegen die Gemeinde. 176a

Der Bürgermeister muss die Sitzung so leiten, dass jedes Ratsmitglied diese Rechte verwirklichen kann. Dabei muss den Wünschen nicht ausnahmslos Rechnung getragen werden, denn der Bürgermeister hat zugleich das Recht und die Pflicht, Angelegenheiten in einem vernünftigen Zeitraum zur Entscheidung zu bringen.

*fehlerhafte Sitzungsleitung führt zur Rwk. des Beschlusses*

**(2)** Überschreitet der Bürgermeister seinen Ermessensspielraum und verstößt er damit gegen die organschaftlichen Rechte eines Ratsmitglieds, so führt dies zur Rechtswidrigkeit eines in dieser Sache gefassten Beschlusses. 177

> ***Bsp.:*** *Nach einstündiger Beratung über den letzten Tagesordnungspunkt (Ausbau einer Gemeindestraße) meldet sich Ratsmitglied R, der dazu noch nichts gesagt hatte. Bürgermeister B meint, jetzt sei es genug, der Fraktionskollege von R habe schon seine Meinung zum Besten gegeben, man könne nicht die ganze Nacht durchdiskutieren. Er stellt eine Vorlage zur Abstimmung, der Gemeinderat beschließt den Ausbau. Ist der Beschluss rechtmäßig?*
>
> Der Beschluss ist rechtswidrig, da das Recht des R auf Mitberatung und Rede in der Sitzung durch die Sitzungsleitung des B verletzt ist. Jedes Ratsmitglied hat grundsätzlich das Recht, sich zu jeder Sache zu äußern.[281] Dies ist auch beim letzten Tagesordnungspunkt so. Dass schon ein anderer Gemeinderat aus der Fraktion des R gesprochen hat, ändert daran ebenfalls nichts. Unschädlich ist auch, dass R sich bisher nicht zu Wort gemeldet hatte.

---

278 Ennuschat/Ibler/Remmert, § 1 Rn. 196; instruktive Fallbearbeitung hierzu Harder/Hermann, VBlBW 2019, 483-484 (SV) und 522-528 (LSG).

279 VGH Mannheim, VBlBW 1983, 342; Engel/Heilshorn, § 14 Rn. 158.

280 Kunze/Bronner/Katz, § 36 GemO, Rn. 5 a.E.; Aker/Haffner/Notheis, § 36 GemO, Rn. 7; Engel/Heilshorn, § 14 Rn. 159.

281 Kunze/Bronner/Katz, § 32 GemO, Rn. 7; Aker/Haffner/Notheis, § 32 GemO, Rn. 5.

*Geschäftsordnungsautonomie*

**(3)** Einzelheiten der Vorbereitung und Durchführung der Gemeinderatssitzungen (insbes. die Verhandlungsleitung) werden nach § 36 II GemO in der Geschäftsordnung (GeschO) geregelt.[282] Zum Erlass einer Geschäftsordnung ist der Gemeinderat verpflichtet (vgl. den Wortlaut „regelt").[283] 178

> **Bspe.:** *Ladungsfristen; Wortmeldungen und Worterteilungen; Redefolge und Redezeitbeschränkungen; Entziehung des Wortes; Ausschluss aus der Sitzung; Inhalt der Niederschrift; Zusammensetzung des Ältestenrates; Mindestmitgliederzahlen von Fraktionen; Stellung und Behandlung von Anträgen, § 24 IV S. 2 GemO; Verfahren zu Fragestunden und Anhörung, § 33 IV S. 3 GemO*

*Verstoß hat keine Auswirkungen auf Rmk. der Beschlüsse*

Außenstehende haben keinen Anspruch auf Einhaltung der GeschO.[284] Ein Verstoß gegen die Geschäftsordnung hat nach h.M. zudem keinen Einfluss auf die Rechtmäßigkeit der Beschlüsse des Gemeinderats.[285] Die GeschO ist Innenrecht und betrifft nur den Gemeinderat und seine Untergliederungen. Sie ist keine Satzung, wird vom VGH Mannheim jedoch als normenkontrollfähig gem. § 47 I Nr. 2 VwGO erachtet.[286] 178a

> **Bsp.:** *Die Geschäftsordnung regelt, dass die Einberufung des Gemeinderats mindestens drei Wochen vor der Sitzung erfolgen muss. Der Bürgermeister beruft den Gemeinderat mit einer Frist von zwei Wochen ein. In der Sitzung protestiert Ratsmitglied A gegen die Frist. Dennoch beschließt der Gemeinderat mit Mehrheit eine Satzung, die später ordnungsgemäß bekanntgemacht wird. Ist diese rechtswidrig?*
>
> Die Einberufung verstieß gegen die GeschO. Dies ist jedoch unbeachtlich für die Rechtmäßigkeit der Satzung, denn für diese kommt es nur auf einen Verstoß gegen die GemO an. Gegen die GemO wurde jedoch nicht verstoßen, denn die Einberufungsfrist beträgt i.d.R. höchstens eine Woche (vgl. hierzu Rn. 164). Die Satzung ist rechtmäßig. A kann jedoch die Verletzung seines organschaftlichen Rechts aus der GeschO in einem Kommunalverfassungsstreit gerichtlich feststellen lassen.

**hemmer-Methode: Diese scharfe Trennung von Innen- und Außenrecht tritt im Kommunalrecht an mehreren Stellen auf! Das gleiche Problem stellt sich auch im Allgemeinen Verwaltungsrecht bei Verwaltungsvorschriften. Ein Verwaltungsakt ist nicht deswegen rechtswidrig, weil er entgegen einer Verwaltungsvorschrift erlassen wurde.**

## ff) Abstimmungen und Wahlen, § 37 V - VII GemO

*Abstimmung oder Wahl*

Der Gemeinderat beschließt gem. § 37 V GemO durch Abstimmungen und Wahlen. Während bei Wahlen über Personalfragen entschieden wird, geht es bei Abstimmungen um Sachfragen, welche mit Ja oder Nein beantwortet werden können.[287] 179

### (1) Abstimmungen

*offene Abstimmung*

Über Sachfragen stimmt der Gemeinderat in der Regel offen ab, § 37 VI S. 1 GemO. Dies gilt auch, wenn in nichtöffentlicher Sitzung abgestimmt wird. Dies trägt der Offenheit politischer Willensbildung Rechnung.[288] 180

282 Aker/Haffner/Notheis, § 36 GemO, Rn. 12; Kunze/Bronner/Katz, § 32 GemO, Rn. 8; Engel/Heilshorn, § 14 Rn. 86.

283 Kunze/Bronner/Katz, § 36 GemO, Rn. 9; Aker/Haffner/Notheis, § 32 GemO, Rn. 15; Engel/Heilshorn, § 14 Rn. 86.

284 VGH Mannheim, VBlBW 2019, 166.

285 Aker/Haffner/Notheis, § 32 GemO, Rn. 17; Lange, Kap. 7 Rn. 10; Kopp/Schenke, § 47 Rn. 63; differenzierend zwischen Ordnungsvorschriften und zwingenden Verfahrensvorschriften hingegen Engel/Heilshorn, § 14 Rn. 90.

286 VGH Mannheim, VBlBW 2019, 207 (209); VBlBW 2003, 119; BVerwG, DVBl. 1988, 790.

287 Kunze/Bronner/Katz, § 37 GemO, Rn. 27; Aker/Haffner/Notheis, § 37 GemO, Rn. 22; Engel/Heilshorn, § 14 Rn. 176.

288 Aker/Haffner/Notheis, § 37 GemO, Rn. 29; Engel/Heilshorn, § 14 Rn. 179.

Die offene Abstimmung ermöglicht den Wählern, die Ausübung öffentlicher Gewalt durch die gewählten Repräsentanten zu kontrollieren. Sie erfolgt durch Aufheben der Hand oder Erheben von den Sitzen.

Aus der Formulierung „in der Regel" ergibt sich, dass ausnahmsweise geheim abgestimmt werden kann. Voraussetzung ist jedoch, dass besondere Umstände eine solche Ausnahme gebieten.[289] Ob geheim abgestimmt wird, muss der Gemeinderat zuvor durch einen zusätzlichen Beschluss entscheiden.

*grds. keine stillschweigenden Beschlüsse*

Aus dem Abstimmungserfordernis folgt, dass es grundsätzlich keine stillschweigenden Beschlüsse gibt.[290] Eine Ausnahme ist nur möglich bei eindeutiger und einstimmiger Zustimmung oder Ablehnung zu einem Punkt. Möglich ist z.B. die stillschweigende Übernahme der bisherigen Geschäftsordnung. 181

*einfache Mehrheit*

Beschlüsse werden mit einfacher Mehrheit gefasst, bei Stimmengleichheit ist ein Antrag abgelehnt, § 37 VI S. 2, S. 3 GemO. Stimmenmehrheit erfordert dabei nur, dass eine Stimme mehr für den Antrag als gegen ihn abgegeben worden ist. Stimmenthaltungen werden bei der Berechnung der Mehrheit nicht mitgerechnet.[291] Das Gleiche gilt für ungültige Stimmen.

**hemmer-Methode: Für bestimmte Entscheidungen ist jedoch die Mehrheit der Mitglieder des Gemeinderats erforderlich (absolute Mehrheit). Dies gilt insbesondere für die Hauptsatzung (§ 4 II GemO).[292]**

## (2) Wahlen

*geheime Vornahme*

Beschlussfassungen in Personalentscheidungen werden hingegen geheim mit Stimmzetteln vorgenommen, § 37 VII S. 1 GemO.[293] Durch eine geheime Wahl soll eine gute Zusammenarbeit zwischen dem Gewählten und allen Mitgliedern des Gemeinderates sichergestellt werden. Eine offene Wahl ist nur möglich, wenn kein Ratsmitglied widerspricht. 182

In Ausnahme zu § 37 VI S. 2 GemO, der die einfache Mehrheit ausreichen lässt, ist nach § 37 VII S. 3 GemO mehr als die Hälfte der Stimmen der anwesenden Stimmberechtigten (sog. absolute Mehrheit) erforderlich. Relevant wird dieser Unterschied bei Enthaltungen und ungültigen Stimmen. Im zweiten Wahlgang (S. 4) genügt dann grundsätzlich die einfache Mehrheit.

*Sonderfall: § 37 VII S. 6 GemO*

Anders ist dies gem. § 37 VII S. 6 GemO, wenn nur ein Bewerber zur Wahl steht. Erreicht dieser im ersten Wahlgang nicht mehr als die Hälfte der Stimmen der anwesenden Stimmberechtigten, so findet ein zweiter Wahlgang statt. Auch im zweiten Wahlgang ist die Mehrheit der anwesenden Stimmberechtigten erforderlich, die einfache Mehrheit reicht nicht aus. Wird die erforderliche Stimmenmehrheit nicht erreicht, so ist der Bewerber nicht gewählt und es muss eine neue Wahl (und zuvor i.d.R. eine neue Stellenausschreibung) durchgeführt werden.

289 Kunze/Bronner/Katz, § 37 GemO, Rn. 33; Aker/Haffner/Notheis, § 37 GemO, Rn. 30; Engel/Heilshorn, § 14 Rn. 179; Lange, Kap. 7 Rn. 160.

290 Kunze/Bronner/Katz, § 37 GemO, Rn. 23; Lange, Kap. 7 Rn. 158. Zu einer möglichen Ausnahme vgl. Rn. 224.

291 Kunze/Bronner/Katz, § 37 GemO, Rn. 34; Aker/Haffner/Notheis, § 37 GemO, Rn. 32; Engel/Heilshorn, § 14 Rn. 179; Lange, Kap. 7 Rn. 166.

292 Engel/Heilshorn, § 14 Rn. 179. Zur Hauptsatzung ausführlich unter Rn. 513 f.

293 Kunze/Bronner/Katz, § 37 GemO, Rn. 40; Aker/Haffner/Notheis, § 37 GemO, Rn. 35; Engel/Heilshorn, § 14 Rn. 180; Lange, Kap. 7 Rn. 175.

### gg) Beschluss im Wege der Offenlegung im schriftlichen oder elektronischen Verfahren (§ 37 I S. 2 GemO)

*Beschlüsse außerhalb Sitzungen*

§ 37 I S. 2 GemO ermöglicht eine Beschlussfassung außerhalb einer Sitzung, sofern es sich um einen Gegenstand einfacher Art handelt.[294] Die unter Rn. 163 - 182 dargestellten Verfahrensanforderungen gelten folglich nicht. 183

Diese Möglichkeit der Beschlussfassung steht auch den Landkreisen offen, vgl. § 32 I S. 2 LKrO.

Im Offenlegungsverfahren, schriftlichen oder elektronischen Verfahren wird den Gemeinderatsmitgliedern der Text eines Beschlussvorschlags übermittelt.[295] Wird innerhalb einer bestimmten Frist, die vorher festzulegen ist, von keinem Ratsmitglied widersprochen, so ist der Beschluss zustande gekommen. Die Frist wird üblicherweise in der Geschäftsordnung festgelegt.

### hh) Durchführung von Sitzungen ohne persönliche Anwesenheit der Mitglieder im Sitzungsraum (§ 37a GemO)

Über § 37a GemO wird den Gemeinden[296] die Möglichkeit eingeräumt, in einfachen Fällen und in absoluten Ausnahmesituationen (z.B. der Corona-Pandemie) notwendige Sitzungen des Gemeinderats, die andernfalls aus schwerwiegenden Gründen nicht ordnungsgemäß durchgeführt werden könnten, ohne persönliche Anwesenheit der Ratsmitglieder im Sitzungsraum in Form einer Videokonferenz oder auf vergleichbare Weise durchzuführen. Über die Verweisungen in § 39 V S. 1 und § 41 III GemO gelten die Regelungen auch für beratende und vorberatende Ausschüsse. 183a

Nach § 37a II S. 3 GemO sind in diesem Fall die unter Rn. 163 - 182 dargestellten Verfahrensanforderungen zu beachten. § 37 I S. 2 GemO schließt aber die Durchführung von Wahlen i.S.v. § 37 VII GemO aus.

### ii) Befangenheit, § 18 GemO

*Vermeidung jeglichen „bösen Scheins"*

Die Regelung über den Ausschluss wegen Befangenheit dient der „Sauberkeit" der Gemeindeverwaltung und soll das Vertrauen der Bürger in die Objektivität der Verwaltung erhalten.[297] Auch verhindert sie Interessenskonflikte der einzelnen Entscheidungsträger. 184

**hemmer-Methode: § 18 GemO hat den Zweck, schon jeglichen „bösen Schein" bei Entscheidungen des Gemeinderats im Ansatz zu verhindern.[298] Machen Sie sich klar, dass es nicht darauf ankommt, ob ein Ratsmitglied tatsächlich befangen ist. Es reicht vielmehr schon aus, dass die Sachlage abstrakt geeignet ist, zur Befangenheit zu führen („Nachteil bringen kann", § 18 I GemO).**
**Da § 18 GemO das Mitwirkungsrecht eines demokratisch legitimierten Mitglieds beschneidet und - aus zufälligen Gründen - zu einer Verschiebung der Mehrheit im Gemeinderat führen kann, ist die Vorschrift im Zweifel restriktiv auszulegen.**

294 Kunze/Bronner/Katz, § 37 GemO, Rn. 6 und 8; Aker/Haffner/Notheis, § 37 GemO, Rn. 3 und 7.

295 Zu Einzelheiten und Unterschieden vgl. Kunze/Bronner/Katz, § 37 GemO, Rn. 7; Aker/Haffner/Notheis, § 37 GemO, Rn. 4-6.

296 Die gleichen Möglichkeiten haben die Kreistage (§ 32a LKrO), die Verbandsversammlung der kommunalen Zweckverbände (§ 15 IIa GKZ), die Versammlung der Träger (§ 8 IX SpG) sowie der Kreditausschuss der Sparkassen (§ 20 I SpG) erhalten.

297 VGH Mannheim, VBlBW 2015, 249 (250); grundlegend VBlBW 1965, 366.

298 OVG Münster, NWVBl. 2016, 72 (73). Vergleichbares gilt für Entscheidungen der Verwaltung nach dem VwVfG (§ 21 VwVfG, vgl. Kopp/Ramsauer, § 21 Rn. 7). Das VwVfG ist auf Beschlüsse des Gemeinderats nicht anwendbar, da diese i.d.R. keine Verwaltungsakte und auch keine öffentlich-rechtlichen Verträge sind (vgl. § 9 VwVfG). Im Übrigen ist § 18 GemO Spezialgesetz im Verhältnis zu § 21 VwVfG, vgl. Engel/Heilshorn, § 14 Rn. 42.

### (1) Tatbestandliche Voraussetzungen

*erfasster Personenkreis*

(a) Erfasster Personenkreis sind die ehrenamtlich Tätigen (bereits unter Rn. 146 ff.), d.h. insbesondere die Gemeinderäte (vgl. § 32 I S. 1 GemO). Gem. § 52 GemO gilt § 18 GemO entsprechend auch für den Bürgermeister und die Beigeordneten. 185

*persönliche Voraussetzung*

(b) Als persönliche Voraussetzung bedarf es einer Nähebeziehung zum Sachgegenstand. Die Entscheidung muss dem Ratsmitglied selbst oder einer der in § 18 I, II GemO genannten Personen einen unmittelbaren Vor- oder Nachteil bringen können. 186

Dabei erfasst § 18 I Nr. 1 - 3 GemO die durch Verwandtschaft und Schwägerschaft verbundenen Personen, während nach Nr. 4 ausreicht, dass die Entscheidung einer Person, die durch das Ratsmitglied kraft Gesetzes oder Vollmacht vertreten wird, einen unmittelbaren Vor- oder Nachteil bringen kann.

> ***Bspe. zu § 18 I Nr. 4 GemO:*** *Kinder werden durch ihre Eltern vertreten (§ 1626 BGB),*[299] *das Mündel durch den Vormund (§ 1773 BGB), der Verein durch den Vorstand (§ 26 BGB), die GmbH durch den Geschäftsführer (§ 35 GmbHG).*[300]

§ 18 II Nr. 1 GemO betrifft den Fall, dass das Ratsmitglied Arbeitnehmer ist und die Entscheidung seinem Arbeitgeber einen Vor- oder Nachteil bringen kann. Darüber hinaus ist auch das Verhältnis des Mitarbeiters im öffentlichen Dienst zum Dienstherren erfasst.[301] Nr. 2 betrifft Gesellschafter einer Handelsgesellschaft sowie Mitglieder der Organe rechtlich selbstständiger Unternehmen. Die Mitglieder der Organe einer juristischen Person des öffentlichen Rechts erfasst Nr. 3.

*sachliche Befangenheit*

**(c)** Eine Regelung zur „sachlichen Befangenheit" enthält § 18 II Nr. 4 GemO.[302] Der Gesetzgeber geht davon aus, dass der ehrenamtlich Tätige, der sich im Rahmen einer privaten Tätigkeit sachlich festgelegt hat (sog. Vorbefassung), keine ausschließlich am Gemeinwohl orientierte Entscheidung mehr treffen kann. 186a

*unmittelbarer Vor- oder Nachteil*

**(d)** Sachliche Voraussetzung für das Mitwirkungsverbot ist, dass die Entscheidung den genannten Personen unmittelbaren Vor- oder Nachteil bringen kann. 187

**(aa)** Welcher Art der Vor- oder Nachteil ist, ist irrelevant. In Betracht kommen wirtschaftliche, aber auch rechtliche, wissenschaftliche oder sonstige ideelle Interessen. Ideelle Interessen sind z.B. die Wahrung oder Steigerung des Rufes, des Ansehens und von Einflussmöglichkeiten.[303] Entscheidend ist, dass für das Ratsmitglied oder die sonstigen Personen ein individuelles Sonderinteresse besteht, das durch die Sache betroffen wird.[304]

*möglicher Vor- oder Nachteil*

**(bb)** Um den Gesetzeszweck einer „sauberen" Verwaltung zu erreichen, genügt bereits die Möglichkeit eines Vor- oder Nachteils („prophylaktische Vermeidung von Interessenkonflikten"). Die sichere Erwartung ist nicht erforderlich. Eine bloß theoretische Möglichkeit führt allerdings nicht zur Befangenheit, entscheidend ist eine ausreichende Wahrscheinlichkeit. Auch insoweit gilt es, den Grundsatz der Verhältnismäßigkeit zu berücksichtigen, da das Recht der Ratsmitglieder auf Teilnahme und Mitwirkung bei der Ratssitzung betroffen wird.[305]

---

299 Dieser Fall ist natürlich auch schon durch Nr. 2 erfasst.
300 Dieser Fall ist auch durch Abs. 2 Nr. 2 erfasst.
301 Kunze/Bronner/Katz, § 18 GemO, Rn. 11; Aker/Haffner/Notheis, § 18 GemO, Rn. 15.1.
302 VGH Mannheim, VBlBW 2015, 249.
303 Kunze/Bronner/Katz, § 18 GemO, Rn. 9; vgl. OVG Koblenz, NVwZ-RR 2000, 103; OVG Münster, BRS 40 Nr. 30.
304 Kunze/Bronner/Katz, § 18 GemO, Rn. 9; Engel/Heilshorn, § 14 Rn. 44; Kümper, JURA 2015, 1231 (1235); Lange, Kap. 5 Rn. 45.
305 Kunze/Bronner/Katz, § 18 GemO, Rn. 9; Aker/Haffner/Notheis, § 18 GemO, Rn. 7 a.E.; Lange, Kap. 5 Rn. 46.

*Unmittelbarkeit*

**(cc)** Rechtliche Schwierigkeiten bereitet der Umstand, dass der Vor- oder Nachteil unmittelbar sein muss. Dieses Tatbestandsmerkmal soll sicherstellen, dass das Mitwirkungsverbot nicht zu weit ausgelegt wird. Insbesondere muss die Funktionsfähigkeit des Gemeinderats gewährleistet sein. 188

*formale Theorie*

„Unmittelbar" bedeutet nicht, dass die Entscheidung ohne Hinzutreten eines weiteren Umstandes eine natürliche oder juristische Person direkt berühren muss (sog. formale Theorie). Da Beschlüsse des Gemeinderats i.d.R. nicht selbst nach außen wirken, sondern erst durch den Bürgermeister als Vertreter der Gemeinde vollzogen werden (§ 43 I GemO), wäre andernfalls § 18 GemO kaum jemals anwendbar.[306]

*Sonderinteressentheorie*

Der VGH Mannheim und die h.L.[307] favorisieren ein an materiellen Gesichtspunkten orientiertes Begriffsverständnis. Notwendig ist ein individuelles Sonderinteresse, welches ausschließt, dass der Bürger nicht mehr von der Objektivität einer Entscheidung ausgehen kann (sog. Sonderinteressentheorie). Unabhängig von einer tatsächlichen Interessenkollision und tatsächlichen Befangenheit genügt folglich die „Besorgnis einer beeinflussten Stimmabgabe". Dieser ist durch den Ausschluss von der Beratung und Abstimmung zu begegnen. Der Zweck des § 18 GemO entspricht diesem Verständnis.

**hemmer-Methode: Kritisch lässt sich hierzu anmerken, dass ein Gruppeninteresse bereits die Anwendbarkeit der Norm ausschließt (§ 18 III S. 1 GemO). Zudem ist eine objektive Ermittlung der „Besorgnis einer beeinflussten Stimmabgabe" nicht möglich.**
**Gut vertretbar ist damit auch in Baden-Württemberg die modifizierte formale Theorie: Unmittelbar ist eine Entscheidung dann, wenn zu ihrer Umsetzung kein weiterer, inhaltlich eigenständiger rechtsbegründender Akt erforderlich ist. Dies ist insbesondere dann der Fall, wenn auf die Entscheidung eine reine Umsetzungsmaßnahme ohne Ermessen folgt (so § 43 I GemO).**

*Bebauungsplan*

**(dd)** Das Bestehen eines unmittelbaren Vor- oder Nachteils wird in Literatur und Rspr. bejaht, wenn ein Gemeinderatsmitglied Eigentümer eines Grundstücks im Geltungsbereich eines aufzustellenden Bebauungsplans ist.[308] Die Festsetzungen des Bebauungsplans wirken sich unmittelbar auf die Bebaubarkeit der Grundstücke (und ihren Wert) aus. 189

Das Gleiche gilt für Personen, die im Plangebiet ein Gewerbe betreiben. Auch Grundeigentum außerhalb des Plangebiets kann zur Befangenheit führen.[309]

*Grundeigentümer nicht als „Bevölkerungsgruppe" betroffen*

Diese Personen sind auch nicht als Bevölkerungsgruppe der „Grundeigentümer" betroffen (vgl. § 18 III S. 1 GemO). Dies scheitert schon daran, dass jeder Eigentümer u.U. eigene Ziele verfolgt und Nutzungen bevorzugt. Ein „gemeinsames" Interesse dieser Bevölkerungsgruppe besteht nicht. Zudem kann ein Bebauungsplan für einzelne Grundstücke unterschiedliche Nutzungen vorsehen.

Da § 18 GemO nicht nur die Entscheidung, sondern schon die Beratung betrifft, dürfen befangene Ratsmitglieder bereits in dem Verfahren zur Aufstellung des Bebauungsplans nicht mitwirken. Dies gilt auch für die Mitwirkung in Ausschüssen.[310]

306 VGH Mannheim, VBlBW 1982, 51; OVG Münster, DÖV 2012, 286; a.A. noch VGH Mannheim, DVBl. 1966, 827.

307 VGH Mannheim, VBlBW 1998, 177; NVwZ 1993, 504; so auch VGH Kassel, NVwZ-RR 2014, 563 = JuS 2014, 1150 (Anm. Waldhoff).

308 VGH Mannheim, KommJur 2017, 100 (103); VBlBW 2015, 237; NVwZ-RR 1993, 97 (98); VGH Kassel, NVwZ-RR 1996, 72.

309 Vor- oder Nachteil kann die (nicht unerhebliche) Zunahme oder Minderung der Verkehrslärmimmissionen sein, vgl. VGH Mannheim, VBlBW 2004, 422; OVG Koblenz, DVBl. 2013, 1051 (1052); NVwZ-RR 2004, 134.

310 OVG Koblenz, NVwZ 1984, 817. Dies ist allerdings nicht unstreitig, vgl. hierzu auch Rn. 219.

**hemmer-Methode: Sind viele Ratsmitglieder befangen, wie dies bei einem Bebauungsplan denkbar ist, so kann der Rat beschlussunfähig sein. Dann müssen Sie an eine zweite Sitzung und an die verringerten Anforderungen an die Beschlussfähigkeit nach § 37 III GemO denken (vgl. Rn. 169).**

*Flächennutzungsplan*

**(ee)** Fraglich ist die Befangenheit bei der Aufstellung eines Flächennutzungsplans. Dieser entfaltet als vorbereitender Bauleitplan (§ 1 II BauGB) zwar keine unmittelbar rechtsverbindliche Wirkung nach außen. Eine gewisse Bedeutung kommt ihm dennoch zu, da die Gemeinde bei der weiteren Planung an die Darstellungen des Flächennutzungsplans gebunden ist. Ein (späterer) Bebauungsplan ist aus dem Flächennutzungsplan zu entwickeln (§ 8 II BauGB). Erfahrungsgemäß kann auch der Grundstückswert schon durch den Flächennutzungsplan verändert werden. Zudem ist § 35 III S. 1 Nr. 1 BauGB zu beachten, der die Darstellungen eines Flächennutzungsplans als öffentlichen Belang bezeichnet, der zur Unzulässigkeit eines Vorhabens im Außenbereich führen kann. 190

Eine Anwendung des § 18 GemO auf diesen Fall wird jedoch von der h.M. abgelehnt.[311] Hierfür spricht vor allem, dass der Flächennutzungsplan grundsätzlich für das gesamte Gemeindegebiet erlassen wird (§ 5 I S. 1 BauGB).

In der Praxis wären dann häufig fast alle Ratsmitglieder ausgeschlossen, weil sie Grundstücke oder Gewerbebetriebe in ihrer Gemeinde haben. Dies würde dazu führen, dass in einem wesentlichen Bereich der kommunalen Selbstverwaltung das Hauptorgan der Gemeinde beschlussunfähig ist.

*aber: Ausnahmen möglich*

Allerdings besteht ein Mitwirkungsverbot nach § 18 GemO, wenn der Flächennutzungsplan für einen Teil des Gemeindegebietes geändert („fortgeschrieben") werden soll. Gleiches gilt, wenn im Flächennutzungsplan Vorrangflächen für Windenergieanlagen festgelegt werden. Der Flächennutzungsplan hat diesbezüglich Rechtsnormcharakter, weil durch die Festsetzungen bereits Baurecht geschaffen wird.[312] 191

## (2) Ausnahmen

*kein Ausschluss trotz Interessenkollision*

Nach § 18 IIII S. 1 GemO liegt keine Befangenheit vor, wenn die in § 18 I, II GemO bezeichneten Personen lediglich als Angehörige einer Berufs- oder Bevölkerungsgruppe in gemeinsamen Interessen berührt werden (sog. Gruppeninteresse). Grund für diese Ausnahme ist, dass zwar auch in diesen Fällen eine Interessenkollision vorliegen kann, der Betroffene aber aus übergeordneten Gesichtspunkten mitwirken soll. 192

**Bspe.:** *(1) Im Gemeinderat wird über eine Änderung der Hundesteuersatzung entschieden. Gemeinderat H ist Besitzer eines Rauhaardackels. Er ist als Teil der Bevölkerungsgruppe „Hundehalter" betroffen. Obwohl ihm die Änderung der Hundesteuer unmittelbar (finanzielle) Vor- oder Nachteile bringen kann, ist er wegen § 18 III S. 1 GemO nicht befangen. (2) Ratsmitglied Simone ist dreifache Mutter. Im Gemeinderat soll über die Erweiterung des örtlichen Kindergartens abgestimmt werden. Auch sie ist nicht nach § 18 III S. 1 GemO befangen. (3) Gleiches gilt bzgl. der Ratsmitglieder und Diplombibliothekare S und L hinsichtlich der Abstimmung über die Schließung der Stadtbücherei.*

311 VGH Mannheim, BWGZ 2005, 130; Engel/Heilshorn, § 14 Rn. 53.

312 Engel/Heilshorn, § 14 Rn. 54; Frey/Stiefvater, NVwZ 2014, 249 (251); OVG Koblenz, Urt. v. 18.01.2007 - 1 C 10350/06.OVG.

*Wahlen zur ehrenamtlichen Tätigkeit*

Die Befangenheitsvorschrift gilt zudem nicht für Wahlen zu einer ehrenamtlichen Tätigkeit, § 18 III S. 2 GemO. Der Begriff der ehrenamtlichen Tätigkeit ist identisch mit § 15 GemO.[313] 193

**Bspe.:** *Wahl der ehrenamtlichen Stellvertreter des Bürgermeisters, § 48 I und § 49 I S. 3 GemO; die Wahl der sachkundigen Einwohner nach § 33 III, § 40 I S. 4, § 41 I S. 3 GemO. Im Gemeinderat kann sich das Ratsmitglied mit seiner eigenen Stimme in einen Ausschuss wählen.*

### (3) Verfahrensbestimmungen, § 18 IV, V GemO

*Mitteilungspflicht*

Ist der Betroffene der Ansicht, dass er befangen ist und nicht mitwirken darf, so hat er dies vor Beginn einer Beratung dem Vorsitzenden mitzuteilen, § 18 IV S. 1 GemO. Diese Verpflichtung resultiert aus der allgemeinen Treuepflicht des ehrenamtlich Tätigen. Ein Verstoß kann die Folgen des § 17 IV GemO nach sich ziehen.[314] 194

*in Zweifelsfällen entscheidet der Gemeinderat*

In Zweifelsfällen, insbesondere wenn der Betroffene keinen Ausschließungsgrund anerkennt, entscheidet der Gemeinderat in Abwesenheit des Betroffenen, § 18 IV S. 2 GemO.

**hemmer-Methode: Ist der Bürgermeister bei einer Entscheidung im Gemeinderat befangen, so entscheidet gem. § 52 i.V.m. § 18 IV GemO ebenfalls der Gemeinderat.**

*Pflicht zum Verlassen der Sitzung*

Befangene Ratsmitglieder müssen nach § 18 V GemO „die Sitzung" (= Teil des Beratungsraums, der den Ratsmitgliedern vorbehalten ist) verlassen. Die Vorschrift soll sicherstellen, dass ausgeschlossene Gemeinderatsmitglieder weder durch verbale noch durch nonverbale Kommunikation Einfluss auf die Beratung oder die Entscheidung nehmen können.[315]

Bei einer öffentlichen Sitzung hat sich der Befangene in den Zuhörerraum zu begeben, bei nichtöffentlicher Sitzung den Sitzungssaal zu verlassen. Ein bloßes Abrücken vom Beratungstisch reicht nach § 18 V GemO nicht aus.[316] Kann im Sitzungssaal wegen der räumlichen Situation nicht eindeutig zwischen Zuhörerbereich und Beratungstisch abgegrenzt werden, reicht es aus, „wenn sich der befangene Gemeinderat mit seinem Stuhl unter die Zuschauer zurückzieht und eine Durchgangsbreite zwischen sich und dem Gemeinderatsgremium schafft".[317]

### (4) Rechtsfolge von Fehlern, § 18 VI GemO

*zwei Konstellationen*

Die Rechtsfolgen von Fehlern richten sich nach § 18 VI GemO. Es sind zwei Konstellationen auseinanderzuhalten: 195

⇨ Das Ratsmitglied wirkt mit, obwohl ein Ausschließungsgrund vorlag (a).

⇨ Das Ratsmitglied wird ausgeschlossen, obwohl kein Ausschließungsgrund vorlag (b).

313 Aker/Haffner/Notheis, § 18 GemO, Rn. 25; Kunze/Bronner/Katz, § 18 GemO, Rn. 19b; Engel/Heilshorn, § 14 Rn. 66.

314 Aker/Haffner/Notheis, § 18 GemO, Rn. 27; Kunze/Bronner/Katz, § 18 GemO, Rn. 20; Engel/Heilshorn, § 14 Rn. 73.

315 Aker/Haffner/Notheis, § 18 GemO, Rn. 25; Kunze/Bronner/Katz, § 18 GemO, Rn. 24; Engel/Heilshorn, § 14 Rn. 75; Lange, Kap. 5 Rn. 68.

316 VGH Mannheim, KommJur 2017, 100; VBlBW 1995, 193 = BWGZ 1995, 150.

317 VGH Mannheim, Urt. v. 23.02.2001 - 3 S 2574/99.

*Mitwirkung trotz Ausschließungsgrund*

**Zu (a):** Lag ein Ausschließungsgrund vor, hat das Ratsmitglied aber dennoch beratend bzw. entscheidend mitgewirkt (Abs. 1) oder die Sitzung nicht verlassen (Abs. 5), so ist ein Beschluss gem. § 18 VI S. 1 GemO rechtswidrig. 196

Unerheblich ist dabei, ob der Gemeinderat nach § 18 IV GemO entschieden hatte, dass kein Ausschließungsgrund vorliegt. Der Beschluss des Gemeinderats nach § 18 IV GemO hat keine bindende Wirkung. Es kommt nur darauf an, ob tatsächlich ein Ausschließungsgrund vorlag.[318]

*kein Kausalitätserfordernis*

Nach dem Wortlaut des § 18 VI S. 1 GemO tritt die Rechtswidrigkeit unabhängig davon ein, ob die Stimme oder der Diskussionsbeitrag für die Entscheidung ausschlaggebend war.[319]

*Ausschluss ohne Grund*

**Zu (b):** Ist ein Betroffener ausgeschlossen worden, ohne dass ein Grund nach § 18 I, II GemO vorlag, so ist ein ohne seine Mitwirkung gefasster Beschluss gem. § 18 VI S. 1 a.E. GemO ebenfalls rechtswidrig. 197

*„faktischer Ausschluss"*

Wirkt ein Gemeinderat nicht mit, weil er irrtümlich angibt oder annimmt, befangen zu sein und verlässt die Sitzung freiwillig, so berührt dies die Rechtmäßigkeit des Beschlusses nicht. Es mangelt in diesem Fall an einer Ausschlussentscheidung des Gemeinderats nach § 18 IV S. 2 GemO.[320]

**hemmer-Methode: Wie bei anderen Verfahrensfehlern im Gemeinderat, so können sich auch bei Streitigkeiten um § 18 GemO unterschiedliche prozessuale Konstellationen ergeben. Das zu Unrecht ausgeschlossene Ratsmitglied kann in einem Kommunalverfassungsstreit die Rechtswidrigkeit des Ausschlusses feststellen lassen.**
**Ein nach dem rechtswidrigen Ausschluss gefasster Beschluss ist rechtswidrig. Er kann von der Aufsicht beanstandet werden. Wurde über eine Satzung beschlossen, so ist diese unwirksam.**

*Unbeachtlichkeit nach § 18 VI S. 2 - 4 GemO*

§ 18 VI S. 2 - 4 GemO beinhalten Unbeachtlichkeitsvorschriften. Ein Jahr nach Beschlussfassung bzw. öffentlicher Bekanntmachung gelten Beschlüsse als von Anfang an gültig zustande gekommen, wenn der Bürgermeister nicht nach § 43 GemO widersprochen oder die Rechtsaufsicht den Beschluss beanstandet hat, § 18 VI S. 2 GemO. 198

Weiter tritt die Unbeachtlichkeit gem. § 18 VI S. 3 GemO nicht ein, wenn vor Ablauf der Jahresfrist ein förmlicher Rechtsbehelf erhoben worden ist.

*§ 4 IV, V GemO gilt auch für Verstoß gegen § 18 GemO*

In diesem Zusammenhang ist auch § 18 VI S. 4 GemO zu sehen, der für Satzungen, sonstiges Ortsrecht und Flächennutzungspläne § 4 IV, V GemO unberührt lässt. § 4 IV, V GemO ist daher auch bei einem Verstoß gegen § 18 GemO anwendbar; die Vorschriften schließen sich nicht gegenseitig aus.[321] 199

Bei einem Vergleich beider Heilungsvorschriften ergibt sich zunächst die Übereinstimmung, dass die Unbeachtlichkeit nur eintritt, wenn der Bürgermeister nicht widerspricht und die Aufsicht nicht beanstandet. Im Unterschied zu § 4 IV GemO erfordert § 18 VI GemO jedoch einen förmlichen Rechtsbehelf und nicht lediglich die schriftliche oder elektronische Geltendmachung. Förmliche Rechtsbehelfe sind Widerspruch und Klage.

318 Kunze/Bronner/Katz, § 18 GemO, Rn. 25; Aker/Haffner/Notheis, § 18 GemO, Rn. 34.

319 VGH Mannheim, VBlBW 2015, 237.

320 VGH Mannheim, DÖV 2008, 167; DÖV 1987, 449 = NVwZ 1987, 1103; 237; OVG Lüneburg, DÖV 2014, 130.

321 Kunze/Bronner/Katz, § 18 GemO, Rn. 31; Aker/Hafner/Notheis, § 18 GemO, Rn. 35 und 36; Engel/Heilshorn, § 14 Rn. 79.

Als weiterer Unterschied zu § 4 IV GemO ist die Wirkung der schriftlichen Geltendmachung bzw. des förmlichen Rechtsbehelfs zu beachten. Die schriftliche Geltendmachung gem. § 4 IV S. 3 GemO hat zur Folge, dass jedermann den Verstoß geltend machen kann (Wirkung erga omnes). Dagegen ist die Wirkung des förmlichen Rechtsbehelfs nach § 18 VI S. 3 GemO auf denjenigen beschränkt, der den Rechtsbehelf einlegt (Wirkung inter partes).[322]

§ 4 IV, V GemO hat demnach geringere Voraussetzungen und eine umfassendere Wirkung als § 18 VI GemO. Sind beide Vorschriften einschlägig, genügt es, § 4 IV, V GemO anzuwenden. Ist also zu entscheiden, ob bei dem Beschluss über eine Satzung, sonstiges Ortsrecht oder einen Flächennutzungsplan ein Verstoß gegen § 18 I, II GemO unbeachtlich ist, so brauchen Sie nur § 4 IV, V GemO zu prüfen.

*Hintergrund der Unterschiede*

Grund für die Unterschiede in den beiden Unbeachtlichkeitsvorschriften ist, dass § 4 IV, V GemO Rechtsnormen und den Flächennutzungsplan betrifft. Diese haben einen umfangreichen Adressatenkreis. Die für § 18 VI GemO verbleibenden Anwendungsfälle betreffen dagegen i.d.R. nur eine einzige oder eine überschaubare Anzahl von Personen. ***199a***

Daher genügt es, dass § 18 VI GemO die Unbeachtlichkeit nur für diese Personen ausschließt, wenn diese einen Rechtsbehelf einlegen. Bei den in § 4 IV, V GemO betroffenen Regelungen würde es dagegen wenig Sinn machen, den Fehler nur für bestimmte Personen beachtlich zu machen, für alle anderen dagegen nicht. Dies würde zu einer nur „relativen“ Verbindlichkeit von Rechtsnormen führen, die vermieden werden soll. Deshalb gilt die Geltendmachung nach § 4 IV Nr. 2 Alt. 3 GemO gem. S. 3 gegenüber jedermann.

## 2. Materielle Rechtmäßigkeit

*materielle Rechtmäßigkeit des Beschlusses*

Erschöpft sich ein Beschluss nicht nur in einer bloßen Deklaration ohne materielle Rechtswirkungen (sog. schlichter Ratsbeschluss, vgl. Rn. 158), so ist die materielle Rechtmäßigkeit des Beschlusses zu untersuchen. ***200***

Wurde über eine Rechtsnorm beschlossen, so ist der Beschluss rechtmäßig, wenn die zu erlassende Rechtsnorm rechtmäßig ist. Hat der Gemeinderat in einer sonstigen Angelegenheit beschlossen, die durch den Bürgermeister zu vollziehen ist, so ist der Beschluss materiell rechtmäßig, wenn die durch den Bürgermeister vorzunehmende Maßnahme rechtmäßig ist.

***Bsp.:*** *Der Gemeinderat der kreisangehörigen Gemeinde entscheidet, die Zulassung des Vereins XY zur gemeindeeigenen Mehrzweckhalle für das nächste Jahr zu widerrufen.*

Den Widerruf gegenüber dem Verein erlässt der Bürgermeister, da er die Gemeinde vertritt (§ 42 I S. 2 GemO).

Der Beschluss ist formell rechtmäßig, insbesondere ist der Gemeinderat organzuständig. Der Widerruf der Zulassung zur einzigen Mehrzweckhalle in einer Gemeinde für ein ganzes Jahr ist kein Geschäft der laufenden Verwaltung (§ 44 II GemO), da nicht anzunehmen ist, dass dies häufiger erfolgt. Von der Ordnungsmäßigkeit des Verfahrens im Rat ist auszugehen. Der Beschluss ist materiell rechtmäßig, wenn der Widerruf durch den Bürgermeister rechtmäßigerweise erfolgen kann. Dazu ist insbesondere zu prüfen, ob ein Widerrufsgrund nach § 49 LVwVfG vorliegt.

322 Aker/Hafner/Notheis, § 18 GemO, Rn. 33; Kunze/Bronner/Katz, § 18 GemO, Rn. 30; Engel/Heilshorn, § 14 Rn. 79.

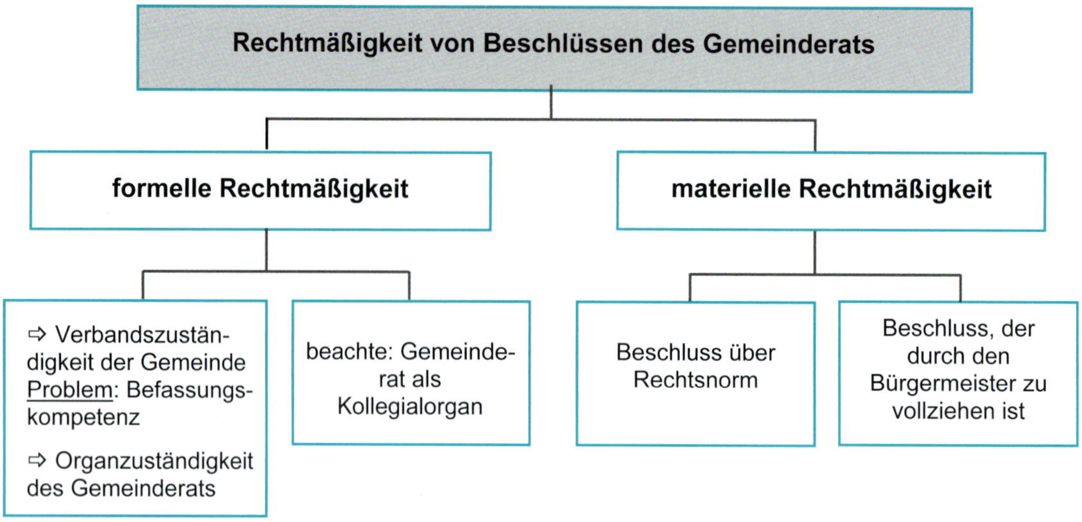


## IV. Ausschüsse, §§ 39 ff. GemO

### 1. Wesen

*Hilfsorgane des Gemeinderats*

Ausschüsse sind Hilfsorgane des Gemeinderats. Sie bestehen aus Ratsmitgliedern (§ 40 I S. 2 bzw. § 41 I S. 2 GemO) und ggf. aus sachkundigen Einwohnern (§ 40 I S. 4 bzw. § 41 I S. 3 GemO). 201

*Entlastung des Gesamtorgans*

Ausschüsse dienen der Entlastung des Gesamtorgans Gemeinderat.[323] Das „Plenum" soll sich auf die besonders wichtigen Aufgaben konzentrieren können.[324] Zudem dienen die Ausschüsse der Konzentration des Sachverstandes der einzelnen Ratsmitglieder.

### 2. Arten

*beschließende und beratende Ausschüsse*

Die Gemeindeordnung kennt beschließende Ausschüsse und beratende (§§ 39, 40 bzw. § 41 GemO). 202

*beschließende Ausschüsse entscheiden wie der Gemeinderat*

**a)** Beschließende Ausschüsse entscheiden im Rahmen ihrer Zuständigkeit anstelle des Gemeinderats. Damit entscheidet der Ausschuss gem. § 39 III S. 1 GemO wie der Gemeinderat. Insbesondere im Verhältnis zum Bürgermeister und zu Personen außerhalb hat ein Beschluss identische Wirkung wie ein Beschluss des Gemeinderats selbst. 203

Gem. § 39 IV S. 1 GemO haben die beschließenden Ausschüsse stets auch die Funktion von beratenden Ausschüssen. Fällt eine Angelegenheit in die Zuständigkeit eines Ausschusses, ist die Entscheidung aber dem Gemeinderat vorbehalten,[325] so soll sie dem Ausschuss dennoch zur Vorberatung zugewiesen werden.

> **Bsp.:** *Für das städtische Jugendhaus soll eine Benutzungssatzung erlassen werden. Der (beschließende) Ausschuss für Jugend, Kultur und Soziales kann wegen § 39 II Nr. 3 GemO die Satzung nicht erlassen. Bevor der Gemeinderat entscheidet, soll gem. § 39 IV S. 1 GemO die Angelegenheit diesem Ausschuss zur Beratung vorgelegt werden.*

323 Kunze/Bronner/Katz, § 39 GemO, Rn. 1; Aker/Hafner/Notheis, § 39 GemO, Rn. 1; Engel/Heilshorn, § 14 Rn. 98.

324 BVerwG, NVwZ-RR 1988, 42.

325 Engel/Heilshorn, § 14 Rn. 107; Lange, Kap. 6 Rn. 94.

*beratende Ausschüsse*

**b)** Rein beratende Ausschüsse dienen nur der Vorbereitung der Entscheidungen des Gemeinderats. Sie haben keine Entscheidungsbefugnisse, ihre Beschlüsse sind nicht verbindlich.[326] In der Praxis haben allerdings auch sie eine erhebliche Entlastungsfunktion, da die Hauptarbeit häufig in den Ausschüssen gemacht wird. 204

## 3. Bildung und Aufgabenzuweisung

Die Bildung von Ausschüssen steht in der Entscheidung des Gemeinderats.[327] In einzelnen Gesetzen finden sich spezielle Regelungen über bestimmte Ausschüsse.[328] 205

*bei beschließenden Ausschüssen grds. durch die Hauptsatzung*

**a)** Die Bildung beschließender Ausschüsse ist in § 39 I GemO geregelt. Danach muss die Hauptsatzung die Bildung der Ausschüsse und die Aufgabengebiete bestimmen. Ein einfacher Beschluss genügt nur dann, wenn einzelne Angelegenheiten einem beschließenden Ausschuss übertragen werden sollen oder für deren Erledigung ein beschließender Ausschuss gebildet werden soll, vgl. S. 2. 206

*beratende Ausschüsse durch einfachen Beschluss*

Für die beratenden Ausschüsse genügt dagegen stets ein einfacher Beschluss. Selbstverständlich kann dies auch in der Geschäftsordnung des Gemeinderats oder in einer Satzung erfolgen.

*Vorbehaltsaufgaben, § 39 II GemO*

**b)** Bestimmte wichtige Entscheidungen kann der Gemeinderat nicht zur Entscheidung auf beschließende Ausschüsse übertragen. Diese sog. Vorbehaltsaufgaben legt der Katalog des § 39 II GemO fest. 207

*präzise Bestimmung der Aufgaben beschließender Ausschüsse erforderlich*

**c)** Die Zuständigkeiten beschließender Ausschüsse müssen ausreichend genau in der Hauptsatzung (bzw. in dem einfachen Beschluss nach § 39 I S. 2 GemO) bezeichnet sein.[329] 208

Da diese Ausschüsse verbindliche Entscheidungen treffen können, muss für den Bürgermeister wie auch für Dritte außerhalb der Gemeinde klar erkennbar sein, ob der Ausschuss bei einer bestimmten Angelegenheit im Rahmen seiner Zuständigkeit gehandelt hat und der Beschluss rechtmäßig und wirksam ist.[330]

Beschlüsse, die ein beschließender Ausschuss außerhalb seiner Zuständigkeiten fasst, sind rechtswidrig und unwirksam.

> **Bsp.:** *Der beschließende Ausschuss für Jugend, Kultur und Soziales beschließt die Schließung eines Jugendhauses der Stadt. Muss der Bürgermeister diesen Beschluss vollziehen, indem er z.B. die dort tätigen Mitarbeiter der Gemeindeverwaltung anweist, das Jugendhaus nicht mehr zu öffnen?*
>
> Der Bürgermeister ist gem. § 43 I GemO zum Vollzug des Beschlusses verpflichtet, wenn dieser wirksam ist. Andernfalls muss er ihm widersprechen. Der Beschluss könnte unwirksam sein, weil der Ausschuss für diese Entscheidung nicht zuständig ist.
>
> Zwar kann man davon ausgehen, dass der Ausschuss für Jugend, Kultur und Soziales für Entscheidungen über Jugendhäuser nach seinem in der Hauptsatzung festgelegten Aufgabengebiet grundsätzlich zuständig ist. Die Schließung des Jugendhauses ist jedoch die Aufhebung einer öffentlichen Einrichtung. Diese Entscheidung kann gem. § 39 II Nr. 11 GemO nicht an einen beschließenden Ausschuss übertragen werden. Der Ausschuss ist nicht zuständig. Der Beschluss ist rechtswidrig und unwirksam.

326 Aker/Hafner/Notheis, § 41 GemO, Rn. 2; Lange, Kap. 6 Rn. 87.
327 Kunze/Bronner/Katz, § 39 GemO, Rn. 2; Engel/Heilshorn, § 14 Rn. 109; Lange, Kap. 6 Rn. 80.
328 Z.B. der Jugendhilfeausschuss aufgrund § 71 SGB VIII, vgl. dazu Engel/Heilshorn, § 14 Rn. 108; Burgi, § 12 Rn. 8.
329 Kunze/Bronner/Katz, § 39 GemO, Rn. 4; Aker/Hafner/Notheis, § 39 GemO, Rn. 4.
330 VGH Mannheim, VBlBW 1985, 63.

## 4. Besetzung

*Ausschussvorsitzender*

Die Ausschüsse werden neben dem Vorsitzenden mit Gemeinderäten besetzt (§ 40 I, § 41 I GemO). Vorsitzender ist der Bürgermeister, er kann jedoch bestimmte andere Personen mit seiner Vertretung beauftragen (§ 40 III, § 41 II GemO). 209

*Gemeinderäte und ggf. sachkundige Einwohner*

Der Gemeinderat bestimmt die dem Ausschuss angehörenden Gemeinderäte, deren Zahl bei beschließenden Ausschüssen mindestens vier beträgt, § 40 I S. 1 GemO. Ungeschriebener Grundsatz der Ausschussbesetzung ist, dass bei der Besetzung die im Gemeinderat vertretenen politischen Gruppierungen möglichst entsprechend ihrer Stärke berücksichtigt werden sollen (sog. Spiegelbildlichkeit).[331] Die sachkundigen Einwohner werden nach §§ 40 I S. 4, 41 I S. 3 GemO ebenfalls durch den Gemeinderat berufen.

Die Gemeindeordnung geht davon aus, dass die Besetzung der Ausschüsse einvernehmlich erfolgt. Ggf. wird schon in der Geschäftsordnung die Verteilung von Ausschusssitzen an die Fraktionen geregelt. 210

*bei Nichteinigung besonderes Wahlverfahren*

Kann sich der Gemeinderat über die Besetzung eines beschließenden Ausschusses nicht einigen, so findet eine Wahl statt, die in § 40 II GemO und § 10 DVO GemO[332] geregelt ist. Dieses Wahlverfahren weicht von § 37 VII GemO erheblich ab, u.a. hat der Bürgermeister kein Stimmrecht. Durch die Bindung an Wahlvorschläge spiegeln sich die politischen Stärkeverhältnisse im Gemeinderat in den Ausschüssen wider.

Die beratenden Mitglieder werden nicht nach § 40 II GemO, sondern nach § 37 VII GemO gewählt.[333]

*Besetzung der beratenden Ausschüsse bei Nichteinigung*

Ist bei beratenden Ausschüssen keine Einigung über deren Mitglieder zu erzielen, so sieht § 41 GemO kein besonderes Verfahren vor. In diesem Fall wird vertreten, dass der Gemeinderat entscheidet, nach welchen Regeln gewählt wird (nach § 40 II oder § 37 VII GemO).[334] 211

*Beschlüsse fehlerhaft zusammengesetzter Ausschüsse*

Ist ein (beschließender) Ausschuss fehlerhaft besetzt, so ist fraglich, ob Beschlüsse rechtswidrig sind. Dies kann mit dem Argument bejaht werden, der Gemeinderat „bestelle" die Ausschussmitglieder nach § 40 I S. 2 GemO nur dann wirksam, wenn dies fehlerfrei erfolge. In Betracht kommt dann auch eine analoge Anwendung des § 31 I S. 5 i.V.m. § 18 VI GemO. 212

Eine Parallele zu Volkswahlen, bei denen Wahlfehler regelmäßig nicht zur Ungültigkeit der Handlungen der Gewählten führen (vgl. z.B. § 30 III S. 2 GemO, § 32 IV KomWG), ist bei der Besetzung der Ausschüsse mangels entsprechender Förmlichkeit nicht naheliegend.

*fraktionsloses Ratsmitglied*

Das einzelne (fraktionslose) Ratsmitglied hat keinen Anspruch darauf, in einem Ausschuss vertreten zu sein oder anderweitig beteiligt zu werden.[335] Ein vollwertiger Sitz würde die Spiegelbildlichkeit der Ausschussbesetzung zur Sitzverteilung im Gemeinderat verzerren. Es hat lediglich das Recht, auch an nichtöffentlichen Sitzungen als Zuhörer teilzunehmen.[336] 213

331 Grundlegend BVerwG, DVBl. 2004, 439.

332 Verordnung des Innenministeriums zur Durchführung der Gemeindeordnung, Dürig Nr. 56a; Dolde/Kirchhof/Stilz Nr. 31.

333 Kunze/Bronner/Katz, § 40 GemO, Rn. 16; Aker/Hafner/Notheis, § 40 GemO, Rn. 16.

334 Kunze/Bronner/Katz, § 41 GemO, Rn. 3; Aker/Hafner/Notheis, § 41 GemO, Rn. 7. Dies kann man mit Hinweis auf die zwingende Formulierung des § 37 VII GemO und die fehlende Verweisung auf § 40 II GemO auch anders sehen.

335 VGH Mannheim, NVwZ 1990, 882 (893); BVerwG, NVwZ-RR 1994, 109; zu den i.Ü. vertretenen Ansichten vgl. Ennuschat/Ibler/Remmert, § 1 Rn. 164-167.

336 Engel/Heilshorn, § 14 Rn. 102; Ennuschat/Ibler/Remmert, § 1 Rn. 166. VGH Kassel, DVBl. 2012, 919.

## 5. Abberufung von Ausschussmitgliedern

*widerrufliche Bestellung der Mitglieder beschließender Ausschüsse*

Die Mitglieder der beschließenden Ausschüsse sind widerruflich bestellt, vgl. Wortlaut des § 40 I S. 2 GemO. Der Gemeinderat kann demnach jederzeit den Ausschuss neu besetzen. Unzulässig ist es allerdings, ein einzelnes Ratsmitglied zu entfernen oder zu ersetzen.[337] 214

Fraglich ist, ob dies auch für die beratenden Ausschüsse gilt, obwohl § 41 I GemO nicht von einer „widerruflichen" Bestellung der Mitglieder spricht.[338] 215

*keine Abberufung durch Fraktion*

Eine Abberufung durch die Ratsmitglieder oder die Fraktion, die ein Ausschussmitglied vorgeschlagen haben, ist nicht möglich.[339] Die Besetzung erfolgt durch den Gemeinderat, der Besetzungsvorschlag ist insoweit rechtlich ohne Bedeutung. Daher bleibt auch jede Änderung der personellen Zusammensetzung Sache des Gemeinderats.

## 6. Geschäftsgang

*Parallele zum Gemeinderat*

Der Geschäftsgang in den Ausschüssen gleicht grundsätzlich dem im Gemeinderat.[340] § 39 V S. 1 und § 41 III GemO verweisen auf die Vorschriften über die Mitwirkung anderer Personen (§ 33), die Einberufung (§ 34), die Leitung durch den Vorsitzenden (§ 36), die Beschlussfassung (§ 37) und die Niederschrift (§ 38). 216

*Öffentlichkeitsgrundsatz*

**a)** Eine Ausnahme besteht für den Grundsatz der Öffentlichkeit. Dieser gilt nur für die beschließenden Ausschüsse. § 39 V S. 1 GemO verweist auf die Regelung über die Öffentlichkeit nach § 35 GemO. 217

Nach § 39 V S. 2 GemO ist für die Sitzungen, die der Vorberatung gemeinderätlicher Beschlüsse dienen, der Gemeinde freigestellt, ob diese öffentlich oder nichtöffentlich erfolgen.[341] In der Verwaltungspraxis sind diese Sitzungen nichtöffentlich. Hierdurch soll eine Abwertung der Arbeit des Gemeinderats vermieden werden, zumal das Informationsinteresse der Bevölkerung andernfalls bereits befriedigt wäre. Zur Vermeidung von Konflikten sollte in der Tagesordnung der jeweilige Punkt ausdrücklich als „Vorberatung" gekennzeichnet sein.

*beratende Ausschüsse tagen grds. nichtöffentlich*

Sitzungen der beratenden Ausschüsse sind in der Regel nichtöffentlich, wie sich aus dem Verweis in § 41 III GemO auf § 39 V S. 2 GemO ergibt.[342] Diese Regelung ist auch mit höherrangigem Recht vereinbar,[343] da nur beraten und erst später im Gemeinderat in (grundsätzlich) öffentlicher Sitzung entschieden wird. Der Ausschuss kann jedoch die Öffentlichkeit zulassen, wie sich aus der Formulierung „in der Regel" ergibt, sofern keine Gründe entsprechend § 35 I GemO entgegenstehen.

**b)** Im Übrigen können sich im Zusammenhang mit Ausschusssitzungen die gleichen Streitigkeiten ergeben wie bei der Sitzung des Gemeinderats. 218

---

337 Kunze/Bronner/Katz, § 40 GemO, Rn. 2; Aker/Hafner/Notheis, § 40 GemO, Rn. 3; Engel/Heilshorn, § 14 Rn. 104.

338 Bejahend Kunze/Bronner/Katz, § 41 GemO, Rn. 3.

339 Aker/Hafner/Notheis, § 40 GemO, Rn. 3; Kunze/Bronner/Katz, § 40 GemO, Rn. 2.

340 Kunze/Bronner/Katz, § 39 GemO, Rn. 37 und § 41 GemO, Rn. 8; Aker/Hafner/Notheis, § 39 GemO, Rn. 40 und § 41 GemO, Rn. 12.

341 Geitmann, VBlBW 2009, 81 sowie Schöneboom/Brenndörfer, VBlBW 2012, 91. Zur Neufassung Pautsch, apf 2016, 237 (241).

342 Kunze/Bronner/Katz, § 41 GemO, Rn. 8; Aker/Hafner/Notheis, § 41 GemO, Rn. 12. § 41 III i.V.m. § 39 V S. 2 ist so zu lesen, dass „die Sitzungen beratender Ausschüsse in der Regel nichtöffentlich sind". Die Bezugnahme auf Abs. 4 des § 39 ist wegzulassen, denn diese macht bei den beratenden Ausschüssen keinen Sinn.

343 VGH München, NVwZ-RR 1990, 432 zur gleichlautenden Normierung in der BayGO.

*Fehler bei der Sitzung beratender Ausschüsse ...*

219 Fraglich ist jedoch, ob eine fehlerhafte Vorberatung zur Rechtswidrigkeit eines späteren Beschlusses des Gemeinderats in dieser Sache führt. Diese Frage stellt sich bei bloß beratender Tätigkeit von Ausschüssen, d.h. sowohl bei beratenden Ausschüssen als auch bei beschließenden Ausschüssen, soweit sie lediglich beratend tätig werden (wie insbes. nach § 39 IV GemO).

*... sind unbeachtlich für spätere Beschlüsse des Gemeinderats*

Eine Auswirkung eines Verfahrensfehlers bei der Beratung im Ausschuss auf einen späteren Beschluss des Gemeinderats wird grundsätzlich abgelehnt[344] mit dem Argument, es erfolgten weder Entscheidungen noch entscheidungsrelevante Beratungen, sondern lediglich eine „Vorberatung". Fehler können daher nur in einem Kommunalverfassungsstreit um die organschaftlichen Rechte der Ausschussmitglieder relevant sein.

Anders soll dies nach OVG Koblenz[345] für die Befangenheit sein (vgl. § 18 GemO). Wirkt an der Vorberatung im Ausschuss ein Befangener mit, nicht jedoch bei der Sitzung des Gemeinderats, soll der Beschluss des Gemeinderats dennoch rechtswidrig sein. Denn Beratung und Entscheidung fänden nicht nur im Gemeinderat statt, auch eine unzulässige Mitwirkung im Ausschuss sei beachtlich.[346]

### 7. Beschließende Ausschüsse und Gemeinderat

*Beschluss des Ausschusses ersetzt Gemeinderatsbeschluss*

220 Der beschließende Ausschuss entscheidet anstelle des Gemeinderats. Sein Beschluss hat damit die gleichen Wirkungen wie ein solcher des Gesamtorgans. Mit der Bildung von beschließenden Ausschüssen überträgt der Gemeinderat eigene Zuständigkeiten und Befugnisse.[347]

#### a) Zurückverweisung durch den Ausschuss (§ 39 III S. 2 - 4 GemO)

*Rückgabe an den Gemeinderat*

221 Nach § 39 III S. 2 GemO kann jedoch der beschließende Ausschuss eine Angelegenheit wegen deren besonderer Bedeutung an den Gemeinderat zurückgeben. § 39 III S. 3 GemO bestimmt darüber hinaus, dass die Hauptsatzung ein solches „Rückgaberecht" auch der Ausschussminderheit (ein Viertel) einräumen kann.

*Gemeinderat kann verbindlich an Ausschuss verweisen*

Die Zurückverweisung ist für den Gemeinderat allerdings nicht bindend. Er kann die Sache wiederum an den Ausschuss verweisen. Der Ausschuss ist an diese Verweisung gebunden und muss entscheiden (§ 39 III S. 4 a.E. GemO).

#### b) Besondere Befugnisse des Gemeinderats gem. § 39 III S. 5 GemO

*besondere Befugnisse des Gemeinderats nach der Hauptsatzung*

222 In der Hauptsatzung können dem Gemeinderat weitgehende Befugnisse gegenüber beschließenden Ausschüssen eingeräumt werden. Es kann ein Weisungsrecht festgelegt werden, die Möglichkeit des Gemeinderats, Angelegenheiten an sich zu ziehen, sowie die Befugnis, Beschlüsse des beschließenden Ausschusses aufzuheben oder zu ändern.

344 Gern, Rn. 217.

345 OVG Koblenz, NVwZ 1984, 817.

346 Unklar insoweit Kunze/Bronner/Katz, § 18 GemO, Rn. 25 („nicht unbedingt" rechtswidrig), wobei die Frage der Rechtmäßigkeit des Beschlusses nicht von der Frage der Wirksamkeit des Handelns nach außen getrennt wird.

347 Kunze/Bronner/Katz, § 39 GemO, Rn. 27; Aker/Hafner/Notheis, § 39 GemO, Rn. 28; Lange, Kap. 6 Rn. 90.

### c) Kein „Eintrittsrecht“ des Gemeinderats außerhalb von § 39 III S. 5 GemO

*exklusive Zuständigkeit eines beschließenden Ausschusses*

**aa)** Ist der Gemeinderat an die Übertragung von Zuständigkeiten an einen beschließenden Ausschuss gebunden, so bedeutet dies, dass er nicht in dessen Aufgabengebiet eingreifen darf. Ein Eintrittsrecht besteht nicht. Entscheidet der Gemeinderat in einer Angelegenheit, für die ein beschließender Ausschuss zuständig ist, so ist der Beschluss mangels Zuständigkeit des Gemeinderats rechtswidrig.[348] Um zuständig zu werden, muss der Gemeinderat durch eine Änderung der Hauptsatzung dem Ausschuss die Zuständigkeit entziehen. 223

*anders im Fall des § 39 I S. 2 GemO*

**bb)** Anders kann dies nur in dem Sonderfall des § 39 I S. 2 GemO sein, wenn sich die Zuständigkeit des Ausschusses nicht aus der Hauptsatzung ergibt, sondern aufgrund einfachen Beschlusses des Gemeinderats. Dann kann der Gemeinderat durch Beschluss die Angelegenheit dem Ausschuss entziehen bzw. den Ausschuss auflösen.[349] 224

Trifft der Gemeinderat in diesem Fall eine inhaltliche Entscheidung, ohne ausdrücklich dem Ausschuss die Zuständigkeit zu entziehen, so kann in der Entscheidung eine konkludente Entziehung der Zuständigkeit gesehen werden.

> **Bsp.:** *In der kleinen Gemeinde G soll die Grundschule saniert werden. Der Gemeinderat bildet dafür durch einfachen Beschluss den beschließenden Ausschuss „Grundschulsanierung“, der den Umfang der Sanierung und einen Kostenrahmen festlegen soll und den Bürgermeister mit der Durchführung beauftragen soll.*
>
> *Als ein Jahr später der Ausschuss zu keinem Ergebnis gekommen ist und noch zahlreiche Sachverständige anhören möchte, beauftragt der Gemeinderat den Bürgermeister mit der Sanierung der Räume für maximal 600.000 €. Darf der Bürgermeister den Auftrag an einen geeigneten Anbieter vergeben?*
>
> Der Bürgermeister darf den Auftrag vergeben, wenn ein dazu erforderlicher, rechtmäßiger Beschluss des Gemeinderats vorliegt.
>
> Fraglich ist zunächst, ob überhaupt ein Beschluss erforderlich ist, oder der Bürgermeister selbst für die Entscheidung zuständig ist. Die Sanierung der Schule ist angesichts der Größe der Gemeinde und der zu erwartenden Kosten keine Angelegenheit der laufenden Verwaltung. Sie ist auch keine Weisungsaufgabe, wie sich aus §§ 32 I Nr. 5, 33 II Nr. 3, 36 SchulG ergibt.
>
> Der Bürgermeister kann nicht nach § 44 GemO selbst entscheiden, zuständig ist nach § 24 I GemO der Gemeinderat. Der Bürgermeister darf den Auftrag nur vergeben, wenn der Beschluss des Gemeinderats hierzu wirksam ist.

**Zur Klarstellung: Er ist im innergemeindlichen Verhältnis dazu verpflichtet, nur aufgrund Beschlusses zu handeln. Vergibt er den Auftrag ohne Beschluss, so ist der zivilrechtliche Werkvertrag mit dem Anbieter dennoch wirksam. Hintergrund ist die unbeschränkte Vertretungsmacht gem. § 42 I S. 2 GemO; hierzu ausführlich unter Rn. 245 ff.**

> Der Beschluss könnte rechtswidrig und unwirksam sein, weil der Gemeinderat nicht zuständig ist. Anstelle des Gemeinderats könnte der Ausschuss „Grundschulsanierung“ zuständig sein (§ 39 III S. 1 GemO). Der Ausschuss wurde für die Erledigung einer bestimmten Aufgabe, der Sanierung der Grundschule, gebildet.

348 Aker/Hafner/Notheis, § 39 GemO, Rn. 32; Kunze/Bronner/Katz, § 39 GemO, Rn. 27.

349 Aker/Hafner/Notheis, § 39 GemO, Rn. 32; Kunze/Bronner/Katz, § 39 GemO, Rn. 27.

Hierfür musste nicht die Hauptsatzung geändert werden, sondern es genügte gem. § 39 I S. 2 GemO ein einfacher Beschluss. Der Ausschuss wäre daher für die Entscheidung zuständig gewesen.

In dem Beschluss des Gemeinderats über die Angelegenheit ist jedoch zugleich der konkludente Beschluss zu sehen, dass damit dem Ausschuss diese Aufgabe entzogen wird. Da der Gemeinderat den Ausschuss auch durch einfachen Beschluss auflösen könnte (vgl. § 39 I S. 2 GemO), bedeutet die inhaltliche Entscheidung zumindest einen stillschweigenden Aufgabenentzug.[350]

## C. Der Bürgermeister

*Stellung des (Ober-)Bürgermeisters*

Der Bürgermeister ist neben dem Hauptorgan Gemeinderat das 225
zweite Organ der Gemeinde, § 23 GemO. In Stadtkreisen und Großen Kreisstädten trägt dieser die Amtsbezeichnung Oberbürgermeister, § 42 IV GemO.[351] Gem. § 42 I GemO ist der Bürgermeister Vorsitzender des Gemeinderats und Leiter der Gemeindeverwaltung. Zudem vertritt und repräsentiert er die Gemeinde nach außen.

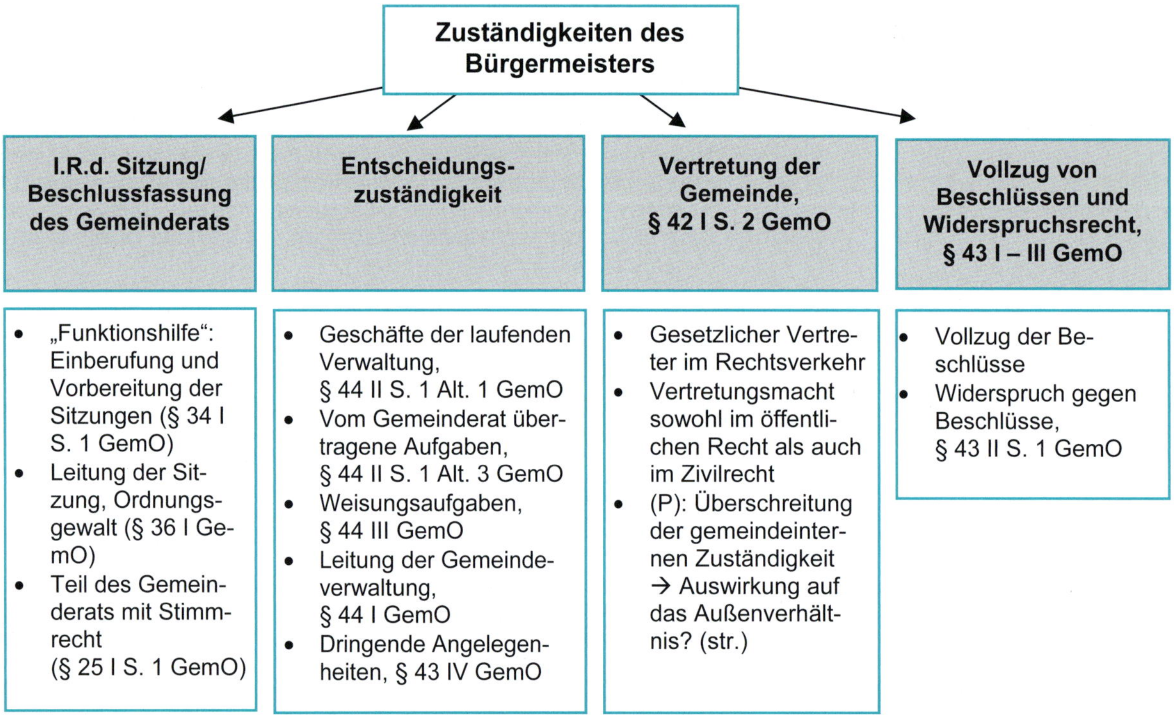


### I. Entscheidungszuständigkeit des Bürgermeisters

*Entscheidungszuständigkeiten des Bürgermeisters*

Entscheidet nach § 24 I GemO grundsätzlich der Gemeinderat über al- 225a
le Angelegenheiten der Gemeinde,[352] so bestehen doch zahlreiche Ausnahmen, welche die Zuständigkeit des Bürgermeisters begründen.

#### 1. Geschäfte der laufenden Verwaltung, § 44 II S. 1 Alt. 1 GemO

*keine grundsätzliche oder erhebliche finanzielle Bedeutung*

Der Bürgermeister erledigt in eigener Zuständigkeit die Geschäfte 226
der laufenden Verwaltung. Dies sind solche Angelegenheiten, die weder nach der grundsätzlichen Seite noch für den Gemeindehaushalt von erheblicher Bedeutung sind und zu den normalerweise in der Gemeinde anfallenden Geschäften gehören.[353]

---

350 A.A. vertretbar mit dem Argument der fehlenden Klarheit bei einem solchen konkludenten Beschluss. Die Interessenlage ist ähnlich wie bei einem Abweichen von der Geschäftsordnung, vgl. hierzu Rn. 178a.

351 Hintergrund: Dem Oberbürgermeister sind vom Gemeinderat gewählte Bürgermeister „beigeordnet“, vgl. § 49 IV S. 4 GemO.

352 Kunze/Bronner/Katz, § 23 GemO, Rn. 5; Aker/Hafner/Notheis, § 24 GemO, Rn. 2; Engel/Heilshorn, § 14 Rn. 2.

353 VGH Mannheim, VBlBW 2002, 122 (123); VBlBW 1996, 30; Engel/Heilshorn, § 15 Rn. 15.

Es lässt sich keine allgemeingültige, trennscharfe Abgrenzung finden. Wichtig sind folgende (sachliche und zeitliche) Umstände:[354]

⇨ Bedeutung des Geschäfts

⇨ die Häufigkeit dieses Geschäfts / dieser Art von Geschäften in dieser Gemeinde

⇨ Größe der Gemeinde

⇨ Umfang des Haushaltsvolumens der Gemeinde

⇨ sachliche und personelle Ausstattung der Gemeindeverwaltung

**hemmer-Methode: Diese Aspekte müssen Sie für das sehr klausurrelevante Problem kennen und damit argumentieren. Hier wird es weniger auf das Ergebnis ankommen als zu zeigen, dass Sie den Zweck des § 44 II GemO verstanden haben. Angesichts der Fülle der gemeindlichen Aufgaben kann das Hauptorgan Gemeinderat nicht jede Entscheidung selbst treffen. Die weniger wichtigen, insbesondere regelmäßig wiederkehrenden Entscheidungen trifft der Bürgermeister, der sich dazu des gesamten Apparats der Gemeindeverwaltung bedient. Sollen die Gemeinde und ihr Gemeinderat funktionsfähig bleiben, so muss der Gemeinderat auf die grundlegenden Entscheidungen beschränkt sein, aber diese auch treffen dürfen.**

*§ 39 II GemO beachten*

Keine Geschäfte der laufenden Verwaltung sind jedenfalls die in § 39 II GemO genannten Vorbehaltsaufgaben. Denn diese kann der Gemeinderat nicht einmal durch eigene Entschließung auf den Bürgermeister übertragen, § 44 II S. 3 GemO. 227

*Festlegung in einer gemeindlichen Satzung*

Denkbar ist, dass der Gemeinderat selbst in einer Satzung, z.B. der Hauptsatzung, die Geschäfte der laufenden Verwaltung näher bestimmt und z.B. Wertgrenzen festlegt.[355] Eine solche Bestimmung kann jedoch allenfalls Anhaltspunkte geben, welche Vorgänge in der konkreten Gemeinde zur laufenden Verwaltung zählen. 228

*Satzung kann aber nicht über die Auslegung des § 44 II GemO bestimmen*

Entscheidend bleibt jedoch (Vorrang des Gesetzes!) stets die GemO und der in § 44 II GemO enthaltene Begriff der Geschäfte der laufenden Verwaltung. Dieser muss aus der GemO ausgelegt und angewendet werden. Durch eine unterrangige Rechtsnorm wie eine Satzung kann dieser Begriff nicht verbindlich definiert werden. Ihr kommt nur deklaratorischer Charakter zu. Stimmen die Festlegungen in der Satzung nicht mit dem Begriff des § 44 II S. 1 GemO überein, ist die Satzung insoweit unwirksam.

Wird darin der Kreis der Geschäfte der laufenden Verwaltung *zu weit* gezogen, so kann dies allenfalls als eine Übertragung von Aufgaben auf den Bürgermeister nach § 44 II S. 1 Alt. 3 GemO (dazu sogleich unter Rn. 229) angesehen werden.[356] Diese muss allerdings grundsätzlich in der Hauptsatzung erfolgen (§ 44 II S. 2 GemO), wenn es um die dauernde Übertragung der Erledigung bestimmter Aufgaben geht. Es gilt Vergleichbares wie bei der Übertragung von Aufgaben auf beschließende Ausschüsse nach § 39 I GemO.

### 2. Vom Gemeinderat übertragene Aufgaben, § 44 II S. 1 Alt. 3 GemO

*Übertragung von Aufgaben durch den Gemeinderat*

Der Gemeinderat kann dem Bürgermeister Aufgaben zur selbstständigen Erledigung übertragen. § 44 II S. 1 GemO gibt damit die Möglichkeit, die gesetzlich vorgesehene Zuständigkeitsverteilung zwischen Gemeinderat und Bürgermeister zu verändern, um den Gemeinderat zu entlasten. 229

354 Kunze/Bronner/Katz, § 44 GemO, Rn. 15 ff.; Aker/Hafner/Notheis, § 44 GemO, Rn. 13 ff.; Engel/Heilshorn, § 15 Rn. 15 f.
355 Kunze/Bronner/Katz, § 44 GemO, Rn. 19; Aker/Hafner/Notheis, § 44 GemO, Rn. 18; Engel/Heilshorn, § 15 Rn. 16 a.E.
356 Kunze/Bronner/Katz, § 44 GemO, Rn. 19; Aker/Hafner/Notheis, § 44 GemO, Rn. 18; Engel/Heilshorn, § 15 Rn. 16 a.E.

*begrenzt nach § 44 II S. 3 i.V.m. § 39 II GemO*

Begrenzt wird die Aufgabenübertragung jedoch durch § 44 II S. 3 i.V.m. § 39 II GemO. Danach können die Angelegenheiten, die nicht auf einen beschließenden Ausschuss übertragen werden können, auch nicht dem Bürgermeister zugewiesen werden. Dem Gemeinderat verbleibt also ein „Kernbestand" von Aufgaben, über die er selbst entscheiden muss.

*dauernde Übertragung nur durch die Hauptsatzung*

Die Aufgabenübertragung kann entweder für eine bestimmte einzelne Angelegenheit erfolgen oder aber dauerhaft einen weiteren Kreis von Vorgängen betreffen. Die die dauernde Übertragung muss gem. § 44 II S. 2 GemO in der Hauptsatzung geregelt werden.[357] 230

Soll ein Aufgabenkreis vom Bürgermeister „zurückgeholt" oder die übertragenen Aufgaben geändert werden, so muss dies bei dauernder Übertragung wiederum durch eine Änderung der Hauptsatzung erfolgen.[358] Ein einfacher Beschluss des Gemeinderats genügt nicht.

**hemmer-Methode: Sinn des § 44 II S. 2 GemO ist v.a. die Information der Öffentlichkeit. Die dauerhafte Übertragung von Aufgaben an den Bürgermeister soll für jedermann erkennbar sein. Dies wird dadurch gewährleistet, dass die Hauptsatzung wie jede andere Satzung öffentlich bekanntgemacht wird (§ 4 III S. 1 GemO). Ein einfacher Beschluss des Gemeinderats hingegen erreicht nicht diese Publizität. Dieser wird in (öffentlicher) Sitzung gefasst und in der Niederschrift gem. § 38 GemO festgehalten, muss jedoch nicht veröffentlicht werden.**
**Für die Hauptsatzung gilt zudem gem. § 4 II GemO die besondere Anforderung, dass sie mit der Mehrheit der Mitglieder des Gemeinderats beschlossen werden muss. Für sonstige Beschlüsse gilt gem. § 37 VI S. 2 GemO die einfache Stimmenmehrheit.**

Die Übertragung einer einzelnen Angelegenheit kann dagegen durch einfachen Beschluss des Gemeinderats erfolgen. Auf dem gleichen Wege kann der Gemeinderat die Angelegenheit wieder „zurückholen". 231

## 3. Weisungsaufgaben, § 44 III GemO

*ausschließliche Zuständigkeit des Bgm.*

Weisungsaufgaben erledigt der Bürgermeister in eigener Zuständigkeit. Weisungsaufgaben sind gem. § 2 III GemO die in den Fachgesetzen als solche bezeichneten Aufgaben (vgl. hierzu Rn. 50). Als Ausnahme zu § 24 I GemO bedeutet dies, dass der Gemeinderat nicht über Weisungsaufgaben entscheidet. 232

> ***Bsp.:*** *Es wäre unzulässig, wenn der Gemeinderat beschließen würde, dem Bauherrn X eine Baugenehmigung zu erteilen (vgl. §§ 46 I Nr. 3, 48 I LBO).*

Über die Weisungsaufgaben entscheidet der Bürgermeister, sofern er nicht im Innenverhältnis durch eine Weisung der übergeordneten Fachaufsichtsbehörde gebunden ist.

*anders bei Ortsrecht im Bereich der Weisungsaufgaben*

Die Zuständigkeit des Bürgermeisters steht zudem unter dem Vorbehalt anderweitiger gesetzlicher Bestimmung, § 44 III S. 1 HS. 2 GemO. Der Erlass von Ortsrecht (Satzungen und Rechtsverordnungen) obliegt auch im Bereich der Weisungsaufgaben dem Gemeinderat, sofern das Fachgesetz nichts anderes vorsieht.[359] 233

357 Kunze/Bronner/Katz, § 44 GemO, Rn. 24; Aker/Hafner/Notheis, § 44 GemO, Rn. 22. Zur Hauptsatzung ausführlich unter Rn. 513.

358 Kunze/Bronner/Katz, § 44 GemO, Rn. 24; Aker/Hafner/Notheis, § 44 GemO, Rn. 22.

359 VGH Mannheim, VBlBW 2001, 65; Aker/Hafner/Notheis, § 44 GemO, Rn. 26.

Für die Aufgaben der unteren Verwaltungsbehörden, die in den kreisfreien Städten und Großen Kreisstädten als Pflichtaufgaben nach Weisung erledigt werden, ist gem. § 15 II LVG jedoch allein der Bürgermeister zuständig.[360] 234

*Bsp.: Gem. § 13 S. 2 PolG ist der Bürgermeister für Polizeiverordnungen der Ortspolizeibehörden (vgl. § 62 IV PolG) zuständig. Zu beachten ist allerdings § 15 PolG, der für die Polizeiverordnungen der Gemeinden und Landkreise, die länger als einen Monat gelten sollen, die Zustimmung des Gemeinderats bzw. des Kreistags vorsieht.*

*Gegenbeispiel: Eine Sperrzeitverordnung nach § 18 GastG i.V.m. § 1 GastVO ist keine Polizeiverordnung. Diese ist vom Gemeinderat zu erlassen.*

## 4. Leitung der Gemeindeverwaltung, § 44 I GemO

*Bgm. ist Leiter der Gemeindeverwaltung*

Der Bürgermeister ist der Leiter der Gemeindeverwaltung. Die daraus folgenden Befugnisse werden in § 44 I S. 2 GemO näher umschrieben. Insbesondere regelt er die innere Organisation der Verwaltung, d.h. die Gliederung in Ämter, Abteilungen und Dienststellen sowie die Geschäftsverteilung.[361] 235

**hemmer-Methode: Nach § 24 I S. 2 GemO legt der Gemeinderat die Grundsätze für die Verwaltung der Gemeinde fest. Damit ist nicht nur die „Gemeindeverwaltung" i.S.d. § 44 I GemO gemeint, sondern jegliche Tätigkeit der Gemeinde. Beide Begriffe haben eine unterschiedliche Bedeutung.[362]**

*beamtenrechtliche Zuständigkeiten des Bürgermeisters*

In diesem Zusammenhang sind auch die beamtenrechtlichen Befugnisse nach § 44 IV GemO zu beachten. Als Vorgesetzter, Dienstvorgesetzter und oberste Dienstbehörde der Beamten der Gemeinde ist der Bürgermeister grundsätzlich für alle beamtenrechtlichen Entscheidungen in der Gemeinde zuständig.[363] 236

Bei personalrechtlichen Entscheidungen bestehen jedoch z.T. Befugnisse des Gemeinderats gem. § 24 II GemO.

*Hausrecht des Bgm.*

Zu den Aufgaben des Bürgermeisters als Leiter der Gemeindeverwaltung gehört auch die Ausübung des Hausrechts, das die Gemeinde an ihren Einrichtungen und Gebäuden hat. Der Bürgermeister ist demnach organzuständig für die Erteilung eines Hausverbots.[364]

Dieses ist gesetzlich nicht geregelt, ergibt sich aber als öffentlichrechtliches Hausverbot aus der Aufgabe der Sicherung der in der öffentlichen Einrichtung Rathaus wahrzunehmenden öffentlichen Aufgaben, indem es erhebliche Störungen des Dienstbetriebes und Belästigungen der Beschäftigten verhindern soll.[365] Die Voraussetzungen des Hausrechts sollten sich daher auch ohne deren direkte Anwendbarkeit an der polizeilichen Generalklausel orientieren; die früher vom BGH vertretene Auffassung, das allgemeine Hausrecht sei privatrechtlich,[366] ist angesichts der im Rathaus eindeutig im Vordergrund stehenden hoheitlichen Tätigkeit abzulehnen.

360 VGH Mannheim, VBlBW 2001, 65; Aker/Hafner/Notheis, § 44 GemO, Rn. 26.

361 Kunze/Bronner/Katz, § 44 GemO, Rn. 2; Aker/Hafner/Notheis, § 44 GemO, Rn. 5; Engel/Heilshorn, § 15 Rn. 35.

362 VGH Mannheim, VBlBW 1991, 185 und VBlBW 1991, 381.

363 Näher dazu Kunze/Bronner/Katz, § 44 GemO, Rn. 31 ff.; Aker/Hafner/Notheis, § 44 GemO, Rn. 28; Engel/Heilshorn, § 15 Rn. 35.

364 VGH Mannheim, ESVGH 13, 21; Rn. 9; Ennuschat/Ibler/Remmert, § 1 Rn. 203; Engel/Heilshorn, § 15 Rn. 38.

365 OVG Magdeburg, NVwZ-RR 2018, 134 = JuS 2018, 503 (Anm. Hufen); OVG Hamburg, NJW 2014, 1196 (1197) = JA 2015, 159 (Anm. Hebeler); VG Saarlouis, BauR 2014, 736. Rechtsprechung aus Baden-Württemberg ist nicht ersichtlich. Instruktive Fallbearbeitungen zum behördlichen Hausverbot bieten Enders, JuS 2013, 54-61; Thiel/Westphal, JuS 2012, 618-623; Schmehl/Richter, JuS 2005, 817-824.

366 BGHZ 33, 230; instruktiv zur Abgrenzung Ennuschat/Ibler/Remmert, § 1 Rn. 204.

Bei Sitzungen des Gemeinderats ist das Hausrecht gegenüber störenden Zuhörern in § 36 I S. 2 GemO besonders geregelt (hierzu bereits unter Rn. 175 ff.). 237

## 5. Zuständigkeit des Bürgermeisters bei dringenden Angelegenheiten, § 43 IV GemO

*Eilentscheidungsrecht des Bgm.*

Ist für eine Aufgabe der Gemeinderat (oder ein beschließender Ausschuss, vgl. § 43 IV S. 3 GemO) zuständig, so kann der Bürgermeister in dringenden Fällen anstelle des Gemeinderats entscheiden. § 43 IV GemO ist demnach eine weitere Ausnahme zu § 24 I GemO. Das Eilentscheidungsrecht kann in allen Bereichen gemeindlicher Aufgaben bestehen. Es ist nicht gegenständlich beschränkt. 238

*enge Voraussetzungen*

Dringlich ist eine Angelegenheit, wenn die Verschiebung der Entscheidung erhebliche Nachteile für die Gemeinde oder einzelne Betroffene bedeuten würde.[367] Weitere Voraussetzung ist, dass eine Entscheidung des Gemeinderats auch bei form- und fristloser Einberufung nach § 34 II GemO zu spät käme.

> **Bsp.:** *Maßnahmen zur Bekämpfung von Naturkatastrophen; Entscheidungen über ein befristetes Kaufangebot über ein von der Gemeinde dringend benötigtes Grundstück; Abschluss eines Vergleichs; fristlose Kündigung eines Vertrags*

Maßnahmen sind auf das unbedingt Notwendige zu beschränken.[368] Nach Möglichkeit sind vorläufige Maßnahmen zu treffen.

*Erlass von Ortsrecht umstritten*

Umstritten ist, ob das Eilentscheidungsrecht auch den Erlass von Ortsrecht (Satzung oder Rechtsverordnung)[369] beinhalten kann. 239

⇨ Dafür spricht, dass § 43 IV GemO keine gegenständliche Beschränkung für das Eilentscheidungsrecht beinhaltet.[370]

⇨ Dagegen wird vorgebracht, dass kaum ein Fall denkbar sei, in dem der Erlass einer Rechtsnorm erforderlich sein könne, um in einer dringlichen Angelegenheit zu entscheiden.[371] Dafür würden einzelne Anordnungen, wie etwa der Erlass eines Verwaltungsakts, ausreichen.

**hemmer-Methode: Da diese Frage umstritten ist, können Sie in der Klausur beide Ansichten gut vertreten. Denken Sie also, bevor Sie sich in dieser Frage entscheiden, einen Schritt weiter und überlegen Sie sich, wie sich die eine oder andere Lösung für den Fortgang der Klausur auswirkt. Vermeiden Sie es, aus der Musterlösung herauszufallen und sich Folgeprobleme abzuschneiden.**

*keine nachträgliche Genehmigung durch Rat erforderlich*

Ist die Angelegenheit dringlich, so entscheidet der Bürgermeister kraft eigener Zuständigkeit. Eine getroffene Maßnahme bedarf nicht der nachträglichen Bestätigung oder Zustimmung des Gemeinderats.[372] Davon unberührt bleibt die Möglichkeit des Gemeinderats, die Maßnahme rückgängig zu machen bzw. von dem Bürgermeister die Rückgängigmachung zu verlangen. Denn die Zuständigkeit des Gemeinderats zur Entscheidung bleibt von § 43 IV GemO unberührt. 240

367 Aker/Hafner/Notheis, § 43 GemO, Rn. 22; Engel/Heilshorn, § 15 Rn. 19; Ennuschat/Ibler/Remmert, § 1 Rn. 181.

368 Kunze/Bronner/Katz, § 43 GemO, Rn. 18; Aker/Hafner/Notheis, § 43 GemO, Rn. 24; Engel/Heilshorn, § 15 Rn. 19 (Fn. 443).

369 Sofern nicht der Bürgermeister ohnehin für deren Erlass zuständig ist, s.o.

370 Aker/Hafner/Notheis, § 4 GemO, Rn. 6.

371 Kunze/Bronner/Katz, § 4 GemO, Rn. 13 und § 43 GemO, Rn. 18; OVG Koblenz, DÖV 1987, 452.

372 Kunze/Bronner/Katz, § 43 GemO, Rn. 19; Aker/Hafner/Notheis, § 43 GemO, Rn. 32.

Gem. § 43 IV S. 2 GemO ist der Gemeinderat unverzüglich zu unterrichten. Wie in anderen Fällen auch hat die Verletzung dieser nachträglichen Mitteilungspflicht keinen Einfluss auf die Rechtmäßigkeit der getroffenen Entscheidung des Bürgermeisters.[373] 241

## II. Vertretung der Gemeinde, § 42 I S. 2 GemO

*umfassende Vertretungsmacht des Bürgermeisters*

Gem. § 42 I S. 2 GemO vertritt der Bürgermeister die Gemeinde. Er ist ihr gesetzlicher Vertreter im Rechtsverkehr. Diese Vertretungsmacht gilt für jegliche Rechtsgeschäfte der Gemeinde mit dritten Personen, sowohl im öffentlichen Recht als auch im Zivilrecht.[374] Der Bürgermeister ist demnach zuständig für den Erlass von Verwaltungsakten, den Abschluss öffentlich-rechtlicher und zivilrechtlicher Verträge und die Abgabe anderer Willenserklärungen. 242

Im Zusammenhang mit § 24 I GemO, der Entscheidungen grundsätzlich dem Gemeinderat zuweist, ergibt sich für Maßnahmen der Gemeinde gegenüber Dritten grundsätzlich eine Zweiteilung der Zuständigkeiten.

*gemeindeinterne Willensbildung kontra Vollzug nach außen*

Sofern nicht der Bürgermeister für die Entscheidung zuständig ist, verbleibt die Willensbildung und Entscheidung bei dem Gemeinderat. Für den Vollzug der Entscheidung nach außen ist jedoch der Bürgermeister zuständig, da er (und nicht der Gemeinderat) die Gemeinde vertritt.[375] 243

**Bsp.:** *Großunternehmer U möchte in der kreisangehörigen Gemeinde G eine industrielle Anlage errichten. Er stellt bei dem zuständigen Landratsamt einen Antrag auf Baugenehmigung. Da das Grundstück im Außenbereich liegt (§ 35 BauGB), wird die Gemeinde nach § 36 BauGB zur Erteilung des Einvernehmens aufgefordert.*

Da es sich hier nicht um eine der Angelegenheiten der laufenden Verwaltung (§ 44 II GemO) und auch nicht um die Wahrnehmung einer Weisungsaufgabe (§ 44 III GemO) handelt, entscheidet der Gemeinderat gem. § 24 I GemO über die Erteilung des Einvernehmens.

Das Einvernehmen bzw. seine Verweigerung gegenüber dem Landkreis muss aber durch den Bürgermeister erklärt werden, denn dieser vertritt die Gemeinde.

Bei Handeln nach außen ist demnach zwischen der gemeindeinternen Willensbildung einerseits und dem Vollzug nach außen andererseits zu unterscheiden. 244

Beide fallen grundsätzlich auseinander, da § 24 I GemO die Entscheidung i.d.R. dem Gemeinderat zuweist, während der Bürgermeister als Vertreter der Gemeinde gem. § 42 I S. 2 GemO für den Vollzug nach außen zuständig ist.

Problematisch ist nun der Fall, wenn der Bürgermeister nach außen handelt, ohne dass die erforderliche Entscheidung des Gemeinderats erfolgt ist.

*In obigem Beispiel ist der Bürgermeister so begeistert über die Ansiedlung des U im Gemeindegebiet, dass er, wie vorher in der Skatrunde dem U versprochen, sofort das Einvernehmen der Gemeinde gegenüber dem Landratsamt erklärt. Der Gemeinderat wird gar nicht damit befasst.*

373 Kunze/Bronner/Katz, § 43 GemO, Rn. 19; Aker/Hafner/Notheis, § 43 GemO, Rn. 31.

374 Aker/Hafner/Notheis, § 42 GemO, Rn. 7; Kunze/Bronner/Katz, § 42 GemO, Rn. 6; Engel/Heilshorn, § 15 Rn. 40.

375 VGH Mannheim, VBlBW 1990, 140 (141).

*Überschreitung der gemeindeinternen Zuständigkeit*

Überschreitet der Bürgermeister die gemeindeinterne Zuständigkeit und verletzt damit die Befugnisse des Gemeinderats, so ist fraglich, welche Auswirkungen dies auf die nach außen vorgenommene Handlung hat. 245

Denkbar wäre es, die Vertretungsmacht des Bürgermeisters mit der gemeindeinternen Zuständigkeitsordnung so zu verknüpfen, dass bei Überschreitung der Zuständigkeit der Bürgermeister ohne Vertretungsmacht handelt und das vorgenommene Rechtsgeschäft entsprechend §§ 177 ff. BGB (schwebend) unwirksam ist.

Dies hätte den Vorteil, dass die Entscheidungsbefugnisse des Gemeinderats sehr wirksam gewahrt würden. Denn Handlungen des Bürgermeisters wären dann ohne rechtliche Wirkung und der Gemeinderat könnte u.U. nachträglich über eine Genehmigung des Rechtsgeschäfts entscheiden.

Folge wäre jedoch, dass Dritte nicht auf die Vertretungsmacht des Bürgermeisters vertrauen könnten. Dies erscheint insbesondere bei einem Handeln der Gemeinde gegenüber einem privaten Betroffenen nicht gerechtfertigt.

> **Bspe:** *(1) Die Gemeinde, vertreten durch den Bürgermeister, erlässt einen begünstigenden Verwaltungsakt an einen Bürger. (2) Es wird ein privatrechtlicher Kaufvertrag über ein Grundstück mit einem Privaten abgeschlossen.*
>
> In beiden Fällen wird der Private darauf vertrauen, dass die Rechtsgeschäfte wirksam sind, insbesondere der Bürgermeister die Gemeinde wirksam vertreten kann. Die gemeindeinterne Zuständigkeitsverteilung für die Willensbildung und Entscheidung ist für Außenstehende nicht erkennbar. Es erscheint nicht zumutbar, dass sich der Private danach erkundigt, ob ein entsprechender Beschluss des Gemeinderats vorliegt oder eine Zuständigkeit des Bürgermeisters für die Entscheidung gem. § 44 GemO besteht.

*h.M.: unbeschränkte Vertretungsmacht*

Daher geht die ganz h.M. davon aus, dass die Vertretungsmacht des Bürgermeisters nach § 42 I S. 2 GemO unbeschränkt und unbeschränkbar ist. Die interne Zuständigkeitsordnung zwischen Bürgermeister und Gemeinderat ist davon zu trennen. Sie hat keine Auswirkung auf die Vertretungsmacht.[376] 246

Eine Ausnahme hiervon soll nur dann gelten, wenn die dritte Person Kenntnis über den Verstoß gegen die Zuständigkeit des Gemeinderats hat.[377] Die zivilrechtlichen Regeln über den Missbrauch der Vertretungsmacht (kollusives Verhalten) können hier entsprechend herangezogen werden.

*Rechtsgeschäfte sind wirksam*

Zivilrechtliche Rechtsgeschäfte sind demnach umfassend wirksam. Der Verstoß gegen die Zuständigkeit des Gemeinderats hat überhaupt keine Folgen für das Handeln nach außen. 247

> Der zivilrechtliche Kaufvertrag, den die Gemeinde (vertreten durch den Bürgermeister) mit einem Bürger abgeschlossen hat, ist wirksam.

Auch öffentlich-rechtliche Rechtsgeschäfte sind wirksam. Dies gilt sowohl für Verwaltungsakte als auch für öffentlich-rechtliche Verträge und sonstige öffentlich-rechtliche Handlungen. 248

> In obigem Beispiel ist die Erklärung des Einvernehmens der Gemeinde nach § 36 BauGB wirksam.

376 Aker/Hafner/Notheis, § 42 GemO, Rn. 9; Kunze/Bronner/Katz, § 42 GemO, Rn. 9; Engel/Heilshorn, § 15 Rn. 40.

377 Aker/Hafner/Notheis, § 42 GemO, Rn. 10; Kunze/Bronner/Katz, § 42 GemO, Rn. 9; Engel/Heilshorn, § 15 Rn. 40.

*öffentlich-rechtliches Handeln ist wirksam, aber rechtswidrig (h.M.)*

Fraglich ist allerdings, ob öffentlich-rechtliche Handlungen rechtswidrig sind oder rechtmäßig. Dies ist insbesondere bei Verwaltungsakten wichtig. Denn diese können bei Rechtswidrigkeit angefochten werden (sofern sie belastend sind) und die Aufhebung würde sich nach § 48 LVwVfG (und nicht § 49 LVwVfG) richten. 249

Nach h.M. führt der Verstoß gegen die Befugnisse des Gemeinderats zur Rechtswidrigkeit der Handlung.[378] Ein Verwaltungsakt ist verfahrensfehlerhaft, da der entsprechende Beschluss des Gemeinderats fehlt. Eine Heilung dieses Verfahrensfehlers analog §§ 45 I Nr. 4, 46 LVwVfG wird überwiegend abgelehnt.[379]

Der begünstigende Verwaltungsakt, den der Bürgermeister ohne den erforderlichen Beschluss des Gemeinderats erlassen hat, ist rechtswidrig und kann daher nach § 48 LVwVfG zurückgenommen werden.

**hemmer-Methode: Dieselbe Frage stellt sich beim öffentlich-rechtlichen Vertrag, hat bei diesem jedoch nur theoretische Bedeutung. Denn ob der Vertrag rechtswidrig ist, spielt keine Rolle, solange der Fehler nicht zur Nichtigkeit nach § 59 I LVwVfG führt. Dies wird man wegen des Verfahrensverstoßes der unterlassenen Beschlussfassung des Gemeinderats kaum annehmen können.**

*Rechtsnormen sind rechtswidrig und unwirksam*

Rechtsnormen (Satzungen und Rechtsverordnungen) sind nicht nur rechtswidrig, sondern nichtig. Hat der Bürgermeister also eine Satzung „erlassen", d.h. öffentlich bekanntgemacht, obwohl der Gemeinderat die Satzung gar nicht beschlossen hatte, so ist die Satzung unwirksam. Das Gleiche gilt für Rechtsverordnungen, wenn diese vom Gemeinderat zu beschließen sind. 250

**hemmer-Methode: Einzige Beschränkung der Vertretungsmacht des Bürgermeisters ist § 54 I GemO für zivilrechtliches Handeln.[380] Danach ist für Verpflichtungserklärungen der Gemeinde die Schriftform erforderlich.**
**Da der Landesgesetzgeber für das Zivilrecht keine Regelungen erlassen kann (vgl. Art. 55 EGBGB), beschränkt das Schriftformerfordernis die Vertretungsmacht des Bürgermeisters im Zivilrechtsverkehr.[381] § 54 I GemO hat daher die Wirkung, dass der Bürgermeister für nichtschriftliche zivilrechtliche Verpflichtungserklärungen keine Vertretungsmacht hat. Folge ist dann §§ 177 ff. BGB.**

*unterscheiden: Außen- und Innenverhältnis der Gemeinde*

Von den Folgen eines Verstoßes gegen die Zuständigkeitsverteilung nach außen sind die gemeindeinternen Konsequenzen zu unterscheiden. Hier führt die Überschreitung der Zuständigkeitsgrenzen zu einer Verletzung der (organschaftlichen) Befugnisse des Gemeinderats, die in einem Kommunalverfassungsstreit geltend gemacht werden kann. 251

***Bsp:** Erlässt der Bürgermeister einen Verwaltungsakt ohne erforderlichen Beschluss des Gemeinderats, so kann der Gemeinderat mittels eines Kommunalverfassungsstreits die Rückgängigmachung, d.h. dessen Aufhebung, verlangen oder die Rechtswidrigkeit des Handelns des Bürgermeisters feststellen lassen.*

## III. Zuständigkeit des Bürgermeisters bei der Sitzung des Gemeinderats

*Funktionshilfe für den Gemeinderat*

Neben den Entscheidungszuständigkeiten und der Vertretung der Gemeinde hat der Bürgermeister eine weitere Art von Aufgaben, die als „Funktionshilfe" für den Gemeinderat bezeichnet werden kann. 252

378 VGH Mannheim, NJW-RR 1998, 877; VG Sigmaringen, Urt. v. 13.09.2007 - 6 K 766/07; Aker/Hafner/Notheis, § 42 GemO, Rn. 11.

379 Engel/Heilshorn, § 15 Rn. 40; Engel, VBlBW 2008, 41 (48); a.A. Burgi, § 13 Rn. 29.

380 Engel/Heilshorn, § 15 Rn. 40; Aker/Hafner/Notheis, § 42 GemO, Rn. 12; Burgi, § 13 Rn. 29; Lange, Kap. 8 Rn. 175.

381 Aker/Hafner/Notheis, § 42 GemO, Rn. 12; Kunze/Bronner/Katz, § 54 GemO, Rn. 14.

Diese umfasst die Vorbereitung und Leitung der Sitzungen des Gemeinderats.

## 1. Vorbereitung und Einberufung der Sitzungen des Gemeinderats

*Einberufung unter Mitteilung der Verhandlungsgegenstände*

Gem. § 34 I S. 1 GemO hat der Bürgermeister den Gemeinderat einzuberufen.[382] Dabei sind die Verhandlungsgegenstände (Tagesordnungspunkte, „TOP") mitzuteilen und die dazu erforderlichen Unterlagen. 253

Grundsätzlich liegt es im pflichtgemäßen Ermessen des Bürgermeisters, welche Verhandlungsgegenstände er für die Sitzungen ansetzt.

*Minderheitenrechte nach § 34 I S. 3 und S. 4 GemO*

Ein Viertel der Gemeinderäte hat jedoch gem. § 34 I S. 3 GemO das Recht, die Einberufung einer Sitzung zu verlangen. Ebenso kann gem. S. 4 die gleiche Anzahl von Ratsmitgliedern die Aufnahme eines Verhandlungsgegenstands in die Tagesordnung verlangen. 254

*Prüfungsrecht des Bgm.*

Dem Bürgermeister steht bei Anträgen auf Aufnahme von Verhandlungsgegenständen auf die Tagesordnung ein formelles und (eingeschränktes) materielles Prüfungsrecht zu.[383] Andernfalls müsste der Bürgermeister einen Verhandlungsgegenstand aufnehmen, dem anschließenden Beschluss des Gemeinderats aber wegen Rechtswidrigkeit nach § 43 II GemO widersprechen.

**hemmer-Methode: Kommt der Bürgermeister einem solchen Begehren nicht nach, so kann die Minderheit ihr (organschaftliches) Recht nach § 34 I S. 3 bzw. S. 4 GemO mittels eines Kommunalverfassungsstreits gerichtlich durchsetzen, sinnvollerweise im Wege einer einstweiligen Anordnung.**

*ortsübliche Bekanntgabe*

Wird eine Sitzung des Gemeinderats einberufen, so sind zwecks Information der Einwohner gem. § 34 I S. 7 GemO Zeit, Ort und Tagesordnung der öffentlichen Sitzung ortsüblich bekannt zu geben. 255

## 2. Bürgermeister als Vorsitzender des Gemeinderats, § 42 I S. 1 GemO

*Bürgermeister ist Vorsitzender des Gemeinderats*

§ 42 GemO weist dem Bürgermeister den Vorsitz im Gemeinderat zu. Die Führung des Vorsitzes im Gemeinderat ist auch an anderer Stelle und damit mehrfach im Gesetz normiert: Nach § 36 I S. 1 GemO eröffnet, leitet und schließt der Bürgermeister die Verhandlungen. Er ist gem. § 36 I S. 2 GemO für die Aufrechterhaltung der Ordnung in der Sitzung zuständig und ihm steht auch das Hausrecht zu (hierzu unter Rn. 175 ff.). 256

*einzelne Zuständigkeiten des Gemeinderats in der Sitzung*

Beachten Sie jedoch, dass nicht alle Maßnahmen und Entscheidungen in der Sitzung dem Bürgermeister obliegen. So trifft der Gemeinderat in Zweifelsfällen die Entscheidung über den Ausschluss wegen Befangenheit nach § 18 IV S. 2 GemO. Über einen Ausschluss der Öffentlichkeit nach § 35 I GemO entscheidet in der Sitzung ebenfalls der Gemeinderat.[384] Die Geschäftsordnung gem. § 36 II GemO wird - selbstverständlich - durch den Gemeinderat beschlossen.

---

382 Dies umfasst auch die Uhrzeit des Sitzungsbeginns, VGH Mannheim, ESVGH 41, 283 = BWGZ 1991, 455.

383 VGH Mannheim, VBlBW 1984, 312; Aker/Hafner/Notheis, § 34 GemO, Rn. 19.

384 Aker/Hafner/Notheis, § 35 GemO, Rn. 8; Kunze/Bronner/Katz, § 35 GemO, Rn. 11.

*Ausschüsse*

Der Bürgermeister führt gem. §§ 40 III, 41 II S. 1 GemO auch in den Ausschüssen den Vorsitz. Er kann diesen jedoch auf andere Personen übertragen. Der Vorsitzende des Ausschusses hat die gleichen Befugnisse im Ausschuss wie der Bürgermeister, vgl. §§ 39 V S. 1, 41 III GemO. 257

*Stimmrecht*

Der Bürgermeister ist als Vorsitzender des Gemeinderats zugleich stimmberechtigtes Mitglied, § 37 VI S. 3 GemO. Seine Stimme hat jedoch kein größeres Gewicht als die der anderen Ratsmitglieder. 258

## IV. Vollzug von Beschlüssen und Widerspruchsrecht des Bürgermeisters, § 43 I - III GemO

### 1. Vollzug der Beschlüsse

*Verpflichtung zum unverzüglichen Vollzug*

Beschlüsse des Gemeinderats werden durch den Bürgermeister vollzogen, § 43 I GemO. Dies beinhaltet das Recht und die Pflicht zum Vollzug.[385] Der Bürgermeister ist zudem verpflichtet, Beschlüsse unverzüglich auszuführen. 259

Der Vollzug kann dabei unterschiedliche Maßnahmen beinhalten. Erforderlich kann insbesondere ein Handeln gegenüber dritten Personen außerhalb der Gemeinde sein, etwa der Erlass eines Verwaltungsakts oder zivilrechtliches Handeln. Für rechtsgeschäftliche Maßnahmen „nach außen" ergibt sich bereits aus § 42 I S. 2 GemO, dass diese nur der Bürgermeister vornehmen kann, da er die Gemeinde vertritt.

### 2. Widerspruch gegen Beschlüsse

*bei rechtswidrigen oder nachteiligen Beschlüssen*

**a)** Hält der Bürgermeister einen Beschluss des Gemeinderats für rechtswidrig, so muss er ihm gem. § 43 II S. 1 GemO widersprechen. Ist er der Ansicht, dass der Beschluss für die Gemeinde nachteilig ist, so kann er widersprechen. 260

*vorübergehend keine Verpflichtung zum Vollzug*

**b)** Folge des Widerspruchs ist die aufschiebende Wirkung nach S. 3. Der Bürgermeister ist (vorübergehend) nicht mehr nach § 43 I GemO zum unverzüglichen Vollzug des Beschlusses verpflichtet. 261

In einer erneuten Sitzung hat der Gemeinderat nochmals über die Angelegenheit zu beschließen. Hält der Bürgermeister auch diesen Beschluss für rechtswidrig, so muss er ihm erneut widersprechen und die Entscheidung der Rechtsaufsichtsbehörde ersuchen (vgl. § 43 II S. 4, 5 GemO). Auch dieser Widerspruch hat aufschiebende Wirkung, bis die Rechtsaufsicht entscheidet.[386] Mit der „aufschiebenden Wirkung" nach § 80 I VwGO hat dies i.Ü. nichts zu tun; dort geht es um Verwaltungsakte, hier um die Umsetzung von Gemeinderatsbeschlüssen, die typischerweise keine Verwaltungsakte sind.

*innergemeindliche Selbstkontrolle*

**c)** Zweck dieses Verfahrens ist die innergemeindliche Selbstkontrolle.[387] Der Bürgermeister wird zu einer „Prüfungsinstanz" für die Entscheidungen des Gemeinderats. Dieser ist angehalten, erneut über eine Angelegenheit zu beraten und zu beschließen, wenn der Bürgermeister widerspricht. 262

385 Kunze/Bronner/Katz, § 43 GemO, Rn. 4; Aker/Hafner/Notheis, § 43 GemO, Rn. 5; Engel/Heilshorn, § 15 Rn. 27.

386 Kunze/Bronner/Katz, § 43 GemO, Rn. 14 und 12; Aker/Hafner/Notheis, § 43 GemO, Rn. 16 und 18.

387 Kunze/Bronner/Katz, § 43 GemO, Rn. 6; Aker/Hafner/Notheis, § 43 GemO, Rn. 9.

Zudem führt ein erneuter Widerspruch des Bürgermeisters dazu, dass die Rechtsaufsicht entscheidet. Der Gemeinderat kann demnach die „Prüfungsinstanz" Bürgermeister nicht überwinden, sondern nur erreichen, dass die Aufsichtsbehörde sich mit dieser Angelegenheit befasst.

Entscheidet die Aufsichtsbehörde dahin gehend, dass der Beschluss rechtmäßig ist, so bestätigt sie ihn.[388] Andernfalls erlässt sie eine Beanstandung nach § 121 GemO.

*subjektives Element in § 43 II GemO*

**d)** Zu beachten ist, dass § 43 II GemO auf die subjektive Überzeugung („Auffassung") des Bürgermeisters abstellt und nicht auf die objektive Rechtswidrigkeit des Beschlusses. Allerdings ist er zur sorgfältigen Prüfung der Rechtslage verpflichtet, bevor er von seinem Widerspruchsrecht Gebrauch macht. 263

Widerspricht der Bürgermeister wegen angeblicher Rechtswidrigkeit, ist der Beschluss jedoch objektiv rechtmäßig, so hat der Widerspruch in rechtlich schwierigen Fällen die o.g. Wirkungen.[389]

Ist der Beschluss objektiv rechtswidrig, unterlässt der Bürgermeister jedoch einen Widerspruch, weil er nicht von der Rechtswidrigkeit überzeugt ist, so hat dies zumindest bei rechtlich komplizierten Angelegenheiten die Folge, dass der Bürgermeister nicht gegen seine Dienstpflichten verstößt und auch nicht gegenüber der Gemeinde haftet. Nur bei erkennbarer Rechtswidrigkeit kommt eine Haftung des Bürgermeisters in Betracht.[390]

## V. Vertretung des Bürgermeisters

*bei Verhinderung des Bürgermeisters*

Um eine kontinuierliche Verwaltungstätigkeit in den Gemeinden sicherzustellen, müssen Vertreter des Bürgermeisters bestellt werden. 264
Dies ist insbesondere bei einer Verhinderung des Bürgermeisters wichtig (Urlaub, Krankheit, sonstige Abwesenheit). Die GemO sieht dazu die Bestellung von Vertretern aus der Mitte des Gemeinderats (§ 48 GemO) oder die Vertretung durch Beigeordnete (§ 49 GemO) vor.[391]

### 1. Vertreter aus der Mitte des Gemeinderats, § 48 GemO

*durch Gemeinderäte*

In Gemeinden ohne Beigeordnete bestellt der Gemeinderat aus seiner Mitte einen oder mehrere Stellvertreter, die den Bürgermeister im Fall seiner Verhinderung vertreten, § 48 I S. 1, S. 3 GemO. Werden mehrere Stellvertreter bestellt, so wird durch die Reihenfolge der Wahl zugleich die Reihenfolge der Stellvertretung bestimmt, § 48 I S. 5 GemO. 265

Ist der Bürgermeister verhindert, so übt sein Vertreter an seiner Stelle alle dem Bürgermeister zustehenden Befugnisse in dessen Namen aus. Er vertritt den Bürgermeister sowohl in seiner Funktion als Leiter der Gemeindeverwaltung als auch bei der Sitzung des Gemeinderats.

### 2. Beigeordnete, § 49 GemO

*Beigeordnete als Vertreter*

Sind Beigeordnete bestellt, so ist der Erste Beigeordnete der ständige allgemeine Stellvertreter des Bürgermeisters, § 49 III S. 1 GemO. 266

388 Kunze/Bronner/Katz, § 43 GemO, Rn. 14; Aker/Hafner/Notheis, § 43 GemO, Rn. 19.
389 Kunze/Bronner/Katz, § 43 GemO, Rn. 7; Aker/Hafner/Notheis, § 43 GemO, Rn. 10.
390 Kunze/Bronner/Katz, § 43 GemO, Rn. 7.
391 Kunze/Bronner/Katz, § 48 GemO, Rn. 1; Aker/Hafner/Notheis, § 48 GemO, Rn. 1.

*allg. Stellvertretung kontra Vertretung im jeweiligen Geschäftskreis*

Unterscheiden Sie diese „allgemeine Stellvertretung“ von der „Vertretung des Bürgermeisters im jeweiligen Geschäftskreis“ des Beigeordneten nach § 49 II S. 1 GemO.[392] Die Vertretung im Geschäftskreis besteht i.R.d. Gemeindeverwaltung. 267

> **Bsp.:** *Der Beigeordnete für Soziales, Jugend und Kultur vertritt den Bürgermeister in diesem Bereich, der üblicherweise noch genauer anhand der Organisationsstruktur der Gemeindeverwaltung bestimmt ist. Er trifft kraft seiner gesetzlich bestehenden Vertretungsmacht nach § 49 III S. 1 GemO selbstständig die Entscheidung über Programm, Öffnungszeiten, Ausrichtung etc. der Jugendeinrichtungen der Gemeinde.*

Die „allgemeine Stellvertretung“ nach § 49 III GemO geht darüber hinaus. Sie ist zum einen für den Bereich der Gemeindeverwaltung nicht auf einen Bereich (Geschäftskreis) beschränkt. Außerdem besteht sie auch für alle weiteren Funktionen des Bürgermeisters, insbesondere im Zusammenhang mit der Sitzung des Gemeinderats (Vorbereitung, Leitung), für das Widerspruchsrecht nach § 43 GemO usw.[393] Im Gemeinderat und in beschließenden Ausschüssen hat der Beigeordnete als Stellvertreter des Bürgermeisters kein Stimmrecht.[394]

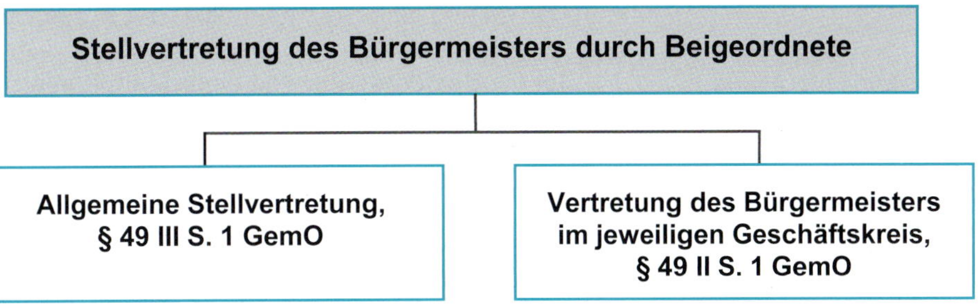


## D. Weitere Organe der Gemeinde

### I. Beigeordnete, §§ 49 - 51 GemO

*Bestellung von Beigeordneten*

In Gemeinden mit mehr als 10.000 Einwohnern können, in Stadtkreisen (vgl. § 131 GemO) müssen ein oder mehrere Beigeordnete bestellt werden, § 49 I S. 1 GemO. Die Beigeordneten werden vom Gemeinderat gewählt, § 50 II S. 1 GemO. In Stadtkreisen und Großen Kreisstädten führt der Erste Beigeordnete kraft Gesetzes (vgl. § 49 III S. 2 GemO) die Amtsbezeichnung Bürgermeister. Eine Verleihung auch an die übrigen Beigeordneten ist möglich, § 49 III S. 4 GemO. 268

*Bedienstete der Gemeinde*

Die Beigeordneten sind Bedienstete der Gemeinde und damit Teil der Gemeindeverwaltung. Sie sind gem. § 50 I S. 1 GemO als hauptamtliche Beamte zu bestellen. Sie vertreten den Bürgermeister ständig in ihrem Geschäftskreis, § 49 III GemO. D.h., sie nehmen die Entscheidungszuständigkeit des Bürgermeisters wahr (Geschäfte der laufenden Verwaltung, vom Gemeinderat übertragene Aufgaben, Weisungsaufgaben etc.). 269

Als Teil der Gemeindeverwaltung sind die Beigeordneten teilweise mit den sonstigen Bediensteten der Gemeinde vergleichbar. Wie diese sind sie den Weisungen des Bürgermeisters unterworfen, § 49 II S. 2 GemO.

392 Kunze/Bronner/Katz, § 49 GemO, Rn. 16; Aker/Hafner/Notheis, § 49 GemO, Rn. 9.
393 Kunze/Bronner/Katz, § 49 GemO, Rn. 16; Aker/Hafner/Notheis, § 49 GemO, Rn. 9.
394 Kunze/Bronner/Katz, § 49 GemO, Rn. 16; Aker/Hafner/Notheis, § 33 GemO, Rn. 3 und § 40 GemO, Rn. 19.

*Unterschiede zu den sonstigen Bediensteten der Gemeinde*

Im Unterschied zu den anderen Bediensteten der Gemeinde vertreten die Beigeordneten den Bürgermeister in ihrem Geschäftskreis jedoch kraft Gesetzes, § 49 III S. 1 GemO. Sonstige Bedienstete haben keine gesetzliche Vertretungsmacht, für die Gemeinde zu handeln. Sie bekommen diese, wie bei allen Behörden, rechtsgeschäftlich von dem Behördenleiter (d.h. dem Bürgermeister) nach § 53 GemO verliehen.[395] *269a*

Die Amtszeit der Beigeordneten ist nach § 50 I S. 2 GemO auf acht Jahre befristet. Ihren Zuständigkeitsbereich (Geschäftskreis) legt der Bürgermeister als Leiter der Gemeindeverwaltung im Einvernehmen mit dem Gemeinderat fest, § 44 I S. 2 GemO.

**hemmer-Methode: Zusammenfassend lässt sich feststellen, dass die Beigeordneten besondere Organe innerhalb der Gemeindeverwaltung darstellen. Sie bleiben jedoch Bedienstete der Gemeinde. Im Verhältnis der beiden Hauptorgane Gemeinderat und Bürgermeister sind sie Teil der Gemeindeverwaltung und unterstehen dem Bürgermeister.**

*Beigeordneter kein Beteiligter im Kommunalverfassungsstreit*

Als Teil der Gemeindeverwaltung sind sie kein Organ oder Organteil, das Beteiligter eines Kommunalverfassungsstreits sein könnte. Beteiligter eines Kommunalverfassungsstreits aufseiten der Gemeindeverwaltung ist in solchen Fällen der Bürgermeister als deren Leiter. *270*

*„normale" beamtenrechtliche Streitigkeit*

Ist ein Beigeordneter von einer Maßnahme betroffen, z.B. einer Weisung des Bürgermeisters, so kann er wie jeder Beamte dagegen vorgehen.

***Bsp.:** Der Bürgermeister verändert im Einvernehmen mit dem Gemeinderat den Geschäftskreis eines Beigeordneten.*

Geht der Beigeordnete gegen diese Maßnahme vor, so handelt es sich um eine „normale" beamtenrechtliche Streitigkeit. Ob eine Änderung des Geschäftskreises ohne Zustimmung des Beigeordneten rechtswidrig ist und dem Beigeordneten insoweit ein klagefähiges Recht zusteht, ist strittig. Nach h.M.[396] hat der Beigeordnete kein Recht auf Fortbestand des Geschäftskreises. Eine Klage wäre mangels Klagebefugnis unzulässig. Der Beigeordnete hat kein subjektiv-öffentliches Recht auf unveränderten Aufgabenbereich. Insoweit ist nur seine Amtsstellung, nicht aber seine persönliche Rechtsstellung betroffen. Etwas anderes gilt nur dann, wenn dem Beigeordneten so viele Aufgaben entzogen werden, dass der Rest nicht mehr dem normalen Umfang an Aufgaben eines Beigeordneten entspricht. Dann ist das Recht des Beamten auf amtsangemessene Aufgabenzuweisung, das zur persönlichen Rechtsstellung zählt, betroffen.

**hemmer-Methode: Unterscheiden Sie die Stellung des Beigeordneten als Teil der Gemeindeverwaltung von der Stellung als „allgemeiner Vertreter" des Bürgermeisters nach § 49 III S. 1 GemO.**
**Dies umfasst nicht nur die Vertretung des Bürgermeisters im Geschäftskreis des Beigeordneten, sondern im Verhinderungsfall auch in den sonstigen Funktionen des Bürgermeisters, insbesondere bei der Sitzung des Gemeinderats.[397] Erkennen Sie auch, v.a. für Klausursachverhalte, die Begrifflichkeit: In Stadtkreisen und Großen Kreisstädten führt der Erste Beigeordnete die Amtsbezeichnung Bürgermeister, § 49 III S. 2 GemO. Der „eigentliche" Bürgermeister heißt dort Oberbürgermeister, § 42 IV GemO. Auch den weiteren Beigeordneten kann der Gemeinderat die Amtsbezeichnung „Bürgermeister" verleihen, § 49 III S. 4 GemO.**

395 Kunze/Bronner/Katz, § 53 GemO, Rn. 1; Aker/Hafner/Notheis, § 53 GemO, Rn. 1; Kopp/Ramsauer, § 12 VwVfG, Rn. 14.

396 Kunze/Bronner/Katz, § 44 GemO, Rn. 6; Aker/Hafner/Notheis, § 49 GemO, Rn. 7; a.A. Greiner, VBlBW 1988, 331.

397 Aker/Haffner/Notheis, § 49 GemO, Rn. 9; Engel/Heilshorn, § 15 Rn. 41; zur Stellvertretung des Bürgermeisters s.o. 264 ff.

### II. Ältestenrat, § 33a GemO

*Ältestenrat berät den Bürgermeister*

Der Gemeinderat kann durch entsprechende Bestimmung in der Hauptsatzung einen Ältestenrat bilden. Dessen mögliche Aufgaben, die lediglich beratender Art sind, werden in § 33a I S. 1 GemO geregelt und können nicht erweitert werden.[398] Mangels Sachentscheidungsbefugnis ist der Ältestenrat kein Organ der Gemeinde. Die Einrichtung eines Ältestenrats dient allein der Intensivierung der Zusammenarbeit zwischen Bürgermeister und Gemeinderat (sog. Brückenfunktion).[399] 271

> ***Bspe.:*** *Beratung des Bürgermeisters in Fragen der Tagesordnung und des Gangs der Verhandlungen im Gemeinderat; Sitzungsplanung, d.h. Vorbesprechung der zeitlichen Abfolge politisch wichtiger Gemeindeangelegenheiten im Kalenderjahr*

Der Bürgermeister kann verpflichtet werden, bei Fragen der Tagesordnung oder des Gangs der Verhandlungen den Ältestenrat anzuhören.[400] Ein Verstoß hiergegen führt jedoch nicht zur Rechtswidrigkeit späterer Beschlüsse des Gemeinderats.[401] Es kann lediglich daran gedacht werden, dass der Ältestenrat die Verletzung dieser Verpflichtung in einem Kommunalverfassungsstreit feststellen lassen kann. Vergleichbar ist dies mit den beratenden Ausschüssen, denen trotz der nur beratenden Funktion ebenfalls durchsetzbare Rechte zustehen.

### III. Weitere Organe

*weitere Organe*

Weitere Organe sind der Beirat für geheim zu haltende Angelegenheiten (§ 55 GemO), der Jugendgemeinderat (§ 41a GemO) und sonstige, nicht gesetzlich geregelte Beiräte.[402] 272

## E. Die Organe des Landkreises

*Verfassung des Landkreises wie Gemeinde*

Die innere Verfassung des Landkreises entspricht der der Gemeinden.[403] Das Verhältnis zwischen Organen und Organteilen ist daher auch entsprechend den für die Gemeinden geltenden Grundsätzen zu beurteilen. 273

*aber: Landratsamt ist zugleich untere staatliche Verwaltungsbehörde*

Unterschiede ergeben sich jedoch aus der Eigenschaft des Landratsamts als unterer staatlicher Verwaltungsbehörde (§ 1 III S. 2 LKrO und § 15 I Nr. 1 LVG).[404] Die Wahrnehmung der staatlichen Aufgaben obliegt dem Landrat als Organ des Landes, nicht des Landkreises.[405] Dieser Aufgabenbereich steht selbstständig neben den anderen Aufgaben (= freiwillige Aufgaben, Pflichtaufgaben, Weisungsaufgaben).

Eine Mitwirkung des Kreistags in den Angelegenheiten des Landratsamts als untere staatliche Verwaltungsbehörde besteht nach der LKrO grds. nicht, vgl. § 54 LKrO.

398 Kunze/Bronner/Katz, § 33a GemO, Rn. 3; Aker/Haffner/Notheis, § 33a GemO, Rn. 4; Engel/Heilshorn, § 14 Rn. 111.
399 Aker/Haffner/Notheis, § 33a GemO, Rn. 8; Engel/Heilshorn, § 14 Rn. 112.
400 Kunze/Bronner/Katz, § 33a GemO, Rn. 2; Aker/Haffner/Notheis, § 33a GemO, Rn. 6.
401 Aker/Haffner/Notheis, § 33a GemO, Rn. 8 a.E.
402 Näher dazu Engel/Heilshorn, § 14 Rn. 113-115.
403 Engel/Heilshorn, § 22 Rn. 20; Trumpp; § 18 LKrO, Rn. 1. Hierzu bereits unter Rn. 58 f.
404 Engel/Heilshorn, § 22 Rn. 20; Trumpp; § 1 LKrO, Rn. 11. Hierzu bereits unter Rn. 58 f.
405 Sog. Organ- oder Institutionenleihe vgl. VGH Mannheim, ESVGH 26, 151 (153).

Lediglich soweit dies fachgesetzlich vorgesehen ist, stehen dem Kreistag Informations- und Mitwirkungsrechte zu. Beispielsweise bedürfen nach § 15 I PolG Kreispolizeiverordnungen, welche länger als einen Monat gelten sollen, der Zustimmung des Kreistags. Nach § 54 II LKrO steht es aber im Ermessen des Landrats, ob er den Kreistag anhört.

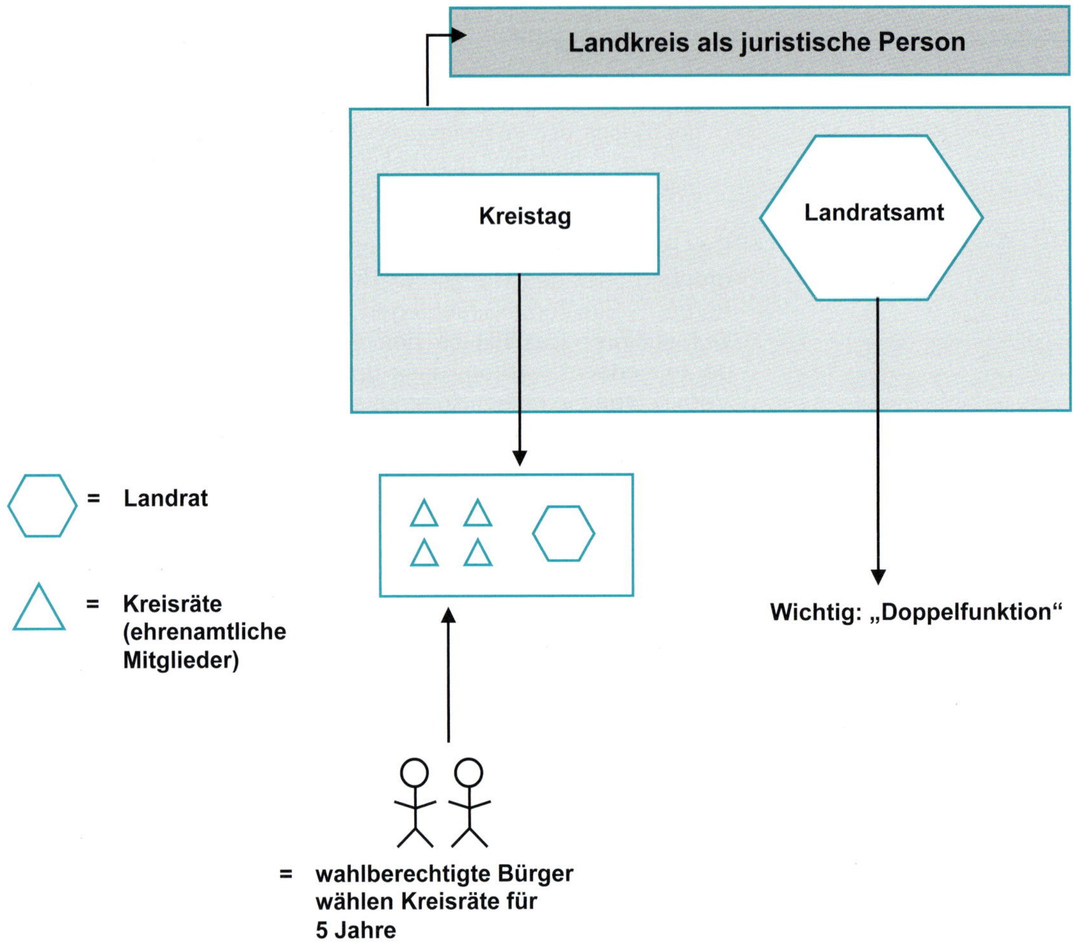

# § 6 KOMMUNALVERFASSUNGSSTREIT

## A. Einführung und Begriff

*Begriff*

Unter dem Begriff der kommunalverfassungsrechtlichen Streitigkeit (KVS) werden verwaltungsgerichtliche Auseinandersetzungen zwischen verschiedenen Organen (sog. Interorganstreit) oder innerhalb eines Kollegialorgans (sog. Intraorganstreit) einer kommunalen Gebietskörperschaft über bestehende Rechtsbeziehungen zusammengefasst.[406] 274

**Bspe.:** *Ein Gemeinderatsmitglied verlangt vom Bürgermeister die Durchsetzung eines Rauchverbots im Sitzungssaal; ein Gemeinderatsmitglied wehrt sich gegen einen von der Bürgermeisterin verhängten Sitzungsausschluss; ein Fraktionsmitglied möchte sich gegen einen Fraktionsausschluss zu Wehr setzen.*

*Innenrechtsstreitigkeit*

Die Besonderheit des KVS ist, dass es um Streitigkeiten innerhalb eines Verwaltungsträgers geht (sog. Innenrechtsstreitigkeit). Im „Normalfall“ verwaltungsgerichtlicher Streitigkeiten sind dagegen ein einzelner Privater und die Verwaltung beteiligt (sog. interpersonelle Streitigkeiten), d.h., es handelt sich um eine Streitigkeit im Außenverhältnis. 275

Verwaltungsinterne Streitigkeiten, die auch als Insichprozesse bezeichnet werden, sind grundsätzlich nicht zulässig. Denn die Organe innerhalb eines Verwaltungsträgers agieren nicht wie natürliche Personen mit deren Rechten und Pflichten, nehmen vielmehr Zuständigkeiten und Befugnisse wahr.[407] Streitigkeiten werden durch die Behördenleiter oder eine vorgesetzte Dienststelle entschieden, in der Landesverwaltung durch den zuständigen Minister oder die Landesregierung.

*Besonderheiten bei kommunalen Gebietskörperschaften*

Anders ist dies bei den kommunalen Gebietskörperschaften (Gemeinden, Städte, Landkreise).[408] Der Gebietskörperschaft kommt im Hinblick auf Auseinandersetzungen zwischen ihren Organen oder Organteilen mangels hierarchischer Strukturierung keine Letztentscheidungskompetenz zu. Es gibt folglich kein allein leitendes Organ, das Streitigkeiten entscheidet.[409] An der Spitze stehen vielmehr zwei Organe (Gemeinderat und Bürgermeister, § 23 GemO), deren Zuständigkeiten und Befugnisse gesetzlich abgegrenzt sind und die sich gegenseitig unterstützen und ergänzen, aber auch kontrollieren, so z.B. der Gemeinderat den Bürgermeister nach § 24 I S. 3 GemO, der Bürgermeister den Gemeinderat nach § 43 II GemO.[410] Sie werden auch als Kontrastorgane bezeichnet. 276

Der Gemeinderat selbst weist wiederum die Besonderheit auf, dass es sich um ein kollegiales Vertretungsorgan handelt, das durch Volkswahl besetzt wird und damit direkt demokratisch legitimiert ist. Auch die Rechtsbeziehungen innerhalb dieses Organs sind z.T. detailliert in §§ 34 - 38 GemO geregelt.

*Organe und Organteile sollen ihre Rechte gerichtlich durchsetzen können*

Diese Besonderheiten gebieten es, die Regelungen über die Organe und Organteile der Gemeinde nicht lediglich als Zuständigkeiten und Befugnisse anzusehen, sondern als organschaftliche Rechtspositionen, die gerichtlich durchsetzbar sind. Ob man die organschaftlichen Rechtspositionen als subjektiv-öffentliche Rechte ansieht oder sie lediglich diesen gleichstellt, ist eine rein akademische Frage. 276a

406 Katz, VBlBW 2019, 97 (97); Ogorek, JuS 2011, 511 (511); Schoch, JURA 2008, 826 (829); Burgi, § 14 Rn. 2; Lange, Kap. 10 Rn. 2.
407 Für eine verwaltungsgerichtliche Klage fehlt es zumindest am Rechtsschutzbedürfnis. Vgl. dazu Schoch, JURA 2008, 826 (827).
408 Weitere Anwendungsbereiche des Organstreits sind das Hochschul-, Rundfunk- und Kammerrecht.
409 Engel/Heilshorn, § 17 Rn. 3; Ogorek, JuS 2011, 511 (512); Schoch, JURA 2008, 826 (827).
410 Engel/Heilshorn, § 17 Rn. 3; Burgi, § 14 Rn. 6.

Diese Rechtspositionen sind den Organen und Teilen der Organe zur eigenständigen Wahrnehmung übertragen.[411] Die Rechtsbeziehungen innerhalb der Gemeinde müssen daher (im Gegensatz zur früher vertretenen Impermeabilitätstheorie) justiziabel sein.[412]

**hemmer-Methode: Für die Streitigkeiten zwischen den Organen und Organteilen ist der Begriff des „Kommunalverfassungsstreits" gebräuchlich. Die unter dieser Bezeichnung zusammengefassten Streitigkeiten werfen typische Probleme auf, die aus ihrer Eigenschaft als Streitigkeit des Innenrechts resultieren. Eine selbstständige rechtliche Bedeutung hat der Begriff des KVS nicht.**

| | **Streitigkeit i.R.d. Sitzung/Beschlussfassung des Gemeinderats = Intraorganstreit** | | **Streit mit BM als Leiter der Gemeindeverwaltung = Interorganstreit** | |
|---|---|---|---|---|
| handelndes Organ | **Gemeinderat** | **BM als Vorsitzender des Gemeinderats/ Funktionshilfe** | **Gemeinderat** | **Bürgermeister** |
| Art der Maßnahme | **Beschluss** | **Maßnahme des BM** | **Beschluss** | **v.a. Handeln nach außen** |
| ***Bsp.*** *betroffener Organrechte* | verweigerter Ausschusssitz; Änderung der Geschäftsordnung; Ausschluss (§ 18 GemO) | Recht auf Einberufung (§ 34 I S. 3 GemO); ordnungsgemäße Ladung; Ordnungsmaßnahmen (§ 36 III GemO) | Pflicht des BM zum Vollzug der Beschlüsse, Information/Akteneinsicht (§ 24 III, IV GemO (vgl. ÜK 10) | Verletzung der Organzuständigkeit des Gemeinderats |

## B. Prüfung des KVS als Klage in der Klausur

### I. Sachurteilsvoraussetzungen der Klage

Da sich der KVS wegen seiner Rechtsnatur als Innenrechtsstreit 277
nicht nahtlos in das System des Verwaltungsprozessrechts einfügt, gilt es i.R.d. Sachentscheidungsvoraussetzungen diverse Besonderheiten zu beachten.[413]

**hemmer-Methode: Die Darstellung erfolgt hier zunächst einheitlich für alle Fallgruppen des KVS. Erst i.R.d. Begründetheit wird speziell auf die einzelnen Konstellationen eingegangen (dazu unter Rn. 304 ff.).**

411 Instruktive Fallbearbeitungen bieten Harder/Hermann, VBlBW 2019, 483-484 (Sachverhalt) und 522-528 (Lösung); Bergmann/Kanzler, VBlBW 2019, 304-306 (Sachverhalt) und 341-351 (Lösung).

412 Rennert, JuS 2008, 119 (123); Engel/Heilshorn, § 17 Rn. 4; Schoch, JURA 2008, 826 (827); Lange, Kap. 10 Rn. 2. Instruktiv zur Impermeabilitätstheorie Ogorek, JuS 2009, 511 (512) und Burgi, § 14 Rn. 5.

413 Ogorek, JuS 2011, 511 (512); Burgi, § 14 Rn. 9; Ennuschat/Ibler/Remmert, § 1 Rn. 251.

## 1. Eröffnung des Verwaltungsrechtswegs (§ 40 I S. 1 VwGO)

### a) Öffentlich-rechtliche Streitigkeit

*streitentscheidende Normen aus der GemO*

Die Eröffnung des Verwaltungsrechtswegs gem. § 40 I S. 1 VwGO ist i.d.R. unproblematisch, da bei gemeindeinternen Streitigkeiten die GemO die streitentscheidenden Normen bereithält. Die Norm unterscheidet nicht danach, ob die streitentscheidenden Normen des öffentlichen Rechts solche des Innen- oder Außenrechtskreises sind.[414] 278

#### aa) Fraktionsinterne Streitigkeiten

*Innenrechtsstreitigkeiten*

Probleme können insbesondere dann auftreten, wenn es sich um eine Streitigkeit im Innenverhältnis von Gemeinderatsfraktionen handelt.[415] 279

**Bsp.:** *Prof. Dr. S, Mitglied der SPD, wurde 2015 zum Mitglied des Gemeinderats von A-Dorf gewählt. H und die anderen der SPD angehörenden Gemeinderatsmitglieder schlossen sich zu einer Fraktion zusammen. Nach verschiedenen Streitigkeiten beschlossen die Fraktionsmitglieder mehrheitlich, S aus der Fraktion auszuschließen. S beantragt beim Verwaltungsgericht, die Rechtswidrigkeit seines Fraktionsausschlusses festzustellen. Ist der Rechtsweg zum Verwaltungsgericht eröffnet?*

Der Verwaltungsrechtsweg ist nur dann eröffnet, wenn es sich um eine öffentlich-rechtliche Streitigkeit handelt. Das ist dann der Fall, wenn sich der Streitgegenstand nach öffentlich-rechtlichen Normen beurteilt. Fraglich ist, ob sich die Rechtmäßigkeit des Ausschlusses aus einer Gemeinderatsfraktion nach öffentlichem Recht bestimmt.

Einigkeit besteht darüber, dass die „Außenrechtsbeziehungen" (= Verhältnis der Fraktion zur Gemeinde und zu ihren Organen) öffentlich-rechtlicher Natur sind, weil sie durch öffentlich-rechtliche Vorschriften (z.B. §§ 20 III, 34 I S. 4, § 32a I S. 2, III S. 1 GemO und Bestimmungen in der Geschäftsordnung der Gemeinde) geregelt werden. Streitigkeiten in diesem Verhältnis sind als kommunalverfassungsrechtliche Streitigkeiten vor den Verwaltungsgerichten auszutragen.[416]

Während sich das Außenrechtsverhältnis der Fraktion zur Gemeinde damit unproblematisch nach öffentlichem Recht richtet, ist die Lage bei der Innenrechtsbeziehung der Fraktionsmitglieder untereinander schwieriger. Für diese sog. fraktionsinternen Streitigkeiten existieren keine Vorschriften in der Gemeindeordnung. Es stellt sich daher die Frage, welche Rechtsnatur der Gemeinderatsfraktion zukommt. Der Versuch einer rechtlichen Qualifikation der Fraktion setzt zunächst deren Definition voraus. Nach Ansicht des BVerfG ist eine Fraktion ein freiwilliger Zusammenschluss von Mitgliedern einer Vertretungskörperschaft (Gemeinderat oder Kreistag), der nicht nur zu einem vorübergehenden Zweck gebildet wird und auf gemeinsamen (politischen) Grundanschauungen beruht.[417] Allerdings lässt auch diese Definition keine klaren Rückschlüsse auf die Rechtsnatur der Fraktion zu.

Der VGH München qualifiziert Fraktionen als privatrechtliche Zusammenschlüsse.[418] Allein die Tatsache, dass sich Mitglieder eines Vertretungsorgans zu einer wirksamen Ausübung ihres kommunalen Mandats zusammengeschlossen hätten, vermöge eine öffentlich-rechtliche Qualität nicht zu begründen.

---

414 Schoch, JURA 2008, 826 (831); Ennuschat/Ibler/Remmert, § 1 Rn. 252; Burgi, § 14 Rn. 1.

415 Instruktive Fallbearbeitungen zu dieser Thematik bieten Kiefer, LKRZ 2014, 128-132 und Hartmann/Engel, NWVBl. 2013, 505-508.

416 VGH Mannheim, VBlBW 1999, 304 (ordnungsgemäße Ladung); NVwZ-RR 1989, 425 (Recht auf Fraktionsbildung); OVG Münster, DÖV 2014, 760 (Einberufung des Rates); VG Düsseldorf, NWVBl 2016, 305 (Aufnahme eines Tagesordnungspunktes); OVG Münster, NVwZ-RR 2003, 376 (finanzielle Zuwendungen).

417 BVerfGE 62, 194 (202), BVerfG, DÖV 1989, 719; VGH München, BayVBl. 1986, 466.

418 VGH München, NJW 1988, 2754 = BayVBl. 1988, 432; NVwZ 1989, 494; kritisch hierzu Aker/Haffner/Notheis, § 32a GemO, Rn. 6.

Die Fraktionen seien eher mit den politischen Parteien vergleichbar, bei denen auch allgemein anerkannt sei, dass Streitigkeiten über die Aufnahme in oder den Ausschluss trotz der öffentlich-rechtlichen Stellung der Parteien nach Art. 21 GG zivilrechtlicher Natur seien. Fraktionen sind nach dieser Ansicht nicht-rechtsfähige bürgerlich-rechtliche Vereine. Für diese Qualifizierung spreche auch ein Umkehrschluss aus § 2 II Nr. 2 VereinsG, wonach nur die Fraktionen des Deutschen Bundestags und der Länderparlamente, nicht aber die Fraktionen der Kommunalvertretungen aus dem Vereinsbegriff ausgeschlossen seien.

Dies überzeugt kaum. Gegenstand dieses Zusammenschlusses sind nicht die den Mitgliedern als natürlichen Personen zustehenden Rechte, sondern die ihnen kraft ihrer organschaftlichen Position als Ratsmitglieder zugewiesenen Kompetenzen, die auf den gemeindlichen Innenbereich beschränkt sind.[419] Angesichts dessen hat der geschlossene Vertrag öffentlich-rechtlichen Charakter. Dies unterstreicht § 32a GemO, wonach Fraktionen feste Einrichtungen des Kommunalverfassungsrechts sind und die Fraktionsmitgliedschaft den Ratsmitgliedern zusätzliche Rechte (z.B. Entsendung in Ausschüsse, § 40 II S. 1 GemO) verleiht. Streitigkeiten um die Mitgliedschaft in einer Fraktion betreffen damit den gemeindlichen Innenrechtskreis und sind damit als öffentlich-rechtliche Streitigkeiten zu qualifizieren.[420]

#### bb) Klagen auf Widerruf von Äußerungen

Ebenfalls Probleme bereitet die rechtliche Einordnung in den Fällen, in denen der Bürgermeister von einem Gemeinderatsmitglied (oder umgekehrt) den Widerruf ehrverletzender Äußerungen im Klageweg begehrt. 280

***Bsp.:*** *Während einer Sitzung des Gemeinderats der Gemeinde G, die die Beratung des Berichts des Rechnungsprüfungsamtes für das vergangene Haushaltsjahr zum Gegenstand hat, beschuldigt Gemeinderatsmitglied Jana die Bürgermeisterin Simone, drei Bobby-Cars für ihre Kinder aus dem Gemeindekindergarten entwendet und sich so persönlich bereichert zu haben. Die Bürgermeisterin klagt vor dem VG auf Widerruf dieser Äußerungen.*

Schwierigkeiten bereitet auch hier die Bejahung der öffentlich-rechtlichen Streitigkeit. Der begehrte Widerruf kann möglicherweise zivilrechtlich auf den Rechtsgedanken der §§ 1004, 823 BGB oder aber auf den öffentlich-rechtlichen Folgenbeseitigungsanspruch gestützt werden. Es ist hier entscheidend auf den Sachzusammenhang abzustellen.[421] Unter Berücksichtigung der actus contrarius-Theorie ist der Rückschluss zu ziehen, dass der Widerruf den gleichen Rechtscharakter hat wie die Äußerung selbst. Die beanstandete Äußerung der A fiel nicht nur in einer Gemeinderatssitzung, sondern gerade im unmittelbaren Zusammenhang mit der städtischen Haushaltsberatung. Damit hatte die Äußerung der J jedenfalls überwiegend verwaltungsrechtlichen bzw. -politischen Charakter und nahm nicht Bezug auf das private Verhalten der Bürgermeisterin. Es liegt also eine öffentlich-rechtliche Streitigkeit vor.

### b) Streitigkeit nichtverfassungsrechtlicher Art

*nichtverfassungsrechtlicher Art*

Trotz der üblichen Bezeichnung als Kommunalverfassungsstreit handelt es sich um eine Streitigkeit nichtverfassungsrechtlicher Art i.S.v. § 40 I S. 1 VwGO, da es an beiden Voraussetzungen der doppelten Verfassungsunmittelbarkeit fehlt:[422] Streitgegenstand i.R.d. KVS sind nicht verfassungsrechtliche Rechte und Pflichten, sondern solche des kommunalen Organisationsrechts. 281

419 Schoch, JURA 2008, 826 (831); Ogorek, JuS 2011, 511 (512); Burgi, § 14 Rn. 13; OVG Münster, NWVBl. 2005, 213; NWVBl. 2013, 447.

420 Kopp/Schenke, § 40 VwGO, Rn. 30 m.w.N.; Lange, Kap. 10 Rn. 14; Geis, § 11 Rn. 93.

421 VGH Mannheim, ESVGH 52, 181 = DÖV 2002, 348; ESVGH 48, 158 = VBlBW 1998, 100; VGH Kassel, LKRZ 2012, 410.

422 Ogorek, JuS 2011, 511 (512); Schoch, JURA 2008, 826 (831); Ennuschat/Ibler/Remmert, § 1 Rn. 252; Engel/Heilshorn, § 17 Rn. 6.

Im Streit steht nicht das Verhältnis zwischen Verfassungsorganen oder -organteilen, sondern es geht um die organschaftlichen Beziehungen innerhalb einer kommunalen Körperschaft.[423] Dieses Verhältnis wird durch einfaches Recht geregelt. Zudem sind die Beteiligten keine Verfassungsorgane oder Verfassungsorganteile.

**hemmer-Methode: Obwohl der KVS problemlos als nichtverfassungsrechtliche Streitigkeit bezeichnet werden kann, sollten Sie doch unbedingt in der Klausur hierzu kurz Stellung nehmen. Es handelt sich hier um einen Klassiker im Rahmen der KVS, zu dem von Ihnen Ausführungen erwartet werden.**

## 2. Statthafte Klageart

Der Begriff der KVS ist lediglich ein - prozessrechtlich unbeachtlicher - Gruppenbegriff. Die Klageart muss für jeden Einzelfall speziell bestimmt werden. *282*

**hemmer-Methode: Letztlich sagt der Begriff der KVS für sich gesehen i.R.d. Zulässigkeit der Klage also gar nichts aus. Trotzdem wird von Ihnen erwartet, dass Sie an den „typischen" Stellen (§ 40 I S. 1 VwGO, Bestimmung der Klageart, Klagebefugnis, Klagegegner und Beteiligtenfähigkeit) ausgehend von diesem Begriff die Probleme erörtern. Es handelt sich bei dem Begriff der KVS um ein „Sound-Wort", das der Korrektor auf jeden Fall lesen will.**
**Die besonderen Probleme beim KVS in der Zulässigkeit bestehen deshalb, weil die VwGO nicht auf Innenrechtsbeziehungen zugeschnitten ist, sondern für Streitigkeiten des Außenrechtskreises.**

### a) Klage eigener Art (sui generis)

*keine Klage sui generis*

Das OVG Münster und das OVG Lüneburg sind lange Zeit davon ausgegangen, dass die strukturell auf Außenrechtsstreitigkeiten ausgerichteten Klagearten der VwGO auf den Kommunalverfassungsstreit nicht anwendbar sind.[424] Über eine richterrechtliche Rechtsfortbildung wurden Kommunalverfassungsstreitigkeiten einer „Klage eigener Art" unterstellt. *283*

Diese Ansicht wird inzwischen nicht mehr vertreten.[425] Hintergrund ist, dass vorrangig die Klagearten anzuwenden sind, die die VwGO vorsieht. Wenn und soweit mit diesen der Rechtsschutz auch beim KVS gewährleistet werden kann, bedarf es keiner zusätzlichen, richterrechtlich entwickelten Klage sui generis.[426]

### b) Anfechtungs- oder Verpflichtungsklage

*gemeindeinterne Maßnahmen sind keine Verwaltungsakte*

Auch Anfechtungs- und Verpflichtungsklage scheiden nach ganz h.M.[427] im Kommunalverfassungsstreitverfahren aus, da gemeindeinterne Maßnahmen keine Verwaltungsakte sind. *284*

423 BVerfG, NVwZ-RR 2005, 494.

424 OVG Münster, OVGE 17, 261; 27, 258; OVG Lüneburg, OVGE 22, 508; Lange, Kap. 10 Rn. 41.

425 Beide Gerichte haben die Klage sui generis ausdrücklich aufgegeben, vgl. OVG Münster, OVGE 32, 192; NVwZ 1983, 485 (486); OVG Lüneburg, OVGE 37 472 (474).

426 Lange, Kap. 10, Rn. 41; Ennuschat/Ibler/Remmert, § 1 Rn. 253; Burgi, § 14 Rn. 10; Heusch, NWVBl. 2015, 401 (407).

427 VGH Mannheim, NVwZ-RR 1989, 91 (92); NVwZ 1993, 396; Rennert, JuS 2008, 119 (124); Engel/Heilshorn, § 17 Rn. 9; a.A. Kopp/Schenke, Anh. zu § 42 VwGO, Rn. 86 f., und Schenke, Rn. 226.

*keine Außenwirkung i.S.d. § 35 VwVfG*

Gem. § 35 S. 1 VwVfG müsste um eine Maßnahme gestritten werden, die auf „unmittelbare Rechtswirkung nach außen gerichtet ist". Der KVS betrifft jedoch gerade die Fälle, in denen nur organschaftliche Rechte in Streit stehen.[428] Die organschaftlichen Rechte bestehen nur innerhalb der Gemeinde und ihrer Organe. Maßnahmen, die nur solche Rechte betreffen, haben niemals Außenwirkung und können daher auch nicht auf Außenwirkung gerichtet sein. Zudem stellt die Ausübung organschaftlicher Rechte (z.B. des Bürgermeisters ggü. dem Gemeinderatsmitglied) funktionell betrachtet kein Handeln einer Behörde dar.[429]

Es besteht im Übrigen kein Anlass, die kommunalverfassungsrechtliche Entscheidung dem Begriff des Verwaltungsaktes zu unterstellen, da die VwGO den Rechtsschutz gegen hoheitliche Maßnahmen nicht auf Anfechtungs- und Verpflichtungsklage beschränkt. *284a*

**hemmer-Methode: Die Situation der Organe und Organteile kann mit der beamtenrechtlichen Streitigkeit verglichen werden. Auch bei diesen wird zwischen ihrer persönlichen Rechtsstellung und ihrer Amtsfunktion unterschieden.[430] Eine vergleichbare Trennlinie kann zwischen den persönlichen und den organschaftlichen Rechten i.R.d. KVS gezogen werden. Der (wichtige!) Unterschied besteht darin, dass die Organe und Organteile der Gemeinde ihre organschaftlichen Rechte gerichtlich durchsetzen können, während den Beamten in ihrer Amtsfunktion gerade keine klagefähigen Rechte zustehen.**

*Sonderfälle*

Dagegen spricht auch nicht, dass bestimmte Maßnahmen gegen Organe und Organteile der Gemeinde auf Außenwirkung gerichtet sind und daher nach allgemeiner Meinung als Verwaltungsakte qualifiziert werden.

> ***Bspe.:*** *Auferlegung eines Ordnungsgelds gegen ein Ratsmitglied wegen Verletzung der Verschwiegenheitspflicht (vgl. § 17 IV i.V.m. § 16 III GemO);[431] Entscheidung des Gemeinderats über das Ausscheiden nach § 31 I S. 4 bzw. S. 6 GemO; Streit um Aufwandsentschädigung zwischen Gemeinderatsmitglied und Gemeinde, § 19 I, III GemO[432]*

*aber: dann kein KVS*

Streitigkeiten betreffend diese Maßnahmen sind keine Kommunalverfassungsstreitigkeiten, da es nicht (nur) um organschaftliche Rechte geht, sondern um die persönliche Rechtsstellung des Betroffenen. Wird ein Ordnungsgeld gegen einen Gemeinderat verhängt, so ist dieser nicht (nur) in seiner Eigenschaft als Ratsmitglied, sondern als Privatperson betroffen.[433] *285*

**hemmer-Methode: Merken Sie sich also, dass beim KVS nach h.M. die VA-Klagen in der Regel ausscheiden. Dieses Ergebnis empfiehlt sich auch aufgrund der Klausurtaktik, weil Sie nur so zu dem im Folgenden dargestellten Streit bzgl. der ansonsten statthaften Klageart kommen (Prinzip der Retardation).**

### c) Feststellungsklage oder allgemeine Leistungsklage

*Abgrenzung*

In Betracht kommt eine Feststellungsklage gem. § 43 I VwGO oder eine allgemeine Leistungsklage. Beide Klagearten können im KVS zulässig sein. Jedoch können die Statthaftigkeit und die Abgrenzung im Einzelfall schwierig sein. *286*

428 Engel/Heilshorn, § 17 Rn. 9; Lange, Kap. 10, Rn. 41; Ogorek, JuS 2011, 511 (512); Schoch, JURA 2008, 826 (833).

429 Ogorek, JuS 2011, 511 (513); Schoch, JURA 2008, 826 (833).

430 Vgl. dazu **Hemmer/Wüst, Verwaltungsrecht I, Rn. 87 f.**

431 OVG Münster, NWVBl 2010, 237; VGH München, BayVBl. 2004, 402; Schoch, JURA 2008, 826 (829); zu den materiell-rechtlichen Anforderungen an die Verhängung eines Ordnungsgeldes vgl. Hahn, VBlBW 1995, 425. Ein KVS wird durch VGH Mannheim, VBlBW 2001, 179 (180) allerdings bejaht, wenn der Gemeinderat (ohne jegliche Sanktion) einen lediglich feststellenden Beschluss hinsichtlich des Verstoßes gegen die Verschwiegenheitspflicht trifft.

432 OVG Lüneburg, KommJur 2016, 98; VG Düsseldorf, NWVBl. 2011, 139.

433 Engel/Heilshorn, § 17 Rn. 10; Schoch, JURA 2008, 826 (829).

**hemmer-Methode: Beschränken Sie sich auf das Wesentliche. Stellen Sie dar, dass auf eine Klageart sui generis nicht zurückgegriffen werden muss, weil die Klagearten der VwGO hinreichend Rechtsschutz bieten (Art. 19 IV GG), dass Anfechtungs-, Verpflichtungs- und Fortsetzungsfeststellungsklage ausscheiden, weil kein Verwaltungsakt im Raum steht, und schließen Sie dann die Prüfung (oder auch die Ablehnung) der allgemeinen Leistungsklage an, da diese gegenüber der allgemeinen Feststellungsklage vorrangig ist (§ 43 II VwGO).**

## aa) Allgemeine Leistungsklage

*Begehren eines Tuns, Duldens oder Unterlassens*

Die allgemeine Leistungsklage ist die statthafte Klageart, wenn der Kläger ein Tun, Dulden oder Unterlassen begehrt, das nicht in einem Verwaltungsakt besteht.[434] 287

In einem KVS kommt die Leistungsklage daher insbesondere dann in Betracht, wenn nicht gegen eine ergangene Maßnahme vorgegangen wird, sondern die Vornahme oder Rückgängigmachung einer Organhandlung begehrt wird.[435]

> ***Bspe.:*** *Ein Ratsmitglied verlangt vom Bürgermeister, ein Rauchverbot für die Sitzungen zu erlassen; der Gemeinderat verlangt vom Bürgermeister, einen Beschluss zu vollziehen, § 43 I GemO; ein Ratsmitglied begehrt Beantwortung einer Anfrage durch den Bürgermeister, § 24 IV GemO; eine Fraktion begehrt vom Bürgermeister die Aufnahme eines Tagesordnungspunktes, § 34 I S. 4 GemO.*

*keine allg. Leistungsklage mit kassatorischer Wirkung*

Eine allgemeine Leistungsklage mit kassatorischer Wirkung (sog. allgemeine Gestaltungsklage) wird von der ganz h.M. nicht anerkannt.[436] Die bayerische Rechtsprechung[437] befürwortet diese mit dem Argument, dass damit die Aufhebung rechtswidriger Beschlüsse des Gemeinderats und Maßnahmen des Bürgermeisters erreicht werden könne, wofür wegen der Vermutung der Rechtmäßigkeit ein Rechtsschutzbedürfnis des Klägers bestehe. Weitere Argumente des Gerichts: „substanzielles Recht auf effektiven Rechtsschutz“ aus Art. 19 IV GG und Subsidiarität der Feststellungsklage nach § 43 II S. 1 VwGO. 288

Diese ist jedoch abzulehnen, da eine solche Gestaltungsklage nur sinnvoll ist, wenn eine Maßnahme rechtswidrig, aber dennoch wirksam ist. Eine solche fehlerunabhängige Wirksamkeit gibt es bei Verwaltungsakten (vgl. §§ 43, 44 VwVfG) und Verwaltungsverträgen (Umkehrschluss zu § 59 VwVfG). Dies ist jedoch bei gemeindeinternen Maßnahmen nicht der Fall. Bei diesen führt die Rechtswidrigkeit stets zur Unwirksamkeit der Maßnahme eo ipso. Deshalb ist eine konstitutive Aufhebung nicht erforderlich und auch nicht möglich.

Ohnehin ist eine derartige Konstruktion aus Leistungs- und Feststellungsklage ein Widerspruch in sich und missachtet das Klagesystem der VwGO. In der VwGO ist die Anfechtungsklage die einzige Gestaltungsklage.[438]

## bb) Feststellungsklage

*Feststellungsklage*

I.R.d. Kommunalverfassungsstreits hat die Feststellungsklage zum Ziel, die Rechtswidrigkeit des Verhaltens eines kommunalen Organs oder Teilorgans festzustellen. Voraussetzung einer Klage nach § 43 I VwGO ist das Begehren der Feststellung des Bestehens oder Nichtbestehens eines Rechtsverhältnisses. 289

434 **Hemmer/Wüst, Verwaltungsrecht II, Rn. 174**; Schenke, Rn. 344; Hufen, § 17 Rn. 1; Ehlers, JuS 2013, 28 (29); Frenz, JA 2010, 328 (329).

435 Katz, VBlBW 2019, 97 (100); Ogorek, JuS 2011, 511 (513); Schoch, JURA 2008, 826 (834); Lange, Kap. 10, Rn. 49.

436 Schenke, Rn. 372; Hufen, § 21 Rn. 11; Ogorek, JuS 2011, 511 (513); Schoch, JURA 2008, 826 (834); Lange, Kap. 10, Rn. 47.

437 VGH München, BayVBl. 1976, 753 (754); BayVBl. 1981, 87 (88); Lange, Kap. 10, Rn. 47.

438 Hufen, § 21 Rn. 11; Schoch, JURA 2008, 826 (834).

Als Rechtsverhältnis ist die sich aus einem konkreten Sachverhalt aufgrund einer öffentlich-rechtlichen Norm ergebende rechtliche Beziehung mehrerer Personen zueinander oder einer Person zu einem Gegenstand zu verstehen.[439] Es darf sich aber nicht lediglich um die Klärung abstrakter Rechtsfragen handeln. Die in der Gemeindeordnung ausgestalteten Kommunalverfassungsrechte der am KVS beteiligten Organe oder Organteile begründen i.d.R. unproblematisch ein feststellungsfähiges Rechtsverhältnis.[440] Zwar ist für die Feststellungsklage i.d.R. ein „Außenrechtsverhältnis" erforderlich; allerdings wird § 43 I VwGO insoweit erweiternd ausgelegt.

*Subsidiarität der Feststellungsklage*

Gem. § 43 II S. 1 VwGO ist die Feststellungsklage nicht statthaft, wenn der Kläger seine Rechte durch Gestaltungs- oder Leistungsklage verfolgen kann oder hätte verfolgen können (sog. Subsidiarität). Die Feststellungsklage scheidet insbesondere dann aus, wenn eine allgemeine Leistungsklage statthaft ist. Nach dem oben Gesagten ist dies der Fall, wenn die Vornahme einer Handlung begehrt wird. 290

Insbesondere bei bereits erlassenen Maßnahmen (z.B. Beschlüssen der kommunalen Gebietskörperschaft oder Organisationsakten) ist daher die Feststellungsklage statthaft.[441] Weiterer Anwendungsfall ist das Begehren einer Maßnahme, welche wegen Zeitablaufs aber nicht mehr nachgeholt werden kann.

> ***Bspe.:*** *Verletzung des Ratsmitglieds in seinem Recht auf ordnungsgemäße Ladung, § 34 I S. 1 GemO; Feststellung der Ungültigkeit von Ratsbeschlüssen; Fraktionsantrag gerichtet auf Feststellung, dass der Bürgermeister verpflichtet war, einen Tagesordnungspunkt aufzunehmen, § 34 I S. 4 GemO; Verstoß der Neuregelung der Fraktionszuwendungen gegen organschaftliche Rechte einer Fraktion, § 32a III S. 1 GemO; Verletzung von Organrechten eines Gemeinderatsmitglieds durch das Unterlassen der Verhängung eines Rauchverbots seitens des Bürgermeisters in der Ratssitzung*

Besonderes Augenmerk ist bei in der Vergangenheit liegenden Rechtsverhältnissen auf das berechtigte Interesse des Klägers an der Feststellung zu legen (dazu unter Rn. 296). 291

## 3. Klagebefugnis (§ 42 II VwGO analog)

*mögliche Verletzung subjektiv-öffentlicher Rechte*

Nach h.M. ist sowohl die Zulässigkeit einer allgemeinen Leistungsklage[442] als auch die Zulässigkeit einer Feststellungsklage[443] unter dem Gesichtspunkt des Ausschlusses einer Popularklage von einer Klagebefugnis analog § 42 II VwGO abhängig. Erforderlich ist also die mögliche Verletzung subjektiv-öffentlicher Rechte. Dies gilt nach der Rspr. auch für den Kommunalverfassungsstreit.[444] 292

*aber: beim KVS organschaftliche Rechte nötig*

Nach h.M. sind Rechte i.S.v. § 42 II VwGO beim KVS ausschließlich die sog. organschaftlichen Rechte als wehrfähige Innenrechtspositionen. Diese müssen einer natürlichen oder juristischen Person bzw. einer sonstigen Vereinigung i.S.v. § 61 Nr. 2 VwGO zur Wahrung eigener persönlicher oder „funktionaler" und nicht ausschließlich zur Wahrung öffentlicher Interessen zuerkannt sein.[445]

---

439 **Hemmer/Wüst, Verwaltungsrecht II, Rn. 299**; Hufen, § 18 Rn. 4; BVerwGE 89, 327 (329); 100, 262 (264); Wöckel, JA 2015, 205 (205).

440 OVG Münster, **Life&LAW 04/2016, 273**; Ogorek, JuS 2011, 511 (513); Schoch, JURA 2008, 826 (834); Lange, Kap. 10, Rn. 44 und 51;

441 Ogorek, JuS 2011, 511 (513); Schoch, JURA 2008, 826 (834); Lange, Kap. 10, Rn. 51 ff.; OVG Münster, NVwZ-RR 2003, 376.

442 Ogorek, JuS 2011, 511 (514); Schoch, JURA 2008, 826 (836); Hufen, § 16 Rn. 12; Schenke, Rn. 363; **Hemmer/Wüst, Verwaltungsrecht II, Rn. 191.**

443 Ogorek, JuS 2011, 511 (514); Schoch, JURA 2008, 826 (836); a.A. Hufen, § 18 Rn. 11; Schenke, Rn. 410; instruktiv zum Streitstand **Hemmer/Wüst, Verwaltungsrecht II, Rn. 329 ff.**; Kopp/Schenke, § 42 VwGO Rn. 63.

444 VGH Mannheim, ESVGH 62, 205 = VBlBW 2012, 339; VBlBW 2011, 95; BVerwG, NVwZ 1989, 740; NVwZ 1991, 470.

445 VGH Mannheim, VBlBW 2020, 376 (378); Kopp/Schenke, § 42 VwGO, Rn. 80 m.w.N.

*Recht muss dem Kläger selbst zustehen*

Zu beachten ist bei der Klagebefugnis, dass der Kläger nur solche organschaftlichen Rechte geltend machen kann, die ihm in eigener „Person" zustehen (sog. Wahrnehmungszuständigkeit). 293

**Bspe.:** *Recht auf Teilnahme an Gemeinderatssitzungen, § 34 III GemO;[446] Anspruch einer qualifizierten Minderheit oder Fraktion auf Aufnahme eines Tagesordnungspunktes, § 34 I 4 GemO;[447] Recht auf ordnungsgemäße Einberufung des Gemeinderats;[448] Informations- und Akteneinsichtsrecht, § 24 II S. 3 GemO;[449] Recht des Gemeinderatsmitglieds, von unberechtigten Ordnungsmaßnahmen des Bgm. verschont zu bleiben, § 36 I S. 2, III GemO[450]*

*nicht: fremde Rechte und rein öffentliche Interessen*

Steht das Recht nur einem anderen Organ oder Organteil zu oder begründet eine Rechtsvorschrift überhaupt keine organschaftlichen Rechte (dient also allein öffentlichen Interessen), so fehlt es an der Klagebefugnis. Eine objektiv-rechtliche Kontrolle des Verhaltens von Kollegialorganen ist damit ausgeschlossen. 294

**Bspe.:** *(1) Wird ein Gemeinderatsmitglied unberechtigterweise nach § 18 GemO ausgeschlossen, so kann nur der Betroffene gegen den Ausschluss vorgehen, nicht jedoch die anderen Ratsmitglieder;[451] (2) vollzieht der Bürgermeister einen Beschluss des Gemeinderats nicht (§ 43 I GemO), so kann nur der Gemeinderat (d.h. dessen Mehrheit) die Vollziehung des Beschlusses gerichtlich durchsetzen.*

*(3) Das einzelne Gemeinderatsmitglied hat kein Recht darauf, dass der Gemeinderat nur rechtmäßige Beschlüsse fasst.[452] (4) Es besteht kein organschaftliches Recht des Gemeinderats, dass der Bürgermeister rechtmäßig handelt.[453] (6) Eine Gemeinderatsfraktion ist nicht befugt, organschaftliche Rechte ihrer Mitglieder für diese gerichtlich geltend zu machen.[454]*

*Sonderproblem: Öffentlichkeit der Sitzungen*

Kontrovers diskutiert wird die Frage, ob Ratsmitgliedern und Ratsfraktionen ein eigenes wehrfähiges subjektives Organrecht auf Wahrung des Grundsatzes der Sitzungsöffentlichkeit nach § 35 I S. 1 GemO zusteht. Der VGH Mannheim ist der Ansicht, die Norm schütze ausschließlich ein Interesse der Allgemeinheit und vermittle dem einzelnen Gemeinderatsmitglied keine subjektive Rechtsposition.[455] Dem ist mit der h.M. zu widersprechen:[456] Durch die mit einer nichtöffentlichen Beratung von Gegenständen verbundene Geheimhaltungspflicht ist ein Gemeinderat im Rahmen seiner Schweigepflicht (§ 35 II GemO) in seinem Recht auf freie Mandatsausübung (§ 32 III GemO) tangiert. 295

---

446 VGH Mannheim, BWVPr 1996, 91 = BWGZ 1997, 26; Ogorek, JuS 2011, 511 (514).

447 VGH Mannheim, VBlBW 1984, 317 = NVwZ 1984, 664; OVG Schleswig, NordÖR 2007, 82; VGH Kassel, DVBl. 1988, 793.

448 VGH Mannheim, VBlBW VBlBW 1999, 304; VBlBW 1990, 369.

449 VGH Mannheim, ESVGH 51, 189 = VBlBW 2002, 196; OVG Münster, NWVBl. 2013, 446 = NVwZ-RR 2013, 730. Die Akteneinsicht darf gem. § 24 V GemO nur verweigert werden, soweit ihr schutzwürdige Belange Betroffener oder Dritter entgegenstehen.

450 OVG Münster, DÖV 2013, 992; VG Stuttgart, Urt. v. 16.05.2007 - 7 K 3581/06; VG Sigmaringen; KommJur 2005, 179 = NVwZ-RR 2005, 428: kein Recht des Bgm. zur förmlichen Rüge eines Gemeinderatsmitglieds, das an der Ratssitzung ohne Entschuldigung nicht teilgenommen hat.

451 Aker/Hafner/Notheis, § 32 GemO, Rn. 5; OVG Koblenz, NVwZ 1985, 283.

452 OVG Münster, NWVBl. 2014, 388 (390); NVwZ-RR 2003, 376; ebenso OVG Lüneburg, DÖV 2014, 130.

453 Von der Verletzung der Organzuständigkeit des Gemeinderats abgesehen. Lediglich der Bürgermeister ist bei Beschlüssen des Gemeinderats zur objektiven Rechtskontrolle befugt, wie sich aus seinem Widerspruchsrecht nach § 43 II GemO ergibt. Ihm steht jedoch insoweit kein organschaftliches Recht zu, d.h. entscheidet die Aufsichtsbehörde i.S.d. Gemeinderats, kann der Bürgermeister dagegen nicht vorgehen.

454 VGH Mannheim, VBlBW 2020, 376.

455 VGH Mannheim, NVwZ-RR 2018, 358 (362); VBlBW 1992, 375 = BWVPr 1992, 135.

456 OVG Münster, NWVBl. 2014, 388, 390; DVBl. 2001, 1281; VGH Kassel, LKRZ 2014, 22 = KommJur 2014, 14; NVwZ-RR 2009, 530; Heusch/Dickten, NVwZ 2019, 1238 (1238).

## 4. Bei der Feststellungsklage: Berechtigtes Interesse

*Feststellungsinteresse*

Als berechtigtes Interesse an der baldigen Feststellung i.S.d. § 43 I VwGO a.E. genügt jedes nach vernünftigen Erwägungen durch die Sachlage gerechtfertigte Interesse wirtschaftlicher, rechtlicher oder auch ideeller Art.[457] 296

Das Feststellungsinteresse, das selten Probleme aufwirft, ist vom Einzelfall abhängig.

In Fällen des erledigten Organhandelns (d.h. bei in der Vergangenheit liegenden Rechtsverhältnissen) kann das Interesse des Klägers an einer Feststellung der Verletzung seiner organschaftlichen Rechte unter dem Gesichtspunkt der konkreten Wiederholungsgefahr gestützt werden. Seltener (z.B. bei einer Stigmatisierung des Betroffenen) lässt sich dieses über ein Rehabilitationsinteresse begründen, so etwa bei in öffentlicher Sitzung unter Anwesenheit der Presse gefasstem Ratsbeschluss, wonach das betroffene Gemeinderatsmitglieds sein Mandat nicht ordnungsgemäß wahrnehmen kann.[458]

## 5. Klagegegner

*Organ bzw. Organteil als Klagegegner*

Richtiger Beklagter ist nach Auffassung des VGH Mannheim und der h.M. in einem Kommunalverfassungsstreit entsprechend den Besonderheiten des Organstreits nicht die Gemeinde, sondern das Organ bzw. Organteil, dem die behauptete Verletzung von Wahrnehmungszuständigkeiten angelastet wird (sog. Funktionsträgerprinzip).[459] 297

**hemmer-Methode: § 78 I Nr. 1 VwGO ist weder direkt noch analog anwendbar, da es sich dabei um eine grundsätzlich nicht analogiefähige Spezialnorm für Anfechtungs- und Verpflichtungsklagen handelt, die in diesen Klagen ihre Berechtigung aufgrund der Beteiligung unterschiedlicher Rechtsträger hat (z.B. untere Verwaltungsbehörde und Regierungspräsidium). Im KVS bedarf es (wie bei jeder Feststellungs- oder Leistungsklage) des Rückgriffs auf diese Norm nicht.[460]**

Hierfür spricht, dass i.R.d. KVS um organschaftliche Rechte gestritten wird und durch die jeweils geltend gemachte Innenrechtsposition zwangsläufig nur ein Organ bzw. Organteil verpflichtet sein kann, nicht jedoch die Gebietskörperschaft selbst. 298

Auch können prozessrechtlich komplizierte Situationen vermieden werden. Wenn der Bürgermeister gegen den Gemeinderat klagt, etwa weil ihm die Kompetenzen streitig gemacht werden, würde er grundsätzlich auf beiden Seiten des Prozesses stehen: Einerseits wäre er Kläger, andererseits aber nach § 42 I S. 2 GemO zugleich Vertreter der beklagten Gemeinde. Dies müsste erst wieder dadurch verhindert werden, dass er durch seinen allgemeinen Stellvertreter vertreten wird.

**hemmer-Methode: In der Klausur sind größere Ausführungen nicht erforderlich. Dennoch sollte das Problem kurz dargestellt und unter Anwendung des Funktionsträgerprinzips gelöst werden.**

457 Ogorek, JuS 2011, 511 (515); instruktiv Hufen, § 18 Rn. 12 ff.; Schenke, Rn. 571 ff.; **Hemmer/Wüst, Verwaltungsrecht II, Rn. 334 ff.**

458 VGH Mannheim, VBlBW 1996, 99 (100) = NVwZ-RR 1997, 181 (182).

459 VGH Mannheim, VBlBW 2019, 207 (207); VBlBW 2018, 71 (72) = NVwZ-RR 2018, 358; ESVGH 62, 205 = VBlBW 2012, 339.

460 Vertiefend Rausch, JZ 1994, 696 (701).

## 6. Beteiligten- und Prozessfähigkeit, §§ 61, 62 VwGO

*Beteiligtenfähigkeit als Standardproblem*

Die Beteiligtenfähigkeit ist ein Standardproblem des KVS. Hierzu sind regelmäßig Ausführungen angezeigt. 299

*nicht: § 61 Nr. 1 VwGO*

Das Organ bzw. Organteil klagt nicht in seiner Eigenschaft als natürliche Person, rügt vielmehr Rechtspositionen, die ihm allein aufgrund seiner organschaftlichen Stellung zukommen. Eine Anwendung des § 61 Nr. 1 VwGO ist daher nicht möglich.[461]

*§ 61 Nr. 2 VwGO direkt oder analog*

Anknüpfungspunkt für eine Beteiligtenfähigkeit kann daher nur § 61 Nr. 2 VwGO sein.[462] Die Norm wird damit zur „Auffangklausel" für die Beteiligtenfähigkeit und führt zu dem gewünschten Ergebnis, bestehenden organschaftlichen Rechten auch prozessual zur Durchsetzung zu verhelfen. Zumal dem Wortlaut der Norm eine Beschränkung auf den Außenrechtskreis nicht zu entnehmen ist, muss § 61 Nr. 2 VwGO nicht zwingend analog angewendet werden.

In der Klausur sollten Sie wie folgt differenzieren:[463] 300

- ⇨ Der Gemeinderat ist (ebenso wie ein Ausschuss oder Ortschaftsrat) nach § 61 Nr. 2 VwGO beteiligtenfähig, da es sich um eine Personenmehrheit handelt, der ein Recht zustehen kann.
- ⇨ Auch auf die Gemeinderatsfraktion wird § 61 Nr. 2 VwGO direkt angewendet, weil diese aus einem freiwilligen Zusammenschluss der Gemeinderatsmitglieder hervorgegangen ist.
- ⇨ Auf das monokratische Organ Bürgermeister und das einzelne Ratsmitglied ist § 61 Nr. 2 VwGO analog anzuwenden, zumal es an einer Vereinigung fehlt. 301

Der VGH Mannheim bejaht in seinen Entscheidungen ohne die Nennung einer Norm die Beteiligtenfähigkeit.[464]

**hemmer-Methode: Eine Entscheidung über die direkte oder analoge Anwendung des § 61 Nr. 2 VwGO können Sie in jedem Fall offenlassen und darauf hinweisen, dass der Streit nicht entschieden zu werden braucht, da über die Beteiligtenfähigkeit Einigkeit besteht.**

*Prozessfähigkeit*

Die Prozessfähigkeit kommunaler Organe und Organteile folgt durchgehend aus § 62 III VwGO.[465] Das jeweilige Organ wird demnach im Prozess durch den Organwalter vertreten, d.h. den Rats-, Ausschuss- oder Fraktionsvorsitzenden. Bei monokratisch besetzten Organen und Ratsmitgliedern ist ebenfalls der jeweilige Organwalter prozessfähig. 302

461 Engel/Heilshorn, § 17 Rn. 7; Kopp/Schenke, § 61 VwGO, Rn. 5; Burgi, § 14 Rn. 12; Ogorek, JuS 2011, 511 (516); Schoch, JURA 2008, 826 (832).

462 Ogorek, JuS 2011, 511 (516); Schoch, JURA 2008, 826 (832); Burgi, § 14 Rn. 12.

463 Ogorek, JuS 2011, 511 (516); Burgi, § 14 Rn. 12; Schenke, Rn. 457 und 461; Kopp/Schenke, § 61 VwGO, Rn. 11.

464 VGH Mannheim, ESVGH 62, 205 = VBlBW 2012, 339; VBlBW 2011, 95; VBlBW 1999, 304.

465 Ogorek, JuS 2011, 511 (516); Burgi, § 14 Rn. 12; Schoch, JURA 2008, 826 (833).

## 7. Sonstige Zulässigkeitsvoraussetzungen

*Zulässigkeit*

Für die sonstigen Zulässigkeitsvoraussetzungen ergeben sich beim KVS keine spezifischen Probleme. 303

**Zusammenfassung: Problemschwerpunkte des KVS i.R.d. Zulässigkeit einer Klage**

**1. Verwaltungsrechtsweg**

Sonderprobleme im Zusammenhang mit fraktionsinternen Streitigkeiten und Äußerungen; beachte: trotz Vorliegens eines KVS keine „verfassungsrechtliche Streitigkeit"

**2. Statthafte Klageart**

beachte: KVS ist Oberbegriff für Streitigkeiten zwischen Organen und Organteilen, womit Klageart einzelfallbezogen zu ermitteln

a) **Klage sui generis:** (-), Vorrang der normierten Klagearten

b) **Anfechtungs- und Verpflichtungsklage:** (-), da mangels Außenwirkung kein VA

c) **Allgemeine Leistungsklage:** (+), wenn Tun, Dulden oder Unterlassen begehrt wird

d) **Feststellungsklage:** zumeist (+), da im Kommunalrecht ohnehin Nichtigkeit von rechtswidrigen Beschlüssen, womit Aufhebung (über allg. LK) dann überflüssig

**3. Klagebefugnis**

Berufung auf wehrfähige Innenrechtspositionen („organschaftliche Rechte") in eigener „Person oder Organ" nötig

**4. Besondere Zulässigkeitsvoraussetzungen**

je nach Klageart zu prüfen, z.B. berechtigtes Feststellungsinteresse; allg. Rechtsschutzbedürfnis etc.

**5. Klagegegner**

Funktionsträgerprinzip, d.h. jeweiliges Organ bzw. Organteil zu verklagen

**6. Beteiligtenfähigkeit**

nach h.M. § 61 Nr. 2 VwGO (analog) anzuwenden

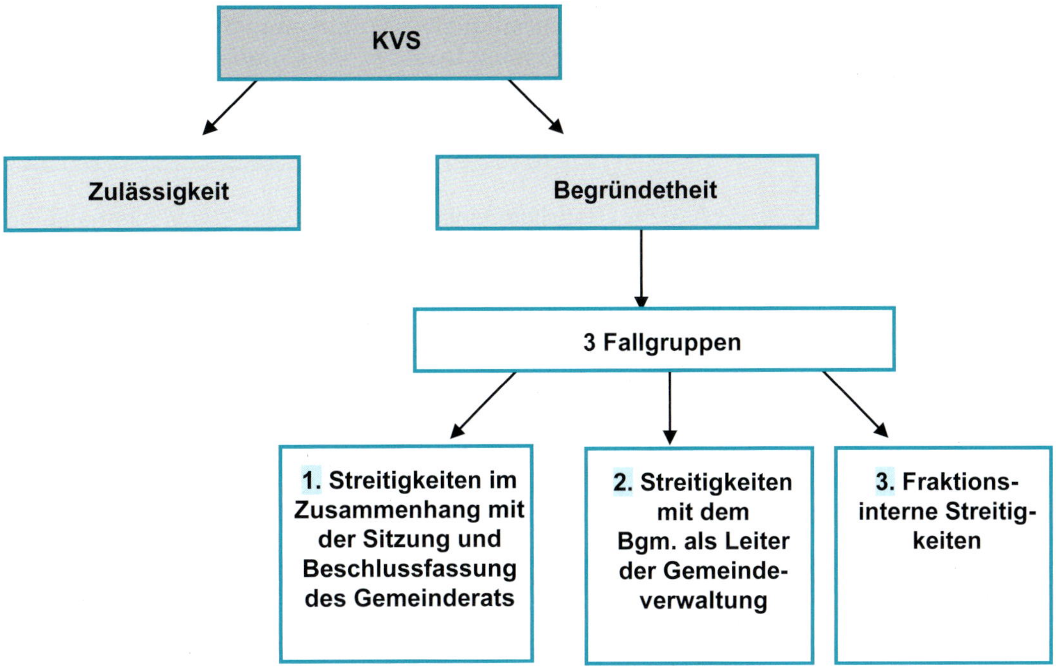


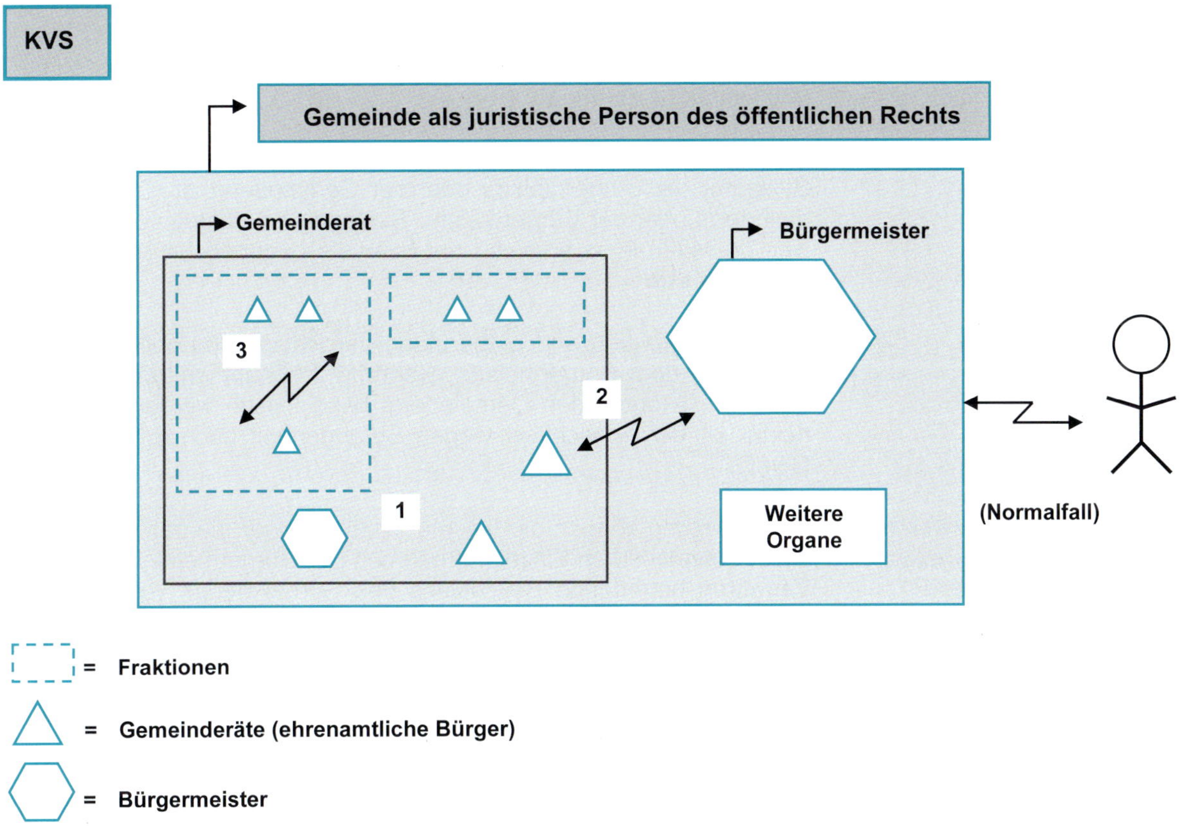


## II. Begründetheit

*Fallgruppen des KVS*

Der KVS kann in folgende Fallgruppen eingeteilt werden:[466] 304

- ⇨ Streitigkeiten im Zusammenhang mit der Sitzung und Beschlussfassung des Gemeinderats,
- ⇨ Streitigkeiten mit dem Bürgermeister als Leiter der Gemeindeverwaltung,
- ⇨ Sonderfall der fraktionsinternen Streitigkeit.

466 Auf die Unterscheidung Inter- und Intraorganstreit wird an dieser Stelle verzichtet, da diese keinen Erkenntnisgewinn bringt.

## 1. Streitigkeiten im Zusammenhang mit der Sitzung und Beschlussfassung des Gemeinderats

### a) Beteiligte

*Beteiligte*

Beteiligte eines Organstreits im Zusammenhang mit der Sitzung und Beschlussfassung des Rats können sein: 305

- ⇨ der Bürgermeister,[467]
- ⇨ der Gemeinderat (d.h. dessen Mehrheit),
- ⇨ Ausschüsse,
- ⇨ eine Minderheit des Gemeinderats, auch eine Fraktion, und
- ⇨ ein einzelnes Ratsmitglied.

### b) Typische Konstellationen

*typische Konstellationen*

Typische Konstellation ist hierbei, dass eine Minderheit des Gemeinderats oder ein einzelnes Ratsmitglied gegen eine Maßnahme des Bürgermeisters oder einen Beschluss des Gemeinderats vorgeht. Entsprechendes gilt, wenn der Erlass einer Maßnahme begehrt wird. 306

Kläger ist dabei i.d.R. ein Teil des Organs Gemeinderat, während Beklagter der Bürgermeister oder der Gemeinderat ist. Ob der Gemeinderat oder der Bürgermeister Beklagter ist, richtet sich danach, wer die Maßnahme erlassen hat bzw. die begehrte Maßnahme erlassen müsste.

Denn Vorbereitung und Einberufung der Ratssitzung obliegen ausschließlich dem Bürgermeister, während Maßnahmen während der Sitzung z.T. durch den Gemeinderat beschlossen werden. Beispiel hierfür ist der Ausschluss wegen Befangenheit nach § 18 IV S. 2 GemO.[468]

*Verletzung organschaftlicher Rechte durch Maßnahme selbst oder durch die Sachentscheidung*

In der Sitzung können die Rechte einzelner oder mehrerer Ratsmitglieder bereits durch Einzelmaßnahmen des Bürgermeisters und das Verfahren betreffende Beschlüsse des Gemeinderats verletzt werden. Eine Rechtsverletzung stellt es aber ebenso dar, wenn eine Sachentscheidung (z.B. eine Satzung) unter Verletzung von organschaftlichen Rechten getroffen wird. 307

**Bsp.:** *Vor der Abstimmung über eine Satzung meldet sich Ratsmitglied R zu Wort. Der Bürgermeister verweigert ihm jedoch eine Äußerung und lässt sofort über die Satzung abstimmen.*

Nicht nur die Nichterteilung des Wortes durch den Bürgermeister, sondern auch der Beschluss über die Satzung verletzt den R in seinem organschaftlichen Recht auf Äußerung in der Gemeinderatssitzung (Ausfluss des § 32 III GemO).[469] Dieses ungeschriebene Recht folgt unmittelbar aus seiner Stellung als Ratsmitglied. Der Beschluss ist rechtswidrig, da er infolge eines fehlerhaften Verfahrens zustande gekommen ist. Zu einer ordnungsgemäßen Beschlussfassung gehört auch eine ordnungsgemäße Leitung der Beratung im Gemeinderat durch den Bürgermeister.[470] Die Satzung ist rechtswidrig und unwirksam.[471] Das Gleiche gilt, wenn R z.B. nicht geladen worden wäre und deshalb bei der Sitzung abwesend gewesen wäre.

467 In seiner Funktion bei der Vorbereitung und Einberufung der Sitzung und als Vorsitzender des Gemeinderats.

468 Zur Befangenheit ausführlich unter Rn. 184 ff.

469 Engel/Heilshorn, § 14 Rn. 20; Aker/Hafner/Notheis, § 32 GemO, Rn. 5; Kunze/Bronner/Katz, § 32 GemO, Rn. 3.

470 Zur Sitzungsleitung ausführlich unter Rn. 175 ff.

471 In Betracht kommt eine Heilung nach § 4 IV GemO.

*Beispiele*

Die wichtigsten Beispiele derartiger Streitigkeiten sind: 308

- ⇨ Fehler bei der Einberufung oder Vorbereitung der Sitzung durch den Bürgermeister (§ 34 I S. 1 GemO)[472]
- ⇨ Bürgermeister unterlässt die Einberufung des Rats (§ 34 I S. 3 GemO), oder er unterlässt es, einen Verhandlungsgegenstand auf die Tagesordnung zu setzen (S. 4), obwohl eine Fraktion oder ein Sechstel der Gemeinderäte dies beantragt[473]
- ⇨ nicht ordnungsgemäße Leitung der Sitzung durch den Bürgermeister (§ 36 I GemO)[474]
- ⇨ ungerechtfertigte Ordnungsmaßnahmen (§ 36 I, III GemO) gegen Ratsmitglieder
- ⇨ unberechtigter Ausschluss eines Ratsmitglieds nach § 18 GemO durch den Gemeinderat[475]
- ⇨ fehlerhafte Besetzung von Ausschüssen[476]
- ⇨ Entscheidung des Gemeinderats im Zuständigkeitsbereich eines Ausschusses, wenn dessen Aufgabenbereich in der Hauptsatzung nach § 39 I S. 1 GemO festgelegt wurde
- ⇨ Verweigerung von Rechten aus der Geschäftsordnung[477]

## c) Minderheitenrechte aus § 34 I S. 3, S. 4 GemO

### aa) Einberufung

*Einberufung steht im Ermessen des Bürgermeisters*

Dem Gemeinderat steht kein Selbstversammlungsrecht zu, vielmehr entscheidet der Bürgermeister nach pflichtgemäßem Ermessen, ob und wann er eine Sitzung einberuft.[478] Nach § 34 I S. 2 GemO ist der Gemeinderat einzuberufen, wenn die Geschäftslage es erfordert. Mindestens einmal im Monat soll eine Sitzung stattfinden. 309

*Pflicht aus § 34 I S. 2 GemO*

Das einzelne Ratsmitglied kann jedoch die Erfüllung dieser Pflicht nicht erzwingen. § 34 I S. 2 GemO enthält kein organschaftliches Recht, sondern lediglich eine objektive Pflicht. Die Einhaltung kann nur von der Rechtsaufsicht (mittels einer Anordnung nach § 122 GemO) durchgesetzt werden.[479]

*Anspruch der Minderheit auf Einberufung und Befassung*

Gem. § 34 I S. 3 GemO hat jedoch ein Viertel der Gemeinderäte das Recht, die unverzügliche Einberufung zu verlangen. Auf Antrag einer Fraktion oder eines Sechstels der Ratsmitglieder muss ein Verhandlungsgegenstand auf die Tagesordnung spätestens der übernächsten Sitzung gesetzt werden (S. 4). Diese Vorschriften stellen organschaftliche Rechte dar,[480] die in einem Kommunalverfassungsstreit durchgesetzt werden können, ggf. im Wege der einstweiligen Anordnung nach § 123 I VwGO. 310

**hemmer-Methode: Als Konsequenz ergibt sich, dass das einzelne Ratsmitglied oder mehrere Gemeinderäte, die weniger als ein Viertel darstellen (und keinen Fraktionsstatus haben), nicht die Einberufung einer Sitzung oder die Aufnahme eines Verhandlungsgegenstands verlangen können.**

472 Zur Einberufung des Gemeinderats ausführlich unter Rn. 163 ff.

473 Hierzu sogleich Rn. 310 f.

474 Zur Sitzungsleitung ausführlich unter Rn. 175 ff.

475 Hierzu unter Rn. 184 ff.

476 Hierzu unter Rn. 209 ff.

477 Dazu sogleich unter Rn. 313 ff.

478 Aker/Hafner/Notheis, § 32 GemO, Rn. 15; Kunze/Bronner/Katz, § 32 GemO, Rn. 12; Engel/Heilshorn, § 14 Rn. 137. Nach VGH Mannheim, DÖV 1992, 168 kann der Gemeinderat dem Bgm. hierzu Vorschläge unterbreiten, an die dieser aber nicht gebunden ist.

479 Engel/Heilshorn, § 14 Rn. 137; Kunze/Bronner/Katz, § 32 GemO, Rn. 12.

480 Aker/Hafner/Notheis, § 32 GemO, Rn. 15; Kunze/Bronner/Katz, § 32 GemO, Rn. 13; Engel/Heilshorn, § 14 Rn. 137.

*Beschränkungen des Rechts*

Voraussetzung ist, dass für die einzuberufende Sitzung (mindestens) ein Verhandlungsgegenstand angegeben wird (§ 34 I S. 3, 4 GemO). Grenzen dieser Rechte ergeben sich auch aus § 34 I S. 5 GemO, wonach die Verhandlungsgegenstände zum Aufgabengebiet des Gemeinderats gehören müssen. 311

**hemmer-Methode: Dies ist die Frage nach der Verbandszuständigkeit der Gemeinde und der Organzuständigkeit des Gemeinderats. § 34 I S. 5 GemO beinhaltet damit eine Prüfungsbefugnis des Bürgermeisters. Nach der Rspr. des VGH Mannheim soll dem Bürgermeister neben der Möglichkeit, Beschlüssen zu widersprechen (§ 43 II GemO), grundsätzlich eine umfassende Prüfungsbefugnis vor der Beschlussfassung zukommen.**[481]

Die Minderheitenrechte werden auch durch § 34 I S. 6 GemO beschränkt. Zur Sicherung der Arbeitsfähigkeit des Gemeinderats ist Voraussetzung, dass die Angelegenheit nicht bereits innerhalb der letzten sechs Monate im Gemeinderat behandelt wurde (sog. Missbrauchsklausel).[482]

### bb) Aufnahme in die Niederschrift

*Recht aus § 38 I S. 2 GemO*

Ein weiteres Minderheitenrecht enthält § 38 I S. 2 GemO, wonach jeder Gemeinderat verlangen kann, dass seine Erklärung oder Abstimmung in der Niederschrift festgehalten wird. 312

## d) Die Geschäftsordnung des Gemeinderats, § 36 II GemO

*gemeinde(rats-)interne Angelegenheiten*

Die Geschäftsordnung des Gemeinderats kann bei Streitigkeiten innerhalb der Gemeinde Bedeutung erlangen. Zum einen können einzelne Gemeinderäte, aber auch z.B. Fraktionen, Rechte aus der Geschäftsordnung geltend machen, die ihnen verwehrt wurden. 313

> **Bsp. 1:** *In der GeschO ist vorgesehen, dass Fraktionen mit mehr als 10 Gemeinderäten zu jeder Angelegenheit mindestens 10 Minuten sprechen können. In der Sitzung entzieht der Bürgermeister jedoch dem Gemeinderat Querulator (Q) schon nach vier Minuten das Wort. Die Fraktion, der der Q angehört, hat 15 Mitglieder. Proteste der Fraktion bleiben ohne Erfolg.*

Denkbar ist jedoch auch, dass Teile des Gemeinderats gegen die Geschäftsordnung vorgehen mit der Begründung, sie beschränke ihre Befugnisse unzulässig. 314

> **Bsp. 2:** *Die GeschO verbietet das Rauchen in den Sitzungen. Gemeinderätin Christiane sieht sich dadurch benachteiligt, da sie nur beim Rauchen klar denken könne.*

*Pflicht*

**aa)** Die Gemeindeordnung trifft nur einige grundlegende Regelungen über die Vorbereitung und Durchführung der Ratssitzungen. Weitergehende Einzelheiten sind in der Geschäftsordnung zu regeln, zu deren Erlass der Rat nach § 36 II GemO verpflichtet ist.[483]

*Rechtsnatur*

Die Geschäftsordnung ist ein Innenrechtssatz. Die in ihr geregelten inneren Angelegenheiten des Gemeinderats, insbesondere der Verfahrensablauf der Gemeinderatssitzungen, kommt keine Außenwirkung zu. Rechte und Pflichten von außerhalb der Gemeinde stehenden Personen, insbesondere von Privaten, werden nicht berührt. Sie ist damit keine Rechtsnorm i.S.d. Rechtsquellenlehre.[484] 315

481 VGH Mannheim, VBlBW 1984, 312; Gern, VBlBW 1984, 64; kritisch hierzu Engel/Heilshorn, § 14 Rn. 139, wonach der Bgm. im Hinblick auf den Stellenwert des Antragsrechts **allein die formellen Voraussetzungen** prüfen darf.

482 Aker/Hafner/Notheis, § 32 GemO, Rn. 22; Kunze/Bronner/Katz, § 32 GemO, Rn. 18; Engel/Heilshorn, § 14 Rn. 140.

483 Aker/Hafner/Notheis, § 36 GemO, Rn. 13; Kunze/Bronner/Katz, § 36 GemO, Rn. 8; Engel/Heilshorn, § 14 Rn. 86.

484 Maurer/Waldhoff, § 24 Rn. 15; Schoch, JURA 2008, 826 (835); Aker/Hafner/Notheis, § 36 GemO, Rn. 17.

*Unterscheidung von Verwaltungsvorschriften*

Von Verwaltungsvorschriften unterscheidet sie sich durch die Identität von regelndem und gebundenem Organ. Die Geschäftsordnung wird vom Gemeinderat beschlossen und sie berechtigt und verpflichtet auch nur den Gemeinderat und seine Teile. Verwaltungsvorschriften werden dagegen von übergeordneten Behörden oder Stellen erlassen und binden untergeordnete Stellen. Sie bewirken eine heteronome Bindung, eine Geschäftsordnung begründet Selbstbindung im Innenverhältnis.[485]

**hemmer-Methode: Geschäftsordnungen werden von Kollegialorganen zur Regelung ihrer inneren Angelegenheiten erlassen. Eine Geschäftsordnung haben auch Bundestag, Bundesregierung und Bundesrat.**

*GeschO ist „Rechtsvorschrift" i.S.v. § 47 I VwGO*

Die Geschäftsordnung ist nach allgemeiner Meinung allerdings eine „Rechtsvorschrift" i.S.d. § 47 I Nr. 2 VwGO i.V.m. § 4 AGVwGO.[486] Sie kann im Normenkontrollverfahren überprüft werden. 316

**hemmer-Methode: Grund dafür ist, dass der Zweck des Verfahrens nach § 47 I VwGO ist, die Gültigkeit einer Rechtsvorschrift zu klären, damit dies nicht in einer Vielzahl von Einzelprozessen (inzident) geprüft werden muss (sog. Bündelungsfunktion).[487] Dies soll für alle Rechtsnormen gelten, die Streitigkeiten auslösen können.[488] Streitigkeiten werden um subjektiv-öffentliche Rechte geführt, d.h. in der Regel im normalen Staat-Bürger-Verhältnis. Deshalb ist der Normalfall der Normenkontrolle, dass die Rechtsvorschrift Außenwirkung hat und es sich um sog. Außenrecht handelt. Bestehen aber ausnahmsweise innerhalb der staatlichen Sphäre gerichtlich durchsetzbare Rechtsposition, wie dies bei den organschaftlichen Rechten innerhalb der Gemeinde ist, so macht eine Normenkontrolle nach § 47 VwGO ebenso viel Sinn wie bei Außenrechtsnormen. Unter diesem Aspekt wird auch klar, dass Verwaltungsvorschriften <u>nicht</u> nach § 47 VwGO überprüfbar sind. Denn sie betreffen keine gerichtlich durchsetzbaren Rechte. Dies gilt auch im Fall der Selbstbindung der Verwaltung, denn auch dann haben Verwaltungsvorschriften allenfalls eine mittelbare Außenwirkung.[489]**

Ein einzelnes Ratsmitglied, eine Mehrzahl von Ratsmitgliedern oder eine Fraktion können daher die GeschO im Wege der Normenkontrolle nach § 47 I VwGO überprüfen lassen, soweit sie durch Vorschriften der GeschO in ihren Rechten verletzt sein können (§ 47 II S. 1 VwGO).

**hemmer-Methode: Auch eine Normenkontrolle gegen die GeschO ist eine Streitigkeit innerhalb der Gemeinde und damit ein KVS. Es stellen sich insbesondere die o.g. typischen Zulässigkeitsprobleme mit Ausnahme der Statthaftigkeit.**
**Gegenüber Einwohnern der Gemeinde begründet die GeschO hingegen keine subjektiv-öffentlichen Rechte. Mangels Außenrechtscharakter liegt keine Rechtvorschrift i.S.d. § 47 I Nr. 2 VwGO vor und kann daher von einem Einwohner nicht mit einem Normenkontrollantrag angegriffen werden.[490]**

---

485 Maurer/Waldhoff, § 24 Rn. 15; a.A. noch VGH Mannheim, ESVGH 22, 180.

486 VGH Mannheim, VBlBW 2019, 166 (167); VBlBW 2003, 119; VGH Kassel, NVwZ 2007, 107 (108); BVerwG, NVwZ 1988, 1119; Kopp/Schenke, § 47 Rn. 30 a.E. (m.w.M.); Schoch, JURA 2008, 826 (835); Engel/Heilshorn, § 14 Rn. 87; Lange, Kap. 7 Rn. 5.

487 Schoch, JURA 2008, 826 (835). Eine instruktive Fallbearbeitung zu dieser Thematik bei Seiler, Examens-Repetitorium Verwaltungsrecht, Rn. 347-358.

488 BVerwGE 119, 217 (220 f.). Dies steht allerdings unter dem Vorbehalt, dass der Landesgesetzgeber (wie in Baden-Württemberg geschehen) von der Möglichkeit des § 47 I Nr. 2 VwGO Gebrauch gemacht hat.

489 BVerwG, NVwZ 2005, 602 = **Life&LAW 07/2005, 489.**

490 VGH Mannheim, VBlBW 2019, 166 (167).

Im Übrigen ist die Rechtsnatur strittig.[491] Ob sie als Rechtssatz im materiellen Sinn (BVerwG)[492] oder als Verwaltungsvorschrift[493] bezeichnet wird, ist aber eine rein begriffliche Frage ohne Klausurrelevanz. 317

**Zu Bsp. 2:** G kann einen Antrag auf Normenkontrolle beim VGH Mannheim stellen, die entsprechende Vorschrift der GeschO für unwirksam zu erklären. Er hat auch die Möglichkeit, durch das Verwaltungsgericht feststellen zu lassen, dass er zum Rauchen in der Sitzung befugt ist. Das VG müsste die GeschO inzident prüfen. Beide Anträge wären zulässig.

*Inkrafttreten*

**bb)** Die Geschäftsordnung muss nicht öffentlich bekanntgemacht werden. Da sie keine Satzung ist, ist § 4 III S. 1 GemO unanwendbar. Erforderlich ist für das Inkrafttreten lediglich ein Beschluss des Gemeinderats.[494] 318

Möglich ist es jedoch, die Regelungen einer Geschäftsordnung als Satzung zu erlassen.[495] Sollen Regelungen getroffen werden, die außerhalb der Gemeinde wirken, so muss dies durch Satzung erfolgen.

***Bsp.:*** *Der Gemeinderat möchte eine Bürgerfragestunde im Gemeinderat einführen. Soll den Bürgern damit ein subjektiv-öffentliches Recht eingeräumt werden (und nicht nur eine gemeinderatsinterne Verpflichtung), so muss diese Regelung als Satzung erlassen werden (Vorbehalt des Gesetzes), vgl. auch § 33 IV GemO. Eine andere Frage ist es, ob infolge entsprechender Verwaltungspraxis i.V.m. Art. 3 I GG ein Anspruch einzelner Bürger entstehen kann.*

*Abweichung durch Gemeinderat str.*

**cc)** Nach h.M. kann der Gemeinderat im Einzelfall von der Geschäftsordnung abweichen. Die Befugnis des Gemeinderats, die Geschäftsordnung durch formlosen Beschluss zu ändern, schließt die jederzeitige freie Verfügbarkeit ein.[496] 319

*Abweichung durch den Bürgermeister ist rechtswidrig*

Der Bürgermeister als Ratsvorsitzender darf nicht von der Geschäftsordnung abweichen. Da sie vom Gemeinderat (d.h. dessen Mehrheit) beschlossen wurde, kann der Bürgermeister nicht über sie disponieren.

**Zu Bsp. 1:** Der Bürgermeister verletzt das organschaftliche Recht des Q aus der GeschO. Q kann die Verletzung dieses Rechts in einem Kommunalverfassungsstreit gerichtlich feststellen lassen. Dabei kommt es nicht darauf an, ob der Bürgermeister zugleich die GemO verletzt hat. Denn die GeschO kann ohne Zweifel wirksam Rechte und Pflichten begründen, sofern sie nicht gegen die GemO oder sonstiges höherrangiges Recht verstößt. Innerhalb der Gemeinde ist sie ohne Zweifel verbindlich.

**hemmer-Methode: Keinen Einfluss hat ein Verstoß gegen die GeschO nach h.M. auf die Rechtmäßigkeit von Handlungen der Gemeinde im Außenverhältnis.[497] Die GeschO ist Innenrecht und kann daher nur im Rahmen eines KVS rechtliche Bedeutung erlangen!**

*Recht auf Fraktionsbildung*

**dd)** § 32a I S. 1 GemO räumt den Ratsmitgliedern das Recht ein, sich mit anderen im Gemeinderat zusammenzuschließen und durch nicht formgebundenen Vertrag eine Fraktion zu bilden. Der Wortlaut der Norm legt nahe, dass eine Fraktion aus mehreren (d.h. mindestens zwei) Gemeinderatsmitgliedern bestehen muss.[498] 320

---

491 Vgl. zu den vertretenen Ansichten Engel/Heilshorn, § 14 Rn. 87; Lange, Kap 7 Rn. 5.

492 BVerwG, NVwZ 1988, 1119 (1120); so auch VGH Mannheim, VBlBW 2003, 119 („Rechtssatz sui generis"); OVG Münster, NVwZ-RR 2004, 674 (675).

493 Kunze/Bronner/Katz, § 36 GemO, Rn. 9; so noch VGH Mannheim, ESVGH 22, 180.

494 Aker/Hafner/Notheis, § 36 GemO, Rn. 13; Kunze/Bronner/Katz, § 36 GemO, Rn. 9; Lange, Kap. 8 Rn. 7.

495 Lange, Kap. 8 Rn. 14; Aker/Hafner/Notheis, § 36 GemO, Rn. 17; Engel/Heilshorn, § 18 Rn. 2.

496 Kunze/Bronner/Katz, § 36 GemO, Rn. 9; Aker/Hafner/Notheis, § 36 GemO, Rn. 14; Engel/Heilshorn, § 14 Rn. 90.

497 Engel/Heilshorn, § 18 Rn. 2; OVG Münster, DÖV 1997, 344; Kopp/Schenke, § 47 VwGO Rn. 63 und Rn. 120. Hierzu ausführlich unter Rn. 178 f.

498 So bereits die h.M. vor Einführung des § 32a GemO; VGH Mannheim, ESVGH 67, 254.

Die Parteizugehörigkeit ist (im Gegensatz zur Bundesebene, vgl. § 10 I GOBT) für die Fraktionsbildung nicht relevant.

*Detailregelungen in Geschäftsordnung*

Detailregelungen über die Bildung, Mindestzahl der Fraktionsmitglieder sowie die Rechte und Pflichten der Fraktionen überlässt § 32a I S. 2 GemO der Geschäftsordnungsautonomie des Gemeinderats. Trotz der Normierung der Fraktionen in der Gemeindeordnung besteht hier ein weitgehender Gestaltungsspielraum.

Zur Effektuierung der Arbeit im Gemeinderat kann eine erhöhte Mindestzahl für Fraktionen festgelegt werden, vgl. § 32a I S. 2 GemO.[499] Die Grenze steht im Ermessen des Gemeinderats, das dabei durch den Zweck der Fraktionen und die Rechtsstellung der Gemeinderäte beschränkt ist.[500] Es sind die rechtlichen Schranken des Willkürverbots, die Grundsätze der Chancengleichheit und des Minderheitenschutzes zu berücksichtigen. Eine Mindestzahl von drei Gemeinderäten bei insgesamt 32 Ratsmitgliedern ist zulässig.[501] 321

Darüber hinaus können den Fraktionen in der GeschO weitere Rechte eingeräumt sein. Die Besetzung von Ausschüssen wie auch besondere Rederechte und Redezeiten in den Sitzungen des Gemeinderats und der Ausschüsse können an die Fraktionen und ihre Stärkeverhältnisse geknüpft sein.

***Bsp.:*** *Die GeschO regelt, dass jede Fraktion in jedem Ausschuss vertreten sein muss. Diese Regelung ist zulässig, denn die Gemeindeordnung sieht in §§ 40, 41 GemO nicht vor, dass die Ausschüsse nach der Fraktionsstärke zu besetzen sind. Es ist auch keine Höchstzahl von Ausschussmitgliedern vorgesehen.*

## Exkurs: Zuwendungen an Fraktionen

*finanzielle Zuwendungen an Fraktionen begrenzt zulässig*

Den Fraktionen können auch finanzielle Zuwendungen oder Sachmittel gewährt werden, § 32a III S. 1 GemO. Ob und in welcher Höhe die Fraktionen Haushaltsmittel erhalten, entscheidet der Gemeinderat. Diese dürfen jedoch nur in einem Umfang gewährt werden, der für die Arbeit im Gemeinderat erforderlich ist. 322

***Bspe.:*** *Aufwendungen für die Fraktionsgeschäftsführung (Geschäftsstelle; laufender Geschäftsbedarf; bei größeren Gemeinden auch Personal); Kosten der Fraktionssitzungen und für externe Beratung zu einzelnen Themen; Beiträge an kommunalpolitische Vereinigungen, für die Fortbildung der Fraktionsmitglieder und für Öffentlichkeitsarbeit; Überlassung eines Fraktionszimmers im Rathaus.*

***Gegenbeispiel:*** *Der Aufwand für den Fraktionsvorsitzenden und die Fraktionsmitglieder kann dagegen nur über die Entschädigung für ehrenamtliche Tätigkeit nach § 19 GemO abgegolten werden.*

Es muss der Grundsatz der Chancengleichheit (Art. 3 I GG) beachtet werden.[502] Unzulässig ist es insbesondere, Fraktionen aus „Vertretern erkennbar verfassungsfeindlicher Parteien/Vereinigungen" von den Zuwendungen auszuschließen.[503] Fraktionen sind als nach parteipolitischen Aspekten gebildete Untergliederungen des Gemeinderates nämlich nicht mit der politischen Partei identisch.

499 So ausdrücklich LT-Drs. 15/7265, S. 38 in Übereinstimmung mit der bis zur Reform vertretenen h.M. in Literatur und Rspr., vgl. VGH Mannheim, VBlBW 2003, 119 (120 f.); Engel/Heilshorn, § 14 Rn. 118.

500 VGH Mannheim, VBlBW 2003, 119 (120 f.); DÖV 1989, 596; OVG Koblenz, NVwZ-RR 1991, 506.

501 VGH Mannheim, VBlBW 2003, 119 (120 f.); Engel/Heilshorn, § 14 Rn. 118

502 BVerwG, NVwZ 2013, 442; OVG Münster, NWVBl. 2010, 315; NWVBl. 2003, 309; OVG Lüneburg, DVBl. 2009., 917.

503 BVerwG, NVwZ 2018, 1656. Instruktiv hierzu Müller/Roth, VR 2019, 372 (374); Hecker, NVwZ 2018, 1613.

Die Zuwendungen dürfen nicht zur Finanzierung von Parteien und Wählervereinigungen oder von Aktivitäten der Fraktion außerhalb ihrer gesetzlichen Aufgaben (§ 32a II S. 1, 2 GemO) verwendet werden. Nur auf diese Weise kann eine verdeckte Parteienfinanzierung vermieden werden.[504]

**Exkurs Ende**

## 2. Streitigkeiten mit dem Bürgermeister als Leiter der Gemeindeverwaltung

### a) Beteiligte

*Streitigkeit zwischen Gemeinderat und Bürgermeister*

Beteiligte eines solchen KVS sind i.d.R. der Gemeinderat und der Bürgermeister, da dem Bürgermeister als Leiter der Gemeindeverwaltung der Gemeinderat gegenübersteht, wie sich auch aus §§ 23, 24 I GemO ergibt. 323

*aber auch Minderheitenrechte aus § 24 III, IV GemO*

Ausnahmsweise bestehen Rechtspositionen einer Minderheit von Ratsmitgliedern gegenüber dem Bürgermeister. In der Gemeindeordnung sind einer Fraktion[505] oder einem Sechstel (Unterrichtungsrecht, § 24 III S. 1 GemO) bzw. einem Viertel (Akteneinsichtsrecht, § 24 III S. 2 GemO) der Gemeinderatsmitglieder bzw. dem einzelnen Ratsmitglied (Auskunftsrecht, § 24 IV GemO) organschaftliche Rechte gegenüber dem Bürgermeister einräumt.[506]

Kläger ist in diesen Fällen i.d.R. der Gemeinderat und im Fall des § 24 III, IV GemO die Fraktion, die Minderheit bzw. das einzelne Ratsmitglied, während der Bürgermeister Beklagter ist.

**hemmer-Methode: Statt des Gemeinderats kann es auch um einen beschließenden Ausschuss (vgl. § 39 GemO) gehen. Dieser hat in seinem Aufgabenbereich die gleiche Rechtsposition gegenüber dem Bürgermeister wie der Gemeinderat.**

### b) Typische Konstellationen

*Beispiele*

Die wichtigsten Beispiele dieser Streitigkeiten sind: 324

- ⇨ Klage des Gemeinderats wegen Überschreitung der innergemeindlichen Zuständigkeitsverteilung durch den Bürgermeister
- ⇨ Streit um das Unterrichtungsrecht, § 24 III, IV GemO
- ⇨ Klage des Gemeinderats auf Vollzug von Beschlüssen durch den Bürgermeister

*Widerspruchsbefugnis des BM, § 43 II GemO*

Bei vollzugsbedürftigen Beschlüssen (§ 43 I GemO) führt die Unwirksamkeit eines rechtswidrigen Beschlusses dazu, dass der Bürgermeister nicht zu dessen Vollzug verpflichtet ist. Widerspricht der Bürgermeister einem Beschluss und verweigert er den Vollzug, so ist der Gemeinderat darauf verwiesen, den Bürgermeister durch einen Kommunalverfassungsstreit zum Vollzug zu verpflichten (Inzidentkontrolle der Rechtmäßigkeit des Gemeinderatsbeschlusses). Statthafte Klageart ist in diesem Fall i.d.R. die allg. Leistungsklage. 325

504 LT-Drs. 15/7265, S. 39; Engel/Heilshorn, § 14 Rn. 127; OVG Münster, NWVBl. 1992, 395.

505 Durch die GeschO des Gemeinderats können auch Fraktionsgemeinschaften in den Kreis der Berechtigten einbezogen werden, vgl. VG Freiburg, Urt. v. 09.01. 2019 - 4 K 1245/18.

506 Kunze/Bronner/Katz, § 24 GemO, Rn. 9; Aker/Hafner/Notheis, § 24 GemO, Rn. 12 und Rn. 16; Engel/Heilshorn, § 14 Rn. 10 ff.

Auch in dem Fall, dass der Vollzug durch den Bürgermeister nach außen durch Verwaltungsakt zu erfolgen hat, ist nicht die Verpflichtungsklage, sondern die allg. Leistungsklage statthaft. Denn im KVS geht es immer nur um die gemeindeinternen Rechtsverhältnisse, um Rechte und Pflichten der Gemeindeorgane untereinander. Das Begehren des Gemeinderats geht stets dahin, dass der Bürgermeister zum Vollzug des Beschlusses verurteilt wird.

Eine Klage des Bürgermeisters gegen den Gemeinderat wird dagegen nur in wenigen Ausnahmefällen vorliegen. Grund hierfür ist, dass der Gemeinderat durch Beschlüsse handelt, denen der Bürgermeister gem. § 43 II GemO widersprechen kann, wenn er sie für rechtswidrig hält. Eine Klage des Bürgermeisters gegen einen Beschluss des Gemeinderats wird daher in aller Regel mangels Rechtsschutzbedürfnisses unzulässig sein. Eine Ausnahme ist denkbar in folgender Konstellation:

**Bsp.:** *Der Gemeinderat beschließt, dass der Bürgermeister B in einer bestimmten Angelegenheit seine Dienstpflichten verletzt hat und für das Amt des Bürgermeisters ungeeignet ist.*[507]

Hier könnte der Bürgermeister auf Widerruf und Unterlassung dieser Äußerung klagen. Das Rechtsschutzbedürfnis würde nicht fehlen, da ein Widerspruch nach § 43 II GemO keine Rehabilitation bringt. Gut vertretbar erscheint es in diesem Fall jedoch, gerade keinen KVS anzunehmen, sondern dies als einen „normalen" Widerrufs- und Unterlassungsanspruch der Privatperson B[508] anzusehen.

Denn ein Widerrufs- und Unterlassungsanspruch von Amtsträgern in ihrer Eigenschaft als solchen ist zweifelhaft.

### c) Informationsrechte nach § 24 III, IV GemO

*Gemeinderat als Gesamtorgan*

Im Verhältnis der beiden Organe wird der Gemeinderat dabei durch seine Mehrheit repräsentiert. Teile des Gemeinderats wie einzelne Gemeinderäte, Minderheiten und Fraktionen haben im Verhältnis zum Bürgermeister als Leiter der Gemeindeverwaltung grundsätzlich keine eigenen Rechte. 326

*Teile des Gemeinderats haben besondere Rechte aus § 24 III, IV GemO*

Ausnahme hiervon sind die Informationsrechte aus § 24 III, IV GemO. Neben den Informationen, die der Gemeinderat über die Sitzungsvorlagen erhält, hat er bzw. der einzelne Gemeinderat aus § 24 III und IV GemO ein Informationsrecht. Eine Fraktion bzw. ein bestimmtes Quorum der Gemeinderäte kann Unterrichtung durch den Bürgermeister oder Akteneinsicht verlangen (Abs. 3). Jeder einzelne Gemeinderat kann Anfragen an den Bürgermeister richten und hat einen Anspruch auf Beantwortung in angemessener Frist (Abs. 4). 327

*Kontrollfunktion des Gemeinderats*

Diese Informationsrechte dienen der Kontrolle des Bürgermeisters und der ihm unterstellten Gemeindeverwaltung sowie der effektiven Arbeit der Gemeindeverwaltung. Sie können im Zusammenhang mit der Befugnis nach § 24 I S. 3 GemO gesehen werden, die Ausführung der Beschlüsse zu überwachen und die Gemeindeverwaltung zu kontrollieren.[509] Die Gemeinderäte können sich zur Vorbereitung auf Sitzungen der Informationen und des Sachverstands der Gemeindeverwaltung bedienen.

507 Vgl. auch VG Sigmaringen, VBlBW 2001, 457 (458).

508 Gegen die Gemeinde, nicht gegen den Gemeinderat.

509 Aker/Hafner/Notheis, § 24 GemO, Rn. 12; Kunze/Bronner/Katz, § 24 GemO, Rn. 23; Engel/Heilshorn, § 14 Rn. 9.

Die Rechte aus § 24 III, IV GemO betreffen nach dem ausdrücklichen Gesetzeswortlaut alle Angelegenheiten der Gemeinde. Die Kontrollfunktion geht damit über die sonstige Zuständigkeit des Gemeinderats im Verhältnis zum Bürgermeister (Organzuständigkeit) hinaus.[510] Umfasst sind insbesondere auch die Angelegenheiten, die dem Bürgermeister zur Entscheidung zugewiesen sind, wie nach § 44 GemO die innere Leitung der Gemeindeverwaltung, die Geschäfte der laufenden Verwaltung, an den Bürgermeister übertragene Aufgaben und die Weisungsaufgaben. 328

**hemmer-Methode: Die Kontrolle durch den Gemeinderat erfasst daher auch Aufgaben, deren Entscheidung nicht dem Gemeinderat obliegt. Neben der Aufgabe des Rats, gegen Missstände in der Gemeindeverwaltung vorzugehen (§ 24 I S. 3 GemO), ist Zweck der Information in diesem Bereich, Öffentlichkeit über das Handeln der Gemeindeverwaltung herzustellen. Die Gemeinderäte haben die Möglichkeit, bestimmte Vorgänge in der Sitzung zu erörtern (auch wenn sie keine Entscheidungsbefugnis haben) oder öffentlich zu machen, sofern sie nicht der Verschwiegenheit nach § 17 II GemO unterliegen.**

### 3. Fraktionsinterne Streitigkeiten

*Maßnahmen der Fraktion gegen einzelnes Fraktionsmitglied*

Kläger ist in diesen Fällen i.d.R. ein Fraktionsmitglied, Beklagte die Fraktion. Streitgegenstand kann der Ausschluss aus der Fraktion[511] oder eine sonstige Maßnahme gegen das Mitglied sein. 329

#### a) Fraktionszwang

*Fraktionszwang ...*

Fraglich ist, ob eine Fraktion ihre Mitglieder verpflichten kann, im Gemeinderat entsprechend den Fraktionsbeschlüssen abzustimmen (sog. Fraktionszwang). 330

*... verstößt gegen freies Mandat*

Dem steht der Grundsatz des freien Mandats nach § 32 III S. 1 GemO entgegen. Eine entsprechende zivilrechtliche Vereinbarung ist nach § 134 BGB nichtig. Ein Verstoß gegen sie macht weder die Stimmabgabe im Gemeinderat unwirksam, noch führt er zum Verlust des Mandats, selbst wenn sich das Gemeinderatsmitglied fraktionsintern zur Mandatsniederlegung verpflichtet hat.

*Fraktionsdisziplin*

Ob die Fraktion einen solchen Verstoß ahnden darf, wenn das einzelne Ratsmitglied gegen die „Fraktionsdisziplin“ verstößt, ist fraglich. Als mögliche Sanktionen kommen der Fraktions- und der Parteiausschluss in Betracht.

Richtigerweise wird man auch solche Sanktionen als unzulässig ansehen müssen.[512] Ein Fraktionsausschluss, der auf ein abweichendes Abstimmungsverhalten gestützt ist, ist unwirksam. In diesem Fall fehlt es an dem erforderlichen „wichtigen Grund“ (dazu sogleich). Das Gleiche gilt für einen Parteiausschluss.

#### b) Fraktionsausschluss

*Fraktionsausschluss*

Ein weiteres Problemfeld im Rahmen der „Innenrechtsbeziehungen“ ist die Frage, unter welchen Voraussetzungen ein Fraktionsausschluss zulässig ist. Das ist v.a. deshalb von Bedeutung, weil ein aus der Fraktion ausgeschlossenes Ratsmitglied etwaige Ausschusssitze verliert (vgl. dazu Rn. 213). 331

510 Engel/Heilshorn, § 14 Rn. 13; Aker/Hafner/Notheis, § 24 GemO, Rn. 12; Kunze/Bronner/Katz, § 24 GemO, Rn. 23.

511 Instruktive Fallbearbeitungen zu dieser Thematik bieten Kiefer, LKRZ 2014, 128-132 und Hartmann/Engel, NWVBl. 2013, 505-508.

512 Aker/Hafner/Notheis, § 32 GemO, Rn. 13; Kunze/Bronner/Katz, § 24 GemO, Rn. 13; Engel/Heilshorn, § 14 Rn. 120.

Dieser ist grundsätzlich möglich, d.h., die Mehrheit der Fraktion kann ein Mitglied aus der Fraktion entfernen. Fraglich sind nur die Voraussetzungen für einen wirksamen Ausschluss, wenn eine Normierung in der Geschäftsordnung der Fraktion fehlen sollte.

Es ist allgemein anerkannt, dass der Fraktionsausschluss nicht willkürlich von der Fraktion vorgenommen werden kann, sondern dass auch hier gewisse rechtliche Mindeststandards in formeller und materieller Hinsicht bestehen.[513] Vorgaben sind aus dem Demokratiegebot und dem Rechtsstaatsprinzip abzuleiten; diesen Prinzipien ist die Fraktion gem. § 32a II S. 3 GemO unterworfen.

*materielles Erfordernis*

In Anlehnung an zivilrechtliche Vorschriften (§ 626 BGB) bzw. § 86 VwVfG kann ein Fraktionsausschluss nur erfolgen, wenn ein wichtiger Grund vorliegt.[514] Dazu muss das Vertrauensverhältnis der Fraktion zu dem Auszuschließenden in einer Weise gestört sein, dass eine weitere Zusammenarbeit nicht zumutbar ist. Es kommt auf die Umstände des Einzelfalls an. Die Maßnahme des Fraktionsausschlusses gilt dabei als ultima ratio.[515] Die ausschließende Fraktion hat nach h.M. keinen Beurteilungsspielraum, die Ausschlussentscheidung ist gerichtlich voll überprüfbar.[516] 332

*formelle Erfordernisse*

Die Rechtsprechung hat darüber hinaus formelle Anforderungen an den Fraktionsausschluss entwickelt.[517] Diese sind: 333

- ordnungsgemäße Ladung aller Fraktionsmitglieder unter Aufnahme des Tagesordnungspunktes „Fraktionsausschluss“ (Rechtsgedanke § 32 I S. 2 BGB bzw. § 34 I S. 1 GemO),
- Anhörung des Betroffenen,
- (qualifizierter)[518] Mehrheitsbeschluss und
- Mitteilung der Ausschlussgründe.

*Rechtsschutz über KVS*

Werden die fraktionsinternen Rechtsbeziehungen mit der h.M. als öffentlich-rechtlich beurteilt (hierzu unter Rn. 279), so kann das Fraktionsmitglied in einem Kommunalverfassungsstreit auf Feststellung der Unwirksamkeit des Ausschlusses klagen. Da der Fraktionsausschluss mit dem Verlust von Mitwirkungsrechten verbunden ist (insbesondere steht dem abberufenen Fraktionsmitglied kein Anspruch auf einen Sitz in zumindest einem Ausschuss zu),[519] ist eine Berufung auf wehrfähige organschaftliche Rechte unproblematisch. 334

## III. Kostenerstattungsanspruch

Dem unterlegenen Organ müssen die Kosten auferlegt werden (§ 154 I VwGO). Dies erscheint aber als unbillig, da der nun betroffene Bürger mit seinem Privatvermögen haftet, er aber in seiner Eigenschaft als Organ geklagt hat. 334a

513 Aker/Haffner/Notheis, § 32a GemO, Rn. 7; Heusch, NWVBl. 2015, 401 (404); OVG Saarland, NVwZ-RR 2012, 613; VG Gießen, NVwZ-RR 2004, 204.

514 OVG Saarland, NVwZ-RR 2012, 613; OVG Münster, NWVBl 1989, 130; VGH Kassel, NVwZ 1990, 391.

515 Hierzu instruktiv Lange, Kap. 6 Rn. 76; OVG Münster, DVBl. 2019, 50 (51); OVG Saarland, NVwZ-RR 2012, 613.

516 Kiefer, LKRZ 2014, 128 (129); Hartmann/Engel, NWVBl. 2013, 505 (507); a.A. Aker/Haffner/Notheis, § 32a GemO, Rn. 7 a.E.; OVG Saarland, NVwZ-RR 2012, 613 (615).

517 Aker/Haffner/Notheis, § 32a GemO, Rn. 7; Heusch, NWVBl. 2015, 401 (404); VG Gießen, NVwZ-RR 2004, 204, 205; Aulehner, JA 1989, 478 (483).

518 Burgi, § 12 Rn. 17; nach wohl h.M. ist eine einfache Mehrheit ausreichend, vgl. Lange, Kap. 6 Rn. 74; VG Koblenz, DVBl. 2019, 52 (53).

519 BVerwG, NVwZ-RR 1994, 109; VGH Mannheim, NVwZ 1990, 893; Burgi, § 12 Rn. 16; Engel/Heilshorn, § 14 Rn. 125.

In der Rechtsprechung ist anerkannt, dass in körperschaftsinternen Organstreitigkeiten die Verfahrenskosten im Ergebnis dem Funktionsträger zur Last fallen, sofern die Einleitung des gerichtlichen Verfahrens geboten, also nicht mutwillig aus sachfremden Gründen in Gang gesetzt wurde oder von vornherein aussichtslos war.[520]

> **Bsp.:**[521] *Von vornherein aussichtslos ist etwa eine nach erfolglosem Durchlaufen der Instanzen beim BVerfG erhobene Verfassungsbeschwerde eines Gemeinderatsmitglieds, weil bereits die Möglichkeit einer Grundrechtsverletzung offensichtlich nicht in Betracht kommt.*

Der Kostenerstattungsanspruch gründet unmittelbar in den dem jeweiligen Funktionsträger als Ausfluss seiner Organstellung kommunalverfassungsrechtlich zugewiesenen Aufgaben und Kompetenzen, ohne dass es eines Rückgriffs auf den öffentlich-rechtlichen Erstattungsanspruch bedarf.[522] Er ist der Höhe nach begrenzt. Erstattungsfähig sind bei Inanspruchnahme eines Rechtsanwalts nur die gesetzlichen Gebühren (§ 2 RVG).[523]

---

520 VGH Mannheim, VBlBW 2018, 71 (73) = NVwZ-RR 2018, 358 (361); NVwZ 1985, 284; OVG Bautzen, NVwZ-RR 2020, 840 (841); VGH München, NVwZ-RR 2019, 194; eine instruktive Fallbearbeitung bieten Bergmann/Göltenbott, VBlBW 2017, 143-144 (Sachverhalt) und 171-176 (Lösung).

521 VGH München, NVwZ-RR 2019, 194; Heusch/Dickten, NVwZ 2019, 359 (360).

522 VGH Mannheim, VBlBW 2018, 71 (75) = NVwZ-RR 2018, 358 (363); VGH Kassel, LKRZ 2014, 112; OVG Münster, NVwZ-RR 2009, 819.

523 Katz, VBlBW 2019, 97 (103).

# § 7 BÜRGERSCHAFTLICHE MITWIRKUNG IN DER GEMEINDE

## A. Einführung

*bürgerschaftliche Mitwirkung*

Durch die Wahl des Bürgermeisters und des Gemeinderats bestimmen die Bürger über die Verwaltung der Gemeinde.[524] Die verfassungsrechtliche Grundlage des Kommunalwahlrechts ist Art. 28 I S. 2 GG, wonach „das Volk“ auch in den Kreisen und Gemeinden eine Vertretung haben muss, „die aus allgemeinen, unmittelbaren, freien, gleichen und geheimen Wahlen“ hervorgeht. Vertretung meint die Mitglieder des Gemeinderats (vgl. § 24 I S. 1 GemO), für die Direktwahl des Bürgermeisters gilt § 45 I S. 1 GemO.[525] **335**

In Baden-Württemberg sind den Bürgern jedoch, wie in den anderen Ländern auch, weitere Möglichkeiten der Mitwirkung bei der Verwaltung der Gemeinde eingeräumt. Diese betreffen, anders als Wahlen, die Entscheidung über Sachfragen.[526]

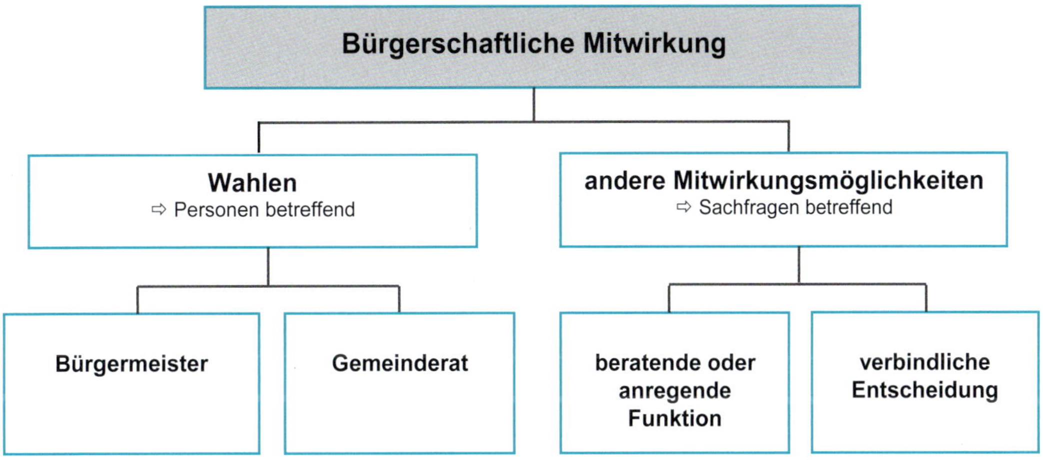


Um den Bürgern die Möglichkeit zu eröffnen, an der gesamtgemeindlichen Willensbildung zu partizipieren, räumt die Gemeindeordnung diverse Beteiligungsmöglichkeiten ein. Unterschieden werden können dabei solche Mitwirkungsmöglichkeiten, die eine bloß beratende oder anregende Funktion haben, von den Formen, die verbindliche Entscheidungen zur Folge haben (können). **336**

*unverbindliche Mitwirkung*

Formen der Beteiligung mit anregender Funktion sind

- die Gelegenheit zur Äußerung (§ 20 II S. 2 GemO),
- die Einwohnerversammlung (§ 20a GemO),
- der Einwohnerantrag (§ 20b GemO),
- die Zuziehung sachkundiger Einwohner zu den Beratungen des Gemeinderats oder der Ausschüsse (§ 33 III, § 40 I, § 41 I GemO),
- die Fragestunde im Gemeinderat (§ 33 IV S. 1 GemO),
- die Anhörung betroffener Personen im Gemeinderat oder in Ausschüssen (§ 33 IV S. 2 GemO).

524 Über die Hauptsatzung können zudem eine Ortschaftsverfassung und Ortschaftsräte (vgl. §§ 67 ff. GemO) vorgesehen werden. Als fakultatives Nebenorgan werden diese Ortschaftsräte von den Bürgern gewählt, § 69 I GemO.

525 Jarass/Pieroth, Art. 28 GG, Rn. 6; a.A. Burgi, § 13 Rn. 1, der unter den Begriff Vertretung auch den Bürgermeister fasst.

526 Zur Unterscheidung zwischen Wahlen und Abstimmungen s.o. Rn. 179 ff.

*verbindliche Entscheidung durch Bürgerentscheid*

Nur durch den Bürgerentscheid nach § 21 GemO wirken die Bürger in der Gemeinde entscheidend mit. Dabei treffen die Bürger anstelle des Gemeinderats eine verbindliche Sachentscheidung. Der Bürgerentscheid hat gem. § 21 VIII S. 1 GemO die Wirkung eines Gemeinderatsbeschlusses. 337

## B. Formen unverbindlicher Mitwirkung

### I. Gelegenheit zur Äußerung, § 20 II S. 2 GemO

*Unterrichtungspflicht korrespondiert mit Gelegenheit zur Äußerung*

Um das Interesse der Einwohner am kommunalpolitischen Geschehen zu wecken, normiert § 20 I GemO eine Unterrichtungspflicht des Gemeinderats über allgemein bedeutsame Angelegenheiten der Gemeinde. § 20 II S. 1 GemO beinhaltet eine spezifische Informationspflicht des Gemeinderats für alle unmittelbar raum- oder entwicklungsbedeutsamen bzw. das wirtschaftliche, soziale und kulturelle Wohl betreffende Planungen und Vorhaben.[527] Macht die Gemeinde von diesen Informationspflichten sorgsam Gebrauch, kann das Interesse der Bürgerschaft an den Gemeindeangelegenheiten geweckt und eine transparentere Gemeindepolitik erreicht werden. 338

Korrespondierend mit der Unterrichtungspflicht soll nach § 20 II S. 2 GemO den Einwohnern allgemein Gelegenheit gegeben werden, sich zu den wichtigen Planungen und Vorhaben nach § 20 II S. 1 GemO zu äußern. Das Äußerungsrecht setzt ein besonderes Bedürfnis voraus, welches einzelfallbezogen zu ermitteln ist. Die geeignete Form der Bürgerbeteiligung ist der pflichtgemäßen Entscheidung des Gemeinderats überlassen.

> **Bsp.:** *Umfragen und Interviews; Aufforderungen zu schriftlicher Stellungnahme; Einräumung eines Rederechts i.R.d. Einwohnerversammlung*

*kein subjektiv-öffentliches Recht der Einwohner*

Entsprechend der Formulierung „soll" ist hiermit eine grundsätzliche Pflicht der Gemeinde statuiert. Ein Recht des Einwohners auf Einhaltung dieser Pflicht besteht jedoch nicht.[528] § 20 II S. 2 GemO beinhaltet kein subjektiv-öffentliches Recht des Einzelnen, sondern lediglich eine objektiv-rechtliche Verpflichtung der Gemeinde. 339

Zudem führt eine Verletzung des § 20 II GemO nicht zur Rechtswidrigkeit nachfolgender Entscheidungen der Gemeinde. Die Norm dient vorrangig der Information der Gemeinde über die vorhandenen Meinungen in der Einwohnerschaft, stellt aber keine formale Verfahrensanforderung dar.[529]

### II. Einwohnerversammlung, § 20a GemO

#### 1. Anberaumung einer Einwohnerversammlung

*Einwohnerversammlung*

Gem. § 20a I GemO soll zur Erörterung wichtiger Gemeindeangelegenheiten mit den Einwohnern in der Regel einmal im Jahr eine Einwohnerversammlung anberaumt werden. Ebenso wie bei der Gelegenheit zur Stellungnahme gem. § 20 II GemO beinhaltet auch § 20a I GemO lediglich eine objektivrechtliche Pflicht des Gemeinderats, jedoch kein Recht der Einwohner auf Durchführung einer Einwohnerversammlung.[530] 340

527 Die Norm tritt neben die in Fachgesetzen (z.B. § 3 BauGB) normierten intensiveren Beteiligungsformen, hat aber in der Weite ihrer Formulierung eine eigenständige Bedeutung.

528 Kunze/Bronner/Katz, § 20 GemO, Rn. 10; Aker/Hafner/Notheis, § 20 GemO, Rn. 8; Ennuschat/Ibler/Remmert, Rn. 268.

529 Kunze/Bronner/Katz, § 20 GemO, Rn. 10.

530 Kunze/Bronner/Katz, § 20a GemO, Rn. 3; Aker/Hafner/Notheis, § 20a GemO, Rn. 7. Die Einführung einer gesetzlichen Verpflichtung, einmal jährlich eine Einwohnerversammlung abzuhalten, wurde im Gesetzgebungsverfahren des Jahres 2015 diskutiert. Um bei mangelndem Bedürfnis auf eine solche verzichten zu können, wurde hiervon Abstand genommen, vgl. LT-Drs. 15/7265, S. 28.

Ein einklagbares Recht auf Anberaumung ergibt sich nur unter den Voraussetzungen des § 20a II GemO. Auch hat ein Verstoß gegen § 20a I GemO keine Wirkung auf die Rechtmäßigkeit späterer Entscheidungen.

## 2. Antrag auf Durchführung einer Einwohnerversammlung

*Antrag auf Durchführung*

Gem. § 20a II S. 1 GemO ist der Gemeinderat verpflichtet, eine Einwohnerversammlung anzuberaumen, wenn dies von der Einwohnerschaft beantragt wird. Um einem Missbrauch des Antragsrechts vorzubeugen, besteht die Verpflichtung allerdings nur, wenn die gesetzlichen Vorgaben des § 20 II S. 2 - 7 GemO eingehalten werden. 341

### a) Anforderungen an den Antrag

*Antragsberechtigung*

Antragsberechtigt sind gem. § 20a II S. 1 i.V.m. § 10 I GemO nur Einwohner, d.h. diejenigen, die in der Gemeinde wohnen. Einschränkend verlangt § 20a II S. 8 GemO i.V.m. § 41 I S. 1 KomWG die Vollendung des 16. Lebensjahres im Zeitpunkt der Unterzeichnung des Antrags. 342

*Antragsquorum*

Um sicherzustellen, dass der Antrag eine breite Unterstützung in der Bevölkerung findet, ist dieser an die Einhaltung eines Quorums gebunden, § 20a II S. 3, 4 GemO. In Gemeinden mit nicht mehr als 10.000 Einwohnern beträgt das Antragsquorum 5 % der antragsberechtigten Einwohner. Um die Beteiligungsmöglichkeiten zu erleichtern,[531] ist die Unterstützung durch 350 unterzeichnungsberechtigte Einwohner ausreichend. Bei einer Gemeindegröße über 10.000 Einwohnern sinkt das Quorum auf 2,5 %, ausreichend sind hier allerdings 2.500 Unterschriften unterzeichnungsberechtigter Einwohner.

> ***Bsp.:** Gemeinde A hat 2.000 Einwohner, davon 1.600 antragsberechtigte Einwohner. Stadt B hat 40.000 Einwohner, davon 35.000 antragsberechtigte Einwohner. Stadt C hat 500.000 Einwohner, davon 450.000 antragsberechtigte Einwohner. Wie viele Unterschriften sind jeweils erforderlich?*
>
> Zur Einhaltung des Antragsquorums bedarf es in der Gemeinde A der Unterschrift von 80 antragsberechtigten Einwohnern. In der Stadt B sind 875 Unterschriften von antragsberechtigten Einwohnern erforderlich. Die Höchstzahlenregelung wirkt sich in beiden Gemeinden nicht aus. In der Stadt C wären grds. 11.250 Unterschriften von antragsberechtigten Einwohnern erforderlich. Hier ist allerdings die Höchstzahlenregelung zu beachten, womit 2.500 Unterschriften ausreichend sind.

*schriftlicher Antrag*

Des Weiteren muss der Antrag auf Durchführung einer Einwohnerversammlung schriftlich eingereicht und die zu erörternden Angelegenheiten angegeben werden. Die Verwendung der elektronischen Form (§ 3a LVwVfG) ist ausgeschlossen. Nach § 20a II S. 5 GemO sollen bis zu drei Vertrauenspersonen benannt werden, welche berechtigt sind, die Unterzeichnenden zu vertreten. 343

*zulässiger Antragsgegenstand*

Die Festlegung der zu erörternden Angelegenheit obliegt ausschließlich den Antragstellern.[532] Unstreitig kann Gegenstand eines Einwohnerantrags nur eine Angelegenheit sein, die innerhalb der letzten sechs Monate nicht bereits Gegenstand einer Einwohnerversammlung war, § 20a II S. 2 GemO (sog. Wiederholungssperre). Konsens besteht auch insoweit, als es sich um eine Gemeindeangelegenheit handeln muss, d.h. die zu erörternden Angelegenheiten i.R.d. Verbandszuständigkeit der Gemeinde liegen. 344

531 Katz, VBlBW 2016, 1 (5); so ausdrücklich auch die Gesetzesbegründung, vgl. LT-Drs. 15/7265, S. 28.

532 VGH Mannheim, VBlBW 1991, 216; Hafner/Notheis, § 20a GemO, Rn. 9.

Da bei den Einwohnerversammlungen keine Entscheidungen getroffen werden, genügt hierfür die sog. Befassungskompetenz der Gemeinde.[533]

Umstritten ist aber, ob die zu erörternde Angelegenheit eine wichtige Gemeindeangelegenheit sein muss. Dies wird teilweise unter Hinweis auf den systematischen Zusammenhang mit § 20a I S. 1 GemO bejaht. Angeführt wird zudem der enorme organisatorische Aufwand für die Gemeinde und die Bedeutung des Rechtsinstituts für den Gedankenaustausch zwischen der Gemeindeverwaltung und den Einwohnern.[534] Nach a.A. sieht der Gesetzeswortlaut des § 20a II S. 1 GemO eine solche Beschränkung nicht vor, womit nur eine „zu erörternde Angelegenheit angegeben" werden muss.[535]

### b) Verfahren und Rechtsschutz

*Entscheidung des Gemeinderats ist Verwaltungsakt*

Über die Zulässigkeit des Antrags entscheidet der Gemeinderat, § 20a II S. 9 GemO. Die Prüfungskompetenz erstreckt sich auf das Vorliegen einer (wichtigen) Gemeindeangelegenheit, die Einhaltung des Unterschriftenquorums und das Verbot des kurzfristigen Wiederaufgreifens einer Gemeindeangelegenheit nach § 20a II S. 2 GemO.[536] Ist der Antrag zulässig, muss innerhalb von drei Monaten eine Einwohnerversammlung abgehalten werden, § 20a II S. 10 GemO. 345

*Rechtsschutz durch Verpflichtungsklage*

Die Entscheidung des Gemeinderats erfüllt die Begriffsmerkmale des § 35 S. 1 LVwVfG. Wird der Antrag auf Abhaltung einer Einwohnerversammlung als unzulässig zurückgewiesen, so muss nach erfolglosem Widerspruchsverfahren eine Verpflichtungsklage auf positive Entscheidung des Gemeinderats erhoben werden.[537] Die Klage kann gem. § 41 II KomWG von jedem einzelnen Unterzeichner des Einwohnerantrags erhoben werden. 346

**hemmer-Methode: § 41 II KomWG spricht von Anfechtungs- und Verpflichtungsklage. I.d.R. wird jedoch die Verpflichtungsklage statthaft sein, da nur sie dem Rechtsschutzbegehren voll entspricht. Denn dem Kläger geht es um die positive Entscheidung des Gemeinderats und die Durchführung der Einwohnerversammlung. Mit der bloßen Aufhebung der ablehnenden Entscheidung ist ihm nicht gedient.**

## III. Einwohnerantrag, § 20b GemO

*Befassung des Gemeinderats*

Während die Einwohnerversammlung der Erörterung bestimmter Angelegenheiten durch die Einwohner dient, kann durch einen Einwohnerantrag erreicht werden, dass sich der Gemeinderat mit einer Sache befasst. 347

### 1. Anforderungen an den Antrag

*Antragsberechtigung und Antragserfordernis*

Die Antragsberechtigung für einen Einwohnerantrag entspricht der Regelung für die Einwohnerversammlung (vgl. Rn. 342). Der erforderliche Antrag ist schriftlich einzureichen, wobei die elektronische Form ausgeschlossen ist. Er muss hinreichend bestimmt sein und eine Begründung enthalten, § 20b II S. 1 - 3 GemO. 348

533 Kunze/Bronner/Katz, § 20a GemO, Rn. 10; Aker/Hafner/Notheis, § 20 GemO, Rn. 5. Zur Befassungskompetenz ausführlich unter Rn. 157 ff.

534 Kunze/Bronner/Katz, § 20a GemO, Rn. 10.

535 Aker/Hafner/Notheis, § 20a GemO, Rn. 9 unter Berufung auf die Gesetzesbegründung (LT-Drs. 6/6340, S. 39 f.), welche eine weitergehende Einschränkung nicht vorsieht. Zudem verhindere bereits das Unterschriftenquorum, dass Belanglosigkeiten zum Thema einer Einwohnerversammlung gemacht werden.

536 Aker/Hafner/Notheis, § 20a GemO, Rn. 10; Kunze/Bronner/Katz, § 20a GemO, Rn. 12.

537 Aker/Hafner/Notheis, § 20a GemO, Rn. 11; Kunze/Bronner/Katz, § 20a GemO, Rn. 12; VGH Mannheim, VBlBW 1984, 149 (zur Einwohnerversammlung); NVwZ 1985, 288 (zum Bürgerbegehren).

*Antragsquorum*

Um eine missbräuchliche Inanspruchnahme des Rechtsinstituts auszuschließen, ist der Einwohnerantrag an die Einhaltung eines Quorums gebunden, § 20b II S. 4, 5 GemO. In Gemeinden mit nicht mehr als 10.000 Einwohnern beträgt das Antragsquorum 3 % der antragsberechtigten Einwohner. Um die Beteiligungsmöglichkeiten zu erleichtern,[538] ist die Unterstützung durch 200 unterzeichnungsberechtigte Einwohner ausreichend. Bei einer Gemeindegröße über 10.000 Einwohnern sinkt das Quorum auf 1,5 %. Erforderlich ist hier allerdings die Unterstützung durch mindestens 200, höchstens aber 2.500 unterzeichnungsberechtigte Einwohner.

*Frist*

Richtet sich der Einwohnerantrag gegen einen Beschluss des Gemeinderats oder eines beschließenden Ausschusses, so muss er innerhalb von drei Monaten nach Bekanntgabe des Beschlusses eingereicht werden, § 20b I S. 1 GemO.[539] Die über die §§ 187 II, 188 BGB zu berechnende Ausschlussfrist soll die Handlungs- und Entscheidungsfähigkeit des Gemeinderats sichern. 349

*Problem: fristauslösendes Ereignis*

Beschlüsse des Gemeinderats müssen (anders als Satzungen und sonstiges Ortsrecht) nicht öffentlich bekanntgemacht werden. Das Ergebnis der Entscheidung wird in der Sitzung durch den Bürgermeister festgestellt und in der Niederschrift festgehalten, vgl. § 38 I S. 1 GemO.

Dementsprechend stellt die Rspr. an die Bekanntgabe i.S.d. § 20b II S. 1 GemO keine besonderen Voraussetzungen. Es ist ausreichend, wenn auch ohne formelle Bekanntmachung gewährleistet ist, dass die Einwohner von der Beschlussfassung Kenntnis erlangen können.[540] Dem wird auch eine Veröffentlichung ihres wesentlichen Inhalts in der örtlichen Presse (Tageszeitung, Informationsbroschüre, Wochenblatt) oder im redaktionellen Teil des Amtsblattes gerecht, die den Bürger hinreichend über den Inhalt des Beschlusses unterrichten und ihm eine Entscheidung im Hinblick auf einen Einwohnerantrag ermöglichen (sog. Anstoßfunktion). Wurde der Beschluss in nichtöffentlicher Sitzung gefasst, ist die „Verlautbarung" des Beschlusses nach § 35 I S. 4 GemO als Bekanntgabe anzusehen.

*zulässiger Antragsgegenstand*

Des Weiteren muss der Antrag eine zulässige Angelegenheit zum Gegenstand haben. In Parallele zur Einwohnerversammlung bedarf es der Verbandszuständigkeit der Gemeinde. Zudem erfordert § 20b I S. 2 GemO, dass für die Angelegenheit der Gemeinderat oder ein beschließender Ausschuss zuständig ist (Organzuständigkeit).[541] Schließlich darf die Sache nicht bereits innerhalb der letzten sechs Monate Gegenstand eines Einwohnerantrags gewesen sein (sog. Wiederholungssperre). 350

*ausgeschlossene Gegenstände*

Der Ausschlusskatalog des § 21 II GemO für den Bürgerentscheid (vgl. hierzu Rn. 360) gilt auch für den Einwohnerantrag, § 20b I S. 3 GemO. Auch wenn der Gemeinderat oder ein beschließender Ausschuss nach Durchführung eines gesetzlich bestimmten Beteiligungs- oder Anhörungsverfahrens über eine Angelegenheit beschlossen hat, ist ein dazu gestellter Einwohnerantrag unzulässig. 351

***Bsp.:** Der Gemeinderat der Gemeinde G beschließt den Bebauungsplan „Gewerbegebiet Süd". Zuvor wurden die Bürger ordnungsgemäß über die Planung unterrichtet und ihnen Gelegenheit zur Äußerung gegeben. Der Entwurf wurde ordnungsgemäß ausgelegt (vgl. § 3 I, II BauGB).*

538 Katz, VBlBW 2016, 1 (5); so ausdrücklich auch die Gesetzesbegründung, vgl. LT-Drs. 15/7265, S. 26.

539 Zur Reform des Jahres 2015 vgl. Katz, VBlBW 2016, 1 (5); LT-Drs. 15/7265, S. 26.

540 VGH Mannheim, NVwZ 1985, 288 (289 f.); zur parallelen Problematik beim Bürgerbegehren Aker/Hafner/Notheis, § 21 GemO, Rn. 14.

541 Aker/Hafner/Notheis, § 20b GemO, Rn. 2; Kunze/Bronner/Katz, § 20b GemO, Rn. 2.

Nach Beschluss über den Bebauungsplan ist ein Einwohnerantrag mit dem Ziel, dass sich der Gemeinderat mit dem Bebauungsplan „Gewerbegebiet Süd“ befasst, unzulässig.

### 2. Verfahren und Rechtsschutz

*Entscheidung des Gemeinderats: wie bei Antrag auf Einwohnerversammlung*

352 Über die Zulässigkeit des Einwohnerantrags entscheidet der Gemeinderat, § 20b III S. 1 GemO. Für das Verfahren und den Rechtsschutz der Antragsteller gelten die Ausführungen zur Einwohnerversammlung entsprechend, wie sich aus § 20b III S. 1 GemO ergibt.[542]

## C. Bürgerbegehren und Bürgerentscheid

*verbindliche Entscheidung durch die Bürger*

353 Das Verfahren der direktdemokratischen Sachentscheidung ist zweistufig ausgestaltet.[543] Mit dem Bürgerbegehren können die Gemeindebürger beantragen, dass sie anstelle des Gemeinderats über eine Angelegenheit der Gemeinde, für die der Gemeinderat zuständig ist, selbst entscheiden, vgl. § 21 III S. 1 GemO. Diese Sachentscheidung ist der sog. Bürgerentscheid. Der Bürgerentscheid hat die Wirkung eines Ratsbeschlusses, § 21 VIII S. 1 GemO.[544] Er ist eine „Volksabstimmung“ auf kommunaler Ebene.

*Ratsbegehren*

Die Herbeiführung einer bürgerschaftlichen Sachentscheidung kann gem. § 21 I S. 1 GemO auch durch den Gemeinderat beschlossen werden, sog. Ratsbegehren bzw. Ratsreferendum. Erforderlich ist hierzu eine Mehrheit von zwei Dritteln der Stimmen aller Ratsmitglieder. Ein Ratsbegehren kommt insbesondere in Betracht, wenn der Gemeinderat von sich aus eine umstrittene Entscheidung direkt durch die Bürgerschaft treffen lassen möchte. Zudem ist es möglich, über diesen Weg einem Bürgerbegehren eine ratsinitiierte „Konkurrenzvorlage“ gegenüberzustellen.

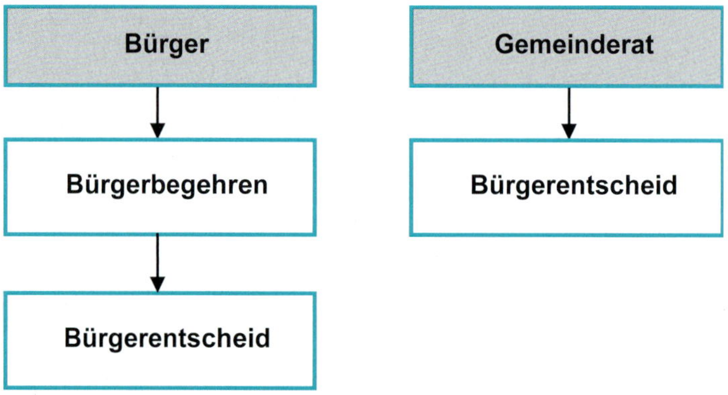


### Exkurs: Bürger gem. § 12 I GemO

*Bürger*

354 Bürger einer Gemeinde ist gem. § 12 I S. 1 GemO, wer Deutscher i.S.d. Art. 116 I GG oder EU-Ausländer ist, das 16. Lebensjahr[545] vollendet hat und seit mindestens drei Monaten in der Gemeinde wohnt. Bürger sind demnach alle Einwohner, welche die besonderen Voraussetzungen des § 12 I GemO erfüllen. Gem. § 12 II S. 1 GemO kann *innerhalb* Baden-Württembergs eine Person nur Bürger einer einzigen Gemeinde sein. Denn für das Bürgerrecht kommt es auf die Hauptwohnung an. Jede Person kann jedoch nur eine Hauptwohnung haben, da dies die vorwiegend benutzte Wohnung ist.

542 Hierzu unter Rn. 349.

543 Engel/Heilshorn, § 16 Rn. 3; Ennuschat/Ibler/Remmert, § 1 Rn. 271.

544 Näher dazu unter Rn. 367 ff.

545 Die Senkung der Altersgrenze von 18 auf 16 Jahre wurde 2013 in die GemO aufgenommen.

An die Bürgereigenschaft sind verschiedene Rechte geknüpft. So können nur Bürger

- ⇨ wählen und abstimmen,[546]
- ⇨ bei Gemeinderatswahlen gewählt werden, sofern sie das 18. Lebensjahr vollendet haben,[547]
- ⇨ ehrenamtlich tätig werden,[548]
- ⇨ ein Bürgerbegehren unterstützen.[549]

## I. Bürgerbegehren, § 21 II - IV GemO

*Bürgerbegehren = Bürgerschaft beantragt Bürgerentscheid*

Das Bürgerbegehren hat das Ziel, dass in der Gemeinde über eine bestimmte Frage ein Bürgerentscheid durchgeführt wird. Es bedarf der Initiative einzelner Bürger, die das Begehren formulieren, die notwendigen Unterschriften sammeln und anschließend unter Beachtung der formellen und materiellen Voraussetzungen des § 21 I - III GemO bei der Gemeinde einreichen. 355

### 1. Formelle Anforderungen

*Form*

Der Antrag ist schriftlich einzureichen. Er muss die zur Entscheidung zu bringende Frage, eine Begründung und einen nach den gesetzlichen Bestimmungen durchführbaren Vorschlag für die Deckung der Kosten[550] der verlangten Maßnahme enthalten, § 21 III S. 3, 4 GemO. 356

*Fristbindung kassatorischer Bürgerbegehren*

Eine Frist ist nur einzuhalten, wenn sich das Bürgerbegehren gegen einen Beschluss des Gemeinderats richtet (sog. kassatorisches Bürgerbegehren).[551] Dann muss es innerhalb von drei Monaten[552] nach Bekanntgabe des Beschlusses eingereicht werden, § 21 III S. 3 GemO.[553] Nach Verstreichen der Ausschlussfrist des ist ein Bürgerbegehren, das sich gegen einen Ratsbeschluss wendet, ausgeschlossen.

*Quorum*

Das erforderliche Unterschriftenquorum ergibt sich aus § 21 III S. 6 GemO.[554] Dieses Erfordernis sicher, dass hinter einem Bürgerbegehren ein relevantes kommunalpolitisches Anliegen steht, welches den organisatorischen Aufwand lohnt. 357

*Vertrauenspersonen*

Nach § 21 III S. 7 GemO sind bis zu drei Vertrauenspersonen zu benennen, die zur Vertretung der Unterzeichner berechtigt sind. Nach dem Gesetzeswortlaut müssen diese weder Bürger noch Einwohner der betroffenen Gemeinde sein. Wegen § 21 III S. 8 GemO ist die Benennung von Vertrauenspersonen keine Zulässigkeitsvoraussetzung für das Bürgerbegehren.

---

546 Vgl. § 14 GemO (Gemeinderatswahl) und § 45 I S. 1 (Bürgermeisterwahl).

547 Vgl. § 28 I GemO. Der Bürgermeister hingegen muss nicht Bürger der Gemeinde sein, vgl. § 46 I GemO.

548 Vgl. § 15 GemO.

549 Vgl. § 21 III S. 1 GemO.

550 VGH Mannheim, VBlBW 2018, 469: Entgehen der Gemeinde durch die mit einem Bürgerbegehren verlangte Maßnahme zukünftig Einnahmen, sind diese nur dann im Kostendeckungsvorschlag zu berücksichtigende Kosten, wenn die Gemeinde diese Beträge bisher schon tatsächlich eingenommen hat und diese aufgrund der verlangten Maßnahme nun wegfallen.

551 VGH Mannheim, VBlBW 2017, 295; ein kassatorisches Bürgerbegehren liegt vor, wenn ein bereits gefasster Ratsbeschluss nach dem Erfolg eines Bürgerentscheids nicht mehr umgesetzt werden könnte.

552 Die Frist wurde durch die Reform vom Dezember 2015 von sechs Wochen auf drei Monate verlängert. Getragen ist diese Änderung vom Bedürfnis, ausreichend Zeit für die Vorbereitung und Durchführung des Bürgerbegehrens einzuräumen, vgl. Katz, VBlBW 2016, 1 (4); LT-Drs. 15/7265, S. 36. Zur Berechnung der Frist vgl. VG Stuttgart, VBlBW 2013, 467; VGH Mannheim, VBlBW 2013, 269; VBlBW 2011, 388.

553 Zur Bekanntgabe gelten die Ausführungen zu § 20b II S. 1 GemO entsprechend, vgl. hierzu Rn. 349.

554 Das vormals (nach Gemeindegröße) degressiv gestaffelte Quorum wurde durch die Reform vom Dezember 2015 auf 7 % der Gemeindebürger gesenkt, die Obergrenze von 20.000 Unterschriften aber beibehalten, vgl. Katz, VBlBW 2016, 1 (3); LT-Drs. 15/7265, S. 36.

*Initiativsperre*

Darüber hinaus ist ein Bürgerbegehren gem. § 21 III S. 2 GemO unzulässig, wenn über diese Angelegenheit bereits in den letzten drei Jahren ein Bürgerentscheid aufgrund eines Bürgerbegehrens durchgeführt worden ist (sog. Initiativsperre). 358

**hemmer-Methode: Hieraus ergibt sich, dass der Bürgerentscheid aufgrund eines Bürgerbegehrens eine höhere „Beständigkeit" aufweist als ein Bürgerentscheid auf Initiative des Gemeinderats. Letzterer kann durch einen neuen Bürgerentscheid aufgehoben oder geändert werden. Der Bürgerentscheid aufgrund eines Bürgerbegehrens kann jedoch nur aufgrund eines neuen Bürgerentscheids auf Initiative des Gemeinderats geändert oder aufgehoben werden. Zweck des § 21 III S. 2 GemO ist allerdings nicht primär, den Bürgerentscheid beständig zu machen, sondern zu verhindern, dass die Bevölkerung mit ein und derselben Angelegenheit zu häufig befasst wird.**

## 2. Materielle Anforderungen

*zulässiger Gegenstand des Bürgerbegehrens*

Zudem muss das Bürgerbegehren einen zulässigen Gegenstand betreffen. Da es auf die Durchführung eines Bürgerentscheids gerichtet ist, sind nur die für den Bürgerentscheid tauglichen Angelegenheiten zulässig.[555] Zu beachten ist somit § 21 I und II GemO.

*bürgerentscheidfähige Angelegenheiten*

Nachdem im Jahr 2005 der bis dahin geltende Katalog der bürgerentscheidfähigen Angelegenheiten gestrichen wurde, kann heute grds. jede Gemeindeangelegenheit, für die der Gemeinderat zuständig ist,[556] Gegenstand eines Bürgerbegehrens sein, § 21 I GemO. Es bedarf somit der Verbandskompetenz der Gemeinde und der Organkompetenz des Gemeinderates. 359

*Negativkatalog*

Der Kreis der zulässigen Angelegenheiten eines Bürgerbegehrens wird zudem maßgeblich durch § 21 II GemO determiniert (sog. Negativkatalog). 360

*§ 26 II Nr. 1 GemO*

Von einem Bürgerbegehren ausgeschlossen sind nach § 21 II Nr. 1 GemO Weisungsaufgaben sowie Angelegenheiten, die kraft Gesetzes dem Bürgermeister obliegen. Die Erwähnung der Weisungsaufgaben in § 21 II Nr. 1 GemO neben den dem Bürgermeister obliegenden Angelegenheiten ist nicht überflüssig. Zwar ist für die Weisungsaufgaben der Bürgermeister zuständig (§ 44 III S. 1 GemO). Dies gilt allerdings grundsätzlich nicht für den Erlass von Satzungen und Rechtsverordnungen. Sofern über diese der Gemeinderat entscheidet, werden sie (erst) von § 21 II Nr. 1 Alt. 1 GemO ausgeschlossen.

> *Bsp.: Dies wird auch bei den Polizeiverordnungen nach § 10 I i.V.m § 1 I PolG relevant. Diese werden zwar (in Ausnahme zu § 44 III GemO) gem. § 13 S. 2 PolG durch den Bürgermeister erlassen. Gem. § 15 I, II PolG muss jedoch der Gemeinderat zustimmen. Diese Zustimmung des Gemeinderats ist daher eine Angelegenheit, für die kraft Gesetzes der Gemeinderat und nicht der Bürgermeister zuständig ist. Ein Bürgerentscheid über diese Zustimmung wird daher erst durch die Erwähnung der „Weisungsaufgaben" in § 21 II Nr. 1 GemO ausgeschlossen.*

Die dem Bürgermeister kraft Gesetzes obliegenden Aufgaben sind insbesondere die Leitung der Gemeindeverwaltung[557] und die Geschäfte der laufenden Verwaltung, § 44 II GemO.

555 Insofern ist der Wortlaut des § 21 II GemO missverständlich, wenn dort von „Ein Bürgerentscheid findet ..." gesprochen wird.

556 Kunze/Bronner/Katz, § 21 GemO BW, Rn. 3; Katz, VBlBW 2009, 373 (374).

557 §§ 42 I, 43 I GemO; dies wird z.T. auch noch durch § 21 II Nr. 2 erfasst.

Nicht von § 21 II Nr. 1 GemO erfasst sind die dem Bürgermeister vom Gemeinderat übertragenen Aufgaben. Dies ergibt sich schon aus der unterschiedlichen Formulierung im Vergleich mit § 44 II S. 1 und § 24 I S. 2 GemO, die jeweils die Übertragung an den Bürgermeister ausdrücklich neben dessen gesetzliche Zuständigkeiten stellen.

**hemmer-Methode: Grund hierfür ist, dass es nicht in der Entscheidung der Gemeinde liegen soll, § 21 II Nr. 1 GemO *auszudehnen* und damit den Kreis der Angelegenheiten, über die ein Bürgerentscheid durchgeführt werden kann, *einzuschränken*.**

*§ 26 II Nr. 6 GemO*

Von besonderer Bedeutung ist § 21 II Nr. 6 GemO, der die Bauleitpläne (dies sind nach § 1 II BauGB der Flächennutzungsplan und der Bebauungsplan) und örtliche Bauvorschriften von der Möglichkeit eines Bürgerentscheids ausnimmt.[558] Getragen ist die Vorschrift von der Überlegung, dass im Bereich der Bauleitplanung „vielschichtige Abwägungsprozesse" erforderlich sind, die nicht in eine abstimmungsfähige Fragestellung gefasst werden können.[559] 361

Hiervon nicht erfasst sind seit der Reform des Jahres 2015 verfahrenseinleitende Beschlüsse. Damit wurde insbesondere der Aufstellungsbeschluss zur thematischen Ausweitung der bürgerentscheidfähigen Angelegenheiten vom Negativkatalog ausgenommen.[560] Nach der Rspr. des VGH Mannheim sind zudem Grundsatzentscheidungen im Vorfeld eines Aufstellungsbeschlusses einem Bürgerbegehren zugänglich, sofern diese nicht dem Flächennutzungsplan oder anderen übergeordneten Planungen zuwiderlaufen.[561]

*weitere ausgeschlossene Gegenstände*

Obwohl in § 21 II GemO nicht ausdrücklich erwähnt, können bestimmte weitere Angelegenheiten nicht Gegenstand eines Bürgerentscheides sein.[562] Dazu gehören wegen des Grundsatzes der Gesetzmäßigkeit der Verwaltung (Art. 20 III GG) Anträge, die ein rechts- oder gesetzeswidriges Ziel verfolgen. Auf ein rechtswidriges Ziel gerichtet ist ein Bürgerentscheid insbesondere, wenn dieser inhaltlich nicht mit bestehenden vertraglichen oder gesetzlichen Verpflichtungen der Gemeinde vereinbar ist.[563] 362

## II. Verfahren und Rechtsschutz

*Entscheidung des Gemeinderats über die Zulässigkeit*

Über die Zulässigkeit des Bürgerbegehrens entscheidet gem. § 21 IV S. 1 GemO der Gemeinderat nach Anhörung der Vertrauenspersonen. Diese Entscheidung ist unverzüglich, spätestens innerhalb von zwei Monaten nach Antragseingang zu treffen. Es handelt sich hierbei um eine umfassende Zulässigkeitskontrolle seitens des Gemeinderats hinsichtlich der Einhaltung der formalen Voraussetzungen des § 21 III GemO und der Frage, ob ein zulässiger Gegenstand i.S.d. § 21 I, II GemO vorliegt. Die Entscheidung über die Zulässigkeit ist eine reine Rechtsfrage, d.h., dem Gemeinderat steht kein Ermessen zu.[564] 363

Der Beschluss des Gemeinderats, dass ein Bürgerbegehren unzulässig ist, bedarf gem. § 43 I GemO des Vollzugs seitens des Bürgermeisters durch Erlass eines Verwaltungsakts, der den Vertrauenspersonen bekanntzugeben ist.[565]

558 Kunze/Bronner/Katz, § 21 GemO BW, Rn. 12; Aker/Hafner/Notheis, § 21 GemO, Rn. 5.5; West, VBlBW 2010, 389 (389).
559 Katz, VBlBW 2016, 1 (1); Kunze/Bronner/Katz, § 21 GemO BW, Rn. 12; Aker/Hafner/Notheis, § 21 GemO, Rn. 5.
560 LT-Drs. 15/7265, S. 27; kritisch hierzu Katz, VBlBW 2016, 1 (2).
561 VGH Mannheim, VBlBW 2009, 425 (427); NVwZ-RR 2011, 837.
562 Engel/Heilshorn, § 16 Rn. 7; Ennuschat/Ibler/Remmert, § 1 Rn. 273; Kunze/Bronner/Katz, § 21 GemO, Rn. 14.
563 VGH Mannheim, VBlBW 2014, 141 (142); VBlBW 2015, 375 (377); Kaltenborn/Lenz, VBlBW 2008, 128 (132); Katz, VBlBW 2009, 373 (374).
564 Kunze/Bronner/Katz, § 21 GemO BW, Rn. 23; Aker/Hafner/Notheis, § 21 GemO, Rn. 11; Katz, VBlBW 2016, 1 (4); Kösters, VR 2007, 89 (90).
565 VGH Mannheim, VBlBW 2020, 122 (123); auf den Ratsbeschluss selbst abstellend Engel/Heilshorn, § 16 Rn. 12.

In diesem Fall kann jeder Unterzeichner nach erfolglosem Widerspruchsverfahren Verpflichtungsklage auf Zulassung gegen die Gemeinde erheben, § 21 IX GemO i.V.m. § 41 II S. 1 KomWG.[566] In Betracht kommt zudem einstweiliger Rechtsschutz nach § 123 I VwGO (dazu sogleich).

**hemmer-Methode: Der in anderen Bundesländern geführte Streit um die Rechtsnatur der ablehnenden Entscheidung ist in Baden-Württemberg angesichts der ausdrücklichen Regelung in § 41 II S. 1 KomWG obsolet.**

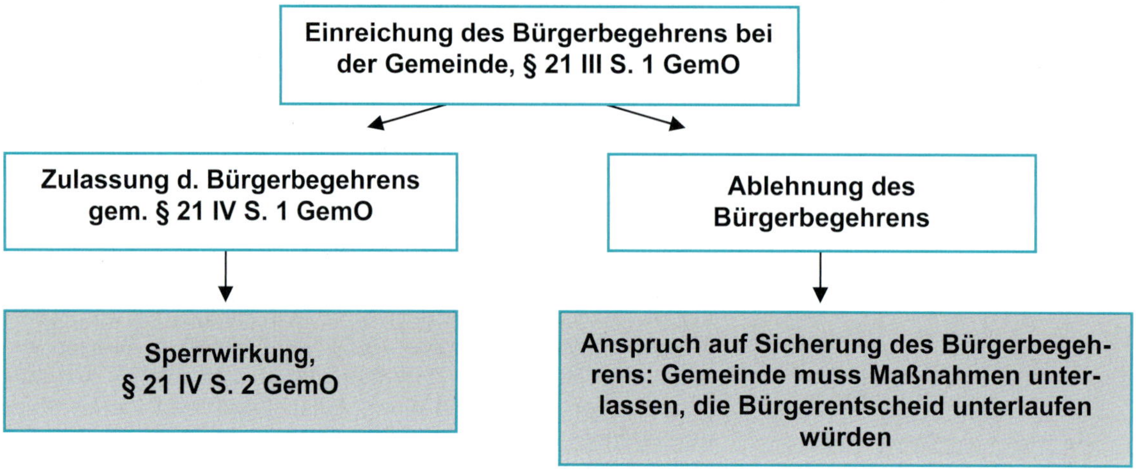


Begründung dieses Anspruchs: aus dem Recht des Bürgerbegehrens auf Durchführung eines Bürgerentscheids

Voraussetzungen dieses Anspruchs: das **Bürgerbegehren** muss **zulässig** sein, d.h. die **formellen und materiellen Anforderungen** erfüllen

*Entscheidungs- und Vollzugssperre*

Eine positive Zulassungsentscheidung führt nach dem im Dezember 364
2015 eingeführten § 21 IV S. 2 GemO zu einer Entscheidungs- und Vollzugssperre, d.h., bis zur Durchführung des Bürgerentscheids dürfen keine dem Bürgerbegehren zuwiderlaufenden Entscheidungen mehr getroffen oder vollzogen werden. Dies steht unter dem Vorbehalt, dass rechtliche Verpflichtungen der Gemeinde zum Vollzug nicht bestanden haben.

Ein zulässiges Bürgerbegehren entfaltet gegen Beschlüsse des Gemeinderats damit „aufschiebende Wirkung", wie dies für den Widerspruch des Bürgermeisters (§ 43 II S. 3 GemO) und die rechtsaufsichtliche Beanstandung (§ 121 I S. 3 GemO) gesetzlich vorgesehen ist.[567]

Hiermit wird der Zweck verfolgt, dem grundsätzlichen Anspruch auf Durchführung eines Bürgerbegehrens gerecht zu werden. Die Schaffung vollendeter Tatsachen, die einen Bürgerentscheid ins Leere laufen ließen, soll verhindert werden.

> ***Bsp. 1:*** *Der Gemeinderat fasst im Juni den Beschluss, eine 150 Jahre alte Kastanie, welche in der Mitte des Marktplatzes steht, fällen zu lassen. Ein hiergegen gerichtetes Bürgerbegehren wird vom Gemeinderat im Juli als zulässig festgestellt und für September der Termin des Bürgerentscheids anberaumt. Dennoch wird im August seitens der Gemeinde ein Unternehmen mit dem Fällen des Baumes beauftragt. Welche prozessualen Möglichkeiten können ergriffen werden?*

566 VGH Mannheim, VBlBW 2020, 122 (123); Aker/Hafner/Notheis, § 21 GemO, Rn. 12.

567 Aker/Hafner/Notheis, § 21 GemO, Rn. 14 a.E.; Kunze/Bronner/Katz, § 21 GemO, Rn. 23c.

Die Umsetzung des (zweiten) Gemeinderatsbeschlusses widerspricht der Entscheidungs- und Vollzugssperre des § 21 IV S. 2 GemO, da zum Zeitpunkt der Einreichung rechtliche Verpflichtungen der Gemeinde hierzu nicht bestanden haben. Das Recht zur direktdemokratischen Entscheidung umfasst auch den Anspruch auf Einhaltung dieser Sperrwirkung. Über einen Antrag nach § 123 I VwGO kann dieser Anspruch (im Sinne eines Anordnungsanspruchs) gerichtlich geltend gemacht werden. Da das Recht aus § 21 IV S. 2 GemO verletzt zu werden droht, ist auch ein Anordnungsgrund (Eilbedürftigkeit) gegeben. Das VG wird der Gemeinde daher vorläufig untersagen, den Baum fällen zu lassen.

*Gefährdung der Ziele des Bürgerbegehrens*

Da die Entscheidungssperre die Feststellung der Zulässigkeit des Bürgerbegehrens voraussetzt, kann die (bloße) Einreichung des Bürgerbegehrens diese nicht auslösen. An der Umsetzung eines Ratsbeschlusses, gegen den ein Bürgerbegehren gerichtet ist, wird die Gemeinde in diesem Fall nicht gehindert. Es stellt sich damit die Frage, ob das Bürgerbegehren gegen einen drohenden Vollzug des Beschlusses zu schützen ist.[568] 365

**hemmer-Methode: Machen Sie sich klar, in welchem Spannungsfeld Sie sich bewegen. Zum einen geht es darum, dass dem Bürgerbegehren effektiver Rechtsschutz zuteilwird. Die Möglichkeit eines Bürgerbegehrens dient gerade der bürgerschaftlichen Aktivierung mit dem Ziel, auch gegen den Willen der in der Gemeindeverwaltung Verantwortlichen Entscheidungen durchzusetzen. Dann ist es konsequent, dem Bürgerbegehren auch entsprechenden Rechtsschutz zuzubilligen. Andererseits ist zu beachten, dass ein solcher Sicherungsanspruch dazu führt, dass eine *Minderheit* Maßnahmen und Entscheidungen der Gemeinde in einem bestimmten Bereich blockieren kann. Die Lösung dieses Konflikts bereitet Probleme.**

*ungeschriebener Sicherungsanspruch?*

Stellt man das Bürgerbegehren gegen Maßnahmen, die dessen Ziele unterlaufen, rechtsschutzlos, so hätte es die Gemeinde möglicherweise in der Hand, ein Bürgerbegehren und einen nachfolgenden Bürgerentscheid gegenstandslos zu machen. Dies ist insbesondere dann der Fall, wenn die Vollziehung nicht mehr rückgängig zu machen ist. 366

**Bsp. 2:** *Wie Bsp. 1, allerdings wurde das Bürgerbegehren bei der Gemeinde zwar eingereicht, jedoch steht die Feststellung der Zulässigkeit noch aus. Welche Rechtsschutzmöglichkeiten bestehen?*

Nach Ansicht des VGH Mannheim[569] schließt das Fehlen einer Entscheidungs- und Vollzugssperre vorläufigen Rechtsschutz nach § 123 I VwGO nicht aus. Über einen Antrag, der auf Feststellung der Zulässigkeit des Bürgerbegehrens gerichtet ist, lässt sich ein Warneffekt für die Gemeinde erzielen, sich während der Dauer eines etwaigen Hauptsacheverfahrens der Risiken bewusst zu sein, die mit weiteren Vollzugsmaßnahmen einhergehen, wenn ihren Maßnahmen gegebenenfalls nachträglich die Grundlage entzogen wird und ihr hierdurch finanzielle Nachteile entstehen können.

Die vorläufige Feststellung der Zulässigkeit eines Bürgerbegehrens kommt jedoch nur dann in Betracht, wenn die Zulässigkeit bereits im einstweiligen Rechtsschutzverfahren mit solcher Wahrscheinlichkeit bejaht werden kann, dass eine gegenteilige Entscheidung im Hauptsacheverfahren praktisch ausgeschlossen ist und der mit dem Hauptsacheverfahren verbundene Zeitablauf voraussichtlich eine Erledigung des Bürgerbegehrens zur Folge hat. Anordnungsgrund und Anordnungsanspruch müssen nach Auffassung des VGH in einem das übliche Maß der Glaubhaftmachung übersteigenden deutlichen Grad von Offenkundigkeit auf der Hand liegen.

568 Ausführlich zu diesem Problemkreis Aker/Hafner/Notheis, § 21 GemO, Rn. 14; Kunze/Bronner/Katz, § 21 GemO, Rn. 25h.

569 VGH Mannheim, VBlBW 2017, 295 (295); VBlBW 2011, 471 = DVBl. 2011, 1035; VBlBW 2010, 311 (312); VG Sigmaringen, Beschl. v. 14.02.2017 - 2 K 178/17.

**hemmer-Methode: In einer Klausur sollte aufgrund des Sachverhalts die vom VGH geforderte „Offenkundigkeit" erkennbar sein, da Klausursachverhalte im Examen komplett und die Tatsachen unstreitig sind, sodass, anders als in Originalfällen, keine Ungewissheiten bestehen.**

Auch der Erlass einer einstweiligen Anordnung zur Sicherung des Bürgerbegehrens, die über die vorläufige Feststellung der Zulässigkeit des Bürgerbegehrens hinausgeht, ist möglich. Nach Auffassung des VGH Mannheim können die Bürger unter strengen Voraussetzungen auch eine vorläufige Anordnung dahin gehend erwirken, dass der Vollzug eines Beschlusses des Gemeinderates, der das Bürgerbegehren unterlaufen oder gegenstandslos machen würde, unterbleibt.[570] Der im Staatsrecht entwickelte und auf das Verhältnis der Gemeindeorgane zur Bürgerschaft im Rahmen eines Bürgerbegehrens übertragbaren Grundsatz der Organtreue verpflichtet die Gemeindeorgane, sich so gegenüber dem Bürgerbegehren zu verhalten, dass dieses seine gesetzlich eröffnete Entscheidungskompetenz ordnungsgemäß wahrnehmen kann.

Eine derartige Sicherungsanordnung kommt allerdings nur in Betracht, wenn das Bürgerbegehren nicht offensichtlich unzulässig ist und diese erforderlich ist, um das Bürgerbegehren ggü. einem unmittelbar drohenden treuwidrigen Verhalten der Gemeinde zu sichern. Das gemeindliche Handeln (sei es in der Sache selbst oder hinsichtlich des dafür gewählten Zeitpunktes) muss bei objektiver Betrachtung allein dem Zweck dienen, dem Bürgerbegehren die Grundlage zu entziehen.[571]

*Sachentscheidungsvoraussetzungen einer Klage gegen die Ablehnung eines Bürgerbegehrens*

**Problemschwerpunkte im Rahmen der Sachentscheidungsvoraussetzungen einer Klage gegen die Ablehnung eines Bürgerbegehrens nach § 21 IX GemO i.V.m. § 41 II S. 1 KomWG:**

**1. Verwaltungsrechtsweg**

Öffentliche Streitigkeit i.S.d. **§ 40 I VwGO**

**2. Zulässigkeit**

**a) Statthafte Klageart**

- Klagebegehren auf Zulassung des Bürgerbegehrens durch Beschluss des Gemeinderats gerichtet
- Dieser zulassende Beschluss ist ein VA. Die Entscheidung hat Außenwirkung, denn der Kläger ist nicht Organ der Gemeinde, sondern ein Rechtssubjekt außerhalb der Verwaltung (h.M.) → Verpflichtungsklage (vgl. § 21 IX GemO, § 41 II S. 1 KomWG)

**b) Klagebefugnis:** Möglicher Zulassungsanspruch aus § 21 III, IV GemO

(P): Wer ist Rechtsinhaber und damit richtiger Kläger?

- Jeder unterzeichnende Bürger kann im eigenen Namen Klage bzw. Widerspruch erheben (vgl. auch § 41 II S. 1 KomWG)
- A.A.: das Bürgerbegehren, d.h. die Unterzeichner in ihrer Gesamtheit, vertreten durch die Vertrauenspersonen

**c) Beteiligtenfähigkeit:** Beteiligtenfähig sind gem. § 61 Nr. 1 Alt. 1 VwGO die Vertrauenspersonen/Unterzeichner; Gemeinde gem. § 61 Nr. 1 Alt. 2 VwGO

**d) Prozessfähigkeit:** Vertrauenspersonen/Unterzeichner nach § 62 I Nr. 1 VwGO

**e) Vorverfahren:** Widerspruchsbehörde nach § 41 II S. 2 KomWG i.V.m. § 73 II S. 2 Nr. 3 VwGO

570 VGH Mannheim; VBlBW 2011, 471 = DVBl. 2011, 1035 (1038); Lange, Kap. 9 Rn. 173; so auch OVG Münster, NVwZ-RR 2004, 519 (521); DVBl. 2008, 120 (123). Nach a.A. ist die vorläufige Feststellung der Zulässigkeit des Bürgerbegehrens im Wege der einstweiligen Anordnung mit dessen gesetzlicher Ausgestaltung unvereinbar, vgl. VGH Kassel, LKRZ 2009, 66 (68); OVG Bautzen, LKV 2008, 560; VGH München, BayVBl. 2001, 500. Nach VGH München, DVBl. 2011, 308 kommt aber in besonderen Konstellationen eine vorläufige Zulassung in Betracht.

571 VGH Mannheim, VBlBW 2014, 141; VBlBW 2011, 471.

**3. Begründetheit nach § 21 I – III GemO**

Es besteht ein Anspruch auf den VA, d.h. auf positive Entscheidung des Gemeinderats, wenn das Bürgerbegehren den formellen und materiellen Voraussetzungen entspricht

**a) Formelle Voraussetzungen:**

- Antrag, § 21 III S. 1 GemO
- Schriftform, Begründung, § 21 III S. 3, 4 GemO
- Bestimmte Fragestellung („ja oder nein"), § 21 III S. 4 GemO
- Benennung von Vertretern, § 21 III S. 7 GemO
- Quorum nach § 21 III S. 6 GemO erreicht, mit gültigen Unterschriften

**b) Materielle Voraussetzungen:**

- Angelegenheiten des eigenen Wirkungskreises, § 21 I, III S. 1 GemO
- Keine Unzulässigkeit (Negativkatalog), § 21 II GemO
- Ausgeschlossen sind Ziele, die gegen Wirtschaftlichkeit und Sparsamkeit verstoßen
- Ausgeschlossen sind auch rechtswidrige Ziele (Grundsatz der Gesetzmäßigkeit der Verwaltung: ggf. inzident prüfen, ob die Gemeinde das Ziel mit rechtmäßigen Maßnahmen erreichen kann)

## III. Bürgerentscheid

### 1. Pflicht zur Durchführung des Bürgerentscheids

*Pflicht zur Durchführung des Bürgerentscheids*

Hat der Gemeinderat die Zulässigkeit des Bürgerbegehrens festgestellt, so ist gem. § 21 VI S. 1 GemO innerhalb von vier Monaten ein Bürgerentscheid durchzuführen, es sei denn, die Vertrauenspersonen stimmen einer Verschiebung zu. 367

Gem. § 21 IV S. 3 GemO hat der Gemeinderat jedoch noch die Möglichkeit, die Durchführung eines Bürgerentscheids zu verhindern, indem er selbst einen Beschluss fasst, welcher der mit dem Bürgerbegehren verfolgten Entscheidung entspricht. Es bedarf allerdings der Kongruenz zwischen Gemeinderatsbeschluss und bürgerschaftlichem Anliegen.[572]

Dann ist das Ziel der Unterzeichner erreicht und die Durchführung eines Bürgerentscheids ist nicht mehr angezeigt.

### 2. Information der Bürger, § 21 V GemO

*Information der Bürger*

Nach § 21 V S. 1 GemO muss den Bürgern bis zum 20. Tag vor dem Bürgerentscheid die innerhalb der Gemeindeorgane (Bürgermeister und Gemeinderat) vertretene Auffassung dargelegt werden. Die Informationsverpflichtung ist nicht an eine bestimmte Form gebunden. Möglich ist eine Unterrichtung durch eine Veröffentlichung (z.B. durch ortsübliche Bekanntmachung) oder Zusendung von Informationsbroschüren, was zusammen mit der amtlichen Benachrichtigung über die Abstimmung erfolgen kann.[573] 368

572 Kunze/Bronner/Katz, § 21 GemO, Rn. 24; Aker/Hafner/Notheis, § 21 GemO, Rn. 11; OVG Münster, NWVBl. 2002, 110.

573 Kunze/Bronner/Katz, § 21 GemO, Rn. 26; Aker, VBlBW 2016, 1 (2).

Die Unterrichtungspflicht über die „innerhalb der Gemeindeorgane vertretene Auffassung“ umfasst neben den unterschiedlichen Vorstellungen zwischen Gemeinderat und Bürgermeister auch die Angabe von abweichenden Meinungen innerhalb des Kollegialorgans Gemeinderat. Hintergrund ist der Normzweck, wonach eine umfassende Information der Bürgerschaft über das Für und Wider der zur Entscheidung gestellten Sachfrage erreicht werden soll.

**hemmer-Methode: § 21 V GemO fordert die Gemeindeorgane auf, ihre Auffassungen den Bürgern nahezubringen. Wichtig ist, dass bei Abstimmungen, d.h. bei der Entscheidung über Sachfragen, eine solche Stellungnahme der Gemeinde nach § 21 V GemO ausdrücklich zulässig ist. Anders ist dies bei Wahlen, d.h. bei der Entscheidung über Personen (Bürgermeister und Gemeinderat).**
**Wie bei den Bundes- und Landtagswahlen gilt hier das aus der Freiheit der Wahl[574] folgende sog. Neutralitätsgebot. Dies bedeutet, dass staatliche Stellen keinen Einfluss auf die Wahlentscheidung nehmen dürfen. Die Freiheit der Wahl gilt gem. Art. 72 I S. 1 LV auch für die Gemeinderatswahlen. Bei Abstimmungen gilt jedoch das Neutralitätsgebot nicht. Staatliche Stellen dürfen sich äußern und inhaltlich Position beziehen. Dies wird von § 21 V GemO bestätigt. Dabei ist jedoch das Sachlichkeitsgebot zu beachten.**

*gleiches Informationsrecht der Vertretungspersonen*

§ 21 V S. 2 GemO stellt die Vertrauenspersonen hinsichtlich der Information der Öffentlichkeit durch die Gemeinde den Gemeindeorganen gleich. Es ist ihnen freigestellt („dürfen“), ob sie eine eigene Darstellungsmöglichkeit wählen oder sich an der Information durch die Gemeinde beteiligen. Entscheiden sich die Vertrauenspersonen für Letzteres, steht ihnen das Recht zu, ihre Auffassung zum Bürgerentscheid „in gleichem Umfang“ wie Bürgermeister und Gemeinderat darzustellen (Gebot der Waffengleichheit).

*Rechtsfolgen eines Verstoßes gegen § 21 V S. 1 GemO*

Unterbleibt die Information, so verstößt die Gemeinde gegen ihre Pflicht aus § 21 V S. 1 GemO. Für die Rechtmäßigkeit des Bürgerentscheids bleibt dies allerdings ohne Folgen. Auch hat der einzelne Bürger kein subjektiv-öffentliches Recht aus § 21 V S. 1 GemO und kann daher nicht mit Erfolg auf Information klagen.[575] Die Norm begründet lediglich eine objektiv-rechtliche Verpflichtung der Gemeinde, die allerdings durch die Rechtsaufsicht durchgesetzt werden kann (Erlass einer Anordnung gem. § 122 GemO). 369

## 3. Zustimmungsquorum

*erforderliche Mehrheit*

Der Bürgerentscheid wird gem. § 21 VII S. 1 GemO mit der Mehrheit der gültigen Stimmen entschieden. Erforderlich ist jedoch, dass diese Mehrheit mindestens 20 % der Stimmberechtigten beträgt. 370

Das Zustimmungsquorum sichert über das Mehrheitsprinzip die Ausübung der Staatsgewalt durch die Mehrheit der Gemeindebürger und garantiert eine ausreichende demokratische Legitimation des Bürgerentscheids.[576]

Die Bedeutung des Zustimmungsquorums zeigt sich gerade bei Abstimmungen mit einer niedrigen Beteiligung.

> **Bsp.:** *In einer Gemeinde mit 50.000 Bürgern müssen die Ja-Stimmen 20 % der Stimmberechtigten betragen. Bei einer Wahlbeteiligung von unter 40 % ist damit die einfache Mehrheit der abgegebenen Stimmen nicht ausreichend.*

574 Art. 38 I S. 1 GG, Art. 26 IV LV; zu den Wahlgrundsätzen vgl. **Hemmer/Wüst, Staatsrecht II, Rn. 241 ff.**

575 VGH Mannheim, VBlBW 2002, 118. Das Gleiche gilt selbstverständlich für die Gemeinderäte, vgl. Kunze/Bronner/Katz, § 21 GemO, Rn. 26.

576 Aker/Hafner/Notheis, § 21 GemO, Rn. 16; Kunze/Bronner/Katz, § 21 GemO, Rn. 27.

Bei Stimmengleichheit gilt die Frage gem. § 21 VII S. 2 GemO als abgelehnt. Wird die erforderliche Mehrheit nicht erreicht, hat der Gemeinderat die Frage zu entscheiden, § 21 VII S. 3 GemO. 371

## 4. Wirksamkeit des Bürgerentscheids

*Wirksamkeit des Bürgerentscheids wie ein Beschluss des Rats zu beurteilen*

Da der Bürgerentscheid gem. § 21 VIII S. 1 GemO einem Ratsbeschluss gleichsteht, gelten für Rechtmäßigkeit und Wirksamkeit die gleichen Grundsätze wie für Beschlüsse des Gemeinderats. 372

Rechtswidrig und unwirksam ist der Bürgerentscheid grundsätzlich, wenn er gegen rechtliche Anforderungen verstößt. Dies kann etwa darin liegen, dass er einen unzulässigen Gegenstand betrifft (§ 21 I, II GemO), insbesondere inhaltlich rechtswidrig ist und damit ein gesetzwidriges Ziel verfolgt.

**hemmer-Methode: Der Bürgerentscheid war dann von an Anfang an unzulässig. Wird er dennoch durchgeführt, so ist aber eine getroffene Entscheidung nach den gleichen Grundsätzen wirksam oder unwirksam, wie dies für Beschlüsse des Gemeinderats gilt.**

*Fehler im Abstimmungsverfahren*

Besonderheiten gelten für Fehler des Abstimmungsverfahrens. Dieses richtet sich nach dem KomWG (vgl. § 41 III KomWG). Fehler im Abstimmungsverfahren sind jedoch nur dann erheblich und führen zur Unwirksamkeit des Bürgerentscheids, wenn wesentliche Verfahrensvorschriften verletzt wurden und nicht ausgeschlossen ist, dass diese Fehler das Ergebnis der Wahl beeinflusst haben.[577] 373

Der einzelne Bürger hat jedoch kein subjektiv-öffentliches Recht darauf, dass der Bürgerentscheid rechtmäßig ist, insbesondere der Abstimmungsvorgang fehlerfrei verläuft. Er kann nicht auf Feststellung der Ungültigkeit des Bürgerentscheids klagen, da dieser kein feststellungsfähiges Rechtsverhältnis i.S.d. § 43 I VwGO zwischen ihm und der Gemeinde darstellt.[578]

## 5. Rechtsfolgen des wirksamen Bürgerentscheids

*Bindungswirkung des Bürgerentscheids*

Der Bürgerentscheid hat die Wirkung eines Beschlusses des Gemeinderats, § 21 VIII S. 1 GemO. Er genießt im Vergleich zu Gemeinderatsbeschlüssen einen erhöhten Bestandsschutz, da er innerhalb von drei Jahren nur durch einen neuen Bürgerentscheid abgeändert werden kann (sog. Bindungs- oder Sperrwirkung). Ein der Sperrwirkung des § 21 VIII S. 2 GemO zuwiderlaufender Beschluss des Gemeinderats ist nichtig.[579] 374

**hemmer-Methode: Aus dieser Bindungswirkung wird auch ein Grund ersichtlich, weshalb ein Bürgerentscheid durch den Gemeinderat (und nicht durch die Bürger mittels Bürgerbegehrens) initiiert wird. Der Gemeinderat kann dadurch eine (Selbst-)Bindung erreichen, die es bei Ratsbeschlüssen nicht gibt. Interessant kann dies vor anstehenden Gemeinderatswahlen sein, da damit die aktuelle Mehrheit eine Bindung des nächsten Gemeinderats erreichen kann (und damit eine Bindung auch eines Gemeinderats mit anderen politischen Mehrheiten). Will der Gemeinderat einen Bürgerentscheid ändern, so kann er dies nur durch einen neuen Bürgerentscheid, vgl. § 21 VIII S. 2 GemO!**

577 Zu Einzelheiten vgl. VGH Mannheim, ESVGH 25, 193 (199 f.) = BWVPr 1975, 203.

578 VGH Mannheim, VBlBW 2002, 118 = DÖV 2002, 257.

579 VGH Mannheim, ESVGH 25, 193 = BWVPr 1975, 203; Kunze/Bronner/Katz, § 21 GemO, Rn. 30.

*aber: keine Bindungswirkung bei wesentlicher Änderung*

Die Bindung an einen Bürgerentscheid erstreckt sich allerdings nur auf identische sowie gleichartige Anliegen, bei denen das zum früheren Bürgerentscheid gestellte Anliegen nur geringfügig oder nur im Detail geändert worden ist.[580] Ob dies der Fall ist, richtet sich nach dem Empfängerhorizont. Entscheidend ist also, wie die Bürger aus objektiver Sicht den Gegenstand des Bürgerentscheids auffassen durften. Auch ohne ausdrückliche Normierung einer Flexibilitätsklausel[581] ist die Bestandskraft damit auf die Fälle beschränkt, in denen sich die dem Bürgerentscheid zugrunde liegende Sach- oder Rechtslage nicht wesentlich geändert hat.[582] 375

*Recht des einzelnen Bürgers auf Beachtung des Bürgerentscheids*

Der einzelne abstimmungsberechtigte Bürger hat ein subjektiv-öffentliches Recht auf Beachtung des Bürgerentscheids. Er kann gegen Maßnahmen und Entscheidungen, die in Widerspruch zu dem Bürgerentscheid stehen, gerichtlich vorgehen.[583] Dies gilt unabhängig davon, ob der Bürgerentscheid durch den Gemeinderat initiiert oder infolge eines Bürgerbegehrens durchgeführt wurde. 376

580 Aker/Hafner/Notheis, § 21 GemO, Rn. 17; Kunze/Bronner/Katz, § 21 GemO, Rn. 30; Albers, Beilage VBlBW Heft 10/2015, 17-20.

581 Eine ausdrückliche Einschränkung der Bestandskraft sehen Art. 18a XIII S. 2 BayGO und § 17 VIII S. 3 ThürKomO vor. Nach diesen Normierungen entfällt die Bindungswirkung des Bürgerentscheids, wenn sich die dem Bürgerentscheid zugrunde liegende Sach- oder Rechtslage wesentlich verändert hat.

582 VGH Mannheim, VBlBW 2015, 125; Aker/Hafner/Notheis, § 21 GemO, Rn. 17 (unter Berufung auf den Rechtsgedanken des § 60 I VwVfG) Lange, Kap. 9 Rn. 140 (unter Berufung auf das Vorliegen eines neuen Sachverhalts); Engel/Heilshorn, § 16 Rn. 20; a.A. Kunze/Bronner/Katz, § 21 GemO, Rn. 30; OVG Bautzen, DÖV 2007, 564.

583 VGH Mannheim, VBlBW 2015, 124; VG Freiburg, Beschl. v. 07.08.2014 - K 1706/14; grundlegend VGH Mannheim, ESVGH 25, 193 (195 f.).

# § 8 KOMMUNALE UNTERNEHMEN UND BETEILIGUNGEN

*§§ 102 - 108 GemO*

Die GemO enthält in §§ 102 - 108 Vorschriften über Unternehmen der Gemeinde und Beteiligungen an Unternehmen. Diese Normierungen sind als rechtliche Rahmenbedingungen hinsichtlich der Frage, ob und wie sich Kommunen zur Erfüllung ihrer Aufgaben einer öffentlich-rechtlichen oder privatrechtlichen Unternehmensform bedienen dürfen, zu verstehen.[584] 377

**hemmer-Methode: Die unternehmerische Betätigung der Gemeinden ist Teil der kommunalen Selbstverwaltung, die nach Art. 28 II GG und Art. 71 I LV gewährleistet ist.[585] Dazu gehört insbesondere auch die wirtschaftliche Betätigung. Zweck der §§ 102 ff. GemO ist es, der unternehmerischen Betätigung der Gemeinden Grenzen zu ziehen. Die Gemeinden sollen sich auf ihre eigentlichen Verwaltungsaufgaben (Kernaufgaben) konzentrieren und vor finanziellen Risiken geschützt werden. Auch soll ein Verdrängungswettbewerb zulasten der Privatwirtschaft vermieden werden.**

## A. Begriffe

### I. Unternehmen

*Begriff des Unternehmens*

Ausgangspunkt der Regelungen ist der Begriff des Unternehmens.[586] Eine Legaldefinition fehlt in der GemO. Dieser Begriff umfasst jedenfalls alle wirtschaftlichen Unternehmen i.S.d. § 102 GemO, geht jedoch darüber hinaus.[587] Von § 103 GemO umfasst sind auch die nicht-wirtschaftlichen Unternehmen, wozu insbesondere die in § 102 IV GemO genannten (fingiert nichtwirtschaftlichen)[588] Unternehmen zählen. 378

Hinsichtlich der Organisationsform kommen alle denkbaren Möglichkeiten in Betracht. Es stehen sowohl öffentlich-rechtliche als auch privatrechtliche Formen zur Verfügung.

Als Definition des Unternehmens kann demnach nur festgehalten werden, dass es sich um eine organisatorische Zusammenfassung von personellen und sächlichen Mitteln handeln muss, welche eine Leistung erbringt, wobei die Mittel mit einer gewissen organisatorischen Festigkeit, Dauer und Selbstständigkeit in der Hand eines Rechtsträgers vereint sind.[589]

### II. Errichtung, Übernahme, wesentliche Erweiterung und Beteiligung

*jegliche unternehmerische Betätigung*

Diese Aufzählung, die sowohl in § 102 I als auch § 103 I GemO enthalten ist, soll jegliche unternehmerische Betätigung der Gemeinde erfassen. Die Begriffe überschneiden sich teilweise. So stellt die Gründung einer GmbH, die Träger eines Unternehmens ist, sowohl die Errichtung eines Unternehmens als auch die Beteiligung der Gemeinde an einem solchen dar. 379

584 Kunze/Bronner/Katz, § 102 GemO, Rn. 8; Ennuschat/Ibler/Remmert, § 1 Rn. 417; Geis/Madeja, JA 2013, 248 (249).

585 Kunze/Bronner/Katz, § 102 GemO, Rn. 1; Lange, Kap. 14 Rn. 65; Engel/Heilshorn, § 19 Rn. 11; Geis/Madeja, JA 2013, 248 (249).

586 Vgl. z.B. §§ 102, 103 GemO.

587 Kunze/Bronner/Katz, § 103 GemO, Rn. 4; Aker/Hafner/Notheis, § 103 GemO, Rn. 8.

588 Aker/Hafner/Notheis, § 102 GemO, Rn. 114; Engel/Heilshorn, § 19 Rn. 65; Geis/Madeja, JA 2013, 248 (249).

589 VGH Mannheim, ESVGH 56, 176 = VBlBW 2006, 348 (Schilderpräger); Aker/Hafner/Notheis, § 102 GemO, Rn. 8.

**hemmer-Methode: Eine Beteiligung ist nur bei Unternehmen in Privatrechtsform möglich. Häufigster Fall ist der Erwerb von Mitgliedschaftsrechten in Form von Aktien an einer AG, Gesellschaftsanteile an einer GmbH oder Genossenschaftsanteile einer eG. An juristischen Personen des öffentlichen Rechts gibt es keine Beteiligung, sondern Vertretung in Organen, Aufsichtsbefugnisse und ggf. Mitwirkungsrechte.**

*nicht: Fortführung*

Die bloße Fortführung eines wirtschaftlichen Unternehmens ist hingegen nicht an Zulässigkeitsvoraussetzungen gebunden.[590]

## III. Wirtschaftliche Unternehmen der Gemeinde, § 102 GemO

*wirtschaftliche Unternehmen*

Wirtschaftliche Unternehmen sind organisatorische Zusammenfassungen personeller und sächlicher Mittel zum Zweck der Teilnahme am Wirtschaftsverkehr und mit der regelmäßigen Absicht der Gewinnerzielung.[591] Unterschied zu dem bloßen „Unternehmen" ist die bezweckte Teilnahme am Wirtschaftsleben sowie die Absicht der Gewinnerzielung. 380

*Gemeinde ist Träger*

Unter einem wirtschaftlichen Unternehmen der Gemeinde versteht man Einrichtungen, die auch von einem Privatunternehmen mit der Absicht der Gewinnerzielung betrieben werden können (sog. Popitz-Kriterium).[592] Es ist nicht erforderlich, dass tatsächlich eine private Konkurrenz besteht.

Diese Definition bringt zutreffend zum Ausdruck, dass sich wirtschaftliche Unternehmen von Gemeinden von anderen wirtschaftlichen Unternehmen nur dadurch unterscheiden, dass sie von einer Kommune betrieben werden.

> **Bspe:**[593] *Wasser-, Elektrizitäts-, Gas-, Fernheizungsversorgung, Nahverkehr, Wohnungsbau, Stadthalle, Parkhaus, Messe, Flughafen, Bestattungsunternehmen.*

*Rechtsform*

Die Vorgaben des § 102 GemO gelten ungeachtet der Rechtsform für jegliche wirtschaftliche Unternehmen, d.h. solchen in Organisationsformen des öffentlichen Rechts sowie des Privatrechts.[594] 381

## IV. Unternehmen in Privatrechtsform, §§ 103 ff. GemO

*mögliche Privatrechtsformen*

Die verfassungsrechtlich gewährleistete Organisationshoheit gestattet den Gemeinden, Unternehmen in Privatrechtsform zu betreiben oder sich hieran zu beteiligen bzw. diese zu übernehmen oder wesentlich zu erweitern. In Betracht kommen grundsätzlich alle Privatrechtsformen, z.B. AG, GmbH, KG oder eG. An diesen kann eine Gemeinde alleine oder teilweise beteiligt sein. 382

## V. Gesetzliche Differenzierung

*Differenzierung in den §§ 102 ff. GemO*

Beachten Sie, dass §§ 103 ff. GemO nicht nur für wirtschaftliche Unternehmen gelten, sondern für alle Unternehmen in privater Rechtsform, an denen die Gemeinde beteiligt ist. Insbesondere gelten die §§ 103 - 105a GemO auch für die nichtwirtschaftlichen Unternehmen nach § 102 IV GemO.[595] 383

590 Lange, Kap. 14 Rn. 65; Engel/Heilshorn, § 19 Rn. 49.

591 Kunze/Bronner/Katz, § 102 GemO, Rn. 17; Aker/Hafner/Notheis, § 102 GemO, Rn. 8 und 22; Geis/Madeja, JA 2013, 248 (249).

592 BVerwGE 39, 329 (333); VGH Mannheim, ESVGH 56, 176 = VBlBW 2006, 348; VG Karlsruhe, Urt. v. 29.10.2017 - 11 K 2695/15.

593 Kunze/Bronner/Katz, § 102 GemO, Rn. 43 ff.; Engel/Heilshorn, § 19 Rn. 30 ff.

594 Aker/Hafner/Notheis, § 102 GemO, Rn. 2; Engel/Heilshorn, § 19 Rn. 105; Kunze/Bronner/Katz, § 102 GemO, Rn. 1.

595 Aker/Hafner/Notheis, § 102 GemO, Rn. 114; Kunze/Bronner/Katz, § 102 GemO, Rn. 67; Lange, Kap. 14 Rn. 27,

Es ist daher zumindest missverständlich, wenn die §§ 102 ff. GemO auch als das „kommunale Wirtschaftsrecht“ oder als das Recht der „kommunalen wirtschaftlichen Betätigung“ bezeichnet werden, auch wenn dies der mit Abstand wichtigste Anwendungsbereich dieser Vorschriften ist.

Die Vorschriften über Unternehmen und Beteiligungen der Gemein- 384
de unterscheiden demnach zum einen zwischen wirtschaftlichen und nichtwirtschaftlichen Unternehmen, zum anderen zwischen solchen in privater und in öffentlich-rechtlicher Rechtsform.

Für die wirtschaftlichen Unternehmen gilt § 102 GemO, für die Unternehmen in Privatrechtsform gelten die §§ 103 - 105a GemO. Demnach gelten für wirtschaftliche Unternehmen in Privatrechtsform sowohl § 102 GemO als auch die §§ 103 - 105a GemO. Für nichtwirtschaftliche Unternehmen in öffentlich-rechtlicher Organisationsform gelten weder § 102 GemO[596] noch die §§ 103 - 105a GemO.

## B. Organisationsformen kommunaler Unternehmen

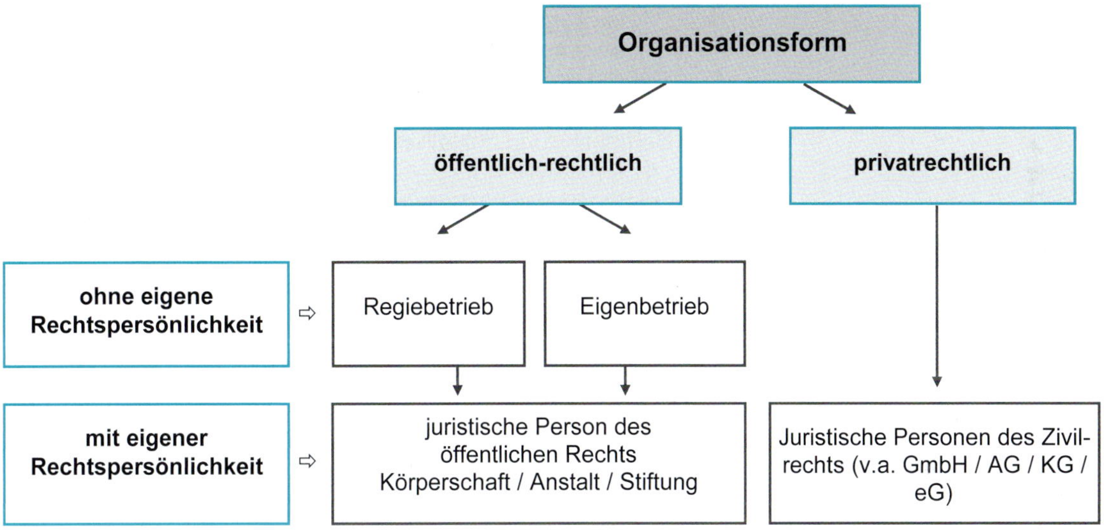


### I. Öffentlich-rechtliche Organisationsformen

*Organisationsformen*

Mögliche öffentlich-rechtliche Organisationsformen sind die des sog. 385
Regiebetriebs, des Eigenbetriebs und der juristischen Person des öffentlichen Rechts.[597]

#### 1. Regiebetrieb

*Regiebetrieb: keinerlei Trennung von der Gemeindeverwaltung*

Wird ein Unternehmen als Teil der Gemeindeverwaltung ohne orga- 386
nisatorische Trennung betrieben, so liegt ein sog. Regiebetrieb vor.[598] Im Grunde handelt es sich lediglich um die Zusammenfassung von Mitteln der Gemeindeverwaltung, d.h. um eine besondere Abteilung der Verwaltung.

596 Die einzige Anforderung für die nichtwirtschaftlichen Unternehmen enthält § 103 III S. 2 GemO.

597 Auf die Stiftungen nach § 101 GemO wird hier nicht eingegangen, vgl. hierzu Engel/Heilshorn, § 19 Rn. 87-90.

598 Kunze/Bronner/Katz, § 102 GemO, Rn. 83; Geis/Madeja, JA 2013, 248 (249). Der Regiebetrieb wird in der GemO nicht erwähnt.

*Bspe.: Die Gemeinde G, ein beliebtes Ausflugsziel im Schwarzwald, bietet Stadtführungen an. Diese werden von der Gemeindeverwaltung organisiert, die Führungen werden durch Aushilfskräfte, die die Gemeinde saisonal beschäftigt, durchgeführt.*

Das Angebot von Stadtführungen stellt ein Unternehmen i.S.d. §§ 102 ff. GemO dar. Da dieses durch die Gemeinde selbst geführt wird und keinerlei organisatorische Verselbstständigung vorliegt, ist es ein Regiebetrieb. Nach der o.g. Definition handelt es sich um ein wirtschaftliches Unternehmen. Dessen Betrieb durch die Gemeinde ist dann zulässig, wenn es etwa der Tourismusförderung dient (§ 102 I Nr. 1 GemO) und z.B. aufgrund zu geringer Besucherzahlen und dadurch zu geringer Verdienstmöglichkeiten kein Privater diese Leistung anbieten würde (Nr. 3).

## 2. Eigenbetrieb

*Eigenbetrieb: ausgegliederte organisatorische Einheit*

Wie im Fall des Regiebetriebs, so ist auch der Eigenbetrieb Teil der Gemeindeverwaltung. Auch hier wird nur die Gemeinde selbst tätig. Dies wird auch in der Formulierung des § 1 EigBG[599] deutlich, wonach die Gemeinden Unternehmen als Eigenbetriebe führen können. 387

Gemeindeintern ist der Betrieb jedoch organisatorisch verselbstständigt.[600] Dies zeigt sich darin, dass der Eigenbetrieb finanzwirtschaftlich als Sondervermögen der Gemeinde gesondert verwaltet wird (§ 12 I S. 1 EigBG) und ein eigener Wirtschaftsplan aufgestellt wird, der von dem Haushalt der Gemeinde getrennt ist (§ 14 EigBG). Zudem kann eine Betriebsleitung bestellt werden (§ 4 I EigBG).

Setzt die Gemeinde G in obigem Beispiel eine Betriebsleitung (§ 5 I EigBG) für die Tätigkeit „Stadtführung" ein und wird eine Betriebssatzung (§ 3 II EigBG) beschlossen, so handelt es sich um einen Eigenbetrieb, sofern die Tätigkeit nach Art und Umfang eine selbstständige Wirtschaftsführung rechtfertigt.

**hemmer-Methode: Sinn und Zweck des Eigenbetriebs ist, unternehmerische Tätigkeitsfelder der Gemeinde finanzwirtschaftlich selbstständig zu organisieren, um diesen Betrieb nach wirtschaftlichen Grundsätzen führen zu können.[601] Aufgrund des zu erstellenden Jahresabschlusses (§ 16 EigBG) werden Einnahmen, Kosten und Betriebsergebnis transparent.**

## 3. Juristische Personen des öffentlichen Rechts

*selbstständige juristische Person des öffentlichen Rechts*

Unternehmen können in der Form einer rechtlich selbstständigen juristischen Person des öffentlichen Rechts (Körperschaft, Anstalt, Stiftung) geführt werden. Die Errichtung juristischer Personen des öffentlichen Rechts muss jedoch in einem formellen Gesetz vorgesehen sein (sog. institutioneller Gesetzesvorbehalt).[602] 388

*selbstständige Kommunalanstalten*

Die gesetzliche Grundlage zur Gründung rechtsfähiger Anstalten des öffentlichen Rechts (sog. selbstständige Kommunalanstalten) hat der Landesgesetzgeber durch die Reform der Gemeindeordnung im Dezember 2015 geschaffen. Es wurden die §§ 102a - 102d GemO neu eingefügt und hierdurch deren Errichtung, ihre Organe und die für sie geltenden sonstigen Vorgaben geregelt.[603] Über die zeitgleiche Änderung des GKZ können Kommunen auch gemeinsam mit anderen Kommunen zur interkommunalen Zusammenarbeit sog. gemeinsame selbstständige Kommunalanstalten errichten.

599 Eigenbetriebsgesetz, Dürig Nr. 59; Dolde/Kirchhof/Stilz Nr. 38.

600 Kunze/Bronner/Katz, § 102 GemO, Rn. 83 und 86 ff.; Geis/Madeja, JA 2013, 248 (249). Der Regiebetrieb wird in der GemO nicht erwähnt.

601 Engel/Heilshorn, § 19 Rn. 74; Kunze/Bronner/Katz, § 102 GemO, Rn. 86; Lange, Kap. 14 Rn. 168.

602 Ennuschat/Ibler/Remmert, § 1 Rn. 443; Kopp/Ramsauer, § 3 VwVfG, Rn. 7a; Jarass/Pieroth, Art. 86 GG, Rn. 2.

603 Katz, BWGZ 2016, 365; Fabry/Augsten, VBlBW 2016, 103; Anwendungsbereich und Vorteile: Fabry, VBlBW 2014, 212; Lange, Kap. 14 Rn. 172 ff.

*Zweckverband*

Nach § 2 GKZ können zudem Zweckverbände gebildet werden.[604] Als Aufgabe ist dem Zweckverband nach § 4 GKZ der Betrieb oder die Errichtung des Unternehmens zu übertragen. Für diesen Fall kann vorgesehen werden, dass die Regelungen über Eigenbetriebe gelten, § 20 GKZ. 389

*Sparkassen*

Selbstständige juristische Personen des öffentlichen Rechts sind auch die Sparkassen. Deren Rechtsverhältnisse sind sondergesetzlich im Sparkassengesetz (SpG) geregelt.[605]

### II. Privatrechtliche Organisationsformen

*privatrechtliche Formen*

Privatrechtliche Organisationsformen sind GmbH, AG oder eG, die die Gemeinde gründet[606] oder an denen sich die Gemeinde beteiligt. 390

Die §§ 102, 103 GemO sprechen insofern von „errichten". Verbleiben sämtliche Anteile bei der Gemeinde, so werden diese Unternehmen zumeist als kommunale Eigengesellschaften bezeichnet.

## C. Zulässigkeit wirtschaftlicher Unternehmen, § 102 GemO

*Restriktionen der §§ 102 ff. GemO*

Die rechtlichen Voraussetzungen einer kommunalwirtschaftlichen Betätigung sind in den §§ 102 ff. GemO geregelt. Dabei wird nicht danach unterschieden, ob das Unternehmen in öffentlich-rechtlicher oder privatrechtlicher Organisationsform betrieben wird. Die gesetzlichen Vorgaben zielen darauf ab, gemeindliche Wirtschaftstätigkeit einzudämmen und restriktiven Vorgaben zu unterwerfen.[607] Die Normierungen gelten auch für die Landkreise (§ 48 LKrO) und Zweckverbände (§ 18 S. 1 GKZ). 391

**hemmer-Methode: Diese Einschränkungen des kommunalen Selbstverwaltungsrechts sind durch überwiegende Gründe des Allgemeinwohls gerechtfertigt und damit verfassungsrechtlich nicht zu beanstanden.**

### I. Schrankentrias des § 102 I GemO

*Restriktionen des § 102 I GemO*

Wirtschaftliche Kommunalunternehmen sind nur i.R.d. kommunalrechtlichen Schrankentrias zulässig. Darunter fallen der öffentliche Zweck, das angemessene Verhältnis zur Leistungsfähigkeit der Gemeinde und die sog. strenge Subsidiaritätsklausel.[608] 392

### 1. Öffentlicher Zweck

*öffentlicher Zweck*

Die gemeindliche Wirtschaftstätigkeit muss (wie jegliche staatliche Tätigkeit) durch einen öffentlichen Zweck gerechtfertigt sein. Ein solcher kann jeder Gemeinwohlbelang sein, der zu den Angelegenheiten der örtlichen Gemeinschaft zählt. Ein öffentlicher Zweck i.S.d. § 102 I Nr. 1 GemO ist insbesondere dann gegeben, wenn die Gemeinde eine legitime Aufgabe der kommunalen Daseinsvorsorge[609] erfüllt und damit das Wohl der Einwohner i.S.d. § 1 II GemO fördert. 393

604 Aker/Hafner/Notheis, § 102 GemO, Rn. 6; Engel/Heilshorn, § 19 Rn. 86. Zum Zweckverband ausführlich unter Rn. 632 ff.

605 Aker/Hafner/Notheis, § 102 GemO, Rn. 126; ausführlich hierzu Engel/Heilshorn, § 19 Rn. 94-102; Lange, Kap. 14 Rn. 119-121.

606 Geis/Madeja, JA 2013, 248 (252).

607 VGH Mannheim, VBlBW 2006, 348 (348) - Schilderpräger.

608 Ennuschat/Ibler/Remmert, § 1 Rn. 428; Engel/Heilshorn, § 19 Rn. 21; Geis/Madeja, JA 2013, 248 (249).

609 Zum weiten Begriffsverständnis vgl. VGH Mannheim, VBlBW 2015, 133.

***Bspe.:*** *Versorgung der Einwohner mit Infrastrukturleistungen (Energie, Wasser, Abfallbeseitigung, Verkehrsunternehmen); Beseitigung der sozialen Missstände im Bereich der Wohnungswirtschaft durch eine gemeindliche Wohnungsvermittlung;*[610] *Betätigung der Gemeinde im Wohnungsbau zur Unterstützung der kommunalen Siedlungspolitik;*[611] *Betrieb öffentlicher Einrichtungen in Privatrechtsform; Vermietung von Räumen im Verwaltungsgebäude an einen Schilderpräger (sog. kapazitätsauslastende Randnutzung)*[612]

***Gegenbeispiele:*** *Betrieb eines Hotels oder Fitnessstudios; Vermittlung von Reisen durch ein kommunales Reisebüro; Durchführung von Reparaturarbeiten in gemeindeeigener Werkstatt (sofern keine bloße Annextätigkeit einer städtischen Reparaturwerkstatt); Verkauf von Kfz-Kennzeichen*[613]

Nicht ausreichend ist jedoch der alleinige Zweck, einen Gewinn zu erzielen.[614] Ist die Gewinnerwirtschaftung nur Nebenzweck der gemeindlichen Tätigkeit, so führt dies jedoch nicht zur Unzulässigkeit (Umkehrschluss zu § 102 III GemO). Unzulässig ist die Gewinnerzielung aber selbst dann, wenn sie die Verluste aus einer einen öffentlichen Zweck verfolgenden Tätigkeit ausgleichen soll. 394

***Bspe.:*** *So wäre etwa die Gründung einer Event-Agentur zum Ausgleich der Verluste aus dem Betrieb einer Stadthalle unzulässig.*[615]

*Beurteilungsspielraum*

Zudem muss der öffentliche Zweck das wirtschaftliche Unternehmen rechtfertigen. Dies bedeutet, dass die wirtschaftliche Betätigung der Gemeinde vernünftigerweise geboten sein muss, um den öffentlichen Zweck zumindest zu fördern.[616] Nach h.M. steht der Kommune hinsichtlich der Beurteilung der Rechtfertigung und des Vorliegens eines öffentlichen Zwecks eine kommunalpolitische Einschätzungsprärogative zu.[617] 395

## 2. Relationsklausel

*angemessenes Verhältnis*

Gem. § 102 I Nr. 2 GemO muss das Unternehmen nach Art und Umfang in einem angemessenen Verhältnis zur Leistungsfähigkeit der Gemeinde und zum voraussichtlichen Bedarf stehen (sog. Relationsklausel). Im Ergebnis handelt es sich hierbei um eine Präzisierung bzw. Wiederholung der für die Gemeinden ohnehin geltenden Grundsätze der Haushaltswirtschaft, §§ 77, 78 und 87 II GemO.[618] Durch dieses Erfordernis sollen unternehmerische Aktivitäten verhindert werden, die die Verwaltungs- und Finanzkraft der Gemeinde überfordern.[619] 396

*Prognose*

Zu beachten ist, dass nicht die gegenwärtige Situation der Gemeinde entscheidend ist, sondern die Leistungsfähigkeit und der Bedarf anhand einer Prognose zu erschließen sind. Zu denken ist hier etwa an einen Bevölkerungszuwachs in der Gemeinde infolge Ausweisung neuer Baugebiete.

*Beurteilungsspielraum*

Auch hinsichtlich Leistungsfähigkeit und Bedarf besteht nach h.M.[620] ein Beurteilungsspielraum der Verwaltung, womit diese Vorgaben nur in besonderen Fällen nicht erfüllt sein werden. 397

610 VGH Mannheim, DÖV 1995, 274; Aker/Hafner/Notheis, § 102 GemO, Rn. 51; Kunze/Bronner/Katz, § 102 GemO, Rn. 44.
611 VGH Mannheim, VBlBW 2015, 133 (Leitsatz) = JuS 2015, 274 (Anm. Ruffert); ESVGH 63, 136 = VBlBW 2013, 93; VBlBW 1983, 78.
612 VGH Mannheim, VBlBW 2006, 348 (349); Britz, NVwZ 2001, 380 (384).
613 Kunze/Bronner/Katz, § 102 GemO, Rn. 46; OLG Stuttgart, BB1973, 536; BGH, DÖV 2003, 249.
614 BVerfGE 61, 82 (107) - Sasbach; OVG Münster, NWVBl. 2008, 418 (418).
615 Winkel, NWVBl. 2008, 285 (287).
616 Ennuschat/Ibler/Remmert, § 1 Rn. 433; Kunze/Bronner/Katz, § 102 GemO, Rn. 31; Geis/Madeja, JA 2013, 248 (250).
617 BVerwGE 39, 329 (334).
618 Lange, Kap. 14 Rn. 106; Kunze/Bronner/Katz, § 102 GemO, Rn. 39.
619 Aker/Hafner/Notheis, § 102 GemO, Rn. 67; Lange, Kap. 14 Rn. 105; Schenke, Rn. 761; Geis/Madeja, JA 2013, 248 (252).
620 Ennuschat/Ibler/Remmert, § 1 Rn. 434; Engel/Heilshorn, § 19 Rn. 47; Lange, Kap. 14 Rn. 107; Geis/Madeja, JA 2013, 248 (250).

*Bspe.: Betrieb eines Nahverkehrszentrums durch eine Gemeinde mit 800 Einwohnern; Selbsterzeugung von Strom durch eine Gemeinde trotz gegenwärtig und künftig fehlender Absatzmöglichkeiten*

## 3. Subsidiaritätsklausel

*strenge Subsidiaritätsklausel*

Außerhalb der kommunalen Daseinsvorsorge ist ein wirtschaftliches Tätigwerden der Gemeinde nur dann zulässig, wenn der Zweck nicht ebenso gut und wirtschaftlich durch einen Privaten erfüllt wird oder erfüllt werden kann, § 102 I Nr. 3 GemO. Nach der sog. strengen Subsidiaritätsklausel[621] ist abseits der Daseinsvorsorge eine wirtschaftliche Betätigung der Gemeinde bereits bei Leistungsparität mit einem privaten Dritten unzulässig.[622] 398

**hemmer-Methode: Während § 102 I Nr. 1 und 2 GemO eine isolierte Betrachtung der Gemeinde, nämlich ihres Aufgabenfeldes (Nr. 1) und ihrer Leistungsfähigkeit (Nr. 2), vornehmen, erweitert § 102 I Nr. 3 GemO die Betrachtung auf betroffene Dritte.**

Intention des § 102 I Nr. 3 GemO ist es, einer übermäßigen Ausdehnung erwerbswirtschaftlicher Betätigungen der Gemeinden außerhalb der Daseinsvorsorge entgegenzuwirken und die Privatwirtschaft auf ihr grundsätzlich vorbehaltenen Geschäftsfeldern vor Konkurrenzbetätigung zu schützen.[623]

*Bsp.:[624] Unzulässig ist der gemeindliche Betrieb eines Bürger-Rufautos, sofern die Zubringer- und Abholdienste zum bzw. vom öffentlichen Linienverkehr hinausgehen. Einem privaten Taxiunternehmer steht insoweit ein Unterlassungsanspruch ggü. der Gemeinde zu.*

*Verfahrensvorkehrungen*

Abgesichert wird die Subsidiaritätsklausel durch verfahrensrechtliche Vorkehrungen:[625] Nach § 102 II GemO entscheidet der Gemeinderat nach Anhörung der örtlichen Selbstverwaltungsorganisationen von Handwerk, Industrie und Handel (sog. Branchendialog bzw. Markterkundungsverfahren). Die Chancen und Risiken erwerbswirtschaftlicher Betätigung sowie die Auswirkungen auf die Privatwirtschaft sind zu ermitteln und in die Entscheidung über ein wirtschaftliches Engagement einzustellen. 399

*Beurteilungsspielraum*

Angesichts der praktischen Schwierigkeiten der durch die Gemeinde anzustellenden Prognosen und Bewertungen wird der Gemeinde auch hinsichtlich des Vorrangs der Privatwirtschaft ein Beurteilungsspielraum zugestanden.[626]

*Subsidiarität gilt nicht für die Daseinsvorsorge*

Von der Subsidiaritätsklausel ausgenommen ist die kommunale Daseinsvorsorge, wodurch der kommunalen Selbstverwaltungsgarantie Rechnung getragen wird. Damit können sich Kommunen in diesem Bereich auch wirtschaftlich betätigen, wenn sie den öffentlichen Zweck schlechter oder unwirtschaftlicher als ein Privatunternehmen erfüllen können.[627] 400

*Bspe.: Stadtplanung und Stadtentwicklung; sozialer Wohnungsbau; Betrieb von Telekommunikationsleistungsnetzen; kommunale Wirtschaftsförderung; Sozial- und Jugendhilfe; Förderung von Kultur, Bildung und Sport; Personennahverkehr; Versorgung mit Wasser; Erzeugung, Speicherung und Einspeisung erneuerbarer Energien*

---

621 In den Gemeindeordnungen ist die Subsidiaritätsklausel unterschiedlich streng ausgeprägt. Eine einfache Subsidiaritätsklausel setzt nur voraus, dass der öffentliche Zweck „nicht besser oder wirtschaftlicher" durch einen privaten Anbieter erfüllt werden kann (so z.B. § 107 I S. 1 Nr. 3 GO NRW).

622 Aker/Hafner/Notheis, § 102 GemO, Rn. 74; Kunze/Bronner/Katz, § 102 GemO, Rn. 41; Engel/Heilshorn, § 19 Rn. 52.

623 Aker/Hafner/Notheis, § 102 GemO, Rn. 78; Kunze/Bronner/Katz, § 102 GemO, Rn. 41; Geis/Madeja, JA 2013, 248 (250).

624 VG Karlsruhe, Urt. v. 29.08.2017 - 11 K 2695/15.

625 Engel/Heilshorn, § 19 Rn. 53; Lange, Kap. 14 Rn. 116; Pünder/Dittmar, JURA 2005, 760 (764); Geis/Madeja, JA 2013, 248 (250).

626 Ennuschat/Ibler/Remmert, § 1 Rn. 439; Engel/Heilshorn, § 19 Rn. 52; Lange, Kap. 14 Rn. 112; Geis/Madeja, JA 2013, 248 (250).

627 Aker/Hafner/Notheis, § 102 GemO, Rn. 72 und 53; kritisch hierzu Pünder/Dittmar, JURA 2005, 760 (764); Ehlers, NWVBl. 2000, 1 (4).

*Gegenbeispiele: Tätigkeit als Bauträger für „normale“ Wohnungen;*[628] *Grundstücks- und Bauträgergeschäfte betreffend Luxuswohnungen;*[629] *Verkauf von Backwaren zur Versorgung der Bevölkerung*

## II. Fingiert-nichtwirtschaftliche Unternehmen

*Negativkatalog*

Für bestimmte Tätigkeitsbereiche wird die Zulässigkeit kommunalwirtschaftlicher Betätigung durch § 102 IV GemO fingiert. Diese Unternehmen unterliegen nicht den Restriktionen des § 102 I - III GemO, zumal der öffentliche Zweck vermutet wird. 401

*Bspe.: Abwasserbeseitigung (§ 102 IV Nr. 1 GemO i.V.m. § 46 WG); Bestattungswesen (§ 102 IV Nr. 1 GemO i.V.m. § 1 BestattG); Museen, Volkshochschulen oder Schwimmbäder (§ 102 IV Nr. 2 GemO); Bauhöfe, Gemeindedruckereien oder Werkstätten zur Eigenversorgung (§ 102 IV Nr. 3 GemO)*

## III. Wirtschaftliche Betätigung außerhalb des Gemeindegebiets

*exterritoriale wirtschaftliche Betätigung*

Eine wirtschaftliche Betätigung außerhalb des Gemeindegebiets ist nur zulässig, wenn neben den Voraussetzungen des § 102 I GemO die berechtigten Interessen der betroffenen kommunalen Gebietskörperschaften gewahrt sind, § 102 VII S. 1 GemO.[630] 402

*Bsp.: Belieferung von auswärtigen Kunden durch gemeindliche Energie- und Wasserversorger; überörtliches Angebot an Telekommunikationsdienstleistungen*

Hintergrund dieser Bestimmung ist, dass jegliche Tätigkeit der Gemeinde grundsätzlich auf ihr Gemeindegebiet beschränkt ist (vgl. auch Art. 71 II LV, § 2 I GemO). Umgekehrt ist jede Gemeinde in ihrem Gebiet alleinige Trägerin der öffentlichen Aufgaben (Art. 71 II LV) bzw. der Angelegenheiten der örtlichen Gemeinschaft (Art. 28 II S. 1 GG). Die wirtschaftliche Betätigung einer Gemeinde auf dem Gebiet einer anderen Gemeinde ist ein Eingriff in das kommunale Selbstverwaltungsrecht der betroffenen Gemeinde. 403

**hemmer-Methode: Ein Eingriff in die kommunale Selbstverwaltung kann durch jegliche andere staatliche Stelle erfolgen, und demnach auch durch eine andere Gemeinde! Beachten Sie in diesem Zusammenhang auch § 2 II S. 1 BauGB, der die Gemeinden verpflichtet, ihre Bauleitpläne aufeinander abzustimmen!**

## IV. Rechtsschutz privater Konkurrenten

*Rechtsschutz des privaten Konkurrenten*

Will ein privater Konkurrent gerichtlich geltend machen, dass sich eine Gemeinde unter Verstoß gegen die Vorgaben des § 102 GemO wirtschaftlich betätigt, kommt verwaltungsgerichtlicher Rechtsschutz in Betracht.[631] 404

Geht es um die grundsätzliche Zulässigkeit wirtschaftlicher Unternehmen der Gemeinde, also um den Organisationsakt der Errichtung, Übernahme etc. und nicht um das Wettbewerbsverhalten, so ist für eine Klage gegen die Gemeinde auf Einstellung dieser Betätigung über die Anwendung der Zweistufentheorie der Verwaltungsrechtsweg gem. § 40 I 1 VwGO eröffnet.[632]

628 VGH Mannheim, ESVGH 63, 136 = VBlBW 2013, 93 = JuS 2013, 1150 (Anm. Waldhoff).

629 VGH Mannheim, VBlBW 2015, 133 (Leitsatz) = JuS 2015, 274 (Anm. Ruffert).

630 Aker/Hafner/Notheis, § 102 GemO, Rn. 132; Kunze/Bronner/Katz, § 102 GemO, Rn. 81b; Ennuschat/Ibler/Remmert, § 1 Rn. 447.

631 Instruktive Fallbearbeitungen bieten Jürgensen/Laude, JuS 2018, 635-640; Towfigh/Schönfeldt, JA 2018, 521-529; Karkaj, JA 2007, 35-40; Bickenbach, JuS 2006, 1091-1097; Winkler, JA 2004, 144-151; Detterbeck, JuS 2001, 1199-1205; Jarass/Minker, NWVBl. 2004, 160-164.

632 Wettbewerbsrechtlicher Rechtsschutz durch die ordentliche Gerichtsbarkeit (vgl. § 3 UWG) ist hingegen im Fall der Unlauterkeit zu ersuchen, vgl. Ennuschat/Ibler/Remmert, § 1 Rn. 457; Jürgensen/Laude, JuS 2018, 635 (636); Detterbeck, JuS 2001, 1199 (1200); Schlacke, JA 2002, 48.

*statthafte Klageart*

Statthaft ist regelmäßig die allgemeine Leistungsklage in Form der Unterlassungsklage. Erfolgt die wirtschaftliche Betätigung durch eine im Eigentum der Gemeinde stehende rechtsfähige Gesellschaft, ist die allgemeine Leistungsklage darauf gerichtet, dass die Gemeinde auf ihr Unternehmen einwirkt, eine unzulässige Wirtschaftsbetätigung zu unterlassen.[633]

*Klagebefugnis*

Problematisch ist allerdings die auch bei der allgemeinen Leistungsklage analog § 42 II VwGO erforderliche Klagebefugnis. Voraussetzung ist, dass sich der private Konkurrent auf ein ihm möglicherweise zustehendes subjektiv-öffentliches Recht berufen kann. Ein solches kann aus der Schrankentrias des § 102 I GemO abgeleitet werden, sofern dieser drittschützende Wirkung beigemessen wird. Dies ist nach der Schutznormtheorie dann der Fall, wenn die Vorschrift nach dem erkennbaren Willen des Gesetzgebers nicht nur öffentliche Interessen, sondern gerade auch die Interessen eines abgrenzbaren Kreises dritter Personen schützen soll.[634] 405

Während der Relationsklausel[635] kein Drittschutz beigemessen wird, wird dies (je nach Landesrecht) hinsichtlich des öffentlichen Zwecks[636] oder der Subsidiaritätsklausel bejaht. Letzterem hat sich der VGH Mannheim angeschlossen.[637] Der Gesetzgeber habe mit der Neufassung der Subsidiaritätsklausel im Jahr 2005 die Intention verfolgt, einer übermäßigen Ausweitung der gewerbswirtschaftlichen Betätigung der Gemeinden entgegenzuwirken und die Privatwirtschaft auf grundsätzlich ihr vorbehaltenen Geschäftsfeldern vor kommunaler Konkurrenzbetätigung zu schützen. Den Konkurrenten werde damit das Recht zur gerichtlichen Überprüfung der Einhaltung dieser objektiv-rechtlichen Vorgabe eingeräumt.[638]

**hemmer-Methode: Drittschutz entfaltet § 102 VII S. 1 GemO zugunsten von Gemeinden, die durch eine exterritoriale wirtschaftliche Betätigung beeinträchtigt werden.[639]**

*Begründetheit der Klage*

Die allgemeine Leistungsklage (auf Unterlassen kommunalwirtschaftlicher Betätigung bzw. auf Einwirken ggü. dem kommunalen Unternehmen) ist begründet, wenn ein Unterlassungs- bzw. Einwirkungsanspruch aus § 1004 BGB i.V.m. § 102 I Nr. 3 GemO besteht. 406

## D. Unternehmen in Privatrechtsform

*Beteiligung der Gemeinde an privatrechtlich organisierten Unternehmen*

Die §§ 103 ff. GemO enthalten detaillierte Vorschriften über die Errichtung, Übernahme, wesentliche Erweiterung und Beteiligung der Gemeinde an Unternehmen in privater Rechtsform (AG, GmbH, eG). Diese Vorgaben gelten sowohl für wirtschaftliche als auch für nichtwirtschaftliche Unternehmen (und gem. § 106a GemO auch für Einrichtungen i.S.d. § 102 IV S. 1 Nr. 2 GemO, wenn diese in privater Rechtsform betrieben werden, Bsp.: Volkshochschule wird von gemeindeeigener GmbH betrieben). 407

§ 103 GemO enthält Anforderungen an das Unternehmen und die zivilrechtlichen Vertragsverhältnisse zwischen der Gemeinde und dem Unternehmen. § 103a GemO enthält darüber hinaus besondere Voraussetzungen, wenn das Unternehmen eine GmbH ist.

633 Ennuschat/Ibler/Remmert, § 1 Rn. 452; Geis/Madeja, JA 2013, 248 (251); Pünder/Dittmar, JURA 2005, 760 (765); Lange, Kap. 14 Rn. 124.

634 Ausführlich zur Schutznormtheorie **Hemmer/Wüst, Verwaltungsrecht I, Rn. 117 ff.**

635 Engel/Heilshorn, § 19 Rn. 158; Lange, Kap. 14 Rn. 132; Geis/Madeja, JA 2013, 248 (251).

636 OVG Münster, NVwZ 2008, 1031; NVwZ 2003, 1520.

637 VGH Mannheim, VBlBW 2015, 133 (Leitsatz) = JuS 2015, 274 (Anm. Ruffert); ESVGH 63, 136 = VBlBW 2013, 93; grundlegend VBlBW 2006, 348 (348); a.A. Berghäuser/Gelbe, KommJur 2012, 47 (48); Jungkamp, NVwZ 2010, 546.

638 Engel/Heilshorn, § 19 Rn. 156; Ennuschat/Ibler/Remmert, § 1 Rn. 454; VG Karlsruhe, Gemeindehaushalt 2013, 287.

639 Engel/Heilshorn, § 19 Rn. 156; Aker/Hafner/Notheis, § 102 GemO, Rn. 135.

**hemmer-Methode: Die §§ 103 - 105a GemO haben keinen Einfluss auf das Zivilrecht[640] und richten sich nur an die Gemeinde, indem sie (öffentlich-rechtliche) Pflichten der Gemeinde begründen. Ist z.B. im Gesellschaftsvertrag eines Unternehmens, an dem die Gemeinde beteiligt ist, nicht sichergestellt, dass der öffentliche Zweck des Unternehmens erfüllt wird (s. § 103 I Nr. 2 GemO), so führt dies nicht zur Unwirksamkeit des Gesellschaftsvertrags.**
**Ebenso hat dies keine Auswirkung auf die zivilrechtliche Stellung der Gemeinde in dem Unternehmen. Ihr Stimmrecht als Gesellschafter oder Aktionär bleibt davon unberührt.**
**Folge ist lediglich, dass die Gemeinde gegen § 103 I Nr. 2 GemO verstößt, indem sie an dem Unternehmen beteiligt ist. Die Rechtsaufsicht kann dies beanstanden und von der Gemeinde verlangen, dass der Gesellschaftsvertrag geändert wird oder die Beteiligung rückgängig gemacht wird (§ 121 I S. 1, S. 2 GemO).**

*mittelbare Beteiligungen*

§ 105a GemO betrifft mittelbare Beteiligungen an Unternehmen in Privatrechtsform, sog. Schachtelbeteiligungen.[641] 408

*Bsp.: Die Stadtwerke-GmbH, deren Gesellschaftsanteile vollständig von der Stadt gehalten werden, ist Gesellschafterin der Nahverkehrs-GmbH.*

Die Stadt darf als Gesellschafterin der Stadtwerke-GmbH einer Beteiligung an der Nahverkehrs-GmbH gem. § 105a I S. 1 GemO nur zustimmen, wenn die dort genannten Voraussetzungen vorliegen.

Auch bei diesen mittelbaren Beteiligungen kann § 105a GemO lediglich Pflichten der Gemeinde begründen, deren Beachtung die Rechtsaufsicht durchsetzen kann. Nicht aber kann der Landesgesetzgeber das (zivilrechtliche) Verhalten einer GmbH regeln, indem er der GmbH Beteiligungen verwehrt. 409

Gem. § 105a I S. 2 GemO gilt dies gleichermaßen für weitere „Schachtelbeteiligungen". 410

*Bsp.: Die obige Nahverkehrs-GmbH beteiligt sich an der Straßenbahnbau-GmbH.*

640 VGH Kassel, DVBl. 2012, 647 (648). Dies wäre dem Landesgesetzgeber wegen fehlender Gesetzgebungszuständigkeit verwehrt, vgl. Art. 55 EGBGB.

641 Kunze/Bronner/Katz, § 105a GemO, Rn. 1; Aker/Hafner/Notheis, § 105a GemO, Rn. 1.

# § 9 ÖFFENTLICHE EINRICHTUNGEN DER GEMEINDE

Fragen des Zugangs zu und die Benutzung von bestehendenöffentlichen Einrichtungen, welche von den Kommunen i.R.d. Daseinsvorsorge bereitgestellt werden, gehören zu den Standardproblemen kommunalrechtlicher Klausuren. 411

**hemmer-Methode: Ein Anspruch auf Schaffung und Aufrechterhaltung öffentlicher Einrichtungen besteht grds. nicht, zumal § 10 II GemO die Existenz einer öffentlichen Einrichtung voraussetzt. Anders ist dies, wenn eine kommunale Pflichtaufgabe besteht (z.B. Einrichtungen der Hausmüllentsorgung nach § 15 KrWG oder dem Tierzuchtgesetz).[642] Zum ausnahmsweise bestehenden Rechtsanspruch auf Fortführung einer öffentlichen Einrichtung ausführlich unter Rn. 428 ff.**

## A. Begriff der öffentlichen Einrichtung

*Begriff der öffentlichen Einrichtung*

Eine *Einrichtung* ist ein Bestand personeller, sachlicher und finanzieller Mittel (= Ressource).[643] Darüber hinaus können auch Plätze, welche die Gemeinde (nicht nur einmalig) zur Veranstaltung von Volksfesten oder Märkten bereitstellt, den Begriff der Einrichtung erfüllen.[644] Wesentliches Merkmal einer Einrichtung ist ihr dauerhafter bzw. fortgesetzter Charakter. 412

Die Gemeindeordnung definiert die *öffentliche* Einrichtung nach § 10 II GemO nicht. Der Begriff hat durch die Rspr. und Literatur allerdings hinreichende Konturen erfahren.

Eine öffentliche Einrichtung i.S.v. § 10 II GemO[645] erfordert, dass die Einrichtung von der Gemeinde[646]

1. im öffentlichen Interesse geschaffen und unterhalten wird,
2. diese aufgrund eines gemeindlichen Widmungsakts
3. der allgemeinen Benutzung durch Gemeindeeinwohner (§ 10 II GemO) und ihnen Gleichgestellte (§ 10 III, IV GemO) zugänglich gemacht wird und
4. die Gemeinde über die Einrichtung Verfügungsgewalt hat.

### I. Schaffung und Unterhaltung im öffentlichen Interesse

*Schaffung und Unterhaltung im öffentlichen Interesse*

Das Kriterium der „Schaffung und Unterhaltung im öffentlichen Interesse" dient der Abgrenzung zu den privaten Einrichtungen der Gemeinde, die sie zu den gleichen Bedingungen wie ein Privater zum Gebrauch mit Gewinnerzielungsabsicht anbietet und für die sie weder besondere Rechte genießt noch den Einwohnern besondere Rechte einräumen will. 413

> ***Bspe.:** Wohnungen, die zu marktüblichen Konditionen vermietet werden; Verpachtung einer Gaststätte; Betrieb einer Kiesgrube.*

Ob eine Einrichtung öffentlich oder privat ist, kann anhand verschiedener Indizien ermittelt werden. Dabei liegt stets eine öffentliche und nicht eine private Einrichtung der Gemeinde vor, wenn die Einrichtung auf öffentlich-rechtlichen Verpflichtungen beruht, wie dies z.B. bei Schulen nach §§ 27, 28 SchulG der Fall ist.[647] 414

642 OVG Münster, NWVBl. 2004, 387; vgl. auch VGH Mannheim, ESVGH 22, 129.

643 Engel/Heilshorn, § 21 Rn. 2; Burgi, § 16 Rn. 5; Ehlers, JURA 2012, 692 (692).

644 VGH Mannheim, VBlBW 1996, 101 und VBlBW 1992, 180 (jeweils zur Überlassung eines Festplatzes).

645 Eine Parallelvorschrift betreffend die öffentlichen Einrichtungen der Landkreise findet sich in § 16 LKrO. Über § 5 II GKZ ist § 10 II GemO auch auf Zweckverbände anwendbar.

646 Ennuschat/Ibler/Remmert, § 1 Rn. 310; Engel/Heilshorn, § 21 Rn. 2.

647 Aker/Hafner/Notheis, § 10 GemO, Rn. 6; Lange, Kap. 13 Rn. 35.

Besteht keine öffentlich-rechtliche Verpflichtung, ist insbesondere auf den Zweck abzustellen, dem die Einrichtung dienen soll. Dabei spricht entscheidend für das Vorliegen einer öffentlichen Einrichtung das Ziel der Gemeinde, mit der Einrichtung eine in ihren Aufgabenkreis fallende Aufgabe zu erfüllen.[648] Dementsprechend ist bei gemeindlichen Leistungseinrichtungen, d.h. Einrichtungen der Daseinsvorsorge, die für die Allgemeinheit faktisch nutzbar sind, im Zweifel anzunehmen, dass es sich um öffentliche Einrichtungen handelt (sog. Vermutungsregel).[649]

Eine öffentliche Einrichtung wird auch dann vorliegen, wenn das Benutzungsverhältnis öffentlich-rechtlich durch Satzung geregelt ist.[650] Aus einer privatrechtlichen Ausgestaltung des Benutzungsverhältnisses können wegen der Formenwahlfreiheit dagegen keine Rückschlüsse gezogen werden. *415*

## II. Gemeindlicher Widmungsakt

*Widmung führt zur Entstehung öffentlicher Sache*

Durch die Widmung wird die Nutzung der Sache durch die Öffentlichkeit konstituiert.[651] Sie ist eine öffentlich-rechtliche Willenserklärung der Gemeinde, die den Zweck der Einrichtung und ihre Freigabe zur Nutzung festlegt und sie so einem öffentlich-rechtlichen Regime unterwirft. Die Einrichtung erhält damit ihren öffentlich-rechtlichen Status.[652] *416*

*Festlegung der Nutzungsgrenzen*

Neben der Freigabe zur Nutzung legt die Widmung auch die Zweckbestimmung und den Benutzerkreis der Einrichtung (sog. Nutzungsgrenzen) fest. Die Widmung auch für sonstige Benutzungsinteressierte (sog. Ortsfremde, z.B. bei Theatern, Museen oder Schwimmbädern) steht dem Charakter einer öffentlichen Einrichtung nicht entgegen.[653]

**hemmer-Methode: Eine Beschränkung der Nutzung kann Einfluss auf einen Benutzungsanspruch haben. Werden bestimmte Nutzungen wirksam ausgeschlossen oder wird die Widmung nachträglich geändert, so besteht kein Anspruch auf Zulassung (hierzu unter Rn. 462 ff.).**

*keine bestimmte Form vorgeschrieben*

Förmliche Anforderungen sind an die Widmung i.R.d. § 10 II GemO nicht zu stellen. Sie kann durch Allgemeinverfügung nach § 35 S. 2 VwVfG, Satzung oder Beschluss des Rats erfolgen, es genügt aber auch konkludentes Handeln.[654] *417*

> **Bspe.:** *Sprung des Bürgermeisters in das somit bereitgestellte Becken eines Freibades;[655] Ausstattung des gemeindeeigenen Baggersees mit Infrastruktureinrichtungen (z.B. Toilettenhäuschen, Schwimmfloß sowie Steg) und Duldung des Badebetriebs.[656]*

**hemmer-Methode: Die h.M. vermutet das Vorliegen einer öffentlichen Einrichtung selbst in solchen Fällen, in denen auch eine konkludente Widmung nicht nachzuweisen ist, wenn die Einrichtung durch ihre Ausgestaltung und Organisation der Erfüllung öffentlicher Aufgaben zu dienen geeignet ist.[657]**

---

648 Engel/Heilshorn, § 21 Rn. 22; BGH, NJW 1975, 106; OVG Münster, DVBl. 1976, 398.

649 VGH Mannheim, ESVGH 47, 207. Grundlegend VGH München, BayVBl. 1955, 59 (61).

650 Ennuschat/Ibler/Remmert, § 1 Rn. 336; Engel/Heilshorn, § 21 Rn. 53; Kunze/Bronner/Katz, § 10 GemO, Rn. 20; Dietlein, JURA 2002, 445 (451).

651 Ennuschat/Ibler/Remmert, § 1 Rn. 311; Engel/Heilshorn, § 21 Rn. 22; Aker/Hafner/Notheis, § 10 GemO, Rn. 8; vgl. für das Straßenrecht § 5 StrG.

652 Schoch, NVwZ 2016, 257 (261); grundlegend VGH Mannheim, DÖV 1980, 105.

653 Beachten Sie, dass § 10 II GemO die Erweiterung der Benutzung im Interesse der Auslastung auf Personen, die nicht Einwohner der Gemeinde sind, nicht ausschließt, vgl. VGH Mannheim, VBlBW 1981, 157; OVG Saarland, NVwZ-RR 2010, 972 (973).

654 Kunze/Bronner/Katz, § 10 GemO, Rn. 15; Dietlein, JURA 2002, 445 (448); Geis, § 10 Rn. 16.

655 Burgi, § 16 Rn. 6.

656 Engel/Heilshorn, § 21 Rn. 20; Geis, § 10 Rn. 16.

657 Kunze/Bronner/Katz, § 10 GemO, Rn. 15; Engel/Heilshorn, § 21 Rn. 22; VGH Mannheim, BWVPr. 1975, 227 und 1979, 133.

## III. Zugänglich für die allgemeine Benutzung

*der allgemeinen Benutzung zugänglich*

Mit dem Erfordernis, dass die Einrichtung der allgemeinen Benutzung durch Gemeindeeinwohner (§ 10 II GemO) und ihnen Gleichgestellte (§ 10 III, IV GemO) zugänglich gemacht sein muss, werden einerseits die dem Gemeingebrauch dienenden öffentlichen Einrichtungen, andererseits die öffentlichen Sachen im Verwaltungsgebrauch (sog. Verwaltungseinrichtungen) ausgeschieden. 418

*Gemeingebrauch*

Sachen im Gemeingebrauch unterscheiden sich von öffentlichen Einrichtungen dadurch, dass ihre Benutzung unmittelbar und ohne besondere Zulassung jedermann offensteht, nicht nur primär Ortsansässigen.[658]

> ***Bsp.:*** *Nach § 13 StrG (bzw. § 7 FStrG) steht die Benutzung der Straßen im Rahmen ihrer Widmung zum Verkehr jedermann offen. Verkehr i.d.S. ist dabei nicht nur die Fortbewegung, sondern auch das Abhalten einer Versammlung, sog. kommunikativer Gemeingebrauch.*

*Verwaltungseinrichtungen*

Öffentliche Sachen im Verwaltungsgebrauch dienen im Gegensatz zu öffentlichen Einrichtungen nicht dem „externen" Gebrauch durch Gemeindeeinwohner, sondern dem „internen" Gebrauch der Verwaltungsangehörigen.[659] 419

> ***Bspe.:*** *Rathaus; gemeindliches Amtsblatt; städtischer Fuhrpark; Werkstatt, in der ausschließlich gemeindeeigene Fahrzeuge gewartet werden.*

> ***Sonderfall:*** *Probleme ergeben sich in diesem Zusammenhang, wenn der Sitzungssaal des Rathauses hin und wieder für verwaltungsfremde Zwecke (z.B. für Ausstellungen) von der Gemeinde zur Verfügung gestellt wird.[660] In einem solchen Fall ist genau zu untersuchen, ob der Sitzungssaal hierdurch nicht in Form einer konkludenten Widmung der Benutzung durch die Allgemeinheit zugänglich gemacht wird.*

*aber: Beschränkungen möglich*

Allgemeine Benutzung i.S.d. Begriffs der öffentlichen Einrichtung bedeutet nicht, dass alle Gemeindeangehörigen zu jeder Zeit die Einrichtung nutzen bzw. Zulassung zu der Einrichtung begehren können. Vielmehr kann die Widmung entsprechend dem Zweck der Einrichtung auf bestimmte Zeiten oder Personengruppen beschränkt sein.[661] Dies liegt im Organisationsermessen der jeweiligen Kommune. 420

> ***Bspe.:*** *Frauen- oder FKK-Badetage im Schwimmbad; Kinderspielplätze; Frauenhaus; Obdachlosen- und Asylbewerberunterkünfte; Jugendtreffs*

## IV. Verfügungsmacht der Gemeinde

*Trägerschaft der Gemeinde*

Weitere Voraussetzung für das Vorliegen einer öffentlichen Einrichtung ist die Verfügungsmacht der Gemeinde. Diese liegt unproblematisch vor, wenn die Gemeinde im verwaltungsrechtlichen Sinn Träger der Einrichtung ist. Dies ist der Fall, wenn die Gemeinde die öffentliche Einrichtung betreibt und nach außen über die Benutzung entscheidet. Die Organisationsform (Rechtsform) ist dabei ebenso unerheblich wie die organisatorische Einordnung in die Gemeindeverwaltung.[662] 421

*öffentlich-rechtliche Organisationsformen*

Im rechtlich unproblematischsten Fall betreibt die Gemeinde die öffentliche Einrichtung auf Ebene der unmittelbaren Gemeindeverwaltung als Behörde.

658 Kunze/Bronner/Katz, § 10 GemO, Rn. 15; Engel/Heilshorn, § 21 Rn. 7; Burgi, § 16 Rn. 8.

659 Kunze/Bronner/Katz, § 10 GemO, Rn. 15; Engel/Heilshorn, § 21 Rn. 4; Burgi, § 16 Rn. 8.

660 Instruktiv hierzu Engels/Heilshorn, § 21 Rn. 21 und Lange, DVBl. 2014, 753 (754).

661 Kunze/Bronner/Katz, § 10 GemO, Rn. 15; Lange, Kap. 13 Rn. 75; VG Hannover, NdsVBl. 2006, 259 (Frauenbadezeiten im komm. Schwimmbad).

662 Aker/Hafner/Notheis, § 10 GemO, Rn. 9; Schoch, NVwZ 2016, 257 (259).

> ***Bspe.:*** *Regiebetrieb, d.h. ohne rechtliche und organisatorische Verselbstständigung innerhalb der Gemeindeverwaltung (z.B. Friedhof); nichtrechtsfähige Anstalt, Stiftung oder Eigenbetrieb, d.h. teilweise organisatorische Selbstständigkeit innerhalb der Gemeindeverwaltung (z.B. Bibliotheken, Schwimmbäder)*

Die Gemeinde kann sich aber auch rechtlich verselbstständigter Organisationseinheiten bedienen. Als öffentlich-rechtliche Organisationsträger mit eigener Rechtspersönlichkeit kommen Anstalten, Körperschaften und Stiftungen in Betracht. Bei öffentlich-rechtlich verselbstständigten Einrichtungsbetreibern besteht kein kommunalrechtlicher Zulassungsanspruch. Die Gemeinde ist allerdings dazu verpflichtet, auf ihren Einrichtungsträger dergestalt einzuwirken, dass dieser dem Anspruchsberechtigten den Zugang zur öffentlichen Einrichtung verschafft (dazu sogleich). 422

> ***Bsp.:*** *Betrieb eines Seniorenwohnheims in Form einer rechtlich selbstständigen Stiftung*

*privatrechtliche Organisationsformen*

Soweit - wie im Regelfall - eine öffentlich-rechtliche Organisationsform nicht bindend vorgeschrieben ist, kann die Gemeinde unter Beachtung der Vorgaben des kommunalen Wirtschaftsrechts (hierzu unter Rn. 377 ff.) auch privatrechtliche Organisationsformen für die Trägerschaft der Einrichtung wählen (sog. Formenwahlfreiheit der Verwaltung).[663] Die organisationsrechtlichen Möglichkeiten stehen in engem thematischen Bezug zur aktuellen Privatisierungsdiskussion. 423

## 1. Formelle Privatisierung

*juristische Person des Privatrechts ist mit Aufgabe betraut*

Formelle Privatisierung (Organisationsprivatisierung) bedeutet, dass die Kommune eine Aufgabenstellung aus dem unmittelbaren Verwaltungsbereich herauslöst und ein kommunales Unternehmen in Gestalt einer Gesellschaft des Privatrechts (GmbH, AG etc.) mit ihrer Erfüllung betraut. Der Betrieb durch eine eigenständige juristische Person in Privatrechtsform beeinflusst die Eigenschaft als öffentliche Einrichtung nicht, sofern diese zu den von der Kommune verfolgten öffentlichen Zwecken zur Verfügung steht. 424

Nach der Rspr.[664] und h.M. in der Literatur[665] muss sich die Gemeinde einen maßgeblichen Einfluss („Einwirkungs- und Steuerungsmöglichkeiten“) auf die Führung der öffentlichen Einrichtung vorbehalten. Der Benutzungsanspruch wandelt sich bei einer derartigen Einschaltung Privater in einen Verschaffungs- und Einwirkungsanspruch gegen die Kommune, welcher darauf gerichtet ist, dass die Gemeinde den Anspruch der Einwohner und Gleichgestellten aus § 10 II GemO durch Einwirkung auf den Betreiber sicherstellt. Anderenfalls könnte der private Rechtsträger den kommunalrechtlichen Benutzungsanspruch unterlaufen und die kommunale Daseinsvorsorge wäre im Ergebnis zur Disposition gestellt.

**hemmer-Methode: Dieser Anspruch ist öffentlich-rechtlicher Natur, da er unmittelbar aus dem Kommunalrecht abzuleiten ist. Umstritten ist allein, ob dieser Verschaffungs- und Einwirkungsanspruch gegen die Gemeinde über eine allgemeine Leistungsklage oder Verpflichtungsklage geltend zu machen ist.[666]**

---

663 Ennuschat/Ibler/Remmert, § 1 Rn. 325; Engel/Heilshorn, § 21 Rn. 51; Burgi, § 16 Rn. 13 und § 17 Rn. 73; Dietlein, JURA 2002, 445 (447).

664 VGH Mannheim, VBlBW 1981, 157; ESVGH 53, 251 = BWGZ 2003, 804; VG Stuttgart, VBlBW 2009, 233; OVG Lüneburg, DVBl. 2013, 253 (254); BVerwG, DVBl. 2009, 1382 = **Life&LAW 01/2010, 44.**

665 Aker/Hafner/Notheis, § 10 GemO, Rn. 9; instruktiv zu den Rechtsfragen der formellen Privatisierung Stelkens, JURA 2016, 1260-1271.

666 Grundlegend BVerwG, NVwZ 1991, 59; VGH München, NVwZ 1999, 1122; VGH Mannheim, BWGZ 2003, 804: Die Anweisung ist kein Verwaltungsakt, weil es sich nicht um eine hoheitliche Maßnahme handelt. Vielmehr erfolgt die Anweisung durch die Gemeinde aufgrund ihrer gesellschaftsrechtlichen Befugnisse als Alleingesellschafterin. A.A. Ennuschat/Ibler/Remmert, § 1 Rn. 379: Es werde ein Verwaltungsakt, nämlich die Zulassung, begehrt; demnach komme die Verpflichtungsklage in Betracht.

*Einwirkungs- und Steuerungsmöglichkeiten*

Die Einwirkungs- und Steuerungsmöglichkeiten können bei Zwischenschaltung einer juristischen Person des Privatrechts durch entsprechende gesellschaftsrechtliche Gestaltungen gesichert werden. 425

> **Bsp.:** *Träger der Stadthalle ist eine GmbH. Die Gemeinde ist alleine oder mehrheitlich Gesellschafterin der GmbH.*
>
> Aufgrund der gesellschaftsrechtlichen Einwirkungsmöglichkeiten (vgl. § 37 bzw. §§ 38, 46 Nr. 5 GmbHG) der Stadt auf die GmbH besteht eine ausreichende Verfügungsmacht. Es ist möglich, dem Geschäftsführer der GmbH bindende Weisungen zu erteilen.

## 2. Funktionelle Privatisierung

*Zusammenwirken von Gemeinde und privatem Drittunternehmer*

Weiterhin ist der Gemeinde die Möglichkeit einer funktionellen Privatisierung eröffnet. Dabei kommt es zu einem Zusammenwirken von Gemeinde und einem unabhängigen privaten Drittunternehmer, der gleichsam als Dienstleistungskonzessionär bei der Aufgabenerfüllung agiert.[667] In Parallele zur Organisationsprivatisierung muss die Gemeinde den Benutzungsanspruch nach § 10 II GemO durch Einwirkung auf den jeweiligen privaten Rechtsträger sicherstellen. 426

> **Bsp.:** *Der Verein „Jugendhilfe Innenstadt e.V." betreibt ein Jugendhaus, das Betreuung und Veranstaltungen für Jugendliche anbietet. Er hat einen Vertrag mit der Stadt geschlossen, in dem er sich verpflichtet, allen Jugendlichen aus der Stadt Zugang zu gewähren und eine pädagogische Betreuung sicherzustellen. Dafür werden Zuschüsse von der Stadt gewährt.*
>
> Bei dem Jugendhaus handelt es sich um eine öffentliche Einrichtung der Stadt. Die (konkludente) Widmung ist in dem Abschluss des Vertrags durch die Stadt zu sehen. Die Verfügungsmacht besteht aufgrund der vertraglichen Verpflichtung, den Jugendlichen den Zugang zu gewähren. Die Stadt kann die Einhaltung dieser vertraglichen Verpflichtung ggf. durch zivilgerichtliche Klage erzwingen.[668] Entscheidend ist, dass die Gemeinde den potenziellen Benutzern den Zugang sichern kann. Die Gewährung eines Zuschusses allein würde dafür nicht ausreichen.
>
> Läuft der Vertrag aus oder wird er gekündigt, verliert das Jugendhaus den Charakter einer öffentlichen Einrichtung.

*Abgrenzung zum kommunalen Erfüllungsgehilfen*

Kein Fall privater Trägerschaft ist die Einschaltung eines „Erfüllungsgehilfen" durch die Gemeinde (sog. kommunaler Erfüllungsgehilfe). 427

> **Bsp.:** *Die Stadt Stuttgart veranstaltet in der Stadthalle eine Sonderausstellung zum Thema „Fortschritt und Technik". Die Stadt verpflichtet das Unternehmen UFO-AG, das für Lieferung und Aufbau der Ausstellungsgegenstände zuständig ist, auch mit der Einlasskontrolle und der Aufgabe, den Besuchern die Objekte zu erläutern.*
>
> Träger der Einrichtung ist die Gemeinde, nicht die UFO-AG. Diese ist nur als Erfüllungsgehilfe in den Betrieb der öffentlichen Einrichtung eingeschaltet. Nach außen hin entscheidet die Gemeinde. Sie ist damit auch Klagegegner bei einer Klage auf Zulassung.

---

667 Ehlers, JURA 2012, 692 (695); Schoch, DVBl. 2009, 1553 (1554); Dietlein, JURA 2002, 445 (447).

668 Ggf. auch betroffene Jugendliche selbst, wenn man einen echten Vertrag zugunsten Dritter annimmt. Es handelt sich nicht notwendigerweise um einen öffentlich-rechtlichen Vertrag.

## 3. Materielle Privatisierung

*Verwaltungsträger entledigt sich öffentlicher Aufgabe*

Materielle Privatisierung (Aufgabenprivatisierung) ist die vollständige oder teilweise Übertragung einer Verwaltungsaufgabe auf private Dritte. Im Gegensatz zur formellen und funktionalen Privatisierung wird die öffentlich-rechtliche Zuständigkeit durch die materielle Privatisierung beendet. Mit dem vollständigen Rückzug der Kommune aus der Aufgabenwahrnehmung (z.B. wegen „leerer Kassen" der Gemeinde) dient die Einrichtung nicht mehr Zwecken der Daseinsvorsorge. Diese wird vielmehr zu einer privaten Einrichtung, die vom Zugangsanspruch des § 10 II GemO nicht mehr umfasst wird.[669] *428*

Unbestritten ist der Gemeinde im Bereich der kommunalen Pflichtaufgaben eine materielle Privatisierung weitgehend versagt.[670] Bei freiwilligen Selbstverwaltungsaufgaben hingegen entscheidet die Kommune über das Ob und Wie der Aufgabenwahrnehmung grds. selbst. Daher steht ihr im Rahmen ihres Organisationsermessens als Ausfluss des kommunalen Selbstverwaltungsrechts auch die Möglichkeit offen, diese Aufgaben materiell zu privatisieren.[671]

Im sog. Weihnachtsmarktfall[672] leitet das BVerwG aus der Selbstverwaltungsgarantie des Art. 28 II S. 1 GG allerdings auch eine Pflicht der Gemeinden ab, sich im Interesse einer wirksamen Wahrnehmung der Angelegenheiten der örtlichen Gemeinschaft nicht nach Belieben ihrer gemeinwohlorientierten Handlungsspielräume zu entledigen. *429*

**Bsp.:**[673] *Die Stadt O veranstaltete jährlich im Dezember einen Weihnachtsmarkt, an welchem A, der einen Imbissstand betreibt, in der Vergangenheit mehrmals teilgenommen hat. Der Gemeinderat übertrug im Jahr 2015 die Veranstaltung des Marktes auf einen Privaten, der in eigener Verantwortung, für eigene Rechnung und unabhängig von Einzelanweisungen durch die Stadt tätig wird. A bezweifelte die Zulässigkeit der materiellen Privatisierung und erhob Feststellungsklage, welche vor dem VG und dem VGH erfolglos blieb.*

Mittels der zulässigerweise erhobenen Feststellungsklage nach § 43 I VwGO möchte A die Zulässigkeit der Privatisierung des Weihnachtsmarktes gerichtlich klären lassen. Nur wenn die Übertragung als rechtswidrig festgestellt wird, kann der Kläger einen Anspruch auf Zulassung haben.

Nach Ansicht des BVerwG ist es der Gemeinde verwehrt, gewissermaßen den Inhalt auch der freiwilligen Selbstverwaltungsaufgaben selbst zu beschneiden oder an Dritte abzugeben. Aus dem Gebot der Sicherung und Wahrung des Aufgabenbestands folgt, dass eine vollständige Übertragung von Aufgaben besonderer sozialer, kultureller und traditioneller Prägung an Dritte nicht zulässig ist. In welcher Weise die Gemeinde sich ihren Einflussbereich auf die Wahrnehmung für derartige Angelegenheiten des örtlichen Wirkungskreises vorbehält, ist eine Frage ihres Ermessens.

---

669 Engels/Heilshorn, § 21 Rn. 17; Burgi, § 16 Rn. 14; Dietlein, JURA 2002, 445 (447).

670 Vgl. insoweit § 106 GemO. BVerwG, NVwZ 2012, 506 (508); Burgi, § 17 Rn. 85; Lange, Kap. 13 Rn. 40; Schoch, NVwZ 2016, 257 (260). In Baden-Württemberg sind die Kommunen z.B. zur Schaffung und Unterhaltung von Einrichtungen der Wasserversorgung und Abwasserbeseitigung (vgl. §§ 44 I, 46 I S. 1 WG) sowie von Friedhöfen (vgl. § 1 I S. 1 BestattG) unmittelbar durch Gesetz verpflichtet.

671 Instruktiv Ehlers, JURA 2012, 692 (694), Lange, Kap. 13 Rn. 40.

672 BVerwG, DVBl. 2009, 1382 = **Life&LAW 01/2010, 44** = JuS 2011, 375 (Anm. Muckel); a.A. VGH München, NVwZ-RR 2013, 494 bzgl. der Entwidmung einer öffentlichen Einrichtung. Die Rspr. des BVerwG ablehnend Schoch, DVBl. 2009, 1533; Ehlers, DVBl. 2009, 1456; Katz, NVwZ 2010, 405. Kritisch wird insbesondere angemerkt, dass nach dieser Rspr. freiwillige Selbstverwaltungsaufgaben durch langjährige Übung quasi zu Pflichtaufgaben mutieren können. Auch richte sich die kommunale Selbstverwaltungsgarantie grds. nicht gegen die Gemeinden, sondern schütze diese gegenüber Land und Bund.

673 Instruktive Fallbearbeitungen zu dieser Thematik bieten Kremer, DVP 2016, 206-211 (Referendarexamen) und Kaiser, JA 2010, 893-899 (Assessorexamen).

Zusammenfassend folgt somit aus Art. 28 II S. 1 GG auch eine Pflicht der Gemeinde zur grundsätzlichen Sicherung und Wahrung des Aufgabenbestands, der zu den Angelegenheiten des örtlichen Wirkungskreises gehört (sog. Gewährleistungsverantwortung). Der Gemeinde ist es verwehrt, sich der Verantwortung für die Durchführung eines traditionellen Weihnachtsmarktes endgültig zu entledigen. Anderenfalls hätten es die Gemeinden selbst in der Hand, den Inhalt der kommunalen Selbstverwaltung durch Abstoßen oder Nichtwahrnehmung ihrer ureigenen Aufgaben auszuhöhlen.

**hemmer-Methode: Aus dem Urteil des BVerwG ergibt sich weder, dass eine Privatisierung generell unzulässig ist, noch lässt sich daraus eine generelle Pflicht zur „Entprivatisierung" herleiten.**[674]

Die Entscheidung mag zunächst überraschen, da die Privatisierung eines Weihnachtsmarktes kein großes Streitthema sein sollte. Mit der vorliegenden Entscheidung hat das BVerwG aber zu Recht ein Exempel gegen die allgemeine Privatisierungswelle statuiert. Eine materielle Privatisierung bedeutet für den Einwohner und Gleichgestellten, dass er bestimmte Einrichtungen der Daseinsvorsorge nicht mehr nutzen kann, sein Anspruch aus § 10 II GemO schließlich ins Leere geht. Somit ist mit dieser Privatisierung nicht nur ein Verlust der Wahrnehmung der gemeindlichen Aufgaben nach Art. 28 II S. 1 GG verbunden, sondern auch ein Grundrechtsverlust der Einwohner. 430

**hemmer-Methode: Der Gedanke „keine Flucht ins Zivil- und Zivilprozessrecht" ist in Wirklichkeit nur eine oberflächliche Floskel, meint hier aber Folgendes: § 10 II GemO ist eine unabdingbare Anspruchsnorm für den Einwohner, um seine Grundrechte (etwa Versammlungs-, Kunst-, oder auch nur die allgemeine Handlungsfreiheit) verwirklichen zu können. In einer vollprivatisierten Einrichtung gäbe es aber keinen Kontrahierungszwang und der Bewerber müsste den Zivilrechtsweg beschreiten. Die Entscheidung über die Benutzung der Einrichtung und damit die Grundrechtsausübung wäre vom Willen eines Privaten abhängig. Solchen Konstellationen ist vorzubeugen.**

## V. Beispiele öffentlicher Einrichtungen

*verschiedene Zwecke der öffentlichen Einrichtungen*

Öffentliche Einrichtungen nach § 10 II GemO können ganz verschiedenen Zwecken dienen. 431

**Bspe.:**[675] *Fest-, Grill- und Sportplätze; Stadthallen; Schlachthöfe; Theater; Schwimmbäder; Verkehrsmittel; Anschlagtafeln; Sparkassen; Volkshochschulen; Altenklubs und Seniorenwohnheime; Frauenhäuser; Parkanlagen; Kindergärten; Krankenhäuser; Bestattungseinrichtungen; Wasserversorgung und Wasserentsorgungsanlagen.*

Es können auch neue Arten öffentlicher Einrichtungen entstehen. Denkbar ist, die von einer Gemeinde eingerichtete Internetseite, auf der sich Unternehmen mit Sitz im Gemeindegebiet vorstellen können, als öffentliche Einrichtung anzusehen.[676]

**Gegenbeispiele:**[677] *Keine öffentlichen Einrichtungen sind hingegen das Amtsblatt der Gemeinde und öffentliche Grünstreifen.*

Zu beachten ist, dass öffentliche Einrichtungen, welche nicht rein gemeinnützig sind, sondern mit denen auch am Wirtschaftsverkehr teilgenommen wird, u.U. auch an den §§ 102 ff. GemO zu messen sind (dazu unter Rn. 377 ff.).[678] 432

674 OVG Saarland, KommJur 2019, 27.

675 Weitere Beispiele bei Engels/Heilshorn, § 721 Rn. 5; Aker/Hafner/Notheis, § 10 GemO, Rn. 5; Schoch, NVwZ 2016, 257 (261); Ehlers, JURA 2012, 692 (692).

676 OVG Münster, DVBl. 2015, 1467; Frey, DÖV 2005, 411; Aker/Hafner/Notheis, § 10 GemO, Rn. 5.

677 VGH Mannheim, BWGZ 1980, 214 (Amtsblatt) und ESVGH 23, 196 (Grünstreifen).

678 Ennuschat/Ibler/Remmert, § 1 Rn. 321; Ehlers, JURA 2012, 692 (693).

## B. Zulassung und Benutzung öffentlicher Einrichtungen

**hemmer-Methode: Der Streit um die Zulassung zu öffentlichen Einrichtungen ist ein beliebtes Klausurthema.[679] Die typischen Fragestellungen werden im Folgenden anhand des Aufbaus einer Klausur dargestellt.**

### I. Zulässigkeit der Klage

### 1. Eröffnung des Verwaltungsrechtswegs

*Verwaltungsrechtsweg, § 40 I S. 1 VwGO*

Stets zu problematisieren ist bei § 40 I S. 1 VwGO, ob es sich um eine öffentlich-rechtliche Streitigkeit handelt. Die Streitigkeit ist eine öffentlich-rechtliche, wenn die streitentscheidende Norm öffentlich-rechtlicher Natur ist.[680] 433

### a) § 10 II GemO als streitentscheidende Norm

§ 10 II GemO ist die streitentscheidende Norm, wenn die Entscheidung über den Zulassungsanspruch zu einer öffentlichen Einrichtung im Streit steht. Es kann daher bereits an dieser Stelle in vollem Umfang geprüft werden, ob die Begriffsmerkmale der öffentlichen Einrichtung vorliegen.[681] 434

### b) Problem: Doppeltes Wahlrecht der Gemeinde

*doppeltes Wahlrecht der Gemeinde bei Leistungsverwaltung*

Probleme bereitet das im Bereich der Leistungsverwaltung gegebene doppelte Wahlrecht der Gemeinde,[682] wonach diese sowohl die Organisationsform (sog. Trägerschaft) als auch die Ausgestaltung der Rechtsbeziehungen mit den Nutzern (sog. Benutzungsverhältnis) der Einrichtung öffentlich-rechtlich oder privatrechtlich ausgestalten kann. 435

*drei mögliche Konstellationen*

Es sind daher insgesamt drei Konstellationen denkbar:

⇨ öffentlich-rechtliche Trägerschaft und öffentlich-rechtliches Benutzungsverhältnis

⇨ öffentlich-rechtliche Trägerschaft und privatrechtliches Benutzungsverhältnis

⇨ private Trägerschaft und privatrechtliches Benutzungsverhältnis

---

679 Instruktive Fallbearbeitungen bieten Hartung, VBlBW 2018, 481-482 und 523-526 (Rücknahme der Zulassung); Muckel/Hauk, JA 2017, 198-205 (Volksfestplatz); Beyerbach, JA 2016, 521-527 (Parteiveranstaltung in Schulmensa); Kümper, JURA 2015, 1231-1241 (Festkommers in einer Stadthalle); Weber, JA 2014, 460-467 (Zugang zu Kita); Heckel, JA 2012, 361-372 (Nutzung eines Bootsliegeplatzes); Bader, JURA 2009, 940-946 (Stadthallennutzung durch eine politische Partei); Schönberger/Reimer, JURA 2006, 139-143 (Nutzung eines Bootsliegeplatzes).

680 Vgl. hierzu **Hemmer/Wüst, Verwaltungsrecht I, Rn. 16 ff.**; detailliert zu den Abgrenzungstheorien Schenke, Rn. 99 ff.

681 So VGH München, NVwZ-RR 1988, 71; Muckel/Hauk, JA 2017, 198 (200); Beyerbach, JA 2016, 521 (522). In Fallbearbeitungen wird diese Prüfung jedoch überwiegend erst in der Begründetheit vorgenommen, vgl. Kaiser, JA 2010, 893 (898); Bader, JURA 2009, 940 (942); Schönberger/Reimer, JURA 2006, 139 (141).

682 Ennuschat/Ibler/Remmert, § 1 Rn. 325; Engel/Heilshorn, § 21 Rn. 51; Burgi, § 16 Rn. 13 und § 17 Rn. 73; Dietlein, JURA 2002, 445 (447).

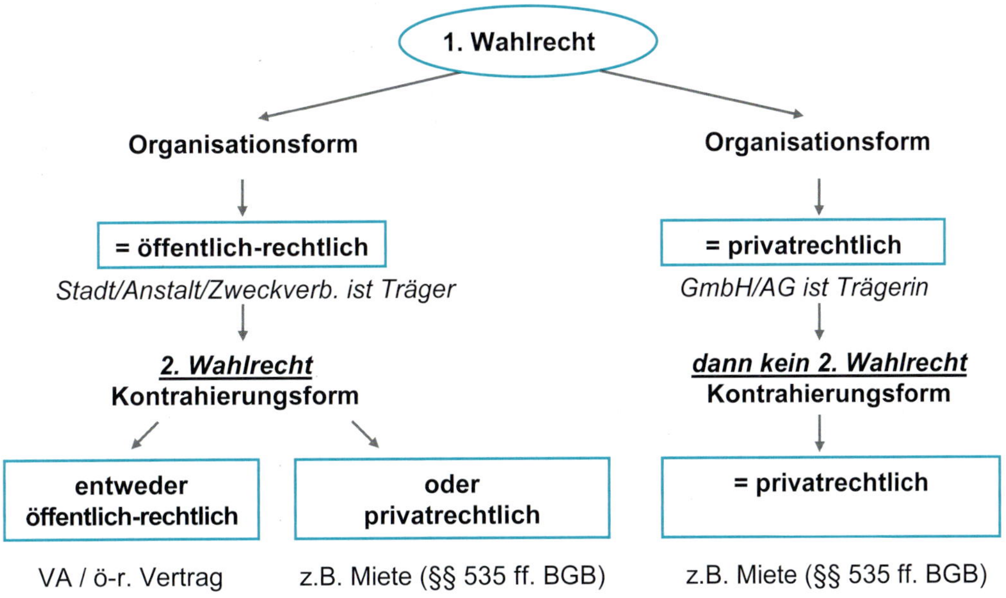


**hemmer-Methode: Eine private Trägerschaft mit öffentlich-rechtlichem Benutzungsverhältnis ist nicht denkbar, da Private nicht öffentlich-rechtlich handeln können.[683]**

*Benutzungsverhältnis privat- oder öffentlich-rechtlich?*

Ob das Benutzungsverhältnis (bei öffentlich-rechtlicher Trägerschaft) öffentlich-rechtlich oder privatrechtlich ausgestaltet ist, kann bisweilen schwierig zu beurteilen sein. Dies ist durch Auslegung zu ermitteln.[684] Dabei sind entsprechend § 133 BGB alle Umstände der Benutzung zu berücksichtigen. Maßgebliche Kriterien sind: 436

- ⇨ Regelung der Benutzung durch Satzung oder allgemeine Geschäftsbedingungen (AGB), die Vertragsbestandteil werden
- ⇨ Zulassung durch Verwaltungsakt oder Bezeichnung als „Mietvertrag“ (der bloße Abschluss eines Vertrags ist nicht aussagekräftig, da auch ein öffentlich-rechtlicher Vertrag nach §§ 54 ff. LVwVfG vorliegen kann)
- ⇨ Art und Bezeichnung der Gegenleistung (Gebühr oder Entgelt)
- ⇨ bestimmte Durchführungsmodalitäten (Widerrufsvorbehalt oder Kündigungsrecht).

*im Zweifel öffentlich-rechtlich*

In Zweifelsfällen ist von einem öffentlich-rechtlichen Benutzungsverhältnis auszugehen.[685] 437

## c) Zweistufentheorie

*Problem: privatrechtlich ausgestaltetes Benutzungsverhältnis*

**aa)** Probleme ergeben sich, wenn das Benutzungsverhältnis privatrechtlich ausgestaltet ist. Dies ist entweder der Fall, wenn die Gemeinde als Träger der Einrichtung das Benutzungsverhältnis privatrechtlich ausgestaltet hat oder ein Privater der Träger der Einrichtung ist. 438

Es stellt sich die Frage, ob der Streit um öffentliche Einrichtungen dann nicht eine privatrechtliche Streitigkeit ist und der Verwaltungsrechtsweg ausscheidet.

683 Von dem Sonderfall der Beleihung abgesehen, der jedoch gesetzlich vorgesehen sein muss, vgl. Maurer/Waldhoff, § 23 Rn. 63; Ehlers, JURA 2012, 692 (695 f.). Eine solche gesetzliche Ermächtigung besteht für die Gemeinden in Baden-Württemberg nicht.

684 Ennuschat/Ibler/Remmert, § 1 Rn. 336; Engel/Heilshorn, § 21 Rn. 53; Kunze/Bronner/Katz, § 10 GemO, Rn. 20; Dietlein, JURA 2002, 445 (451).

685 VGH Mannheim, NVwZ-RR 1989, 267; Ennuschat/Ibler/Remmert, § 1 Rn. 336; Engel/Heilshorn, § 21 Rn. 53; Dietlein, JURA 2002, 445 (451).

*Differenzierung zwischen dem „Ob" und dem „Wie"*

Die öffentlichen Einrichtungen sind neben den sogenannten Subven- 439
tionsfällen die prominenteste und damit am häufigsten abgeprüfte Konstellation des „Leistungsverwaltungsrechts". Wie bei Subventionen, so findet auch bei öffentlichen Einrichtungen die Zweistufentheorie Anwendung. Diese unterscheidet zwischen der ersten Stufe „Zulassung" (das „Ob") und der Ausgestaltung des Benutzungsverhältnisses als zweiter Stufe (das „Wie").[686]

Dabei ist die erste Stufe stets öffentlich-rechtlich. Das Wahlrecht bezieht sich nur auf das Benutzungsverhältnis, nicht auf die Entscheidung über die Zulassung selbst. Auch wenn das Benutzungsverhältnis privatrechtlich abgewickelt wird, bleibt die Entscheidung über das Ob der Zulassung stets öffentlich-rechtlich.

*Hintergrund der Zweistufentheorie*

**hemmer-Methode: Art. 10 II GemO soll nicht dadurch entwertet werden, dass der Bürger ihn vor den Zivilgerichten geltend machen muss, da Kontrahierungszwang im Zivilrecht auf Grund der Privatautonomie grundsätzlich nicht anerkannt ist. Zudem gilt in der VwGO der Amtsermittlungsgrundsatz nach § 86 VwGO und nicht die Parteimaxime. Ganz entscheidend ist aber, dass im Zivilrecht keine unmittelbare Geltung der Grundrechte herrscht, sodass eine Berufung auf Art. 3 I GG nicht möglich ist. Mit der Zweistufentheorie soll also die „Flucht ins Privatrecht" verhindert werden.**

**Übersicht zur Zweistufentheorie bei öffentlichen Einrichtungen**

*privater Träger: Verschaffungsanspruch gegen die Gemeinde*

Dies gilt nicht nur bei der Trägerschaft der Gemeinde selbst. Auch 440
bei privatrechtlichen Organisationsformen hat der Einwohner einen öffentlich-rechtlichen Anspruch aus § 10 II S. 2 GemO.[687] Dieser richtet sich gegen die Gemeinde. Da die Gemeinde aber nicht der Träger ist, kann dieser Anspruch nur darauf gerichtet sein, dass die Gemeinde von ihren bestehenden Einwirkungsmöglichkeiten Gebrauch macht und den Träger zur Zulassung veranlasst. Es besteht demnach kein Zulassungsanspruch, sondern ein Verschaffungs- und Einwirkungsanspruch gegen die Gemeinde.[688] Auch dieser ergibt sich aus § 10 II S. 2 GemO.

**hemmer-Methode: Der Bewerber kann auch gegen den privaten Träger selbst klagen. Dies ist allerdings eine zivilrechtliche Streitigkeit, für die der Verwaltungsrechtsweg nicht eröffnet ist.[689]**

*Unterscheidung der beiden Stufen*

**bb)** Die beiden Stufen müssen genau unterschieden werden. Die 441
Entscheidung über den Abschluss des zivilrechtlichen Vertrags gehört ohne Zweifel zur ersten Stufe.

686 Instruktiv zur Zweistufentheorie Kramer/Bayer/Fiebig/Freudenreich, JA 2011, 810-819; Maurer/Waldhoff, § 3 Rn. 38.
687 Engel/Heilshorn, § 21 Rn. 70; Burgi, § 16 Rn. 38.
688 Grundlegend BVerwG, NVwZ 1991, 59; VGH München, NVwZ 1999, 1122; VGH Mannheim, BWGZ 2003, 804.
689 Engel/Heilshorn, § 21 Rn. 70; Burgi, § 16 Rn. 57; Kramer/Bayer/Fiebig/Freudenreich, JA 2011, 810 (814); BVerwG, NVwZ 1991, 59.

Wird nicht um die erste, sondern die zweite Stufe gestritten, so müssen Sie prüfen, ob das Benutzungsverhältnis öffentlich-rechtlich oder privatrechtlich ausgestaltet ist.

**Bsp.:** *Die Beteiligten streiten darum, ob der Nutzer verpflichtet ist, eine Versicherung für Schäden an der Einrichtung abzuschließen. Die Wirksamkeit der entsprechenden vertraglichen Klausel ist fraglich.*

Die Streitigkeit betrifft die Einzelheiten des Benutzungsverhältnisses. Möchte der Nutzer gerichtlich feststellen lassen, dass die Klausel unwirksam ist, so ist hierfür der Zivilrechtsweg eröffnet, wenn das Benutzungsverhältnis zivilrechtlich ausgestaltet ist.

*Einheitlichkeitstheorie (M.M.)*

**cc)** Eine Mindermeinung lehnt die Zweistufentheorie ab. Diese „Einheitlichkeitstheorie" sieht darin eine unnatürliche Aufspaltung eines einheitlichen Lebensverhältnisses mit der Konsequenz unterschiedlicher rechtlicher Anforderungen (öffentlich-rechtlich und privatrechtlich) und verschiedenen Rechtswegen. 442

Bei privater Trägerschaft seien zudem Klagen auf der ersten Stufe gegen die Gemeinde, auf der zweiten Stufe jedoch gegen den privaten Träger zu richten. Die Stufen seien häufig nur in der Theorie, kaum in der Praxis voneinander zu trennen.

Als Alternative wird ein einheitliches Benutzungsverhältnis vorgezogen, das sowohl die Zulassung als auch die Nutzung umfasst. Dabei bestehe die Wahl zwischen Verwaltungsakt, öffentlich-rechtlichem und privatrechtlichem Vertrag. Dem Bedürfnis nach den Bindungen des öffentlichen Rechts kann bei privatrechtlicher Gestaltung nach den Grundsätzen des Verwaltungsprivatrechts Rechnung getragen werden.[690] In Klausuren dürfte es in den meisten Fällen nicht notwendig sein, auf diese Auffassung einzugehen.

## 2. Statthafte Klageart

*Verpflichtungsklage*

Da die Zulassung ein Verwaltungsakt ist, ist die Verpflichtungsklage die statthafte Klageart. Ist der Zeitraum für die begehrte Zulassung verstrichen, kommt auch eine Fortsetzungsfeststellungsklage analog § 113 I S. 4 VwGO in Betracht (bei Erledigung vor Klageerhebung doppelt analog). Soll die Zulassung hingegen durch Verwaltungsvertrag gem. § 54 LVwVfG erfolgen, so ist eine allgemeine Leistungsklage zu erheben. 443

*bei privater Trägerschaft: Verpflichtungsklage oder allg. Leistungsklage*

Fraglich ist die statthafte Klageart bei privater Trägerschaft, d.h. im Fall des sog. Verschaffungs- und Einwirkungsanspruchs. Das Begehren ist darauf gerichtet, dass die Gemeinde auf den privaten Träger einwirkt, damit der Kläger die Einrichtung benutzen kann. Ein Verwaltungsakt wird nicht begehrt, vielmehr sind die Beziehungen zwischen der Gemeinde und dem privaten Träger zivilrechtlicher Natur. Der Verschaffungsanspruch ist ein öffentlich-rechtlicher Anspruch auf zivilrechtliches Tätigwerden der Gemeinde.[691] 444

Von einer Verpflichtungsklage kann nur dann ausgegangen werden, wenn die Entscheidung der Gemeinde einen Verwaltungsakt darstellt. Dies kann z.B. dann der Fall sein, wenn die Gemeinde gegen den privaten Betreiber einer Einrichtung (etwa einen Festhallenpächter) einen Verwaltungsakt erlassen muss. Regelmäßig ist der Verschaffungs- und Einwirkungsanspruch mit einer allgemeinen Leistungsklage geltend zu machen.[692]

690 Trotz Inanspruchnahme des Privatrechts unterliegt die Verwaltung hier spezifischen öffentlich-rechtlichen Bindungen. Zum Verwaltungsprivatrecht vgl. Maurer/Waldhoff, § 3 Rn. 18 ff. und Detterbeck, Allgemeines Verwaltungsrecht, Rn. 905 ff.

691 Engels/Heilshorn, § 21 Rn. 70; Burgi, § 16 Rn. 57.

692 Grundlegend BVerwG, NVwZ 1991, 59; VGH München, NVwZ 1999, 1122; VGH Mannheim, BWGZ 2003, 804; a.A. Ennuschat/Ibler/Remmert, § 1 Rn. 379: Es werde ein Verwaltungsakt, nämlich die Zulassung, begehrt; demnach komme die Verpflichtungsklage in Betracht.

*Sonderproblem: ausschließliche Konkurrentenklage*

Wird die Zulassung unter Berufung auf eine (vermeintliche) Kapazitätserschöpfung abgelehnt (vgl. Rn. 467 ff.), so ist nach h.M. die Erhebung einer Verpflichtungsklage (gerichtet auf Neubescheidung) ausreichend.[693] 445

Bei mehreren Begünstigten ist es dem Kläger nämlich nicht zuzumuten, eine von mehreren Zulassungen auszuwählen und diese anzugreifen. Es muss folglich nicht im Wege einer objektiven Klagehäufung nach § 44 VwGO zugleich eine Anfechtungsklage gegen die Zulassung des oder der Konkurrenten erhoben werden.

## 3. Klagebefugnis

*möglicher Anspruch*

Gemeindeeinwohner sowie Grundstückseigentümer und Gewerbetreibende (vgl. § 10 III, IV GemO) in der Gemeinde haben einen möglichen Anspruch aus § 10 II GemO. Auch der Verschaffungsanspruch ist in § 10 II GemO enthalten. 446

*Auswärtige haben keinen Anspruch*

Auswärtige, die weder in der Gemeinde wohnen noch einen Gewerbebetrieb oder ein Grundstück dort haben, sind nicht Berechtigte des Anspruchs nach § 10 II GemO. Gebietsfremden steht damit kein Rechtsanspruch auf Nutzung einer öffentlichen Einrichtung der Gemeinde zu.

*aber: ggf. Anspruch aus der Widmung*

Anders ist dies nur, wenn die Einrichtung nach dem Widmungszweck auch Gebietsfremden offenstehen soll. Die Widmung verleiht diesen dann ein subjektiv-öffentliches Recht auf eine sog. Sonderbenutzung in Form eines Anspruchs auf ermessensfehlerfreie Entscheidung.[694] Hat die Gemeinde in der Vergangenheit tatsächlich Auswärtige zugelassen, so ist das Ermessen aufgrund der Selbstbindung der Verwaltung i.V.m. Art. 3 I GG auf Null reduziert.[695] 447

> ***Bsp.:*** *Die Satzung der Stadtbibliothek bestimmt, dass Auswärtigen die Benutzung gestattet werden kann. In langjähriger Praxis erhielten Auswärtige ohne Weiteres Bibliotheksausweise und konnten die Bibliothek nutzen. Dem Auswärtigen A wird dies jedoch verweigert. Nach erfolglosem Widerspruch erhebt A Klage.*
>
> Da es um die erste Stufe bei der Benutzung öffentlicher Einrichtungen geht, ist der Verwaltungsrechtsweg eröffnet. Die Klage ist auch begründet, denn A hat einen Anspruch auf Zulassung. Anspruchsgrundlage ist die Satzung, die als Widmungszweck auch die Benutzung durch Auswärtige vorsieht. Zwar stellt die Satzung dies in das Ermessen. A hat jedoch nicht lediglich einen Anspruch auf ermessensfehlerfreie Entscheidung mit der Folge eines Bescheidungsurteils (§ 113 V S. 2 VwGO), da das Ermessen infolge der langjährigen Verwaltungspraxis auf Null reduziert ist und daher Spruchreife vorliegt. Das Gericht wird die Stadt verurteilen, A zuzulassen (§ 113 V S. 1 VwGO).

## Exkurs: Anspruchsgrundlagen außerhalb der GemO

*Spezialgesetze*

Der kommunalrechtliche Zulassungsanspruch ist zum Vorbild weiterer Nutzungsansprüche geworden. Zu nennen sind § 36 I S. 1 EnWG (Energieversorgung), § 22 PBefG (Verkehrsunternehmen) und § 24 II SGB VIII (Kinderbetreuungsplatz).[696] Auch der Anspruch politischer Parteien auf Gleichbehandlung aus § 5 I S. 1 PartG i.V.m. Art. 21 I, 38, 3 I GG wirkt sich regelmäßig wie ein Zulassungsanspruch aus (hierzu ausführlich unter Rn. 471 ff.). 448

693 BVerwGE 80, 270 (272) = DÖV 1989, 270; BVerfG, NJW 2002, 3691; ablehnend VGH München, BayVBl. 2011, 23 (24).

694 VGH Mannheim, VBlBW 1996, 101; Engel/Heilshorn, § 7 Rn. 28; Burgi, § 16 Rn. 42 f.; Dietlein, JURA 2002, 445 (449).

695 VGH Mannheim, GewArch 2003, 486; VGH München, NVwZ-RR 2003, 771 (771).

696 Ehlers, JURA 2012, 849 (850); Engel/Heilshorn, § 7 Rn. 26.

*§ 70 I GewO*

Des Weiteren kann sich auch aus § 70 I GewO ein Anspruch gegen die Gemeinde auf Zulassung zu einer öffentlichen Einrichtung ergeben. *449*

*§ 70 GewO gilt nur für „festgesetzte" Veranstaltungen*

§ 70 GewO betrifft Veranstaltungen nach §§ 64 - 68 GewO, wie sich aus § 69 GewO ergibt. § 70 I GewO gibt Bewerbern einen Anspruch auf Zulassung (Teilnahme) gegen den Veranstalter.

Im „Normalfall" handelt es sich um einen privaten Veranstalter. Wird die Veranstaltung nach § 69 GemO festgesetzt, haben Bewerber gegen den Veranstalter aus § 70 einen privatrechtlichen[697] Anspruch auf Teilnahme.

*Anwendung der Zweistufentheorie, wenn die Gemeinde Veranstalter ist*

Ist die Gemeinde Veranstalter einer festgesetzten Veranstaltung, so richtet sich der Anspruch gegen die Gemeinde. Der Anspruch auf Zulassung ist öffentlich-rechtlich, denn auch i.R.d. § 70 GewO findet die Zweistufentheorie Anwendung. Die Entscheidung über die Teilnahme (das „Ob") ist daher öffentlich-rechtlich, während für die Ausgestaltung des Benutzungsverhältnisses ein Wahlrecht der Gemeinde besteht.[698]

*Verhältnis des § 70 I GewO zu § 10 II GemO*

Im Verhältnis zu § 10 II GemO gilt Folgendes: Ist eine Veranstaltung nach § 69 GewO festgesetzt, so gilt allein § 70 GewO für den Zulassungsanspruch.[699] § 10 II S. 2 GemO wird verdrängt und ist nicht anwendbar.[700] Ohne Festsetzung gilt allein § 10 II GemO, dann ist § 70 GewO nicht anwendbar.[701] *450*

**hemmer-Methode: Die hier erörterten bereichsspezifischen Anspruchsgrundlagen sperren den Rückgriff auf § 10 II S. 2 GemO.[702] Der derivative Gleichbehandlungsanspruch aus § 5 I S. 1 PartG i.V.m. Art. 21 I, 38, 3 I GG hingegen tritt neben den kommunalrechtlichen Anspruch, verdrängt diesen aber nicht.**

**Exkurs Ende**

### 4. Sonstige Zulässigkeitsvoraussetzungen

*keine Besonderheiten*

Hinsichtlich der sonstigen Zulässigkeitsvoraussetzungen bestehen keine Besonderheiten.[703] Richtige Beklagte für den öffentlich-rechtlichen Zulassungsanspruch aus § 10 II GemO ist immer die Gemeinde. Daran ändert sich auch nichts, wenn sie selbst nicht die Zulassung herbeiführen kann, der Anspruch also nur darauf gerichtet ist, dass sie ihre Einflussmöglichkeiten auf den Träger der öffentlichen Einrichtung geltend macht.[704] *451*

## II. Begründetheit der Klage

### 1. Anspruchsgrundlage

*Anspruchsgrundlage*

In der Begründetheit ist zu prüfen, ob ein Anspruch aus § 10 II S. 2 GemO besteht. *452*

697 So die h.M., vgl. VG Stuttgart, GewArch 2007, 438. a.A. auch in Tettinger/Wank/Ennuschat, § 70 GewO, Rn. 62.

698 Tettinger/Wank/Ennuschat, § 70 GewO, Rn. 63 ff.

699 VGH Mannheim, GewArch 2001, 420; VG Stuttgart, GewArch 2008, 302.

700 VGH Mannheim, GewArch 2001, 420; VG Stuttgart, Urt. v. 21.09.2006 - 4 K 1700/06; zu den sog. Marktprivilegien vgl. Tettinger/Wank/Ennuschat, § 70 GewO, Rn. 62 ff.; Nachteil ist jedoch der allgemeine Zulassungsanspruch nach § 70 GewO.

701 Tettinger/Wank/Ennuschat, § 70 GewO, Rn. 5; VGH München, GewArch 1982, 98 (Oktoberfest).

702 Ehlers, JURA 2014, 849 (850); Schoch, NVwZ 2016, 257 (258).

703 Zur Zulassung von politischen Parteien ausführlich unter Rn. 472 ff.

704 Kunze/Bronner/Katz, § 10 GemO, Rn. 23; Burgi, § 16 Rn. 17 und 40; grundlegend VGH Mannheim, BWVBl. 1969, 10.

## 2. Formelle Anspruchsvoraussetzungen

*formelle Voraussetzungen*

In formeller Hinsicht bedarf es für den Zulassungsanspruch eines ordnungsgemäßen Antrags bei der zuständigen Behörde.[705] 453

## 3. Materielle Anspruchsvoraussetzungen

*materielle Voraussetzungen*

Voraussetzung für einen Anspruch aus § 10 II GemO ist, dass eine öffentliche Einrichtung vorliegt, der Kläger zu dem Kreis der berechtigten Personen zählt und der Anspruch nicht ausgeschlossen ist. 454

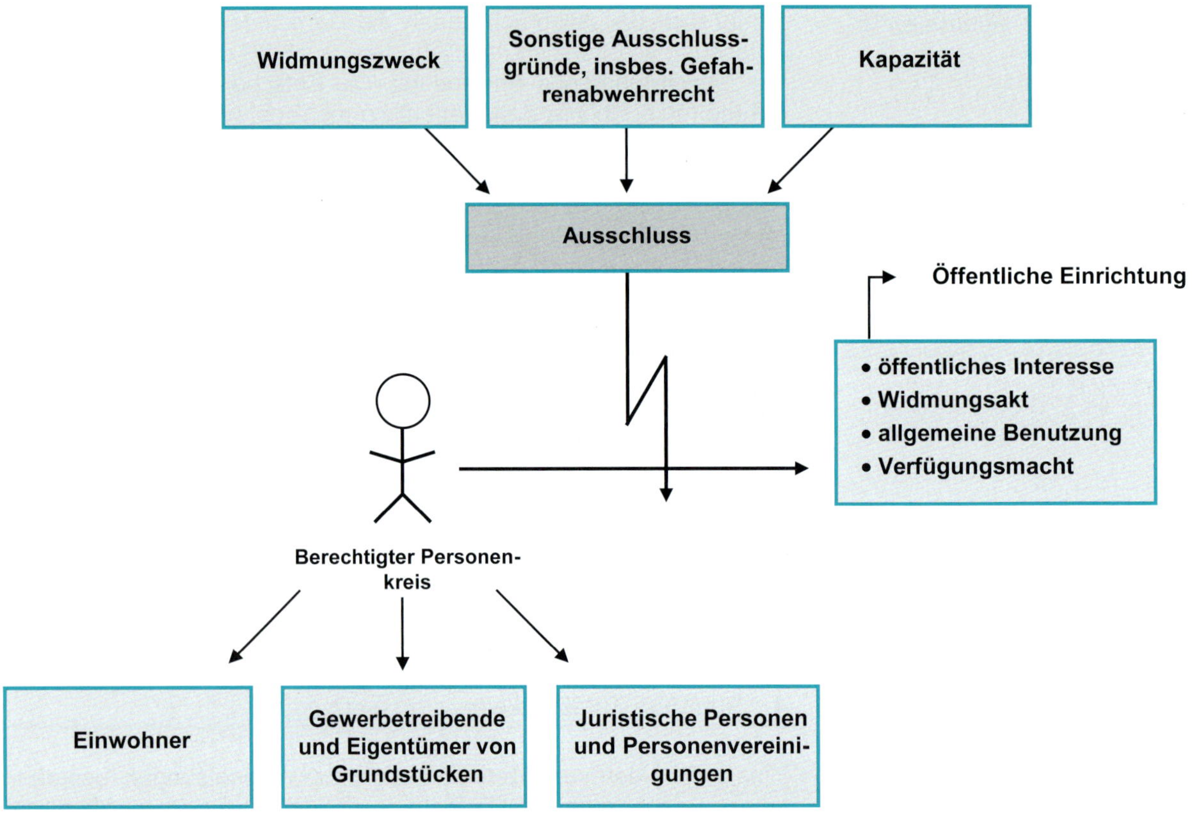


### a) Öffentliche Einrichtung

Da die Voraussetzungen einer öffentlichen Einrichtung bereits geprüft wurden, kann nach oben verwiesen werden (vgl. Rn. 412 ff.).[706] 455

### b) Berechtigter Personenkreis nach § 10 II - IV GemO

#### aa) Einwohner

*Einwohner (§ 10 I GemO)*

Nur Einwohner haben nach § 10 II S. 2 GemO einen Anspruch auf Zulassung zu den öffentlichen Einrichtungen der Gemeinde. 456

705 Ennuschat/Ibler/Remmert, § 1 Rn. 354 und 358.

706 Ennuschat/Ibler/Remmert, § 1 Rn. 360.

**hemmer-Methode: Auch dies können Sie auch schon in der Zulässigkeit (bei der Klagebefugnis) ansprechen. Achten Sie jedoch darauf, Ihre Bearbeitung nicht „kopflastig“ werden zu lassen. Gehört der Kläger nicht zu dem berechtigten Personenkreis, kann er noch als Auswärtiger einen Anspruch auf Zulassung haben (vgl. hierzu Rn. 416). Wenn Sie im Ergebnis die Klagebefugnis bejahen, ist es empfehlenswert, die Einwohnereigenschaft erst in der Begründetheit zu prüfen.**

*Begriff des Wohnens*

Gem. § 10 I GemO ist Einwohner, wer in der Gemeinde wohnt. Wohnung ist jeder umschlossene Raum, der zum Wohnen oder Schlafen benutzt wird (vgl. § 20 S. 1 BMG).[707] Dazu gehören auch möblierte Zimmer sowie Wochenend- und Ferienhäuser. Erforderlich ist jedoch, dass der Raum auch zum Wohnen oder Schlafen von der betreffenden Person genutzt wird.[708] 457

Dies hat zur Konsequenz, dass eine Person in mehreren Gemeinden „wohnen“ und folglich Einwohner mehrerer Gemeinden sein kann.[709] Dies ist etwa bei Wochenendpendlern der Fall. Nicht ausreichend ist indessen ein bloß vorübergehender Besuch oder ein Urlaubsaufenthalt, jedoch eine regelmäßig genutzte Ferienwohnung.[710]

Unbeachtlich ist, ob die Person ihren Wohnsitz in der Gemeinde angemeldet hat. Die Erfüllung oder Nichterfüllung der melderechtlichen Verpflichtungen ist i.R.d. § 10 I GemO unerheblich.[711] 458

**hemmer-Methode: Mit der Anknüpfung an die Ortsansässigkeit ist eine mittelbare Diskriminierung von EU-Ausländern verbunden. Ob diese durch die Tragung der mit der Einrichtung verbundenen Lasten (vgl. § 10 II S. 3 GemO) oder die identitätsstiftende Funktion kommunaler Einrichtungen gerechtfertigt werden kann, wird kontrovers diskutiert.[712] Dies ist zumindest bei Einrichtungen mit überregionalem Gepräge zu verneinen,[713] zumal Auswärtige gezielt angesprochen und gerade nicht kommunale Aufgaben im engeren Sinne erfüllt werden.**

## bb) Gewerbetreibende und Eigentümer von Grundstücken in der Gemeinde (§ 10 III GemO)

*Anspruch auf Benutzung wie Einwohner, ...*

Personen, die nicht in der Gemeinde wohnen, jedoch Eigentümer eines Grundstücks auf dem Gemeindegebiet sind oder ein Gewerbe betreiben (sog. Forensen),[714] haben ebenso wie Einwohner einen Anspruch auf Zulassung zu den öffentlichen Einrichtungen der Gemeinde. Hintergrund ist ihr (finanzieller) Beitrag zu den Gemeindelasten. 459

*... wenn die Einrichtung Grundstücken und Gewerbebetrieben dient*

Dies gilt jedoch nur insoweit, als die Einrichtungen für Grundbesitzer und Gewerbetreibende bestehen. Entscheidend hierfür ist der Widmungszweck der Einrichtung. Es kommt darauf an, ob die Einrichtung für Grundstücke bzw. Gewerbebetriebe besteht oder der Zweck der Einrichtung an das (sonstige) Wohnen und Leben in der Gemeinde anknüpft.[715]

707 Bundesmeldegesetz (BMG) vom 03.05.2013.

708 Aker/Hafner/Notheis, § 10 GemO, Rn. 3; Kunze/Bronner/Katz, § 10 GemO, Rn. 3; Engel/Heilshorn, § 13 Rn. 5.

709 Wie § 12 II S. 1 GemO bestätigt, vgl. Aker/Hafner/Notheis, § 10 GemO, Rn. 4; Kunze/Bronner/Katz, § 10 GemO, Rn. 8.

710 VGH Mannheim, BWGZ 2003, 804.

711 VGH Mannheim, VBlBW 1993, 225 (226); Kunze/Bronner/Katz, § 10 GemO, Rn. 9; Aker/Hafner/Notheis, § 10 GemO, Rn. 3.

712 Burgi, § 16 Rn. 22; ablehnend Geuer, BayVBl. 2011, 752; zur Anwendbarkeit der sog. negativen Dienstleistungsfreiheit vgl. EuGH, NJW 1999, 2355 (Ciola) - Vergabe von Bootsliegeplätzen.

713 BVerfG, NJW 2016, 3153; Burgi, § 16 Rn. 23.

714 Lateinisch: forensis = zum Markt gehörend.

715 Engel/Heilshorn, § 21 Rn. 31; Ennuschat/Ibler/Remmert, § 1 Rn. 345; Kunze/Bronner/Katz, § 10 GemO, Rn. 25; Ehlers, JURA 2012, 849 (852).

**Bsp.:** *Ist Metzgermeisterin Alexandra (A) Inhaberin einer Fleischerei in der Stadt Viehburg, wohnt sie aber in der Nachbargemeinde, so ist sie berechtigt, den städtischen Schlachthof von Viehburg zu benutzen. Dieser ist eine öffentliche Einrichtung, die für alle Gewerbetreibenden besteht, die Vieh schlachten. A ist mangels sachlichen Zusammenhangs mit dem Gewerbebetrieb aber nicht nach § 10 II GemO berechtigt, den städtischen Sportplatz von Viehburg zu benutzen.*[716]

### cc) Juristische Personen und Personenvereinigungen, § 10 IV GemO

*jur. Personen und Personenvereinigungen*

Das für die Einwohner sowie Forensen geltende Recht zur Benutzung der öffentlichen Einrichtung gilt in gleicher Weise für juristische Personen und Personenvereinigungen, sofern diese in der Kommune ihren Sitz haben und der räumliche Schwerpunkt ihrer Tätigkeit ebenfalls im Gemeindegebiet liegt (ungeschriebenes Tatbestandsmerkmal).[717] Auch hier korrespondiert das Nutzungsrecht mit der Pflicht, zu den Gemeindelasten beizutragen. 460

§ 10 IV GemO ist notwendige Ergänzung, da § 10 II GemO auf den Begriff des „Einwohners" abstellt. Einwohner können jedoch nur natürliche Personen sein. Zu den juristischen Personen gehören solche des Privatrechts (GmbH, Verein, AG) wie des öffentlichen Rechts. Nicht rechtsfähige Personenvereinigungen i.S.d. Abs. 4 sind alle teilrechtsfähigen Rechtssubjekte, wie OHG, KG, GbR sowie der nichteingetragene Verein. Zu den nichtrechtsfähigen Personenvereinigungen zählen auch die politischen Parteien[718] und deren Ortsverbände.

**Bsp.:** *Der eingetragene Sportverein mit Sitz in der Gemeinde ist nach § 10 II, IV GemO zur Benutzung des gemeindlichen Sportplatzes berechtigt. Wird in obigem Beispiel die Fleischerei nicht von A, sondern der A-OHG betrieben, so ist diese gem. § 10 II, III, IV GemO zur Benutzung des Schlachthofs von Viehburg berechtigt.*

### c) Ausschluss des Benutzungsanspruchs

*Grenzen des Zulassungsanspruchs*

Das Recht aus § 10 II S. 2 GemO besteht nur „i.R.d. geltenden Rechts" sowie „nach gleichen Grundsätzen". Grenzen für den Zulassungsanspruch bestehen, wenn aus tatsächlichen oder rechtlichen Gründen eine Benutzung nicht oder nicht in der gewünschten Art und Weise möglich ist.[719] Beschränkt wird der Benutzungsanspruch insbesondere durch 461

- ⇨ den Widmungszweck,
- ⇨ sonstige Ausschlussgründe, insbesondere aufgrund des Gefahrenabwehrrechts und
- ⇨ die Kapazität der öffentlichen Einrichtung.

### aa) Widmungszweck

*Festlegung des Widmungszwecks durch Satzung*

Zu den geltenden Rechtsvorschriften zählt insbesondere eine Satzung, in der die Gemeinde u.U. die Benutzung der öffentlichen Einrichtung geregelt hat.[720] Werden Nutzungen in einer Satzung beschränkt oder ausgeschlossen, so müssen Sie ggf. an dieser Stelle inzident die Wirksamkeit der Satzung überprüfen. 462

---

716 Sondern allenfalls als Auswärtiger nach den unter Rn. 457 dargestellten Grundsätzen.

717 VGH Mannheim, ESVGH 38, 220; Aker/Hafner/Notheis, § 10 GemO, Rn. 14; Dietlein, JURA 2002, 445 (449); Ehlers, JURA 2012, 849 (852).

718 Aker/Hafner/Notheis, § 10 GemO, Rn. 14; Dietlein, JURA 2002, 445 (449).

719 Aker/Hafner/Notheis, § 10 GemO, Rn. 12; Engel/Heilshorn, § 21 Rn. 37 ff.; Ennuschat/Ibler/Remmert, § 1 Rn. 363 und 366.

720 Kunze/Bronner/Katz, § 10 GemO, Rn. 18; Ennuschat/Ibler/Remmert, § 1 Rn. 363. Detailliert zu den kommunalen Satzungen unter Rn. 510 ff.

**hemmer-Methode: Aufgrund der allgemeinen Satzungsermächtigung des § 4 I GemO hat die Gemeinde das Recht, die Benutzung umfassend durch Satzung zu regeln. Dies wird auf die sog. Anstaltsgewalt gestützt, die eine spezielle Satzungsermächtigung, wie sie ansonsten für Grundrechtseingriffe erforderlich ist, erübrigt.[721]**

*Bestimmung des Widmungszwecks im pflichtgemäßen Ermessen*

Maßstab für die Überprüfung der Satzung ist, ob die Gemeinde von dem ihr zustehenden Ermessen fehlerfrei Gebrauch gemacht hat oder aber diese Grenzen überschritten hat.[722] Werden bestimmte Nutzungen ausgeschlossen, die in der Einrichtung grundsätzlich möglich wären, so ist dies an Art. 3 I GG zu messen. Zu prüfen ist dann, ob es einen sachlichen Grund für die ungleiche Behandlung verschiedener Nutzungen gibt.[723]

*anderweitige Widmung*

Besteht keine Satzung, so ist der Widmungszweck anhand der vorliegenden Widmung zu bestimmen. 463

*Widmungszweck anhand der Verwaltungspraxis und der Art der Einrichtung*

Handelt es sich (wie häufig) um eine lediglich konkludente Widmung, so ist der Umfang der zulässigen Nutzung aufgrund der bisherigen Nutzungs- und Überlassungspraxis sowie der in der Einrichtung möglichen Nutzungen zu ermitteln.[724]

**Bsp.:** *Die Stadthalle wurde bisher für alle Arten von Veranstaltungen genutzt. Literaturveranstaltungen fanden bisher nicht statt. Eine Satzung oder eine sonstige ausdrückliche Widmung gibt es nicht. Ein Antrag des Einwohners und KSC-Fans A, eine Buchlesung mit Fußballspielern durchzuführen, wird von der Stadt abgelehnt, da für Literaturveranstaltungen kaum Interesse in der Bevölkerung bestehe.*

Der Anspruch des A könnte ausgeschlossen sein, weil die Nutzung nicht dem Widmungszweck entspricht. Widmungszweck der Stadthalle waren hier mangels ausdrücklicher Regelung zunächst Veranstaltungen aller Art, die in einer Stadthalle durchgeführt werden können. Dazu zählen auch Literaturveranstaltungen.

Möglich ist jedoch, den Widmungszweck nachträglich einzuschränken. Die Stadt könnte hier Literaturveranstaltungen ausgeschlossen haben. Besteht keine Satzung und ist die Widmung nicht ausdrücklich erfolgt, so kann die Widmung durch eine geänderte Vergabepraxis für die Zukunft eingeschränkt werden. Eine solche geänderte Vergabepraxis könnte in der Ablehnung des Antrags durch die Stadt gesehen werden. Die Stadt bringt darin zum Ausdruck, dass sie grundsätzlich keine Literaturveranstaltungen in der Stadthalle möchte. Probleme bereitet allerdings die Frage, ob ein bereits gestellter Antrag auf Zulassung zum Anlass genommen werden kann, den Widmungszweck zu ändern.

Dies kann vorliegend aber dahinstehen. Die Beschränkung des Widmungszwecks ist bereits wegen eines Verstoßes gegen Art. 3 I GG rechtswidrig und unwirksam. Das angeblich mangelnde Interesse der Bevölkerung ist kein sachlicher Grund, um diese Nutzung gegenüber anderen Nutzungen ungleich zu behandeln. Bestünde tatsächlich kein Interesse der Bevölkerung, so könnte dies allenfalls bei der Entscheidung über die Zulassung konkurrierender Nutzungsanträge berücksichtigt werden. A hat einen Anspruch auf Zulassung.

*Problem: Änderung des Widmungszwecks nach Antragstellung*

Rechtlich unproblematisch ist die Änderung des Widmungszwecks für die zukünftige Benutzung der öffentlichen Einrichtung.[725] Nicht abschließend geklärt ist aber die Frage, ob aus Gründen der Gleichbehandlung über einen bereits gestellten Zulassungsantrag nach bisher geltenden Grundsätzen zu entscheiden ist. 464

721 Engel/Heilshorn, § 18 Rn. 27; OVG Münster, NWVBl. 2003, 104. Detailliert zu den kommunalen Satzungen unter Rn. 510 ff.

722 Engel/Heilshorn, § 21 Rn. 39; Kunze/Bronner/Katz, § 10 GemO, Rn. 18.

723 VGH Mannheim, VBlBW 1994, 146; BWVPr. 1975, 227; Kunze/Bronner/Katz, § 10 GemO, Rn. 18; Lange, DVBl. 2014, 753 (754).

724 VGH München, BayVBl. 2005, 443; NVwZ-RR 1999, 574 = **Life&LAW 01/2000, 58.**

725 VGH Mannheim, NVwZ 1998, 540 (541); Schoch, NVwZ 2016, 257 (261).

Als inzwischen gefestigt kann die Rechtsprechung bezeichnet werden, wonach die beschlossene Änderung der Vergabepraxis für Räumlichkeiten an politische Parteien nur für Vergabeanträge maßgeblich ist, die zeitlich nach der Entscheidung über die Änderung gestellt wurden.[726] Die nachträgliche Änderung des Widmungszwecks darf nicht dazu führen, einen unliebsamen Benutzungsantrag abzulehnen.

Rechtsprechung[727] und Literatur[728] tendieren dazu, Änderungen der Widmung nach Stellung eines Zulassungsantrages auch abseits der Zulassungsanträge politischer Parteien für irrelevant zu halten. Andernfalls setze sich die Gemeinde dem naheliegenden Verdacht aus, dass sie die Zweckbestimmung nicht aus einem anzuerkennenden allgemeinen Grund geändert hat, sondern nur, um den Zulassungsantrag ablehnen zu können.

### bb) Ausschluss aus gefahrenabwehrrechtlichen Gründen

*Gefährdung der öffentlichen Sicherheit oder Ordnung*

Die Zulassung kann abgelehnt werden, wenn mit hoher Wahrscheinlichkeit zu erwarten ist, dass die Benutzung der Einrichtung die öffentliche Sicherheit oder Ordnung gefährden wird.[729] **465**

*... durch den Nutzer*

Die Gefahr für die öffentliche Sicherheit oder Ordnung kann dabei zum einen vom Veranstalter selbst ausgehen. Redner auf einer Versammlung können sich nach den §§ 185 ff. StGB strafbar äußern oder die Veranstaltung als Forum zum Aufruf zu Straftaten oder Ordnungswidrigkeiten nutzen.[730] Dabei ist jedoch zu differenzieren: Da nach § 10 II S. 2 GemO der Zulassungsanspruch dann gegeben ist, wenn der „Rahmen des geltenden Rechts“ eingehalten ist, muss die Veranstaltung mit der Auflage (§ 36 I LVwVfG), dass z.B. der „volksverhetzende“ Redner nicht spricht, zugelassen werden.

*... durch Dritte*

Möglich ist jedoch auch, dass eine Störung durch Dritte bevorsteht. Ob aus diesem Grund die Zulassung abgelehnt werden kann, ist unter Rückgriff auf die Grundsätze der Polizeipflichtigkeit (vgl. §§ 6, 7, 9 PolG) zu entscheiden. Sofern der Nutzer nicht ausnahmsweise als Handlungsstörer verantwortlich ist, kann die Zulassung nur bei polizeilichem Notstand nach § 9 I PolG versagt werden.[731] Dabei ist jedoch die Versagung als ultima ratio anzusehen, d.h., es müssen vorher alle Mittel ausgeschöpft werden, um die Veranstaltung ggf. durch Polizeikräfte zu sichern. Eine strikte Beachtung des Verhältnismäßigkeitsgrundsatzes ist erforderlich.

*Gefahr für die Einrichtung selbst*

Ferner ist ein Ausschluss möglich, wenn mit hoher Wahrscheinlichkeit mit einer Beschädigung der Einrichtung durch die Nutzung zu rechnen ist.[732] Sofern eine solche Nutzung nicht ohnehin schon außerhalb des Widmungszwecks liegt, kann die Zulassung abgelehnt, eingeschränkt oder mit Auflagen versehen werden. Der Gemeinde steht es zur Schonung der Gemeindefinanzen grds. frei, eine Kaution[733] oder Veranstalterhaftpflichtversicherung zu fordern. Hintergrund ist § 77 II GemO. **466**

726 Grundlegend BVerwG, DÖV 1969, 430 (431); so auch VGH Mannheim, NVwZ-RR 1996, 681 (682); VGH München, BayVBl. 2011, 753 (754); OVG Berlin-Brandenburg, NVwZ-RR 2010, 765; OVG Lüneburg, DVBl. 2011, 717; zusammenfassend Schoch, NVwZ 2016, 257 (261).

727 VG Darmstadt, LKRZ 2013, 289 = JA 2014, 78 (Anm. Hebeler) bzgl. einer Zirkusveranstaltung auf einem gemeindlichen Festplatz; a.A. (noch) VGH Mannheim, VBlBW 1998, 145 = NVwZ 1998, 541.

728 Schoch, NVwZ 2016, 257 (261); kritisch Lange, DVBl. 2014, 753 (754 f.).

729 Ennuschat/Ibler/Remmert, § 1 Rn. 366; Engel/Heilshorn, § 21 Rn. 41; VG Stuttgart, VBlBW 2009, 233; kritisch Frenz, VR 2012, 1 (3).

730 VGH Mannheim, NJW 1987, 2698; Kunze/Bronner/Katz, § 10 GemO, Rn. 18; Ennuschat/Ibler/Remmert, § 1 Rn. 366.

731 Instruktiv zur polizeilichen Verantwortlichkeit **Hemmer/Wüst, Polizei- und Ordnungsrecht Baden-Württemberg, Rn. 303 ff.**

732 VGH Mannheim, VBlBW 1989, 331; Engel/Heilshorn, § 21 Rn. 48.

733 VGH Mannheim, NJW 1987, 2697; VGH München, BayVBl. 2013, 346; OVG Münster, NVwZ-RR 1991, 508.

### cc) Kapazität

*Anspruch durch vorhandene Kapazität beschränkt*

Der Zulassungsanspruch nach § 10 II GemO besteht naturgemäß nur i.R.d. vorhandenen Kapazität. Ist die Kapazität erschöpft, ist der Anspruch ausgeschlossen. Ein Anspruch auf Kapazitätserweiterung besteht nicht.[734] 467

**hemmer-Methode: Beachten Sie, dass über die Widmung auch Kapazitätsbegrenzungen vorgenommen werden können. So ist eine Höchstzahl bestimmter Veranstaltungen pro Jahr auf einem Festplatz ebenso möglich wie die Beschränkung des räumlichen Umfangs einer Veranstaltung.**

Keine Probleme ergeben sich, wenn die Einrichtung zu einem bestimmten Zeitpunkt tatsächlich schon vergeben wurde. Beantragt dann ein anderer Bewerber die Zulassung, so kann dieser mit Hinweis auf die ausgeschöpfte Kapazität abgelehnt werden.

*Auswahlentscheidung bei Erreichen der Kapazitätsgrenze*

Schwieriger ist es, wenn über die Anträge mehrerer Bewerber zu entscheiden ist. Zur Wahrung der Verteilungsgerechtigkeit (iustitia particularis distributiva, Art. 3 I GG) besteht neben einem Anspruch auf Ausschöpfung der Kapazitäten auch ein solcher auf ermessensfehlerfreie Auswahl unter den Bewerbern.[735] 468

Diese Auswahl steht grundsätzlich im pflichtgemäßen Ermessen des Einrichtungsträgers. Die Entscheidung muss jedoch aufgrund zulässiger Auswahlkriterien getroffen werden. Diese Kriterien müssen benannt werden, was bei einer Ablehnung insbesondere in der Begründung (§ 39 I LVwVfG) zu erfolgen hat.

**hemmer-Methode: § 10 II S. 2 GemO ist eine gebundene Entscheidung. Liegen die Voraussetzungen vor und fehlt es an Ausschlussgründen, so besteht ein Anspruch auf Zulassung und nicht lediglich auf ermessensfehlerfreie Entscheidung. Nur bei Erreichen der Kapazitätsgrenze, d.h. wenn mehr Bewerber vorhanden sind als freie Plätze, besteht Ermessen, welche Auswahlkriterien angewendet werden. Nur dann und nur insoweit besteht Ermessen.**

*zulässige Auswahlkriterien*

Folgende (formelle und materielle) Auswahlkriterien sind allgemein anerkannt, die in Abhängigkeit von den jeweils bestehenden Umständen des Einzelfalls auch in Kombination angewendet werden:[736] 469

- ⇨ Prioritätsgrundsatz,[737] d.h. nach der Reihenfolge der Anträge,
- ⇨ „bekannt und bewährt“,[738] wenn auch Neubewerbern in einem erkennbaren zeitlichen Turnus eine Zulassungschance eingeräumt wird,
- ⇨ Attraktivität des Angebots,[739] z.B. bei einem Volksfest,
- ⇨ Auswahl durch Los,[740]
- ⇨ Rotationsprinzip, womit alle Bewerber über einen Zeitraum verteilt zum Zuge kommen.

---

734 VGH Mannheim, VBlBW 2014, 313; DVBl. 2015, 59 = **Life&LAW 11/2015, 833**; VGH München, BayVBl. 2013, 636.

735 VGH Mannheim, BWGZ 1988, 886; Kunze/Bronner/Katz, § 10 GemO, Rn. 19; VGH München, BayVBl. 2014, 632.

736 Engel/Heilshorn, § 21 Rn. 45-47; Ennuschat/Ibler/Remmert, § 1 Rn. 369-371; Burgi, § 16 Rn. 26; Geis, § 10 Rn. 41; Spitzlei, JA 2020, 372 (374).

737 „Wer zuerst kommt, mahlt zuerst“, vgl. VGH Mannheim, DVBl. 2015, 59 = **Life&LAW 11/2015, 833** = JA 2015, 399 (Anm. Hebeler).

738 VGH Mannheim, VBlBW 2006, 194; VG Gießen, HSGZ 2004, 154 (155); grundlegend BVerwG, DÖV 1982, 82.

739 VGH Mannheim, BWGZ 2011, 613 = DÖV 2010, 147; OVG Münster, OVGE 24, 175 (182); VGH München, BayVBl 2014, 632.

740 VGH Kassel, NJW 1987, 145 (146); Burgi, § 16 Rn. 27.

Welche dieser (hier nicht abschließend genannten) zulässigen Kriterien angewendet werden, steht im Gestaltungsermessen der Gemeinde. Hinsichtlich der Attraktivität des Angebots besteht zudem eine Einschätzungsprärogative des über die Zulassung entscheidenden Gemeinderats.[741] 470

**hemmer Methode: Insbesondere in der Praxis ist zu beachten, dass ein rechtswidriger Ausschluss von der Benutzung Schadensersatzansprüche nach Amtshaftungsgrundsätzen gem. § 839 BGB i.V.m. Art. 34 GG nach sich ziehen kann.**

## C. Häufiges Klausurproblem: Zulassung politischer Parteien zu kommunalen öffentlichen Einrichtungen (Stadthallen)[742]

*Problemkreise*

Häufig geht es in Klausur und Praxis um folgende Problemkreise: 471

**<u>Aktuelle Rechtsprechung:</u>**

**1) AfD darf Stadthalle in Essen für Bundesparteitag nutzen – Einstweiliger Rechtsschutz i.S.d. § 123 VwGO**

Das VG entschied nun, dass die Bundespartei einen Anspruch auf Zugang zu der Halle aus dem Gleichbehandlungsanspruch aus § 5 I S. 1 Parteiengesetz (PartG) i.V.m. Art. 3 I und III S. 1 sowie Art. 21 Grundgesetz (GG) hat. Auf die Gemeindeordnung (GO), die in diesen Fällen oft die einschlägigen Normen bietet, kann die Bundespartei sich hingegen nicht berufen. Diese erfordern, dass die Antragsteller Einwohner sind oder den Sitz im Gemeindegebiet haben – das trifft für die hier agierende Bundespartei nicht zu. Das Gericht konnte keine hinreichende Tatsachengrundlage erkennen, die die erforderliche hohe Wahrscheinlichkeit von Rechtsverletzungen hätte begründen können

**VG Gelsenkirchen, Beschl. v. 14.06.2024, Az. 15 L 888/24**

**2) Öffentliche Einrichtung: unzulässige Beschränkung des Widmungsumfangs:**

Benutzung öffentlicher Einrichtungen, Art. 21 I S. 1 GG; öffentlich-rechtlicher Verschaffungsanspruch; Meinungsfreiheit, Art. 5 I S. 1 GG

**Vgl. Life&LAW 01/2023, 42 ff.**

**3) Impfkritiker dürfen Stadthalle nutzen:**
**Öffentliche Einrichtung nach § 10 II GemO;**

Den Einwand, dass es im Zusammenhang mit der Veranstaltung zu Straftaten kommen könnte, ließ das VG nicht gelten. Selbst bei „gefahrgeneigten Veranstaltungen", bei denen zu befürchten ist, dass es zu Ausschreitungen und Gegendemonstrationen kommen wird, sei die Versagung der Veranstaltung allein aus diesem Grund nicht möglich, betonte das Gericht.

**VG Stuttgart, Beschl. v. 13.04.2023, Az. 7 K 1743/23**

**4) Eilantrag gegen das Verbot des Betriebs von Tonwiedergabegeräten und Musikinstrumenten in einer Parkanlagensatzung**

1. Gegenstände der Gemeinde, die jedermann ohne besondere Zulassung zur Nutzung offenstehen, können öffentliche Einrichtungen i.S.v. § 10 II GemO sein (Rn. 103).
2. Die Befugnis der Gemeinde, den Widmungszweck einer öffentlichen Einrichtung nach ihrem eigenen Ermessen zu bestimmen, unterliegt Schranken bei öffentlichen Sachen, für die spezialgesetzlich festgelegt ist, welcher Personenkreis unter welchen Voraussetzungen die öffentliche Sache nutzen darf. Dies gilt insbesondere für Straßen, Wege und Plätze, die dem öffentlichen Verkehr gewidmet und daher öffentlichen Straßen i.S.v. § 2 I StrG sind (Rn. 106).
3. Das geltende Recht, in dessen Rahmen nach § 10 II GemO der Benutzungsanspruch der Einwohner besteht, wird auch durch die Widmung bestimmt. Wenn die Widmung - bei Beachtung des allgemeinen Gleichheitssatzes nach Art. 3 I GG - bestimmte Nutzungen von vornherein nicht ermöglicht, liegt daher in dieser Festlegung des Nutzungszwecks per se kein unzulässiger Eingriff in Grundrechte, auch nicht in spezielle Freiheitsgrundrechte (Rn. 118).

**VGH Baden-Württemberg 1. Senat, Beschluss vom 19.12.2023, 1 S 1365/23**

741 OVG Saarland, NVwZ-RR 2010, 972 (973); VGH München, NVwZ-RR 2004, 599; NVwZ-RR 2003, 771.

742 Instruktive Fallbearbeitungen bieten Bader, JURA 2009, 940-946; Erichsen/Frenz, JURA 1996, 213-219; Gornig/Jahn, JuS 1992, 857-861.

## I. Beteiligtenfähigkeit (§ 61 VwGO)

*Beteiligtenfähigkeit politischer Parteien und ihrer Untergliederungen*

Oft begehrt ein Landesverband oder eine Ortsgruppe (wegen des örtlichen Bezugs als Nutzungsvoraussetzung, s.o.) einer Partei die Zulassung zu einer öffentlichen Einrichtung der Gemeinde. Bei diesen Untergliederungen der Parteien handelt es sich regelmäßig nicht um eingetragene Vereine, welche als juristische Personen unproblematisch nach § 61 Nr. 1 VwGO beteiligtenfähig wären. 472

*§ 3 PartG*

In diesem Zusammenhang ist auf § 3 PartG zu achten, wonach sowohl die Partei als solche als auch ihre Gebietsverbände der höchsten Stufe (also die Landesverbände) grundsätzlich unter ihrem Namen klagen können. Da durch § 3 PartG insoweit eine Gleichstellung mit einer juristischen Person erfolgt, ergibt sich nach der Ansicht eines Teils der Literatur[743] die Beteiligtenfähigkeit bereits aus § 61 Nr. 1 VwGO. Folgt man dem nicht, weil § 61 Nr. 1 VwGO nur von juristischen Personen spricht, ergibt sich die Beteiligtenfähigkeit aus § 3 PartG, der als spezielle Regelung § 61 VwGO vorgeht.[744]

**hemmer-Methode: Die Fähigkeit, „im eigenen Namen zu klagen und verklagt zu werden", bedeutet nichts anderes, als Beteiligter in einem Rechtsstreit sein zu können (Beteiligtenfähigkeit!). § 3 PartG ist daher richtigerweise eine Spezialregelung der Beteiligtenfähigkeit für Parteien, die § 61 VwGO vorgeht.**

*§ 61 Nr. 2 VwGO*

Für die Ortsverbände, Bürgerinitiativen oder sonstige Vereinigungen gilt § 3 PartG nicht. Für diese ist die Beteiligtenfähigkeit nach § 61 Nr. 2 VwGO zu prüfen. Die Ortsverbände sind Vereinigungen i.S.d. Norm, d.h. Personenmehrheiten, denen nach materiellem Recht (vgl. § 10 IV GemO) des infrage stehenden Zulassungsanspruchs nach § 10 II S. 2 GemO gerade zustehen kann. 473

*Bürgerinitiativen*

Nach wohl h.M. muss eine Vereinigung i.S.v. § 61 Nr. 2 VwGO eine feste und auf Dauer ausgerichtete Organisation aufweisen.[745] Bürgerinitiativen fehlt eine solche i.d.R., was dazu führt, dass sie nicht beteiligtenfähig sind. Beteiligtenfähig sind aber deren Mitglieder als natürliche Personen.

## II. Klagebefugnis (§ 42 II VwGO)

*möglicher Anspruch*

Ein möglicher Anspruch folgt für die Ortsverbände grundsätzlich aus § 10 II GemO. Wurden in der Vergangenheit bereits politische Parteien zugelassen, ist § 5 I S. 1 PartG anzuwenden, der eine Pflicht zur Gleichbehandlung der Parteien bestimmt.[746] Der Anspruch für die übergeordnete Parteiorganisation folgt dann aus § 5 I S. 1 PartG i.V.m. Art. 21 I S. 1, 38, 3 I GG[747] (hierzu unter Rn. 448). 474

## III. Versagungsgründe

*radikale Parteien*

In der Praxis kommt es immer wieder vor, dass rechts- oder linksextreme (aber nicht verbotene) Parteien die Zulassung zu öffentlichen Einrichtungen begehren, was regelmäßig von der Gemeinde unerwünscht ist und zu erheblicher Unruhe innerhalb der Bevölkerung führt. 475

743 Vgl. Kopp/Schenke, § 61 VwGO, Rn. 6; Bader, JURA 2009, 940 (941).

744 Schoch/Schmidt-Aßmann/Pietzner, § 61 VwGO, Rn. 2, ebenso Kopp/Schenke, § 61 VwGO, Rn. 6.

745 Vgl. dazu Kopp/Schenke, § 61 VwGO, Rn. 12.

746 BVerfG, NVwZ-RR 2019, 537; VG Stuttgart, Beschl. v. 11.02.2016 - 7 K 793/16.

747 VGH Mannheim, DVBl. 1995, 927 = NVwZ-RR 1996, 681; Kintz, LKRZ 2012, 37 (38).

Fraglich ist, ob und unter welchen Voraussetzungen einer politischen Partei die Zulassung zur gemeindlichen Stadthalle versagt werden kann. Hier ergeben sich spezifische Probleme. Als Versagungsgründe kommen in Betracht:

## 1. Kapazitätserschöpfung

*Kapazitätserschöpfung*

Der Anspruch auf Zulassung besteht nur i.R.d. Kapazität, d.h., eine Zulassung ist grundsätzlich ausgeschlossen, wenn die Halle zum fraglichen Termin bereits vergeben ist (hierzu bereits unter Rn. 467 ff.). 476

*auch nicht aufgrund besonderer Stellung der Parteien nach Art. 21 GG*

Wegen der herausgehobenen Stellung, welche die politischen Parteien wegen Art. 21 GG von Verfassungs wegen genießen, könnte die Gemeinde allerdings ausnahmsweise zum Widerruf der zugunsten eines anderen Nutzers bereits ausgesprochenen Zulassung verpflichtet sein. Wurde die Zulassung, wie üblich, durch Verwaltungsakt erteilt, kommt ein Widerruf nach § 49 II Nr. 3 LVwVfG in Betracht.

Selbst wenn man aber das Interesse der Partei an einer Nutzung der Halle und ihren Antrag als eine Änderung der Sachlage betrachtet, so trifft doch jedenfalls keine Gefährdung des öffentlichen Interesses ohne den Widerruf ein. Denn hierunter ist nur die Beseitigung oder Verhinderung eines sonst unmittelbar drohenden Schadens für bedeutsame Rechtsgüter (z.B. Volksgesundheit, Leben, Jugendschutz) zu verstehen.[748]

Staatliche Stellen haben politische Parteien bei der Wahrnehmung ihres verfassungsrechtlichen Auftrags auch grundsätzlich zu unterstützen. Diese Pflicht geht jedoch nicht so weit, dass die Interessen anderer Nutzer einer öffentlichen Einrichtung, die bereits zugelassen sind, zurückstehen müssten. Nur wenn die Einrichtung noch nicht vergeben ist, können bei der Auswahlentscheidung Parteien bevorzugt werden. Die Förderung des Auftrags der Parteien aus Art. 21 GG kann daher zulässiges Kriterium einer Auswahl unter konkurrierenden Bewerbern sein. 477

## 2. Fiktive Reservierung

*Chancengleichheit der Parteien aus Art. 21 I GG*

Nicht selten taucht in Klausuren der Einwand der Kommune auf, die Stadthalle sei für die X-Partei reserviert, obwohl diese keine konkreten Nutzungsabsichten angemeldet hat. 478

Verfassungsrechtlicher Auftrag an die Parteien aus Art. 21 GG ist es, an der Willensbildung des Volkes mitzuwirken. Dies setzt aber voraus, dass den Parteien gleiche Wettbewerbschancen eingeräumt werden,[749] da nur so die Bürger ihre Entscheidung ohne Beeinflussung treffen können. Der öffentlichen Gewalt ist daher jede Ungleichbehandlung der Parteien versagt, außer sie ist durch einen besonderen zwingenden Grund gerechtfertigt.

Voraussetzung für eine Versagung ist daher, dass die Kapazitäten tatsächlich nicht ausreichen. Die Kapazität der Halle darf nicht abstrakt beurteilt werden, die Ausrichtung muss immer am tatsächlichen Bedarf erfolgen. Es ist daher nicht möglich, die Halle zu reservieren, ohne zu berücksichtigen, ob die Termine auch tatsächlich wahrgenommen werden. 479

748 Kopp/Ramsauer, § 49 VwVfG, Rn. 39; Ehlers/Schröder, JURA 2010, 503 (511).

749 **Hemmer/Wüst, Staatsrecht II, Rn. 343 ff.**; Degenhart, Staatsrecht I, § 2 Rn. 49.

Es stünde sonst im Belieben der Stadt, durch Begründung entsprechender Ansprüche in ihrer Benutzungsordnung den Rechtsanspruch von Parteien geringerer Bedeutung auf formale Gleichbehandlung zu unterlaufen.

### 3. Genereller Benutzungsausschluss

*nur bei besonderem Grund möglich*

Eine Widmungsbeschränkung dahin gehend, sämtliche politische Veranstaltungen von der Zugangsberechtigung auszuschließen, ist nach der ständigen Rechtsprechung der Verwaltungsgerichte grundsätzlich zulässig.[750] Dies ist auch über eine nachträgliche Änderung der Zweckbestimmung möglich.[751] 480

Erfolgt eine solche Änderung allerdings nach Antragstellung, ist auf die Verhältnisse zum Zeitpunkt der Antragstellung abzustellen (hierzu bereits unter Rn. 464).

### 4. Gefahr rechtswidrigen Verhaltens

Besonders klausurrelevant in den „Stadthallenfällen" ist die Gefahr rechtswidrigen Verhaltens. Insoweit gilt das bereits unter Rn. 465 Gesagte. 481

### 5. (Vermeintliche) Verfassungswidrigkeit

*Kriterium trägt Ablehnung nicht*

Häufig wird in diesem Zusammenhang angeführt, die Zulassung sei zu versagen, weil die Partei verfassungswidrig sei bzw. verfassungsfeindliche Ziele verfolge.[752] Diese Annahme kann jedoch unter keinen Umständen eine Ablehnung rechtfertigen. 482

Über die Verfassungswidrigkeit von Parteien entscheidet kraft alleinigen Verwerfungsmonopols nur das BVerfG mit konstitutiver Wirkung, Art. 21 II S. 2 GG (vgl. auch §§ 31 I, 46 III BVerfGG).[753]

*Parteienprivileg, Art. 21 II GG*

Aus diesem Entscheidungsmonopol des BVerfG folgt das sog. Parteienprivileg: Solange das BVerfG nicht die Verfassungswidrigkeit einer politischen Partei festgestellt hat, dürfen staatliche Stellen nicht von der Verfassungswidrigkeit ausgehen, sondern müssen diese wie jede andere politische Partei behandeln.[754] Sie kann zwar politisch bekämpft werden, muss aber in ihrer Aktivität von jeder (administrativen) Behinderung frei sein. Dies gilt auch für Gemeinden bei der Entscheidung über die Zulassung zu öffentlichen Einrichtungen.[755]

**hemmer-Methode: Beachten Sie in diesem Kontext § 31a GemO. Mandatsträger einer vom BVerfG verbotenen Partei oder einer auf Grundlage des Vereinsgesetzes verbotenen Wählervereinigung scheiden automatisch aus dem Gemeinderat aus.[756]**

750 VGH Mannheim, DVBl. 1995, 927; BWVPr 1989, 58 = NVwZ-RR 1989, 135; VG Karlsruhe, Beschl. v. 07.09.2009 - 8 K 2196/09.

751 VGH Mannheim, NVwZ 1998, 540 (541); Schoch, NVwZ 2016, 257 (261); OVG Münster, NJW 1976, 820 (822).

752 Eine parallele Problematik besteht bei Versammlungsverboten, vgl. hierzu **Hemmer/Wüst, Polizei- und Ordnungsrecht Baden-Württemberg, Rn. 385 ff.**

753 BVerwG, Urt. v. 28.11.2018 - 6 C 3.17; instruktiv zum Parteiverbotsverfahren Stiehr, JuS 2015, 994-997 und Morlock, JURA 2013, 317-325.

754 VGH München, DÖV 2019, 116 = **Life&LAW 04/2019, 266**; DVBl. 2012, 253 (254); grundlegend BVerfG, DVBl. 2001, 1134.

755 BVerfG, NVwZ-RR 2019, 537; NVwZ 2013, 568 = **Life&LAW 07/2013, 523** = BayVBl. 2013, 433.

756 Instruktiv zum Mandatsverlust bei Partei- und Vereinsverbot Aker, VBlBW 2019, 45 (46 ff.).

### 6. Furcht vor Ausschreitungen und Beschädigung der Einrichtung

Eine Versagung des Zugangs aus diesen Gründen kommt nur in Betracht, wenn es sich um eine konkrete Gefahr handelt, d.h. die Störung sicher zu erwarten ist und es auf andere Art und Weise (durch polizeiliche Maßnahmen oder durch Stellung einer Kaution) nicht möglich ist, diese Störung zu unterbinden (ultima ratio). Zudem muss die politische Partei Verursacherin dieser Gefahr sein. 483

Dies ergibt sich einmal aus der herausgehobenen Stellung, die die politischen Parteien in der Verfassung (vgl. Art. 21 GG) haben, aber auch bereits aus dem Grundsatz der Verhältnismäßigkeit, da polizeiliche Maßnahmen weniger einschneidend sind, und die Aufrechterhaltung der öffentlichen Sicherheit oder Ordnung gerade Aufgabe der Polizei ist.

Ausnahmsweise kommt unter den Voraussetzungen des § 9 I PolG ein Ausschluss aber auch in Betracht, wenn die Ausschreitungen von Dritten drohen (Gegendemonstrationen etc.), die Partei also Nichtstörer i.S.d. Sicherheitsrechts ist.[757] 484

### 7. Fehlender Ortsverband

*fehlende Ortsansässigkeit der politischen Partei*

Nach § 10 II S. 2 i.V.m. IV GemO haben nur Ortsverbände einen Zulassungsanspruch zu kommunalen Einrichtungen, Auswärtige sind nicht anspruchsberechtigt. Allerdings zieht die Rspr.[758] § 5 I S. 1 PartG i.V.m. Art. 21 I, 38, 3 I GG als Anspruchsgrundlage heran. Danach ist es geboten, politische Parteien gleichzubehandeln, wenn ein Träger öffentlicher Gewalt den politischen Parteien kommunale Einrichtungen zur Nutzung zur Verfügung stellt. Das Recht auf Chancengleichheit ist verletzt, wenn er die Nutzung einer öffentlichen Einrichtung einer politischen Partei verweigert, obwohl er sie anderen Parteien einräumt oder eingeräumt hat. 485

Auch kommunalrechtlich lässt sich ein Zulassungsanspruch begründen:[759] Es steht im Ermessen des Trägers der Einrichtung, nichtortsansässigen politischen Parteien ein Zugangsrecht einzuräumen. Zumal die Kommune bei entsprechender Verwaltungspraxis an Art. 3 I GG gebunden ist, besteht bei konkludenter Widmungserweiterung über eine Ermessensreduktion ein Anspruch auf Zugang.

## D. Klausurschema: Zulassung zu öffentlichen Einrichtungen der Gemeinde

*Prüfungsschema*

**Zusammenfassung: Problemschwerpunkte im Rahmen der Sachentscheidungsvoraussetzungen einer Klage auf Zulassung zu einer öffentlichen Einrichtung:**

**I. Verwaltungsrechtsweg**

Öffentliche Streitigkeit i.S.d. **§ 40 I VwGO?** → § 10 II GemO ist streitentscheidende Norm, **wenn die Zulassung zu einer öffentlichen Einrichtung begehrt wird**.

**1. Eine öffentliche Einrichtung i.S.v. § 10 II GemO erfordert, dass**

- die Einrichtung von der Gemeinde **im öffentlichen Interesse** geschaffen und unterhalten wird,
- diese aufgrund eines gemeindlichen **Widmungsakts**

757 BVerfG, NJW 2000, 3051 (3053); BVerwGE 31, 368 (371); BGH, NJW 1987, 831 (832) VGH Mannheim, NJW 1987, 2697; DÖV 1987, 254.
758 VGH Mannheim, DVBl. 2015, 59 = **Life&LAW 11/2015, 833** = JA 2015, 399 (Anm. Hebeler); BWGZ 1995, 927 = NVwZ-RR 1996, 681.
759 Kunze/Bronner/Katz, § 10 GemO, Rn. 26; Schoch, NVwZ 2016, 257 (262).

- der allgemeinen Benutzung durch Gemeindeeinwohner **zugänglich gemacht wird** und
- die Gemeinde über die Einrichtung **Verfügungsgewalt** hat.

2. **Zweistufentheorie** (bei privatrechtlicher Ausgestaltung des Benutzungsverhältnisses): Die Entscheidung über das **„Ob" der Zulassung (1. Stufe)** ist stets öffentlich-rechtlich

**II. Zulässigkeit**

1. **Klageart**
   - grds. Verpflichtungsklage auf Zulassung, da diese ein VA ist
   - Sonderfall: Privater (AG, GmbH) ist Träger der Einrichtung: dann **sog. Verschaffungsanspruch** aus § 10 GemO gegen Gemeinde mittels allg. Leistungsklage (h.M.)
2. **Klagebefugnis:** Anspruch auf Zulassung aus § 10 II GemO, ggf. § 5 I S. 1 PartG oder § 70 GewO (Messen und Märkte)
3. Beteiligtenfähigkeit: **bei Parteien ggf. aus § 3 PartG, bei Ortsverbänden aus § 61 Nr. 2 VwGO**

**II. <u>Begründetheit der Klage</u>**

§ 113 V S. 1 VwGO: Anspruch aus § 10 II S. 2 GemO bzw. § 5 PartG oder § 70 GewO?

1. Öffentliche Einrichtung der Gemeinde (Verweis auf VRW)
2. Berechtigter Personenkreis (§ 10 I - IV GemO)
3. **„Im Rahmen des geltenden Rechts"** gem. § 10 II S. 2 GemO

Kein Ausschluss des Benutzungsanspruchs, d.h. Widmungszweck; sonstige Ausschlussgründe, insbes. **gefahrenabwehrrechtlicher Art und Kapazität (Prognose konkreter Gefahr für die öffentliche Sicherheit und Ordnung)**

## E. Anschluss- und Benutzungszwang

### I. Überblick

*Anschluss- und Benutzungszwang*

Im Regelfall ist die Nutzung öffentlicher Einrichtungen freiwillig. Nach § 11 I GemO kann die Gemeinde bei öffentlichem Bedürfnis für bestimmte Einrichtungen aber durch Satzung einen Anschluss- und/ oder Benutzungszwang vorschreiben. Auf diese Weise kann eine gemeinwohlorientierte Aufgabenerfüllung ermöglicht und die Rentabilität der öffentlichen Einrichtung sichergestellt werden.[760] *486*

**hemmer-Methode: Auch wenn meist von Anschluss- und Benutzungszwang die Rede ist und in der Praxis beides angeordnet wird, kann auch nur eines von beiden vorgesehen werden. Ein reiner Benutzungszwang besteht z.B. hinsichtlich der Nutzung eines Schlacht- oder Friedhofes. Umgekehrt ist denkbar, dass sich ein Einwohner an die gemeindliche Wasserversorgungsanlage anschließen lassen muss, zur Nutzung eines privaten Brunnens aber weiterhin berechtigt ist.**

Für bestimmte Sachmaterien bestehen spezialgesetzliche Rechtsgrundlagen für einen Anschluss- und Benutzungszwang. Diese gehen in ihrem Anwendungsbereich § 11 I GemO vor. *487*

*Bspe.: Nutzung von Bestattungseinrichtungen, § 33 BestattG; Pflicht zur Überlassung von Abfällen, § 17 I KrWG i.V.m. § 6 LAbfG.*

760 Fallbearbeitungen zu dieser Thematik bieten Warg, VR 2010, 26-28 und Hartmannsberger, JuS 2006, 614-621 (Erhebung von Kommunalabgaben).

## 1. Anschlusszwang

*Ermöglichung der Benutzung*

Anschlusszwang ist die Verpflichtung, all diejenigen Vorkehrungen zu treffen oder zu dulden, welche die jederzeitige Benutzung der öffentlichen Einrichtung ermöglichen.[761] 488

> **Bsp. 1:** *Verlegung des Hausanschlusses zum gemeindlichen Wasserleitungs- oder Kanalnetz.*

> **Bsp. 2:** *Anschlusszwang für ein Druckentwässerungssystem, bei dem die Anschlussnehmer für den Anschluss ihrer Grundstücke dort zunächst besondere Grundstücksentwässerungseinrichtungen wie Druckpumpe und Zerkleinerer beschaffen und unterhalten müssen.*[762]

Den Anschlusszwang kann die Gemeinde gem. § 11 I GemO nur für die „Grundstücke ihres Gebiets" anordnen, sodass nur Einrichtungen in Betracht kommen, die den Grundstücken dienen, also grundsätzlich grundstücksbezogen sind. Auch Grundstückseigentümer, die nicht in der Gemeinde wohnen, unterliegen demzufolge dem Anschlusszwang.

## 2. Benutzungszwang

*Verbot der Benutzung anderer „Quellen"*

Benutzungszwang ist die Verpflichtung, im Bedarfsfall die öffentlichen Einrichtungen auch tatsächlich und ausschließlich zu benutzen. Mit der Benutzungspflicht korrespondiert zugleich ein Recht zur Benutzung der betreffenden Einrichtung.[763] Dies bedeutet aber zugleich ein Verbot der Benutzung anderer, vergleichbarer Einrichtungen.[764] 489

> **Bsp.:** *Wird Benutzungszwang für die gemeindliche Wasserleitung vorgeschrieben, darf der eigene private Brunnen in dem Umfang nicht mehr genutzt werden, in dem der Benutzungszwang vorgeschrieben ist. Gleiches gilt hinsichtlich der eigenen Ölheizung betreffend das gemeindliche Fernwärmenetz.*

Allerdings kann nicht verlangt werden, dass die privaten Einrichtungen unbrauchbar gemacht werden, also z.B. ein privater Brunnen zugeschüttet wird. 490

Trotz des öffentlich-rechtlichen Benutzungszwangs darf die Gemeinde die Einzelheiten des Benutzungsverhältnisses privatrechtlich regeln. Ihr ist insoweit ein kommunales Ermessen eingeräumt. Umstritten ist allerdings, ob die Gemeinde mit den durch einen Anschluss- und Benutzungszwang gesicherten Versorgungsrechten ein ausschließlich privates Unternehmen betrauen darf.

## 3. Haftung

Bei privatrechtlicher Ausgestaltung des Anschluss- und Benutzungszwangs aus Vertrags- und Deliktsrecht des BGB.

Bei öffentlich-rechtlicher Ausgestaltung Haftung aus verwaltungsrechtlichem Schuldverhältnis.

Beachte: Falls die Haftung für leichte Fahrlässigkeit in der Satzung ausgeschlossen sein sollte (häufiger Fall), gilt insoweit aber § 839 BGB i.V.m. Art. 34 GG. Dieser kann als Bundesrecht nicht durch einfache kommunale Satzung beschränkt werden.

Zudem Entschädigung aus Art. 14 GG: Enteignender oder enteignungsgleicher Eingriff.

761 Engel/Heilshorn, § 21 Rn. 78; Aker/Hafner/Notheis, § 11 GemO, Rn. 2; grundlegend VGH München, BayVBl 1961, 220.

762 VG Koblenz, LKRZ 2012, 75; OVG Münster, NWVBl 1998, 154 (155).

763 Aker/Hafner/Notheis, § 11 GemO, Rn. 5; VGH München, NVwZ 2009, 298; Burgi, § 16 Rn. 61.

764 Engel/Heilshorn, § 21 Rn. 78; Aker/Hafner/Notheis, § 11 GemO, Rn. 2; grundlegend VGH München, BayVBl 1967, 137.

## II. Voraussetzungen des Anschluss- und Benutzungszwangs

### 1. Mögliche Einrichtungen

*Kreis der Einrichtungen*

**a)** Der Anschluss- und Benutzungszwang kann für die in § 11 I GemO genannten Einrichtungen eingeführt werden. Einzeln genannt sind Wasserleitung, Abwasserbeseitigung,[765] Straßenreinigung sowie die Nah- und Fernwärmeversorgung.[766] Für die Schlachthöfe und die in § 11 I S. 2 GemO genannten Bestattungseinrichtungen gibt es - naheliegenderweise - nur einen Benutzungszwang. 491

**hemmer-Methode: Die Satzungsermächtigung in § 11 GemO bezieht sich im Grundsatz nicht nur auf Schmutzwasser, sondern auch auf Niederschlagswasser, das aus dem Bereich von bebauten oder befestigten Flächen gesammelt abfließt.**
**§ 16 EEWärmeG stellt eine bundesrechtliche Befugnisnorm zum Anschluss- und Benutzungszwang an kommunale Fernwärmeeinrichtungen zum Zweck des Klima- und Ressourcenschutzes dar.**

Darüber hinaus kann ein Anschluss- und Benutzungszwang für „ähnliche der Volksgesundheit oder dem Schutz der natürlichen Lebensgrundlagen einschließlich des Klima- und Ressourcenschutzes dienende Einrichtungen" angeordnet werden. Diese generalklauselartige Vorsorgeformulierung ermöglicht eine Ausdehnung des Anschluss- und Benutzungszwangs bei neu auftretenden, heute noch nicht absehbaren öffentlichen Bedürfnissen.[767]

*„ähnliche Einrichtungen"*

Wie sich aus dem Wortlaut des § 11 I GemO ergibt, ist es hierfür nicht ausreichend, dass eine Einrichtung überhaupt der Volksgesundheit, dem Umwelt-, Klima- oder Ressourcenschutz dient. Sie muss vielmehr in ähnlicher Weise ausgerichtet sein wie die einzeln genannten Beispiele Wasserleitung, Abwasserbeseitigung, Straßenreinigung etc., womit einem ausufernden Begriffsverständnis vorgebeugt wird. 492

**Bsp.:**[768] *Als zulässig wird der Anschluss- und Benutzungszwang für Autoschrottplätze sowie die Entleerung von Kleinkläranlagen erachtet. Nicht unter den Kreis der „ähnlichen Einrichtungen" können gemeindliche Kultureinrichtungen, örtliche Kabelnetze, Gas-*[769] *oder Elektrizitätswerke oder Gemeinschaftsantennen subsumiert werden. Bei Bestattungseinrichtungen tendiert die Rspr. dazu, ein öffentliches Bedürfnis für die Einrichtungen abzulehnen, die sich außerhalb des Friedhofs befinden (z.B. Aufbewahrung von Leichen). Gleiches gilt für zu erbringende Dienstleistungen (z.B. Einsargung von Leichen).*[770]

*öffentliche Einrichtung i.S.v. § 10 II GemO erforderlich*

**b)** Weiterhin setzt die rechtmäßige Anordnung eines Anschluss- und Benutzungszwangs nach allgemeiner Meinung das Vorhandensein einer öffentlichen Einrichtung voraus, auch wenn dies nicht ausdrücklich dem Wortlaut zu entnehmen ist. Es ist insoweit auf den Begriff des § 10 II GemO zurückzugreifen. 493

Das Erfordernis einer öffentlichen Einrichtung ist nach BVerwG mit der kommunalen Selbstverwaltungsgarantie des Art. 28 II GG vereinbar.[771]

765 VGH Mannheim, KommJur 2016, 100 (101).
766 Instruktiv zu den Rechtsproblemen der Fernwärme Kahl, VBlBW 2011, 53; Aker/Hafner/Notheis, § 11 GemO, Rn. 16-18; BVerwG, NVwZ 2017, 61.
767 Kunze/Bronner/Katz, § 11 GemO, Rn. 3; Aker/Hafner/Notheis, § 11 GemO, Rn. 25; Lange, Kap. 13 Rn. 129.
768 Instruktiv Engels/Heilshorn, § 21 Rn. 86 ff.; Lange, Kap. 13 Rn. 129 f.; Aker/Hafner/Notheis, § 11 GemO, Rn. 25.
769 VGH Mannheim, DVBl. 1994, 1153; Burgi, § 16 Rn. 64.
770 Aker/Hafner/Notheis, § 11 GemO, Rn. 21 f.; Lange, Kap. 13 Rn. 130.
771 BVerwG, NVwZ 2005, 963 = **Life&LAW 10/2005, 701.**

Die Einrichtung, für die ein Anschluss- und Benutzungszwang angeordnet wird, muss nicht notwendig im Eigentum der Gemeinde stehen oder von ihr selbst betrieben werden. Die Gemeinde kann sich auch eines privaten Unternehmers als „kommunalem Erfüllungsgehilfen" bedienen, der die Einrichtung betreibt. Im Verhältnis zum Benutzer bleibt aber auch dann die Gemeinde berechtigt und verpflichtet (z.B. zur Gebührenerhebung oder zum Erlass von Verwaltungsakten). Im Fall einer materiellen Privatisierung kann ein Anschluss- und Benutzungszwang allerdings nicht mehr angeordnet werden.[772]

## 2. Regelung durch Satzung

*Satzungserfordernis*

Die Anordnung des Anschluss- und Benutzungszwangs muss gem. § 11 I S. 1 GemO durch Satzung erfolgen. Dies schließt eine anderweitige rechtliche Regelung, etwa durch Polizeiverordnung, aus.[773] 494

Mindestinhalt der Satzung ist nach § 8 DVO GemO

- ⇨ die Bereitstellung der Einrichtung zur öffentlichen Benutzung,
- ⇨ die Art des Anschlusses und der Benutzung,
- ⇨ der Kreis der Verpflichteten und
- ⇨ Tatbestände für die Ausnahmen von dem Anschluss- oder Benutzungszwang.

*privatrechtliche Ausgestaltung str.*

Die Einführung des Anschluss- und Benutzungszwangs schließt es nicht aus, dass das Benutzungsverhältnis privatrechtlich ausgestaltet wird, insbesondere für die Benutzung keine Gebühr, sondern ein privatrechtliches Entgelt anfällt.[774] 495

Demnach müsste es auch möglich sein, dass die Gemeinde nicht Träger der Einrichtung ist, sondern ein Privater, d.h. im Verhältnis zu den Verpflichteten nur dieser in Erscheinung tritt und über die Leistung und ihre Modalitäten entscheidet. Der private Träger kann jedoch nicht zur eigenständigen Gebührenerhebung befugt sein. Eine „Beleihung" des Unternehmers mit Hoheitsrechten scheidet jedenfalls aus, weil dazu eine formell-gesetzliche Grundlage erforderlich ist, die weder in § 4 I noch § 11 I GemO gesehen werden kann.

## 3. Öffentliches Bedürfnis

*Vorliegen eines öffentlichen Bedürfnisses*

Erforderlich ist zudem ein „öffentliches Bedürfnis" für die Einführung des Anschluss- und Benutzungszwangs. 496

*kein Beurteilungsspielraum*

Ein öffentliches Bedürfnis ist gegeben, wenn durch den Anschluss- und Benutzungszwang nach objektiven Maßstäben das Wohl der Gemeindeeinwohner gefördert wird. Dabei können neben den Gründen des öffentlichen Wohls auch Rentabilitätsgesichtspunkte den Anschluss- und Benutzungszwang rechtfertigen.[775] Es handelt sich bei diesem gesetzlichen Erfordernis um einen unbestimmten Rechtsbegriff, der in Auslegung und Anwendung uneingeschränkt gerichtlicher Kontrolle unterliegt.[776] Abgelehnt wird ein Beurteilungsspielraum der Gemeinde insbesondere wegen der mit einem Anschluss- und Benutzungszwang verbundenen Grundrechtseinschränkung.

---

772 BVerwG, NVwZ 2005, 963 = **Life&LAW 10/2005, 701.**

773 Kunze/Bronner/Katz, § 11 GemO, Rn. 11; Aker/Hafner/Notheis, § 11 GemO, Rn. 31.

774 BVerwG, NVwZ 2005, 963 = **Life&LAW 10/2005, 701.**

775 VGH Mannheim, VBlBW 2004, 337; VBlBW 2013, 73.

776 VGH Mannheim, VBlBW 2013, 73; VBlBW 2004, 337 (338).

Das öffentliche Bedürfnis muss weder zwingend noch dringend sein, es genügt, wenn ausreichende Gründe des öffentlichen Wohls vorliegen. Erforderlich ist, dass nach objektiven Maßstäben die Lebensqualität der Einwohner gefördert wird.[777]

*Vorteil für die Gesamtheit der Einwohner*

Auch müssen die Gründe des öffentlichen Wohls nicht hinsichtlich eines jeden vom Anschluss- und Benutzungszwang betroffenen Einwohners vorliegen. Es reicht vielmehr aus, wenn diese Gründe bzgl. der Einrichtung als solcher gegeben sind.[778]

*nicht bloße Einnahmequelle*

Rein fiskalische, d.h. finanzielle Erwägungen reichen jedoch nicht aus. Das bloße Bestreben, eine Einnahmequelle für die Gemeinde zu erschließen, rechtfertigt den Anschluss- und Benutzungszwang nicht.[779] Doch ist im Interesse einer Gesamtversorgung die zwangsweise Einbeziehung bestimmter Gruppen auch dann zulässig, wenn sie nur deshalb erfolgt, um eine für alle tragfähige und wirtschaftliche Erfüllung der Aufgabe zu ermöglichen und die für die finanzielle Selbsttragung der Einrichtung erforderlichen Einnahmen zu sichern (mittels Benutzungsgebühren nach §§ 13 ff. KAG). 497

## 4. Anschluss- und Benutzungsverpflichtete

*rechtlicher Bezug*

Der Anschlusszwang bezieht sich auf Grundstücke im Gemeindegebiet (sog. Örtlichkeitsprinzip). Wegen seiner Grundstücksbezogenheit richtet sich der Anschlusszwang grds. nur gegen Grundstückseigentümer oder diesen gleichgestellte dingliche Berechtigte, nicht jedoch gegen Mieter oder Pächter.[780] Letzteren fehlt die Verfügungsbefugnis zur Herstellung der Anschlusseinrichtungen. 498

Der Benutzungszwang ist hingegen personenbezogen. Ihm kann jede Person unterworfen werden, die in der Gemeinde wohnt oder sich dort aufhält.[781]

## 5. Verfassungsrechtliche Grenzen des Anschluss- und Benutzungszwangs

*Art. 14 I, 12 I, 3 I GG*

Die Zulässigkeit des Anschluss- und Benutzungszwangs ist insbesondere im Hinblick auf die Grundrechte aus Art. 14 I, 12 I und 3 I GG problematisch. 499

### a) Eingriff in das Eigentum gem. Art. 14 I GG

*Inhalts- und Schrankenbestimmung gem. Art. 14 I S. 2 GG*

Indem der Anschluss- und Benutzungszwang stets grundstücksbezogen sein muss, wird an das Grundeigentum angeknüpft und damit in das Eigentumsgrundrecht gem. Art. 14 I GG eingegriffen. 500

Dies stellt eine Inhalts- und Schrankenbestimmung i.S.d. Rspr. des BVerfG zu Art. 14 I GG dar, denn es wird eine Belastung für das Eigentum eingeführt. Eine Enteignung gem. Art. 14 III GG liegt nach dem BVerfG nur vor, wenn durch Rechtsakt der vollständige oder teilweise Entzug konkreter subjektiver Eigentumspositionen zur Erfüllung bestimmter öffentlicher Aufgaben erfolgt.[782] Dies ist bei einem Anschluss- und Benutzungszwang nicht der Fall.

777 VGH Mannheim, VBlBW 2013, 73; Engel/Heilshorn, § 21 Rn. 94.

778 Aker/Hafner/Notheis, § 11 GemO, Rn. 7; Engel/Heilshorn, § 21 Rn. 95.

779 Ennuschat/Ibler/Remmert, § 1 Rn. 398; Kunze/Bronner/Katz, § 11 GemO, Rn. 7; grundlegend VGH Mannheim, ESVGH 11, 122.

780 Engel/Heilshorn, § 21 Rn. 104; Aker/Hafner/Notheis, § 11 GemO, Rn. 3; a.A. hinsichtlich der obligatorisch Berechtigten Lange, Kap. 13 Rn. 126.

781 Kunze/Bronner/Katz, § 11 GemO, Rn. 1; Lange, Kap. 13 Rn. 127.

782 BVerfG, NVwZ 2014, 211 (213); Jarass/Pieroth, Art. 14 GG, Rn. 70; instruktiv Lege, JURA 2011, 507 (513).

Inhalts- und Schrankenbestimmungen nach Art. 14 I S. 2 GG sind grundsätzlich zulässig. Die in § 11 I GemO genannten Zwecke Volksgesundheit, Umwelt-, Klima- oder Ressourcenschutz beinhalten eine zulässige Beschränkung des Eigentums aufgrund der Sozialbindungsklausel des Art. 14 I S. 2 GG.[783] Die Regelungen verstoßen jedoch gegen Art. 14 I GG, wenn sie im Einzelfall eine unverhältnismäßige Belastung zur Folge haben.

*Ausnahmen*

Grundsätzlich steht es im Ermessen der Gemeinde, ob und in welchem Umfang sie Ausnahmebestimmungen in eine Satzung aufnimmt, vgl. § 11 II S. 1 i.V.m. § 8 II S. 2 DVO GemO. Sie kann den Anschluss- und Benutzungszwang nach § 10 II S. 2 GemO auf bestimmte Teile des Gemeindegebiets, bestimmte Gruppen von Grundstücken, Gewerbetreibende oder Personen beschränken. Aus rechtsstaatlichen Gründen (insbes. der Verhältnismäßigkeit) und Art. 3 I GG ergibt sich regelmäßig die Notwendigkeit zu deren Festlegung in der Satzung.[784] *501*

> **Bsp.:** *Die Satzung enthält folgende Bestimmung: „Verfügen Landwirte über adäquate Einrichtungen für Hausschlachtungen, werden diese vom Benutzungszwang für einen gemeindlichen Schlachthof ausgenommen."*

*oder Befreiungen erforderlich*

Von den Befreiungstatbeständen einer Satzung unterscheiden sich die Ausnahmen dadurch, dass diese unmittelbar vom Anschluss- und Benutzungszwang freistellen, während Ausnahmen im Einzelfall durch die Exekutive gewährt werden müssen.[785] Befreiungstatbestände sind generalklauselartige Satzungsbestimmungen, wonach per Verwaltungsakt vom Anschluss- und Benutzungszwang im konkreten Einzelfall abgesehen werden kann, insbesondere bei Unverhältnismäßigkeit (sog. Härtefallklauseln). *502*

> **Bsp.:** *Die Satzung enthält folgende Bestimmung: „Anlieger, die zur Zeit des Inkrafttretens der Satzung eine eigene Brunnenanlage haben, können vom Anschluss- und Benutzungszwang befreit werden, wenn dieser Zwang für sie eine unbillige Härte bedeutet. Anlieger, für die die Leistung der gemeindlichen Wasserversorgungsanlage unbrauchbar ist, können ebenfalls befreit werden."*

Ist bei der Erteilung von Befreiungen Ermessen vorgesehen, so ist die Vorschrift verfassungskonform anzuwenden und das Ermessen auf Null zu reduzieren, wenn trotz Vorliegens der Voraussetzungen für einen Anschluss- und Benutzungszwang dieser im konkreten Einzelfall als unbillig erscheint.[786] *503*

> **Bsp.:**[787] *Die im Gemeindegebiet ansässige Brauerei Wunderle benötigt für die Bierproduktion große Mengen von Wasser bestimmter Qualität, welches sie aus einer eigenen Wasserversorgungsanlage (Brunnen) bezieht. Unter Berufung auf Grundrechte ist die Brauerei wegen Unverhältnismäßigkeit vom Anschluss- und Benutzungszwang zu befreien.*

**hemmer-Methode: Bei einer unverhältnismäßigen Belastung im Einzelfall durch die Inhalts- und Schrankenbestimmung wäre es i.S.d. Rspr. des BVerfG ebenso möglich, statt einer Befreiung eine finanzielle Ausgleichspflicht zugunsten des Betroffenen einzuführen.**

783 Lange, Kap. 13 Rn. 139; Engel/Heilshorn, § 21 Rn. 116; so schon VGH Mannheim, NVwZ-RR 1990, 499; OVG Münster, NWVBl. 2011, 322.

784 Engel/Heilshorn, § 21 Rn. 106; Kunze/Bronner/Katz, § 11 GemO, Rn. 21; Lange, Kap. 13 Rn. 142; Ehlers, JURA 2012, 692 (698).

785 Lange, Kap. 13, Rn. 144; Ehlers, JURA 2012, 692 (698).

786 Kunze/Bronner/Katz, § 11 GemO, Rn. 21; Lange, Kap. 13 Rn. 149; Engel/Heilshorn, § 21 Rn. 109.

787 OVG Münster, NVwZ 1987, 727 = JuS 1987, 1000 (Anm. Brodersen); OVG Frankfurt/Oder, LKV 2004, 277.

Die Tatbestände, für die Ausnahmen generell oder im Einzelfall (= Befreiung) gemacht werden, müssen unmittelbar in der Satzung erfolgen und dürfen nicht dem Ermessen der Verwaltung überlassen werden.[788] Diese brauchen allerdings nicht im Einzelnen geregelt zu werden.[789] Ausreichend ist es, in der Satzung zu bestimmen, dass Befreiungen zuzulassen sind, wenn der Anschluss oder die Benutzung „aus schwerwiegenden Gründen auch unter Berücksichtigung des Gemeinwohls nicht zugemutet werden kann".[790] Die eigentliche Entscheidung liegt dann bei der Anwendung dieser Normierung im Einzelfall. 504

*Abwägung*

Ob im konkreten Fall eine Befreiung erforderlich ist, ist durch eine Abwägung der privaten Interessen mit den öffentlichen Belangen zu ermitteln. 505

*öffentliche Belange*

Aufseiten der öffentlichen Belange wird dabei vor allem eine Rolle spielen, wie sich die Befreiung auf die übrigen Pflichtigen und auf die ordnungsgemäße Erfüllung der Aufgaben der Gemeinde auswirkt. Insbesondere ist bedeutsam, ob im Hinblick auf den Gleichbehandlungsgrundsatz einer größeren Anzahl von Pflichtigen ebenfalls Befreiungen gewährt werden müssten und dadurch letztlich die Wirtschaftlichkeit der Einrichtung insgesamt gefährdet wäre.[791]

*private Interessen*

Die besonderen privaten Interessen können vielfältig sein. Einige sollen am Beispiel eines Anschluss- und Benutzungszwangs für eine gemeindliche Wasserversorgungsanlage erörtert werden: 506

⇨ Die Verfügbarkeit einer eigenen Wasserversorgungsanlage kann für sich allein regelmäßig noch keine Befreiung vom Anschluss- und Benutzungszwang erfordern. Im Hinblick auf Art. 14 GG kann eine Befreiung aber möglicherweise dann verlangt werden, wenn ein Eingriff in die Substanz des eingerichteten und ausgeübten Gewerbebetriebs vorliegt.

**Bsp.:** *Denkbar ist, dass eine Gärtnerei wegen des außergewöhnlich hohen Wasserverbrauchs hohen finanziellen Belastungen ausgesetzt ist, wenn sie statt der eigenen die gemeindliche Wasserversorgung benutzen soll. Auch kann von einer Brauerei nicht verlangt werden, dass sie das Wasser aus der gemeindlichen Anlage verwendet, wenn dieses den Qualitätsansprüchen nicht genügt.*[792]

⇨ Eine (befristete) Befreiung kommt in Betracht, wenn sich hohe Aufwendungen für eine eigene Wasserversorgungsanlage noch nicht amortisiert haben.[793]

⇨ Eine schlechte finanzielle Lage des Pflichtigen rechtfertigt grundsätzlich ebenfalls keine Befreiung vom Anschluss- und Benutzungszwang. Ihr kann bei der Gebühren- oder Beitragserhebung durch Stundung oder (Teil-) Erlass Rechnung getragen werden.[794]

⇨ Denkbar ist eine Befreiung hingegen für den Fall, dass die Aufwendungen für die Installation der notwendigen Vorrichtungen außer Verhältnis zum Grundstückswert stehen.

788 VGH Mannheim, VBlBW 1982, 235 (236); Kunze/Bronner/Katz, § 11 GemO, Rn. 21; Engel/Heilshorn, § 21 Rn. 108.
789 Engel/Heilshorn, § 21 Rn. 108; restriktiver Kunze/Bronner/Katz, § 11 GemO, Rn. 22.
790 Vgl. VGH Mannheim, VBlBW 2013, 72; OVG Münster, OVGE 14, 170 (180 ff.).
791 Aker/Hafner/Notheis, § 11 GemO, Rn. 41; BVerwG, NVwZ 1988, 564.
792 OVG Münster, NVwZ 1987, 727 = JuS 1987, 1000 (Anm. Brodersen); OVG Frankfurt/Oder, LKV 2004, 277.
793 Aker/Hafner/Notheis, § 11 GemO, Rn. 41; VGH München, BayGT 1980, 140; Sendler, DÖV 1971, 23.
794 Vgl. VGH Mannheim, VBlBW 2009, 338.

### b) Eingriff in Art. 12 I GG eines privaten Anbieters

*Abgrenzung zwischen Berufs- und Eigentumsfreiheit*

Die Einführung eines Anschluss- oder Benutzungszwangs kann aber nicht nur die Grundrechte des Pflichtigen betreffen, sondern auch die eines Privaten, der gleichartige Leistungen anbietet und nun durch das „kommunale Anbietermonopol" Kunden aus dem Gemeindegebiet verliert. 507

Hier ist nach h.M.[795] der Schutzbereich des Art. 14 GG nicht berührt, weil der Unternehmer nur eine Erwerbschance wahrgenommen hat, auf deren Fortbestand er keinen Anspruch hat. Seine Position ist von vornherein mit dem Risiko der Einführung des Anschluss- und Benutzungszwangs belastet, zumal § 11 I GemO diese Möglichkeit vorsieht. Schließlich betrifft der in der Gemeindeordnung normierte Anschluss- und Benutzungszwang genuin gemeindliche Aufgabenfelder.

**hemmer-Methode: Art. 14 I GG schützt das Erworbene, nicht den Erwerb.**

*Eingriff in Art. 12 I GG grds. gerechtfertigt*

Allerdings liegt ein Eingriff in die Berufsfreiheit gem. Art. 12 I GG vor. 508
Dieser ist jedoch grds. gerechtfertigt, da die gleichmäßige Versorgung mit den die Volksgesundheit dienenden Einrichtungen durch die Gemeinde einen rechtfertigenden Grund des Gemeinwohls darstellt.[796] Verfassungsrechtlich nicht gerechtfertigt ist aber ein Eingriff, der über das zur Verwirklichung des mit dem Anschluss und Benutzungszwang verfolgten Ziels hinausgeht.

> **Bsp.:** *Der völlige Ausschluss von Bestattungsunternehmen von der Aufbewahrung und Aufbahrung von Leichen in eigenen Betriebsräumen eines Bestatters durch die Anordnung eines Benutzungszwangs für die gemeindliche Leichenhalle ist ein unzulässiger Eingriff in Art. 12 I GG in Form einer Berufsausübungsregelung.*[797]

### c) Eingriff in Art. 2 I GG beim Verpflichteten

*Eingriff in Art. 2 I GG ebenfalls gerechtfertigt*

Die Anordnung des Anschluss- und Benutzungszwangs greift in die 509
durch Art. 2 I GG gewährleistete allgemeine Handlungsfreiheit ein, indem dem Verpflichteten untersagt wird, seinen Bedarf anderweitig zu decken. Diese Einschränkung wird von der Rspr. aber als zulässig erachtet, sofern der Anschluss- und Benutzungszwang nicht willkürlich erfolgt und dem Grundsatz der Verhältnismäßigkeit Rechnung getragen wird.[798]

---

795 BVerwG, BayVBl. 1981, 601 (Abfallbeseitigung); BGHZ 40, 335 (gewerbliche Müllabfuhr; Engel/Heilshorn, § 21 Rn. 117.

796 BVerwGE 62, 224 = NJW 1982, 63; Engel/Heilshorn, § 21 Rn. 118; Lange, Kap. 13 Rn. 140.

797 VGH Mannheim, VBlBW 2007, 353 (355); BayVerfGH, NVwZ-RR 2005, 757.

798 VGH Mannheim, ESVGH 26, 51; Aker/Hafner/Notheis, § 11 GemO, Rn. 30; Engel/Heilshorn, § 21 Rn. 119; Lange, Kap. 13 Rn. 142.

# § 10 RECHTSETZUNG

## A. Überblick

*Satzungsautonomie aus Art. 28 II GG*

Ein wesentlicher Bestandteil der gemeindlichen Hoheitsbefugnisse 510
ist die Rechtsetzungsgewalt. Nach dem BVerwG folgt die Befugnis zum Erlass materieller Gesetze aus dem Wortlaut des Art. 28 II S. 1 GG, wonach den Gemeinden das Recht gewährleistet wird, alle Angelegenheiten der örtlichen Gemeinschaft zu „regeln“.[799] Auch Art. 71 I LV gewährleistet die sog. Satzungsautonomie. Sie gehört zum Kernbereich kommunaler Selbstverwaltung.

Diese Gewährleistung konkretisiert insbesondere § 4 I S. 1 GemO,[800] wonach die Gemeinden die weisungsfreien Angelegenheiten durch Satzung regeln können, soweit die Gesetze keine Vorschriften enthalten. Im Bereich der Weisungsaufgaben können die Gemeinden nur dann Satzungen erlassen, wenn dies gesetzlich vorgesehen ist, vgl. § 4 I S. 2 GemO.

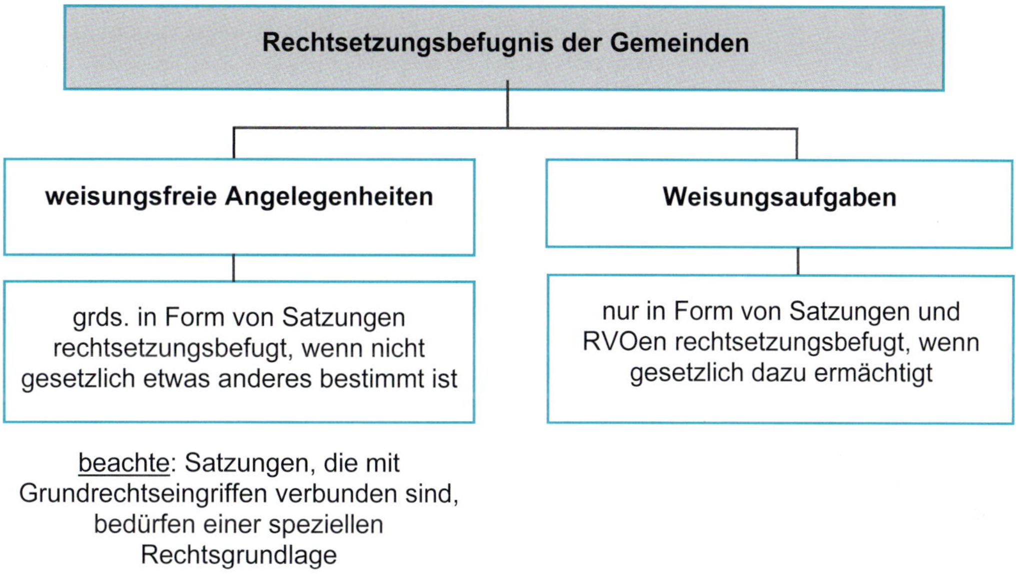


*Definition Satzung*

Die Gemeindeordnung enthält keine Definition des Satzungsbegriffs. 511
Das BVerfG versteht hierunter abstrakt-generelle Rechtsvorschriften eines verselbstständigten unterstaatlichen Verwaltungsträgers im Rahmen der ihm gesetzlich verliehenen Autonomie mit Wirksamkeit für die ihm angehörigen und unterworfenen Personen.[801] Regelungsgegenstand kommunaler Satzungen sind ausschließlich Gemeindeangelegenheiten, d.h. Angelegenheiten der örtlichen Gemeinschaft.

*mögliche Regelungsinhalte von Satzungen*

Satzungen enthalten üblicherweise abstrakt-generelle Regelungen. Dies ist jedoch weder ausnahmslos noch zwingend der Fall. So enthält ein Bebauungsplan oder eine Satzung über die Benutzung einer öffentlichen Einrichtung ohne Zweifel konkrete Regelungen, die (theoretisch) ebenso Regelungsinhalt eines Verwaltungsakts gem. § 35 S. 2 LVwVfG, d.h. einer Allgemeinverfügung sein könnten.

799 Grundlegend BVerwGE 6, 247 (252) = DÖV 1958, 581; hierzu bereits unter Rn. 13 ff.
800 Zu den besonderen Rechtsgrundlagen zum Erlass von Satzungen vgl. Rn. 517.
801 BVerfGE 10, 20 (49 f.); 33, 125 (156); Lange, Kap. 12, Rn. 2.

Ebenso enthalten Satzungen sowohl Regelungen, welche das Außenverhältnis der Gemeinde zu Einwohnern und sonstigen Privatpersonen betreffen, als auch Regelungen, die nur die Gemeindeverwaltung intern betreffen. Beispiele für Letzteres sind etwa die Haushaltssatzung, aber auch Regelungen der Hauptsatzung.[802]

**hemmer-Methode: Rechtsverordnungen hingegen sind Rechtsnormen, die von Exekutivorganen der staatlichen Eigenverwaltung erlassen werden, also von Bund und Land. Erlassen die Gemeinden oder Landkreise Rechtsverordnungen, so erfolgt dies nicht im Bereich der weisungsfreien Angelegenheiten, sondern der Weisungsaufgaben („staatliche", d.h. übertragene Angelegenheiten), etwa Polizeiverordnungen nach § 10 I i.V.m. § 1 I PolG. Hierzu unter Rn. 566.**

## I. Pflicht zum Erlass bestimmter Satzungen

*Pflichtsatzungen*

Ob die Gemeinde eine Satzung erlässt, steht grundsätzlich in ihrem Ermessen.[803] Zum Erlass bestimmter Satzungen ist die Gemeinde allerdings verpflichtet. Eine solche Pflichtsatzung ist die Haushaltssatzung, § 79 I GemO. Zudem muss die Gemeinde eine Satzung über die Form der öffentlichen Bekanntmachung erlassen (§ 1 I S. 2 DVO GemO), ferner für die Entschädigung über die ehrenamtliche Tätigkeit (§ 19 I S. 2 GemO). In den Stadtkreisen muss zudem die Zahl der Beigeordneten durch die Hauptsatzung bestimmt werden (§ 49 I S. 1, S. 2 i.V.m. § 4 II GemO), wodurch sich die Pflicht zum Erlass einer Hauptsatzung ergibt.[804] *512*

## II. Die Hauptsatzung

*Hauptsatzung*

Die Hauptsatzung ist das Verfassungsstatut der Gemeinde. Über diese wird die Gemeindeordnung durch spezifische, örtliche Regelungen ergänzt (sog. Selbstorganisation).[805] Die GemO sieht in verschiedenen Vorschriften vor, dass bestimmte Regelungen durch die Hauptsatzung getroffen werden. Dies ist dahin gehend zu verstehen, dass solche Regelungen nur in der Hauptsatzung getroffen werden können. *513*

*§ 4 II GemO*

Wegen der grundlegenden Bedeutung der Hauptsatzung muss diese gem. § 4 II GemO mit der Mehrheit der Stimmen aller Mitglieder des Gemeinderats beschlossen werden. Demgegenüber genügt für den Ratsbeschluss über eine Satzung ansonsten (wie für jeden Ratsbeschluss) die einfache Mehrheit der Stimmen (§ 37 VI S. 2 GemO). Ausreichend ist also die Mehrheit der abgegebenen, gültigen Stimmen unter Nichtbeachtung der Enthaltungen (vgl. hierzu Rn. 181). Dass eine bestimmte Regelung in der Hauptsatzung zu treffen ist, führt demnach dazu, dass eine qualifizierte Mehrheit erforderlich ist.

Beispiele für in der Hauptsatzung vorbehaltene Gegenstände sind:[806] *514*

⇨ die Einführung der unechten Teilortswahl (§ 27 II S. 1 GemO),

⇨ die Bildung des Ältestenrats (§ 33a I GemO),

802 Ennuschat/Ibler/Remmert, § 1 Rn. 278; Engel/Heilshorn, § 18 Rn. 8. Aker/Hafner/Notheis, § 4 GemO, Rn. 2.1.

803 Kunze/Bronner/Katz, § 4 GemO, Rn. 10; Engel/Heilshorn, § 18 Rn. 9; Lange, Kap. 12 Rn. 24.

804 Kunze/Bronner/Katz, § 4 GemO, Rn. 19; Aker/Hafner/Notheis, § 4 GemO, Rn. 5; Lange, Kap. 12 Rn. 25.

805 Kunze/Bronner/Katz, § 4 GemO, Rn. 19.

806 Vgl. hierzu § 4 Nr. 2 der Verwaltungsvorschrift des Innenministeriums zur GemO (Stand 03/2005).

- die Zulassung von Sitzungen ohne persönliche Anwesenheit der Mitglieder im Sitzungsraum (§ 37a GemO)
- die Bildung und die Zuständigkeit von beschließenden Ausschüssen (§ 39 I S. 1 GemO),[807]
- die dauernde Übertragung bestimmter Aufgaben auf den Bürgermeister (§ 44 II S. 2 GemO),
- die Bestimmung der Zahl der Beigeordneten in Stadtkreisen oder in Gemeinden mit mehr als 10 000 Einwohnern, wenn dort Beigeordnete bestellt werden sollen (§ 49 I GemO) und
- die Einrichtung von Ortschaften und deren nähere Ausgestaltung, §§ 68 - 73 GemO.

## III. Satzungsermächtigungen

*allgemeine Satzungsermächtigung*

Nach dem Grundsatz der Gesetzmäßigkeit der Verwaltung bedürfen Satzungen einer ausdrücklichen gesetzlichen Ermächtigung. § 4 I S. 1 GemO statuiert das Recht der Gemeinden zur örtlichen Rechtsetzung im weisungsfreien Bereich. Die Vorschrift ist die allgemeine Satzungsermächtigung für die Gemeinden. Für die administrative Rechtsetzung der Kreise gilt insofern § 3 LKrO. 515

Art. 80 I S. 2 GG, wonach Inhalt, Zweck und Ausmaß bestimmt sein müssen, gilt nur für Ermächtigungen zum Erlass von Rechtsverordnungen. Da im Bereich der kommunalen Satzungen keine Regelungszuständigkeit delegiert wird, ist Art. 80 I GG aber auf den Satzungserlass nicht anwendbar.[808]

Im Außenverhältnis zum Einzelnen ist die Satzungsautonomie jedoch aus rechtsstaatlichen Gründen begrenzt. Denn die Wesentlichkeitsrechtsprechung des BVerfG fordert, dass die für das Gemeinwesen wesentlichen Entscheidungen vom parlamentarischen Gesetzgeber selbst geregelt werden (Parlamentsvorbehalt).[809] Eine Delegation ist insoweit unzulässig.

Wesentlich i.d.S. ist stets die Entscheidung über Eingriffe in Grundrechte. Daher muss für Satzungen, die in Grundrechte eingreifen oder Grundrechtseingriffe ermöglichen, eine Ermächtigungsgrundlage bestehen, die mindestens den Gegenstand der Satzung und damit auch den Grundrechtseingriff bestimmt.

*nicht ausreichend bei Grundrechtseingriffen*

Satzungen, die mit Grundrechtseingriffen verbunden sind sowie alle grundrechtswesentlichen Regelungen bedürfen jedoch einer besonderen gesetzlichen Ermächtigung. Die allgemeine Satzungsermächtigung nach § 4 I GemO reicht hierfür nicht aus.[810] 516

**hemmer-Methode: Nach der Rspr. des BVerfG müssen die für das Gemeinwesen wesentlichen Fragen durch den Parlamentsgesetzgeber selbst geregelt werden (sog. Wesentlichkeitstheorie bzw. Parlamentsvorbehalt).[811] Wesentlich bedeutet dabei insbesondere wesentlich für die Verwirklichung der Grundrechte. Hierzu ist der Parlamentsgesetzgeber berufen und darf die Entscheidung nicht an die Verwaltung delegieren. Die Rspr. des BVerfG stellt an Ermächtigungen für Satzungen, die „wesentliche" Fragen betreffen, vergleichbare Anforderungen wie Art. 80 I S. 2 GG an Rechtsverordnungsermächtigungen.**

807 Zur Bildung und Besetzung von Ausschüssen ausführlich unter Rn. 205 ff.

808 BVerfGE 97, 332 (362); Lange, Kap. 12 Rn. 5; Engel/Heilshorn, § 18 Rn. 5; Ennuschat/Ibler/Remmert, § 1 Rn. 285.

809 Vgl. auch **Hemmer/Wüst, StaatsR II, Rn. 125.**

810 BVerwGE 148, 133 = JuS 2014, 958 (Anm. Waldhoff); grundlegend BVerfGE 33, 125 (Facharztentscheidung); VGH Mannheim, KommJur 2016, 100 (101); VBlBW 2013, 73; BWGZ 2002, 801.

811 BVerfGE 61, 260 (275); 88, 103 (116).

*besondere Satzungsermächtigungen*

Daher finden sich besondere Satzungsermächtigungen sowohl in der GemO als auch in Spezialgesetzen:[812] 517

- ⇨ Heranziehung zu Hand- und Spanndiensten, § 10 V GemO
- ⇨ Anschluss- und Benutzungszwang, § 11 GemO
- ⇨ Regelung der Entschädigung für ehrenamtliche Tätigkeit, § 19 GemO
- ⇨ Haushaltssatzung, § 79 GemO
- ⇨ Erhebung von Kommunalabgaben, § 2 KAG
- ⇨ Gebührensatzung für die Tätigkeit als untere Verwaltungsbehörde, § 4 III S. 1 LGebG
- ⇨ Bebauungspläne, § 10 I BauGB
- ⇨ örtliche Bauvorschriften, § 74 LBO
- ⇨ Räum- und Streupflicht der Straßenanlieger, § 41 II StrG

*Problem bei Satzungen über öffentliche Einrichtungen*

Eine Ausnahme vom Erfordernis einer besonderen Satzungsermächtigung wird für Satzungen über öffentliche Einrichtungen gemacht. Trotz Fehlens einer besonderen Ermächtigung soll der Erlass belastender Satzungsregelungen in diesem Bereich zulässig sein.[813] 518

Hierfür wird z.T. § 10 II GemO als Legitimation herangezogen. Der Verwaltungsträger, der eine solche Einrichtung zur Verfügung stelle, könne diejenigen Regelungen erlassen, die für einen geordneten Betrieb der Einrichtung erforderlich seien. Hierzu gehöre auch die Befugnis, den Zweck der Einrichtung zu bestimmen. In diesem Zusammenhang kann auch § 142 I Nr. 1 GemO angeführt werden, der davon ausgeht, dass Satzungen über Benutzungen der öffentlichen Einrichtungen Pflichten der Benutzer bestimmen und damit auch belastende Regelungen enthalten können.

**Bspe.:**[814] *So kann in die gemeindliche Benutzungssatzung eines als öffentliche Einrichtung betriebenen Schwimmbades auf Grundlage des § 4 I GemO eine Bademützenpflicht aufgenommen werden. Gleiches gilt für die Öffnungszeiten eines gemeindlichen Grillplatzes.*

**Gegenbeispiel:** *In eine Friedhofsatzung wurde eine Bestimmung aufgenommen, wonach nur noch Grabsteine aufgestellt werden dürfen, die nicht unter ausbeuterischer Kinderarbeit (ILO-Konvention 182) hergestellt worden sind (und dies mit einem Zertifikat belegt werden muss). Ist eine derartige Normierung noch von § 4 I S. 1 GemO gedeckt?*

Unstreitig gehört die Totenbestattung zum eigenen Wirkungskreis der Gemeinden. Sie umfasst unter anderem die Herstellung und Unterhaltung von Bestattungseinrichtungen, insbesondere von Friedhöfen als öffentliche Einrichtungen. Friedhofssatzungen können deshalb auf die allgemeine Satzungsbestimmung des § 4 I GemO gestützt werden.[815]

Probleme bereit aber die Frage, ob eine Benutzungssatzung auf Grundlage des § 4 I S. 1 GemO derartige Restriktionen enthalten darf. Während der BayVerfGH dies bejahte,[816] sind das BVerwG und der VGH Mannheim[817] der Ansicht, dass § 4 I S. 1 GemO keine ausreichende gesetzliche Ermächtigungsgrundlage darstellt, um einen (mittelbaren) Eingriff in die durch Art. 12 I GG geschützte Berufsausübungsfreiheit der Steinmetze zu rechtfertigen. Eine derartige Entscheidung darf nicht der autonomen Rechtsetzungsbefugnis der Gemeinden überlassen werden, bedarf vielmehr einer parlamentarisch-gesetzlichen Ermächtigungsgrundlage.

---

812 Aker/Hafner/Notheis, § 4 GemO, Rn. 4; Engel/Heilshorn, § 18 Rn. 29-30; Kunze/Bronner/Katz, § 4 GemO, Rn. 3 und 5.

813 VGH Mannheim, BWGZ 1994, 192 (196); VGH Kassel, DVBl. 1994, 218 (220); OVG Münster, DÖV 1995, 515; dazu Engel/Heilshorn, § 18 Rn. 27.

814 VGH Mannheim, NJW 1995, 613 (Öffnungszeiten); BWVPr 1975, 227 (Nutzungszeiten eines Grillplatzes); VGH Mannheim, VBlBW 2013, 27.

815 VGH Mannheim, Urt. v. 28.06.2016 - 1 S 1327/15; VBlBW 2007, 414.

816 BayVerfGH, NVwZ-RR 2012, 50 (52).

817 BVerwGE 148, 133 = JuS 2014, 958 (Anm. Waldhoff); VGH Mannheim, VBlBW 2014, 462 (463); OVG Koblenz, NVwZ-RR 2009, 394. VGH Mannheim, NJW-RR 2016, 945 (946); eine instruktive Fallbearbeitung bietet Winkler, LKRZ 2015, 41-44.

**hemmer-Methode: Auf diese Rechtsprechung hat der Landesgesetzgeber durch § 15 III BestattG reagiert. Nunmehr kann in Friedhofsordnungen und Polizeiverordnungen festgelegt werden, dass nur Grabsteine und Grabeinfassungen verwendet werden dürfen, die nachweislich aus fairem Handel stammen und ohne ausbeuterische Kinderarbeit hergestellt sind.**[818]

Ein anderer Ansatz sieht Benutzungssatzungen aufgrund einer sog. 519
„Anstaltsgewalt" gerechtfertigt. Dies bedeutet letztlich nichts anderes als die Annahme einer ungeschriebenen, gewohnheitsrechtlichen Rechtsgrundlage. Dabei soll diese „Anstaltsgewalt" nicht nur den Erlass von Benutzungssatzungen ermöglichen, sondern auch ohne Satzung einseitige belastende Regelungen durch Verwaltungsakte i.R.d. Benutzungsverhältnisses ermöglichen.[819]

Der Ansatz ist abzulehnen, da er keine Differenzierung gestattet und gegen den rechtsstaatlichen Grundsatz des Vorbehalts des Gesetzes verstößt.

**hemmer-Methode: Dass eine Benutzungsregelung ohne ausdrückliche Ermächtigungsgrundlage erlassen werden kann, ist hinnehmbar, da für den Einwohner unter dem Strich eine Begünstigung verbleibt, nämlich die Möglichkeit, eine zuvor nicht bestehende öffentliche Einrichtung nutzen zu können. Für weitere Einschränkungen jenseits der Widmung ist die Gemeinde jedoch auf gesetzliche Regelungen zu verweisen.**

## B. Prüfung der Wirksamkeit einer Satzung

*unterscheiden: Rechtmäßigkeit und Wirksamkeit*

Wie bei allen Regelungen ist auch bei Satzungen zwischen Recht- 520
mäßigkeit und Wirksamkeit (Gültigkeit) zu unterscheiden. Üblicherweise haben Rechtsverstöße bei Rechtsnormen deren Unwirksamkeit zur Folge.

Anders als es bei Verwaltungsakten der Fall ist, deren Wirksamkeit nach § 43 I LVwVfG nur von ihrem Erlass abhängt, sofern sie nicht nichtig sind (§§ 44, 43 III LVwVfG) oder aufgehoben werden, spielt daher die Unterscheidung zwischen Rechtmäßigkeit und Wirksamkeit bei Rechtsnormen regelmäßig keine Rolle. Etwas anderes gilt nur dann, wenn der Gesetzgeber die Folgen der Rechtswidrigkeit durch Unbeachtlichkeits- und Heilungsvorschriften abweichend vom Grundsatz der Unwirksamkeit besonders geregelt hat.

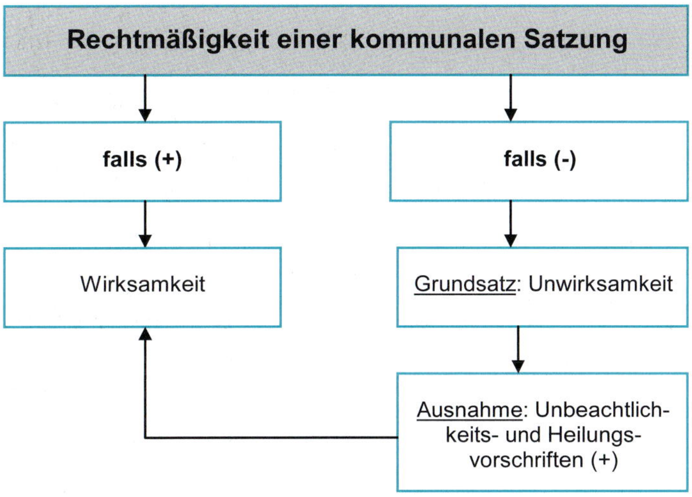


818 Instruktiv hierzu Ruf, BWGZ 2012, 542.

819 Enders, JuS 2013, 54 (59); VGH Mannheim, ESVGH 25, 203 (208); OVG Münster, NVwZ 1995, 814; ablehnend Burgi, § 15 Rn. 40.

*§ 4 IV GemO, §§ 214 ff. BauGB*

Solche Regelungen finden sich für die Satzungen der Gemeinde in § 4 IV GemO, wobei diese Vorschrift gem. § 4 V GemO auch für Flächennutzungspläne und sonstiges Ortsrecht gilt. Speziell für Satzungen nach dem BauGB (und für den Flächennutzungsplan) sind die §§ 214 ff. BauGB zu beachten. 521

Nach diesen Vorschriften sind bestimmte Rechtsverstöße bei Satzungen unbeachtlich. Da mithin nicht jeder Rechtsfehler die Unwirksamkeit der Satzung zur Folge hat, sind auch für die Satzungen der Gemeinde Rechtmäßigkeit und Wirksamkeit zu unterscheiden. Es ist daher zunächst die Rechtmäßigkeit zu prüfen und im Falle der Rechtswidrigkeit zu untersuchen, ob dies zur Unwirksamkeit der Satzung führt.

**hemmer-Methode: Aus dem Rechtsstaatsprinzip wird geschlossen, dass eine Regelung, die gegen rechtliche Anforderungen verstößt, unwirksam ist. Soll die Rechtswidrigkeit nicht zur Unwirksamkeit führen, so muss dies gesetzlich vorgesehen sein, wie für Verwaltungsakte in § 43 LVwVfG.**[820]

## I. Rechtmäßigkeit der Satzung

**hemmer-Methode: Haben Sie in der Klausur die Rechtmäßigkeit einer belastenden Maßnahme, insbesondere eines Verwaltungsakts, zu prüfen, deren Rechtsgrundlage eine Satzung ist, müssen Sie die Wirksamkeit der Satzung inzident prüfen. Die Wirksamkeit einer Satzung ist grundsätzlich - zumindest kurz - zu prüfen.**[821] **Dies gilt ganz besonders dann, wenn Teile der Satzung im Sachverhalt wörtlich wiedergegeben sind!**

### 1. Ermächtigung

*besondere oder allgemeine Ermächtigung(en)*

Ermächtigungen der Gemeinde zum Erlass einer Satzung sind entweder die besonderen Ermächtigungen (vgl. Rn. 515) oder die allgemeine Satzungsermächtigung des § 4 I S. 1 GemO. 522

§ 4 GemO reicht als Ermächtigungsgrundlage nach dem Grundsatz des Vorbehalts des Gesetzes **nicht** aus bei:

⇨ Eingriffen in Grundrechte der Gemeindebürger

⇨ wesentlichen Entscheidungen in grundrechtsrelevanten Bereichen (Arg. „Wesentlichkeitstheorie“)

*mehrere Ermächtigungen für eine Satzung möglich*

Da die verschiedenen Regelungen einer Satzung u.U. auf unterschiedliche Ermächtigungen zu stützen sind, ist es erforderlich, für jede einzelne Regelung das Vorliegen einer Ermächtigung zu untersuchen und - i.R.d. materiellen Rechtmäßigkeit der Satzung - die Voraussetzungen der Ermächtigungen zu prüfen.

> *Bsp.: So können z.B. der Anschluss- und Benutzungszwang sowie die Erhebung einer Benutzungsgebühr zusammen in einer Satzung geregelt sein. Ermächtigung für die Satzung, soweit sie den Anschluss- und Benutzungszwang vorsieht, ist § 11 I GemO, während Ermächtigung für die Benutzungsgebühren § 2 I i.V.m. § 13 I S. 1 KAG ist.*

**hemmer-Methode: Zweifel an der Wirksamkeit der Ermächtigung können Sie bereits hier erörtern. Aber seien Sie damit äußerst zurückhaltend. Denn die Ermächtigung ist stets ein formelles Gesetz, dessen Gültigkeit in der Klausur grundsätzlich nicht infrage zu stellen ist. Aber Vorsicht: Werden im Sachverhalt entsprechende Zweifel geäußert, müssen Sie diese prüfen!**

820 Kopp/Schenke, § 43 VwVfG, Rn. 1b; Stelkens/Bonk/Sachs, VwVfG, § 43 Rn. 2a.

821 Das gilt auch für Rechtsverordnungen, anders aber bei formellen Gesetzen.

## 2. Formelle Rechtmäßigkeit

### a) Zuständigkeit

*notwendige Differenzierung*

Wie bei jedem Handeln der Gemeinde ist auch für die Satzung zunächst zu fragen, ob die Gemeinde als solche zum Erlass dieser Satzungsregelung zuständig ist (Verbandskompetenz). Bejahendenfalls ist zu prüfen, ob das innerhalb der Gemeinde zuständige Organ gehandelt hat (Organkompetenz). 523

**hemmer-Methode: Machen Sie in der Klausur immer deutlich, dass Sie diese Unterscheidung kennen, und unterteilen Sie Ihre Prüfung der Zuständigkeit entsprechend. Erst wenn Sie nämlich die Frage, ob die jeweilige Gemeinde überhaupt zuständig ist, bejaht haben, kommt es darauf an, ob auch innerhalb dieser Gemeinde das zuständige Organ tätig wurde.**

#### aa) Verbandskompetenz

*Verbandszuständigkeit der Gemeinde*

Die sachliche Zuständigkeit der Gemeinde ergibt sich regelmäßig unproblematisch aus der jeweiligen Ermächtigung. Besteht keine spezielle Satzungsermächtigung, so ist die Gemeinde nach § 4 I S. 1 GemO zum Erlass von Satzungen für alle weisungsfreien Angelegenheiten zuständig. 524

Die örtliche Zuständigkeit der Gemeinde ist auf das Gemeindegebiet begrenzt.[822] Probleme ergeben sich insofern bei Satzungen kaum.

#### bb) Organzuständigkeit

*Organzuständigkeit gem. § 24 I GemO*

Des Weiteren muss das richtige Gemeindeorgan handeln. Da keine Organzuständigkeit des Bürgermeisters begründet ist, ist für den Satzungserlass gem. § 24 I S. 2 GemO der Gemeinderat zuständig. Dies gilt nach § 44 III GemO auch für Satzungen in Weisungsangelegenheiten.[823] 525

*keine Übertragung auf Ausschuss oder Bürgermeister*

Der Gemeinderat kann diese Zuständigkeit auch nicht auf einen beschließenden Ausschuss oder den Bürgermeister übertragen. Denn der Erlass von Satzungen gehört nach § 39 II Nr. 3 GemO zum Ausschlusskatalog der sog. Vorbehaltsaufgaben. Dies gilt gem. § 44 II S. 3 GemO auch für die Übertragung von Aufgaben an den Bürgermeister.

*1. Sonderproblem: dynamische Verweisungen*

Fraglich ist, ob in einer Satzung auf eine andere Regelung in der jeweils geltenden Fassung verwiesen werden darf, wenn diese andere Regelung nicht vom Gemeinderat stammt. Darin könnte eine Verletzung des Übertragungsverbots zu sehen sein. 526

> **Bsp.:** *Die kommunale Hundesteuersatzung der Stadt S verweist zur Bestimmung von als gefährlich bewerteten Hunden, für deren Halten eine erhöhte Hundesteuer erhoben wird, auf die PolVOgH[824] des Landes Baden-Württemberg in der jeweils geltenden Fassung.*

---

822 BVerwGE 137, 95 = BWGZ 2010, 868; VGH Mannheim, VBlBW 1997, 228; Funke/Papp, JuS 2010, 395 (396).

823 Aker/Hafner/Notheis, § 4 GemO, Rn. 5.1; Kunze/Bronner/Katz, § 4 GemO, Rn. 13; Engel/Heilshorn, § 18 Rn. 11.

824 Polizeiverordnung des Innenministeriums und des Ministeriums Ländlicher Raum über das Halten gefährlicher Hunde vom 03. August 2000; Dürig, Nr. 65b; nicht bei Dolde/Kirchhof/Stilz abgedruckt.

Während sog. statische Verweisungen, welche auf externe Rechtsnormen in einer bestimmten Fassung verweisen, unproblematisch statthaft sind, bereitet die vorliegende dynamische Verweisung (Verweisung auf externe Rechtsnorm in der jeweils geltenden Fassung) Probleme. Das OVG Münster[825] bejaht einen Verstoß gegen das Delegationsverbot, zumal der Inhalt der verweisenden Norm durch die Änderung der Regelungen, auf die verwiesen wird, ebenfalls verändert wird. Jedenfalls dann, wenn der Inhalt dessen, was durch die Änderungen der in Bezug genommenen Regelungen in das Ortsrecht integriert würde, nicht mehr als vom rechtsetzenden Willen des Gemeinderats erfasst anzusehen ist, schließt das Übertragungsverbot dynamische Verweisungen aus.

Nach Ansicht des BVerwG und des VGH Mannheim[826] enthält § 39 II Nr. 3 GemO ein innergemeindliches Delegationsverbot im Verhältnis zwischen Gemeinderat als Plenum und den anderen Organen. Ein Verbot der dynamischen Bezugnahme von gemeindlichem Satzungsrecht auf Vorschriften eines anderen Normgebers ist der Norm nicht zu entnehmen. Es dient im Gegenteil der Rechtseinheit und ist in hohem Maße verfahrensökonomisch, wenn sich die Gemeinden der Erkenntnisse des Normgebers auf Landesebene bedienen, sofern es keine Anhaltspunkte dafür gibt, dass sie offensichtlich falsch bzw. überholt sind. Ohnehin steht es dem Gemeinderat jederzeit frei, auf Änderungen bzgl. der verwiesenen Norm zu reagieren.

*2. Sonderproblem: Eilentscheidungsrecht des Bgm.*

Umstritten ist, ob der Bürgermeister ausnahmsweise aufgrund des Eilentscheidungsrechts nach § 43 IV S. 1 GemO für den Erlass von Satzungen zuständig sein kann. Hierzu wird auf die Ausführungen unter Rn. 239 verwiesen. 527

## b) Verfahren

### aa) Beschlussfassung

*ordnungsgemäße Beschlussfassung des Gemeinderats*

Für das Verfahren ist erforderlich, dass der Gemeinderat ordnungsgemäß über die Satzung Beschluss fasst. Hier sind alle Voraussetzungen eines Gemeinderatsbeschlusses zu prüfen (ordnungsgemäße Einberufung, Beschlussfähigkeit, Grundsatz der Sitzungsöffentlichkeit etc.). Hierzu wird auf die Ausführungen unter Rn. 161 ff. verwiesen. 528

### bb) Besondere Verfahrensanforderungen

*für bestimmte Satzungen*

Für die Haushaltssatzung gelten die besonderen Verfahrensanforderungen nach § 81 GemO.[827] 529

In Fachgesetzen können an bestimmte Satzungen besondere Verfahrensanforderungen gestellt werden. Als wichtiges Beispiel seien hier §§ 3, 4 BauGB für den Bebauungsplan (und auch den Flächennutzungsplan) genannt.

**hemmer-Methode: Der Flächennutzungsplan ist keine Satzung, da das BauGB dies nicht vorsieht. Für seine Wirksamkeit stellen sich jedoch weitgehend identische Fragen wie für die Satzungen der Gemeinden; der Flächennutzungsplan ist in § 4 V GemO sogar ausdrücklich erwähnt.**

825 OVG Münster, NWVBl. 2005, 179; NWVBl. 2006, 461.

826 BVerwG, NVwZ 2005, 1325; VGH Mannheim, ESVGH 60, 61 = DÖV 2009, 635; ebenso Winkler, JA 2007, 405 (406).

827 Zur Haushaltssatzung unter Rn. 621.

### cc) Genehmigung

*nur ausnahmsweise genehmigungspflichtig*

Satzungen der Gemeinde bedürfen grundsätzlich keiner Genehmigung der Rechtsaufsichtsbehörde. Sie sind gem. § 4 III S. 3 GemO der Rechtsaufsichtsbehörde (zur präventiven Rechtskontrolle) lediglich anzuzeigen. Der Verstoß gegen die Anzeigepflicht hat keine Auswirkung auf die Rechtmäßigkeit der Satzung.[828] Das Gleiche gilt für eine Satzung, für die die Pflicht zur Vorlage an die Rechtsaufsichtsbehörde besteht.[829] 530

Für einzelne Satzungen bestehen allerdings Genehmigungspflichten. Dies sind bestimmte Bebauungspläne (§ 10 II BauGB) und der Flächennutzungsplan (§ 6 I BauGB). Gleiches gilt nach § 87 II i.V.m. § 81 III S. 2 GemO für den Gesamtbetrag der vorgesehenen Kreditaufnahmen für Investitionen und Investitionsfördermaßnahmen in der Haushaltssatzung. Fehlt die Genehmigung, ist die Satzung rechtswidrig.[830]

**hemmer-Methode: Das Genehmigungserfordernis bezieht sich selbstverständlich nicht nur auf den (Neu-)Erlass einer Satzung, sondern auch auf deren Änderung oder Aufhebung.[831]**

*sog. Maßgabegenehmigung*

**(1)** Die Genehmigung muss grundsätzlich nach dem Beschluss über die Satzung, aber vor der Ausfertigung und Bekanntmachung erteilt werden. Die nach der Bekanntmachung erteilte Genehmigung heilt diesen Rechtsmangel nicht.[832] In der Praxis wird jedoch häufig die Genehmigung zu einem beschlossenen Satzungsentwurf mit der Maßgabe erteilt, noch bestimmte Punkte zu verändern. Der Gemeinderat beschließt dann die geänderte Satzung. Diese wird ausgefertigt und verkündet, ohne dass die Genehmigungsbehörde erneut tätig wird. In diesem Fall wurde dann die Genehmigung streng genommen vor dem Beschluss im Gemeinderat über die Satzung erteilt. 531

Eine solche Maßgabegenehmigung wird aber allgemein für zulässig gehalten.[833] Sie bedeutet zunächst die Ablehnung des beschlossenen Satzungsentwurfs. Gleichzeitig wird jedoch die Genehmigung für eine (andere) Satzung erteilt, die inhaltlich den geforderten Punkten entspricht. Da die Genehmigung sich auf einen genau bestimmten Satzungsinhalt bezieht, schadet es nicht, dass sie vor dem eigentlichen Beschluss des Gemeinderats über die Satzung erteilt wurde.

*Problem: Genehmigung erst nach Bekanntmachung erteilt*

**(2)** Die Genehmigung muss grundsätzlich vor Ausfertigung und Bekanntmachung der Satzung erteilt werden,[834] da die Satzung ohne erforderliche Genehmigung rechtswidrig (und unwirksam) ist. Würde die Genehmigung erst nachträglich erteilt, so wäre die Satzung von Anfang an unwirksam. 532

**hemmer-Methode: Wie bei sonstigen Normen auch beurteilt sich die Rechtmäßigkeit und Wirksamkeit einer Satzung grundsätzlich nach dem Zeitpunkt ihres Erlasses. Ist eine Satzung bei ihrem Erlass rechtswidrig und unwirksam, so bleibt sie dies auch. Das Gleiche gilt grundsätzlich im umgekehrten Fall, wobei allerdings bestimmte Ausnahmen anerkannt sind („Rechtswidrigwerden einer Rechtsnorm“,[835] z.B. durch eine fundamentale Änderung der gesellschaftlichen Umstände und Anschauungen, oder etwa die sog. Funktionslosigkeit von Bebauungsplänen).**

828 VGH Mannheim, BWVPr 1975, 227 (228); Aker/Hafner/Notheis, § 4 GemO, Rn. 16; Kunze/Bronner/Katz, § 4 GemO, Rn. 34.

829 Hierzu unter Rn. 111 ff.; Kunze/Bronner/Katz, § 4 GemO, Rn. 35.

830 Kunze/Bronner/Katz, § 4 GemO, Rn. 37; Aker/Hafner/Notheis, § 4 GemO, Rn. 17; Lange, Kap. 12 Rn. 59.

831 Kunze/Bronner/Katz, § 4 GemO, Rn. 13; Aker/Hafner/Notheis, § 4 GemO, Rn. 33.

832 Engel/Heilshorn, § 18 Rn. 13; Aker/Hafner/Notheis, § 4 GemO, Rn. 17; Kunze/Bronner/Katz, § 4 GemO, Rn. 37; VGH Mannheim, ESVGH 11, 106; Lange, Kap. 12 Rn. 59.

833 Aker/Hafner/Notheis, § 4 GemO, Rn. 16; BVerwG, NJW 1987, 1346.

834 Engel/Heilshorn, § 18 Rn. 13; Kunze/Bronner/Katz, § 4 GemO, Rn. 37; VGH Mannheim, ESVGH 11, 111; Lange, Kap. 12 Rn. 59.

835 BVerfGE 26, 116; 88, 309; StGH Baden-Württemberg, BWVPr 1979, 184; Gärdiz/Orth, JURA 2013, 1108; Kopp/Schenke, § 47 VwGO, Rn. 135.

Daran kann eine später erteilte Genehmigung nichts ändern. Eine Rückwirkung dieser Genehmigung, wie z.B. bei der Genehmigung von Rechtsgeschäften im Zivilrecht, wird man aus rechtsstaatlichen Gründen nicht annehmen können: Denn es muss im Zeitpunkt der Bekanntmachung beurteilt werden können, ob eine Rechtsnorm rechtmäßig und wirksam ist oder nicht. Dies wäre bei einer Genehmigung, die erst später erteilt wird, nicht der Fall.[836] 533

Um die Satzung wirksam zu erlassen, wäre daher erneut das gesamte Verfahren zu durchlaufen, insbesondere mit der ordnungsgemäßen Beschlussfassung im Gemeinderat. Aus Gründen der Verfahrensökonomie wird es jedoch als ausreichend angesehen, dass die Satzung erneut bekanntgemacht wird. Es ist nicht das gesamte Rechtsetzungsverfahren zu wiederholen, insbesondere bedarf es keines nochmaligen Beschlusses des Gemeinderats.

**hemmer-Methode: Wenn kein besonderer Zeitpunkt bestimmt ist, treten Satzungen am Tag nach ihrer Bekanntmachung in Kraft, § 4 III S. 2 GemO. Ist in der Satzung der Zeitpunkt des Inkrafttretens bestimmt und erfolgt diese zweite Bekanntmachung vor diesem Zeitpunkt, so ergeben sich keine weiteren Probleme. Ist allerdings ein Zeitpunkt für das Inkrafttreten bestimmt, der vor dieser zweiten Bekanntmachung liegt, so bedeutet dies, dass die Satzung rückwirkend gelten soll. Eine solche Rückwirkung ist jedoch nur in bestimmten Fällen zulässig.[837]**

## c) Form

### aa) Ausfertigung

*Begriff der Ausfertigung*

Ausfertigung ist die Herstellung der Originalurkunde durch handschriftliche Unterzeichnung des Satzungstextes, wie er vom Gemeinderat als rechtsetzendem Organ beschlossen wurde, durch den Bürgermeister oder seinen Vertreter.[838] Der späteren Bekanntmachung muss diese Originalurkunde zugrunde gelegt werden. 534

Sinn der Ausfertigung ist es, mit öffentlich-rechtlicher Wirkung zu bezeugen, dass der Inhalt der Originalurkunde mit dem Willen des rechtsetzenden Organs übereinstimmt (sog. Identitäts- oder Authentizitätsfunktion). Zudem bezeugt die Ausfertigung, dass die Voraussetzungen für das Zustandekommen des Gesetzes beachtet wurden (sog. Legalitätsfunktion).[839]

*Ausfertigung erforderlich*

Über die Ausfertigung von Satzungen bestehen in Baden-Württemberg keine Vorschriften. Dennoch wird eine Ausfertigung für Satzungen wie für alle Rechtsnormen aus Gründen der Rechtssicherheit für erforderlich gehalten.[840] Für Bundesgesetze und Bundesrechtsverordnungen schreibt Art. 82 I GG die Ausfertigung vor (vgl. auch Art. 63 I, II LV). Sie ist letztlich Ausprägung des Rechtsstaatsprinzips. 535

### bb) Öffentliche Bekanntmachung

*öffentliche Bekanntmachung*

Gem. § 4 III S. 1 GemO sind Satzungen öffentlich bekannt zu machen. Hierdurch wird es dem Rechtsunterworfenen möglich, vom Erlass und Inhalt der Satzung Kenntnis zu nehmen (ergibt sich aus dem Rechtsstaatsprinzip). Die Einzelheiten sind in § 1 DVO GemO[841] geregelt. 536

836 Vgl. VGH Mannheim, ESVGH 11, 106, Kunze/Bronner/Katz, § 4 GemO, Rn. 3; Lange, Kap. 12 Rn. 59.
837 Zur Rückwirkung von Satzungen im Detail unter Rn. 550.
838 Lange, Kap. 12 Rn. 35; Aker/Hafner/Notheis, § 4 GemO, Rn. 7; Jarass/Pieroth, Art. 82 Rn. 2 (für Bundesgesetze).
839 Engel/Heilshorn, § 18 Rn. 15 und 16; Aker/Hafner/Notheis, § 4 GemO, Rn. 7; Lange, Kap. 12 Rn. 35 und 44; OVG Magdeburg, LKV 2011, 89 (90).
840 VGH Mannheim, ESVGH 59, 249 = VBlBW 2009, 466; BWGZ 1989, 435; BVerwG, NVwZ-RR 1993, 262 (263); OVG Magdeburg, LKV 2011, 89 (90).
841 Dürig Nr. 56a; Dolde/Kirchhof/Stilz Nr. 31. Die DVO GemO ist eine Rechtsverordnung aufgrund § 144 S. 1 Nr. 1 GemO.

**hemmer-Methode: § 1 I, IV DVO GemO über die öffentlichen Bekanntmachungen gilt nicht nur für die Bekanntmachung von Satzungen, sondern auch für andere öffentliche Bekanntmachungen der Gemeinde, wie etwa die Bekanntmachung der öffentlich-rechtlichen Vereinbarung nach § 25 VI GKZ (vgl. hierzu Rn. 653).**
**Unterscheiden Sie aber „öffentliche" und „ortsübliche" Bekanntmachung. Eine ortsübliche Bekanntmachung ist z.B. in § 34 I S. 7 GemO für Zeit, Ort und Tagesordnung der öffentlichen Sitzungen des Gemeinderats vorgesehen. § 1 DVO GemO gilt nicht für die ortsübliche Bekanntgabe.**[842]

*vier Formen*

**(1)** Die zulässigen Bekanntmachungsformen sind in § 1 I DVO GemO abschließend aufgezählt: 537

- im Amtsblatt der Gemeinde,
- in einer bestimmten, regelmäßig erscheinenden Zeitung,
- durch Bereitstellung im Internet[843] oder
- in Gemeinden mit weniger als 5.000 Einwohnern durch Anschlag an der Verkündungstafel des Rathauses und an den sonstigen hierfür bestimmten Stellen während der Dauer von mindestens einer Woche. Dabei muss zugleich durch das Amtsblatt, die Zeitung oder auf andere geeignete Weise auf den Anschlag aufmerksam gemacht werden.

*Bekanntmachungssatzung*

Gem. § 1 I S. 2 DVO GemO ist die Form der öffentlichen Bekanntmachung durch Satzung (sog. Bekanntmachungssatzung)[844] zu bestimmen. Dies bedeutet, dass sich die Gemeinde für eine der Bekanntmachungsformen entscheiden muss und die Veröffentlichung stets in derselben Weise zu erfolgen hat. Nur auf diese Weise kann der Betroffene verlässlich und ohne unzumutbare Erschwerung Kenntnis von Satzungen erlangen. M.a.W.: Dem Bürger kann es nicht zugemutet werden, verschiedene Bekanntmachungsformen im Auge zu behalten.[845] 538

**hemmer-Methode: Daraus wird man zu schließen haben, dass die Gemeinde diese Bekanntmachungssatzung nicht zu häufig ändern kann. Denn der Zweck des § 1 I S. 2 DVO GemO würde unterlaufen, wenn ein ständiges Wechseln zwischen den Alternativen der Bekanntmachung möglich wäre. Allerdings wird man auch keine zeitlich unbeschränkte Unveränderbarkeit annehmen können. Man wird daher das Ermessen der Gemeinde im Hinblick auf die Änderung der Bekanntmachungssatzung dahingehend einschränken müssen,[846] dass eine Änderung nicht vor Ablauf mehrerer Jahre seit der letzten Änderung zulässig ist.**

Unzulässig wäre es daher, wenn die Bekanntmachungssatzung bestimmt, dass dem Bürgermeister im Einzelfall die Entscheidung über die Bekanntmachungsform überlassen wird.[847]

*Umfang und Inhalt der Bekanntmachung*

Gem. § 1 III S. 1 DVO GemO sind Satzungen in vollem Wortlaut bekanntzumachen. Über die Bekanntmachung ist gem. S. 2 ein Nachweis zu den Akten der Gemeinde zu bringen. 539

Enthält eine Satzung Pläne oder zeichnerische Darstellungen (wie etwa Flächennutzungs- und Bebauungspläne), so sieht § 1 IV DVO GemO bestimmte Erleichterungen für die Bekanntmachung vor.

842 Aker/Hafner/Notheis, § 34 GemO, Rn. 23; Kunze/Bronner/Katz, § 37 GemO, Rn. 9; VGH Mannheim, BWVPr 1972, 201.

843 Mit Gesetzesänderung zum 01.12.2015 ist die Bekanntmachung im Internet eingeführt worden. § 1 II DVO GemO statuiert detaillierte Voraussetzungen dieser Bekanntmachungsform.

844 Die Bekanntmachungssatzung ist eine Pflichtsatzung, vgl. Rn. 512 und 536.

845 VGH Mannheim, ESVGH 19, 227; BWVBl. 1972, 61; Kunze/Bronner/Katz, § 4 GemO, Rn. 22.

846 Allgemein zum Satzungsermessen der Gemeinde unter Rn. 545 ff.

847 Kunze/Bronner/Katz, § 4 GemO, Rn. 27; VGH Mannheim, ESVGH 19, 25 (27) = BWVBl 1968, 89.

*Notbekanntmachung*

Für dringliche Fälle enthält § 1 V DVO GemO die Möglichkeit einer Notbekanntmachung (z.B. bei einem Streik in der Druckerei des Amtsblattes). Die Bekanntmachung ist dann in der für den Regelfall vorgeschriebenen Form zu wiederholen, sobald die Umstände es zulassen, § 1 V S. 2 DVO GemO.

*Bebauungsplan*

**(2)** § 4 III S. 1 GemO und § 1 DVO GemO gelten auch für Bebauungspläne, da diese als Satzungen beschlossen werden (§ 10 I BauGB). Zwar bestimmt § 10 III S. 1 BauGB, dass der Bebauungsplan ortsüblich bekanntzumachen ist, diese Vorschrift wird jedoch so verstanden, dass eine Ausfüllung durch den Landesgesetzgeber zulässig ist oder aber der Begriff der „ortsüblichen Bekanntmachung" in § 10 III S. 1 BauGB so ausgelegt wird, dass er mit der öffentlichen Bekanntmachung in § 4 III S. 1 GemO und § 1 DVO GemO übereinstimmt. Jedenfalls wird nicht daran gezweifelt, dass die landesrechtlichen Vorschriften über die Bekanntmachung von Satzungen auch für Bebauungspläne gelten.[848] 540

*Flächennutzungsplan*

**(3)** Etwas anderes gilt für Flächennutzungspläne. Zwar ist in § 6 V S. 1 BauGB bestimmt, dass deren Genehmigung ortsüblich bekanntzumachen ist. Da der Flächennutzungsplan keine Satzung ist und § 4 III S. 1 GemO und § 1 DVO GemO nicht für Flächennutzungspläne gelten,[849] enthält das Landesrecht in Baden-Württemberg keine Vorschriften über die ortsübliche Bekanntmachung i.S.d. § 6 V S. 1 BauGB. Die dafür geltenden Anforderungen sind daher durch Auslegung des Begriffs zu ermitteln.[850] 541

## 3. Materielle Rechtmäßigkeit

**hemmer-Methode: Bei der Prüfung der materiellen Rechtmäßigkeit einer Satzung ist es besonders wichtig, auf die Hinweise im Sachverhalt zu achten. Versuchen Sie, dem Ersteller der Klausur wie im Dialog möglichst nahezukommen. Jeder Satz der Aufgabenstellung muss in Ihrer Bearbeitung aufgegriffen, juristisch übersetzt und argumentativ bewältigt werden. Ein festes Schema für die Prüfung der materiellen Rechtmäßigkeit gibt es nicht, dies hängt ganz von der Satzungsermächtigung und dem Inhalt der Satzung ab. Im Folgenden werden die klausurtypischen Probleme, die unabhängig von einem bestimmten Satzungsinhalt immer wieder auftauchen, dargestellt.**

### a) Voraussetzungen der Ermächtigung und Vereinbarkeit mit sonstigen rechtlichen Vorgaben

#### aa) Voraussetzungen der Ermächtigung[851]

*Voraussetzungen der Satzungsermächtigungen*

Voraussetzung für die Rechtmäßigkeit der Satzung ist, dass sie den Anforderungen der Ermächtigung entspricht. Während bei Satzungen auf Grundlage des § 4 I GemO die tatbestandlichen Voraussetzungen der Ermächtigungsgrundlage weitgehend mit der Verbandskompetenz (Angelegenheit der örtlichen Gemeinschaft, vgl. Rn. 14) zusammenfallen,[852] gilt es bei speziellen Satzungsermächtigungen diverse Vorgaben zu beachten. 542

848 VGH Mannheim, BWGZ 2004, 85; Schrödter, § 10 BauGB, Rn. 64; Ernst/Zinkahn/Bielenberg, § 10 BauGB, Rn. 105.

849 § 4 V GemO erstreckt nur die Unbeachtlichkeitsregelung nach § 4 IV GemO auch auf Flächennutzungspläne, nicht aber den Abs. 3.

850 Insoweit kann auf die Ausführungen zur ortsüblichen Bekanntgabe nach § 34 I S. 7 GemO verwiesen werden, s. Rn. 168.

851 Bzw. der verschiedenen Ermächtigungen, wenn die Satzung auf mehreren beruht.

852 Ennuschat/Ibler/Remmert, § 1 Rn. 297; Burgi, § 15 Rn. 32; Maurer, DÖV 1993, 184 (188).

So bestimmt § 11 I GemO, dass der Anschluss- und Benutzungszwang durch Satzung nur dann vorgeschrieben werden kann, wenn es sich um die dort genannten Einrichtungen (Wasserleitung, Abwasserbeseitigung, usw.) handelt, und ein „öffentliches Bedürfnis" für den Zwang besteht.

§ 2 I S. 2 KAG sieht für alle Abgabensatzungen vor, dass sie einen bestimmten Mindestinhalt haben müssen (Abgabenschuldner, Abgabengegenstand etc.). 543

### bb) Sonstige rechtliche Vorgaben

*auch Verfassungsrecht*

Neben der Ermächtigung können in dem Gesetz oder in anderen Gesetzen weitere rechtliche Anforderungen an die Satzung enthalten sein. Als Beispiel sei hier § 14 KAG für die Bemessung von Benutzungsgebühren genannt. Spezifische Vorgaben enthält auch das BauGB für die materielle Rechtmäßigkeit von Bebauungsplänen. 544

### b) Satzungsermessen

*Satzungsermessen der Gemeinde*

Jeder Normgeber hat bei der Rechtsetzung ein Normsetzungsermessen.[853] Dieses folgt denknotwendig aus dem Umstand, dass der zuständige Normgeber darüber entscheidet, ob er eine Norm erlässt, und ebenso über den Inhalt der Norm zu entscheiden hat. 545

**hemmer-Methode: Bei formellen Gesetzen wird in diesem Zusammenhang häufig von einer „Einschätzungsprärogative" oder dem „gesetzgeberischen Gestaltungsspielraum" gesprochen.**

*grds. Ermessen bzgl. Ob und Inhalt einer Satzung*

Ein solches Normsetzungsermessen steht auch der Gemeinde bei dem Erlass von Satzungen zu. Dies kann als Satzungsermessen bezeichnet werden.[854] Die Gemeinde hat daher grundsätzlich Ermessen, ob sie eine Satzung erlässt, sofern sie nicht zum Erlass einer Satzung verpflichtet ist (Pflichtsatzungen). Zudem steht der Inhalt der Satzung grundsätzlich im Ermessen der Gemeinde, welches durch das höherrangige Recht begrenzt ist.[855] 546

Das Satzungsermessen der Gemeinde ist durch die kommunale Selbstverwaltungsgarantie gem. Art. 28 II S. 1 GG geschützt. Da die Gemeinde das Recht hat, die örtlichen Angelegenheiten in eigener Verantwortung zu regeln, folgt daraus eine Gestaltungsfreiheit, soweit keine rechtlichen Bindungen bestehen.

**hemmer-Methode: Dementsprechend ist die Überprüfung durch die Aufsicht auf Rechtmäßigkeitskontrolle beschränkt, sofern nicht die Gesetze etwas anderes vorsehen. Ist eine Satzung ausnahmsweise genehmigungspflichtig, so folgt für die Genehmigungsentscheidung, dass diese nur dann versagt werden darf, wenn die Satzung der Gemeinde rechtswidrig ist. Die Aufsicht darf die Genehmigung nicht aus Zweckmäßigkeitserwägungen ablehnen, sondern die Gemeinde hat einen Anspruch auf die Genehmigung der rechtmäßigen Satzung, sofern gesetzlich nichts anderes bestimmt ist.[856]**

853 Ennuschat/Ibler/Remmert, § 1 Rn. 298; Engel/Heilshorn, § 18 Rn. 25; Burgi, § 15 Rn. 31.

854 Engel/Heilshorn, § 18 Rn. 25: „Spielraum der Gemeinden vor dem Hintergrund des Art. 28 II S. 1 GG"; Maurer, DÖV 1993, 184 (192).

855 Kunze/Bronner/Katz, § 4 GemO, Rn. 10; Engel/Heilshorn, § 18 Rn. 9; Lange, Kap. 12 Rn. 24.

856 Hierzu bereits unter Rn. 121 f.

*Prognosespielraum*

Entsprechend ergibt sich für Satzungen, die eine Prognose erfordern, dass die Gemeinde (wie jeder andere Normgeber) einen Einschätzungs- und Prognosespielraum hat. Dabei kann nicht gefordert werden, dass die zweckmäßigste, „vernünftigste" oder „gerechteste" Lösung gewählt wird.[857] 547

> **Bsp.:** *Bei den Bebauungsplänen besteht das Satzungsermessen insbesondere in der planerischen Gestaltungsfreiheit der Gemeinde. Die Planung der Gemeinde setzt eine Abwägungsentscheidung (§ 1 VII BauGB) voraus, die demgemäß nur auf rechtliche Abwägungsfehler kontrolliert werden darf. Das Gleiche gilt für den Flächennutzungsplan.*

*aber: Vorrang des Gesetzes zu beachten*

Begrenzt ist das Satzungsermessen allerdings durch den Vorrang des Gesetzes. Jeder Verstoß gegen ein Gesetz oder höherrangiges Recht, welches in der Normenhierarchie der Satzung vorgeht, führt zur Unwirksamkeit der Satzung.[858] 548

Immer wieder in Klausuren zu prüfen ist Verfassungsrecht:

- ⇨ Gleichbehandlungsgrundsatz, Art. 3 I GG
- ⇨ sonstige Grundrechte
- ⇨ Bestimmtheit („Normklarheit") der Satzungsregelungen
- ⇨ Verhältnismäßigkeit
- ⇨ Rechtsstaatsprinzip, insbes. Rückwirkungsverbot[859]

Allein der Umstand, dass eine bestimmte Materie anstatt durch formelles Gesetz oder Rechtsverordnung durch eine kommunale Satzung geregelt wird, kann nicht zu einer Absenkung grundgesetzlicher (insbesondere grundrechtlicher) Standards führen.[860] 549

> **Bspe.:** *(1) Die Gemeinde hat in ihrer Benutzungssatzung für eine Stadthalle bestimmte Nutzungsarten ausgeschlossen. Dies steht grundsätzlich in ihrem Satzungsermessen, sofern die dadurch eintretende Ungleichbehandlung verschiedener Nutzungen sachlich gerechtfertigt werden kann. (2) Eine Gemeinde darf auch für Kampfhunde, für die ein individueller Nachweis fehlender gesteigerter Aggressivität erbracht wurde, eine erhöhte Hundesteuer festsetzen. Dies steht unter dem Vorbehalt, dass die Höhe der Steuer nicht einem faktischen Verbot der Haltung solcher Hunde (sog. erdrosselnde Wirkung) gleichkommt. (3) Satzungsbestimmungen zum Schutz des würdigen Totengedenkens können das durch Art. 2 I GG geschützte Recht naher Angehöriger eines Verstorbenen, Grabmale nach eigener Gestaltung zu errichten, einschränken.*

## Exkurs: Rückwirkung

*Rückwirkung*

Satzungen mit rückwirkender Kraft sind nur unter den von der Rspr. entwickelten verfassungsrechtlichen Grundsätzen zum Erlass rückwirkender Normen zulässig.[861] Eine echte Rückwirkung, d.h. die Anknüpfung von Rechtsfolgen an einen in der Vergangenheit bereits abgeschlossenen Sachverhalt, ist zulasten des Einzelnen grundsätzlich unzulässig. Ausnahmen hiervon sind insbesondere: 550

- ⇨ bei vorheriger unklarer, verworrener Rechtslage,
- ⇨ wenn zuvor erlassene Rechtsvorschriften unwirksam sind,

857 VGH Mannheim, ESVGH 63, 187 = BWGZ 2013, 469; ESVGH 26, 51; VBlBW 1990, 352.
858 Lange, Kap. 12 Rn. 75; Ennuschat/Ibler/Remmert, § 1 Rn. 298; Burgi, § 15 Rn. 35.
859 Dazu ausführlich Hemmer/Wüst, Staatsrecht II, Rn. 131-139; Schwarz, JA 2013, 683-687; Maciejewski/Theilen, DÖV 2015, 271-278.
860 Burgi, § 15 Rn. 35; Ennuschat/Ibler/Remmert, § 1 Rn. 298; Funke/Papp, JuS 2010, 395 (399); Maurer, DÖV 1993, 184 (192).
861 Kunze/Bronner/Katz, § 4 GemO, Rn. 33; Engel/Heilshorn, § 18 Rn. 31; Lange, Kap. 12 Rn. 86.

- ⇨ bei zwingenden Gründen des Allgemeinwohls,
- ⇨ wenn der Belastete aus anderen Gründen mit einer Rückwirkung rechnen musste oder
- ⇨ in Bagatellfällen.

*Rückwirkung bei nichtiger Satzung*

Eine nichtige Satzung kann ohne Verstoß gegen das Rückwirkungsverbot durch eine rechtlich unbedenkliche Satzung mit rückwirkender Kraft ersetzt werden. Dies deshalb, weil der Bürger ja auch bereits durch die nichtige Satzung über eine Normsetzungsabsicht der Gemeinde in dem betreffenden Themenfeld „gewarnt" war und daher insoweit keinen Vertrauensschutz mehr genießt.

**Exkurs Ende**

## II. Wirksamkeit der Satzung

Eine Satzung, die unter Verletzung von Vorschriften der Gemeindeordnung zustande gekommen ist oder inhaltlich gegen höherrangiges Recht verstößt, ist grundsätzlich unwirksam.[862] *551*

Eine Heilungsmöglichkeit hinsichtlich materieller Fehler wurde in der Gemeindeordnung nicht normiert, allerdings können Verstöße gegen Verfahrens- und Formfehler nach § 4 IV GemO oder den §§ 214, 215 BauG unbeachtlich sein.[863]

Die Unbeachtlichkeitsvorschriften bewirken, dass sich Verfahrens- und Formfehler nach Zeitablauf (mit Wirkung erga omnes) rechtlich nicht mehr auswirken. Hierdurch wird die Unwirksamkeit einer Satzung vermieden, was zur Rechtssicherheit zugunsten der Gemeinde und der Bürger beiträgt.[864]

### 1. Unbeachtlichkeit nach § 4 IV GemO

**hemmer-Methode: Gem. § 4 V GemO gilt die Unbeachtlichkeit nach § 4 IV GemO auch für sonstiges Ortsrecht und Flächennutzungspläne. Zu dem sonstigen Ortsrecht gehören v.a. die Rechtsverordnungen. Die Unbeachtlichkeit von Verstößen gegen die Befangenheitsregelung gem. § 18 VI GemO brauchen Sie für Satzungen, sonstiges Ortsrecht und Flächennutzungspläne dagegen nicht anzusprechen.[865] Typische Anwendungsfälle für § 4 IV GemO sind Verfahrensfehler in der Gemeinderatssitzung (außer Befangenheit, vgl. § 18 GemO).**

#### a) Voraussetzungen der Unbeachtlichkeit

##### aa) Erfasste formelle Fehler

*Vorschriften der GemO*

**(1)** Von § 4 IV GemO werden nur Verstöße gegen Verfahrens- und Formvorschriften nach der GemO oder aufgrund der GemO erfasst. Vorschriften „aufgrund der GemO" sind die Rechtsverordnungen nach § 144 GemO,[866] nicht aber kommunalrechtliche Gesetze wie z.B. GKZ und KAG. *552*

862 Engel/Heilshorn, § 18 Rn. 35; Aker/Hafner/Notheis, § 4 GemO, Rn. 22; Ennuschat/Ibler/Remmert, § 1 Rn. 299; Lange, Kap. 12 Rn. 75.

863 Instruktiv hierzu Kunze/Bronner/Katz, § 4 GemO, Rn. 40 ff.; Aker/Hafner/Notheis, § 4 GemO, Rn. 24 ff.; Engel/Heilshorn, § 18 Rn. 34 ff.; Lange, Kap. 12 Rn. 65 ff.

864 Aker/Hafner/Notheis, § 4 GemO, Rn. 24; Kunze/Bronner/Katz, § 4 GemO, Rn. 40; Ennuschat/Ibler/Remmert, § 1 Rn. 299; Lange, Kap. 12 Rn. 65.

865 Ausführlich hierzu unter Rn. 199.

866 Kunze/Bronner/Katz, § 4 GemO, Rn. 41.

*Verfahrens- und Formvorschriften*

**(2)** Von § 4 IV GemO ausgenommen sind Verstöße gegen materielles Recht (z.B. unzulässige Rückwirkung oder Verstoß gegen Grundrechte)[867] sowie Zuständigkeitsverstöße.

*Ausnahmen*

**(3)** Bestimmte (durch den Landesgesetzgeber als besonders schwerwiegend eingestufte) Verfahrens- und Formvorschriften werden in § 4 IV S. 2 Nr. 1 GemO von der Unbeachtlichkeitsregelung ausgenommen.

Dies sind

⇨ die Vorschriften über die Sitzungsöffentlichkeit (§ 35 GemO),[868]

⇨ eine erforderliche Genehmigung oder

⇨ die Bekanntmachung der Satzung (§ 4 III S. 1 GemO).

*Ausfertigung*

Zur Bekanntmachung in diesem Sinn wird auch die Ausfertigung gezählt.[869] Begründung hierfür ist, dass die Ausfertigung ebenso wie die Begründung unabdingbare rechtsstaatliche Voraussetzung für die Geltung jeglicher Rechtsnorm ist und Ausfertigungsfehler deshalb nicht unbeachtlich sein sollen. 553

### bb) Ablauf eines Jahres

*Jahresfrist*

Eine Unbeachtlichkeit setzt voraus, dass ein Jahr seit der Bekanntmachung der Satzung verstrichen ist. Für die Fristberechnung gilt § 31 LVwVfG nicht direkt, da der Satzungserlass keine Verwaltungstätigkeit ist, die auf den Erlass eines Verwaltungsakts oder den Abschluss eines öffentlich-rechtlichen Vertrags gerichtet ist (§ 9 LVwVfG).[870] Die Vorschrift kann jedoch analog angewendet werden[871] oder die Vorschriften des BGB werden selbst analog angewendet ohne Rückgriff auf § 31 LVwVfG. 554

### cc) Kein Widerspruch des Bürgermeisters

*Widerspruch nach § 43 II GemO*

Hat der Bürgermeister dem Satzungsbeschluss widersprochen, so tritt die Unbeachtlichkeit nach § 4 IV GemO nicht ein. Dies bezieht sich auf das Widerspruchsrecht nach § 43 II GemO, wonach der Bürgermeister Beschlüssen des Gemeinderats widersprechen muss, wenn er der Auffassung ist, dass diese rechtswidrig sind. 555

*unverzüglicher Widerspruch erforderlich*

Eine Frist ist für den Widerspruch in § 4 IV GemO nicht vorgesehen. Nach § 43 II S. 2 GemO muss jedoch der Widerspruch unverzüglich, spätestens innerhalb einer Woche nach der Beschlussfassung erfolgen. Dies wird man i.R.d. § 4 IV S. 2 Nr. 2 GemO so verstehen müssen, dass ein verspäteter Widerspruch kein Widerspruch i.S.d. § 4 IV S. 2 Nr. 2 GemO ist.[872] Andernfalls könnte der Bürgermeister ohne zeitliche Begrenzung widersprechen, was dem Zweck der Unbeachtlichkeit nach § 4 IV GemO, Rechtssicherheit zu schaffen, völlig zuwiderlaufen würde.

867 Aker/Hafner/Notheis, § 4 GemO, Rn. 25; Kunze/Bronner/Katz, § 4 GemO, Rn. 42; Engel/Heilshorn, § 18 Rn. 38.

868 Wobei nicht nur ein Verstoß gegen das Gebot der Sitzungsöffentlichkeit in Betracht kommt, sondern ebenso die Abhaltung einer öffentlichen Sitzung, obwohl nichtöffentlich zu beraten war, dazu bereits unter Rn. 174.

869 Engel/Heilshorn, § 18 Rn. 16; Lange, Kap. 12 Rn. 46; Burgi, § 15 Rn. 24 und 28; OVG Magdeburg, LKV 2011, 89 (90).

870 Kopp/Ramsauer, § 31 VwVfG, Rn. 3.

871 Kopp/Ramsauer, § 31 VwVfG, Rn. 3.

872 Kunze/Bronner/Katz, § 4 GemO, Rn. 43; so wohl auch Aker/Hafner/Notheis, § 4 GemO, Rn. 27.

**hemmer-Methode: Die erste Alternative des § 4 IV S. 2 Nr. 2 GemO wird keine große praktische Bedeutung haben, denn widerspricht der Bürgermeister wegen Gesetzwidrigkeit, so wird er kaum die Satzung ausfertigen und bekanntmachen.[873] Denkbar erscheint dies allenfalls, wenn das Verfahren nach § 43 II GemO komplett „durchgezogen" wird. Lesen Sie § 43 II GemO! Bestätigt der Gemeinderat den zuvor gefassten Beschluss, so kann der Bürgermeister erneut widersprechen, muss dann jedoch die Entscheidung der Rechtsaufsichtsbehörde einholen.**
**Entscheidet Rechtsaufsichtsbehörde i.S.d. Gemeinderats, so muss der Bürgermeister den Beschluss ausführen, d.h. die Satzung ausfertigen und bekanntmachen. Ihm stehen keine Rechtsbehelfe zur Verfügung.[874]**

### dd) Keine Beanstandung der Rechtsaufsicht

*Beanstandung nach § 121 I GemO*

Die Unbeachtlichkeit ist ferner ausgeschlossen, wenn die Rechtsaufsicht innerhalb der Jahresfrist den Satzungsbeschluss beanstandet. Erforderlich ist also eine Maßnahme nach § 121 I S. 1 GemO. Eine Beanstandung durch die Rechtsaufsichtsbehörde ist auch noch nach (versehentlicher) Bestätigung der Gesetzmäßigkeit möglich,[875] sofern die Jahresfrist beachtet wird. 556

### ee) Keine Geltendmachung des Fehlers

*Fehler kann durch Einzelnen geltend gemacht werden*

Wird die Verletzung der Verfahrens- und Formvorschrift innerhalb der Jahresfrist gegenüber der Gemeinde unter Bezeichnung des Sachverhalts, der die Verletzung begründen soll, schriftlich oder elektronisch geltend gemacht, so tritt die Unbeachtlichkeit nicht ein. 557

*unbeschränkter Personenkreis*

Zu dieser Geltendmachung ist jedermann berechtigt. Insbesondere ist der Personenkreis nicht auf die Bürger der Gemeinde beschränkt.[876] Nicht erforderlich ist zudem, dass die Person durch die Satzung betroffen wird oder dies anführt. Eine spezielle Rügebefugnis ist nicht erforderlich (sog. Popularrüge).

*Angabe des fehlerbegründenden Sachverhalts*

Die Verletzung ist schriftlich und unter Bezeichnung des konkreten Sachverhalts geltend zu machen.[877] Es genügt nicht, wenn allgemeine Behauptungen erhoben oder Vermutungen geäußert werden.[878] Um keine zu hohen Anforderungen zu stellen und auch Rechtsunkundigen die erfolgreiche Geltendmachung zu ermöglichen, ist das Vorbringen laiengünstig auszulegen.

*Wirkung der erfolgreichen Geltendmachung*

Wird ein Fehler erfolgreich geltend gemacht, so hat dies zur Folge, dass § 4 IV GemO nicht eingreifen kann. Die Unbeachtlichkeit von Verfahrens- und Formfehlern ist damit ausgeschlossen. § 4 IV S. 3 GemO stellt klar, dass die Rüge erga omnes (Wortlaut: „jedermann") wirkt. 558

**hemmer-Methode: Dies ergibt sich bereits aus § 4 IV S. 2 Nr. 2 GemO, der die Nicht-Geltendmachung als negative Voraussetzung der Unbeachtlichkeit bestimmt. Die ausdrückliche Klarstellung in S. 3 entspricht zudem dem Grundsatz, dass die Geltung von Rechtsnormen personell unteilbar ist: Entweder sie sind gegenüber jedermann wirksam oder gegenüber jedermann unwirksam.**

---

873 Kunze/Bronner/Katz, § 4 GemO, Rn. 43. Dazu ist er im Fall des Widerspruchs wegen dessen aufschiebender Wirkung gem. § 43 II S. 3 GemO auch nicht verpflichtet, vgl. Aker/Hafner/Notheis, § 43 GemO, Rn. 16.

874 Vgl. im Einzelnen Aker/Hafner/Notheis, § 43 GemO, Rn. 18; Kunze/Bronner/Katz, § 43 GemO, Rn. 14.

875 Kunze/Bronner/Katz, § 4 GemO, Rn. 43; so wohl auch Aker/Hafner/Notheis, § 4 GemO, Rn. 28.

876 Aker/Hafner/Notheis, § 4 GemO, Rn. 28; Lange, Kap. 12 Rn. 66.

877 Die Rüge kann nach OVG Saarland, NVwZ 1990, 172 auch in einen Rechtsstreit mit der Gemeinde geltend gemacht werden. So auch Aker/Hafner/Notheis, § 4 GemO, Rn. 28.

878 Aker/Hafner/Notheis, § 4 GemO, Rn. 28; Kunze/Bronner/Katz, § 4 GemO, Rn. 43; Lange, Kap. 12 Rn. 66.

### ff) Hinweis bei der Bekanntmachung der Satzung

*Unbeachtlichkeit nur bei Hinweis möglich*

Gem. § 4 IV S. 4 GemO ist im Interesse des Rechtsschutzes der Betroffenen auf die Voraussetzungen für die Geltendmachung der Verfahrens- und Formfehler und die daraus resultierenden Rechtsfolgen bei der Bekanntmachung der Satzung hinzuweisen. 559

Unterbleibt dieser Hinweis oder ist er fehlerhaft, so hat dies zur Folge, dass eine Unbeachtlichkeit nach § 4 IV GemO nicht eintreten kann.[879]

**hemmer-Methode: Für die Rechtmäßigkeit und Wirksamkeit der Satzung ist der unterbliebene Hinweis nach § 4 IV S. 4 GemO unbeachtlich.[880] Parallelen lassen sich zur Rechtsbehelfsbelehrung nach § 58 I VwGO ziehen. Die fehlerhafte oder fehlende Rechtsbehelfsbelehrung hat ebenfalls auf die Rechtmäßigkeit des Verwaltungsakts keinen Einfluss. Sie führt lediglich dazu, dass die Monatsfristen der §§ 70 I, 74 I VwGO nicht gelten (sondern die Jahresfrist nach § 58 II S. 1 VwGO).**

### b) Die Wirkung der Unbeachtlichkeit nach § 4 IV GemO

*Wirksamkeit der Satzung*

Liegen die Voraussetzungen vor, so sind die erfassten Rechtsfehler (vgl. Rn. 552) unbeachtlich. § 4 IV GemO formuliert, „Satzungen ... gelten ... als von Anfang an gültig zustande gekommen“. 560

Dies bedeutet zunächst, dass die Satzung wirksam ist. Sie ist also „gültig“ i.S.v. § 47 I VwGO und stellt ebenso eine wirksame Rechtsgrundlage für belastende Maßnahmen dar.

**hemmer-Methode: Ob § 4 IV GemO nur die Wirksamkeit der Satzung herbeiführt oder sogar ihre Rechtmäßigkeit, ist im Wesentlichen eine dogmatische Frage. In aller Regel kommt es nur auf die Wirksamkeit und nicht auf die Rechtmäßigkeit an.[881]**

Dies gilt unproblematisch für die Zeit nach Ablauf der Jahresfrist. Da § 4 IV GemO anordnet, dass die Satzung „von Anfang an gültig“ sein soll, ist auch für die Zeit vor Ablauf des Jahres von der Gültigkeit auszugehen, sobald die Jahresfrist abgelaufen ist. 561

*maßgeblicher Zeitpunkt*

Dies kann nur dann relevant werden, wenn es auf die Rechtslage in diesem Zeitraum ankommt. Hierzu folgendes

> **Bsp.:** *Der Gemeinderat beschließt eine Satzung über die Wassergebühren. In der Sitzung war der Gemeinderat jedoch nicht beschlussfähig. Ansonsten hat die Satzung keine Rechtsfehler. Die Satzung wird am 15.01. bekanntgemacht. Ein ordnungsgemäßer Hinweis nach § 4 IV S. 4 GemO liegt ebenfalls vor. Am 01.08. wird W aufgrund der Satzung durch Bescheid zu Wassergebühren für die zurückliegenden Monate Februar bis Juni in Höhe von 300 € herangezogen. Der ordnungsgemäße Widerspruch wird im September zurückgewiesen. W klagt rechtzeitig gegen den Bescheid. Wie muss das Verwaltungsgericht entscheiden, wenn mittlerweile der 16.01. des Folgejahres abgelaufen ist?*
>
> Die Klage hat Erfolg, wenn sie zulässig und begründet ist.
>
> I. Zulässigkeit der Klage
>
> 1. Der Verwaltungsrechtsweg ist gem. § 40 I S. 1 VwGO eröffnet. Insbesondere liegt nicht die abdrängende Sonderzuweisung nach § 33 FGO vor, denn dieser erfasst nicht die Kommunalabgaben.

879 Kunze/Bronner/Katz, § 4 GemO, Rn. 44; Aker/Hafner/Notheis, § 4 GemO, Rn. 28; Lange, Kap. 12 Rn. 72.

880 Kunze/Bronner/Katz, § 4 GemO, Rn. 44. Da § 4 IV S. 4 GemO damit keine Verfahrens- oder Formvorschrift ist, kommt auch eine „Unbeachtlichkeit“ eines Verstoßes nach § 4 IV GemO selbst nicht in Betracht.

881 Anders u.U. im Zusammenhang mit Schadensersatzansprüchen wegen rechtswidrigen Verhaltens, z.B. eine Amtshaftung gem. § 839 BGB i.V.m. Art. 34 S. 1 GG. Vgl. zu dem Parallelproblem des § 46 VwVfG Kopp/Ramsauer, § 46 VwVfG, Rn. 1.

2. Statthaft ist die Anfechtungsklage, denn W begehrt die Aufhebung eines Verwaltungsakts i.S.d. § 35 S. 1 VwVfG.

3. Als Adressat eines belastenden Verwaltungsakts ist er möglicherweise in seinem Grundrecht aus Art. 2 I GG verletzt und damit gem. § 42 II VwGO klagebefugt.

4. Das erforderliche Vorverfahren wurde ordnungsgemäß und erfolglos durchgeführt. Insbesondere war der Widerspruch auch statthaft, denn gegen Kommunalabgabenbescheide findet das Widerspruchsverfahren nach §§ 68 ff. VwGO statt, nicht das abgabenrechtliche Einspruchsverfahren.

5. W hat auch die Klagefrist nach § 74 I S. 1 VwGO eingehalten.

II. Begründetheit der Klage

Die Klage ist begründet, soweit der Verwaltungsakt rechtswidrig und W in seinen Rechten verletzt ist, § 113 I S. 1 VwGO.

1. Rechtsgrundlage für den Verwaltungsakt könnte die Satzung über die Wassergebühren sein. Voraussetzung hierfür ist, dass die Satzung wirksam ist.

Da der Gemeinderat bei dem Satzungsbeschluss nicht beschlussfähig war, verstößt die Satzung gegen § 37 GemO. Dieser Fehler könnte jedoch nach § 4 IV GemO geheilt sein.

Der Verstoß gegen die Beschlussfähigkeit nach § 37 GemO ist ein Verfahrensfehler nach der GemO, der auch nicht nach § 4 IV S. 2 Nr. 1 GemO von der Unbeachtlichkeit ausgeschlossen ist.

Die Jahresfrist ist mittlerweile abgelaufen. Ein Widerspruch des Bürgermeisters oder eine Beanstandung durch die Rechtsaufsicht liegen nicht vor.

Auch wurde der Fehler nicht schriftlich geltend gemacht. Dies könnte zwar in dem Widerspruch des W geschehen sein, wenn W diesen etwa damit begründet hätte, dass bei dem Satzungsbeschluss „nicht genügend Gemeinderäte anwesend waren". Davon kann aber nicht ausgegangen werden. Ein solcher Inhalt des Widerspruchsschreibens kann nicht angenommen werden.

Da auch der Hinweis nach § 4 IV S. 4 GemO ordnungsgemäß erteilt wurde, liegen die Voraussetzungen der Unbeachtlichkeit vor. Damit ist von der Wirksamkeit auszugehen.

Da die Wirksamkeit der Satzung von Anfang an anzunehmen ist, hat das Gericht von einer wirksamen Satzung insbesondere auch für die Zwischenzeit nach Bekanntmachung und vor Ablauf der Jahresfrist auszugehen. Würde § 4 IV GemO dagegen nur zu einer Wirksamkeit „ex nunc" führen, so würde der Bescheid nicht davon erfasst. Demnach ist die Satzung wirksam und Rechtsgrundlage für den Bescheid. Sofern der Bescheid im Übrigen rechtmäßig ist, ist die Klage des W unbegründet und damit nicht erfolgreich.

**hemmer-Methode: Merken können Sie sich, dass es nur darauf ankommt, ob vor oder nach Ablauf der Jahresfrist die Wirksamkeit der Satzung zu beurteilen ist, d.h. insbesondere auf den Zeitpunkt der Entscheidung des Gerichts. Entscheidet das Gericht vor Ablauf der Jahresfrist, so kann es nicht von der Wirksamkeit der Satzung ausgehen, da dann die Voraussetzungen des § 4 IV GemO (noch) nicht vorliegen. Das gilt auch für die Normenkontrolle nach § 47 I VwGO. Bei der Entscheidung des Gerichts nach Ablauf der Jahresfrist kommt es in anderen prozessualen Konstellationen ohnehin nicht auf diese „Rückwirkung" an. Denn in der Verpflichtungssituation kommt es für den Anspruch des Klägers in aller Regel auf den Zeitpunkt der letzten mündlichen Verhandlung an.**

### 2. §§ 214 ff. BauGB

*gelten für Verfahrens- und Formvorschriften des BauGB*

Unbeachtlichkeitsvorschriften für die Bauleitpläne enthalten auch die §§ 214 ff. BauGB.[882] 562

## III. Prüfungsschema

*Prüfungsschema*

Ausgangspunkt ist die Frage nach der Wirksamkeit (Gültigkeit) der Satzung. Dies gilt sowohl für die „prinzipale" Kontrolle (Normenkontrolle nach § 47 I VwGO) als auch bei der Klage gegen einen belastenden Verwaltungsakt auf Grundlage einer kommunalen Satzung, für die es ebenfalls darauf ankommt, ob die Satzung wirksam ist. 563

Bei der prinzipalen Kontrolle gemeindlicher Satzungen bietet sich folgende Prüfungsreihenfolge an:

**I. Rechtmäßigkeit der Satzung**

1. Bezeichnung der gesetzlichen Rechtsgrundlage
2. Formelle Rechtmäßigkeit
   a) Zuständigkeit
      aa) Verbandszuständigkeit: sachlich und örtlich
      bb) Organzuständigkeit: Gemeinderat, § 24 I GemO; in Eilfällen ggf. Bgm. gem. § 43 IV GemO (str.)
   b) Verfahren
      aa) Beschlussfassung im Gemeinderat
      bb) Spezialgesetzliche Verfahrensanforderungen (z.B. für den Bebauungsplan, §§ 3, 4 BauGB)
      cc) Genehmigung, sofern ausnahmsweise erforderlich
   c) Form
      aa) Ausfertigung
      bb) Öffentliche Bekanntmachung, § 4 III S. 1 GemO i.V.m. § 1 DVO GemO; Bekanntmachungssatzung der Gemeinde, in der eine der drei Formen des § 1 I DVO GemO festgelegt sein muss
3. Materielle Rechtmäßigkeit
   a) Voraussetzungen der Ermächtigung und Vereinbarkeit mit sonstigen rechtlichen Vorgaben
   b) Satzungsermessen unter Beachtung der Vorgaben und höherrangigen Rechts (Grundrechte, Bestimmtheit, Verhältnismäßigkeit, Rückwirkungsverbot)

**II. Wirksamkeit der Satzung**

1. Unbeachtlichkeit von Rechtsfehlern nach § 4 IV GemO, ggf. § 18 GemO (hinsichtlich des Satzungsbeschlusses)
2. Spezielle Unbeachtlichkeitsvorschriften, z.B. §§ 214 ff. BauGB

*Inzidentkontrolle der Satzung*

Dem Bürger steht auch die Möglichkeit offen, einen auf der Grundlage einer Satzung erlassenen Verwaltungsakt anzufechten. Das Gericht überprüft dann inzident die Rechtmäßigkeit der Satzung. 564

> **Bsp.:** *Die passionierte Schwimmerin Jana trägt entgegen der Benutzungssatzung eines kommunalen Schwimmbades keine Bademütze. Die Satzung enthält eine Eingriffsermächtigung für die Durchsetzung der Bademützenpflicht.*

882 Ausführlich hierzu **Hemmer/Wüst, Baurecht Baden-Württemberg, Rn. 622 ff.**

*Zulässigkeit*

Richtet sich der Bürger im Wege der Anfechtungs- oder Fortsetzungsfeststellungsklage gegen einen Verwaltungsakt, der aufgrund einer Satzung ergangen ist, so ergeben sich i.R.d. Zulässigkeit der Klage keine Besonderheiten. 565

*Begründetheit*

In der Begründetheit ist dann innerhalb der Überprüfung der Rechtmäßigkeit des VA unter dem Prüfungspunkt „materielle Rechtmäßigkeit - Wirksamkeit der Rechtsgrundlage" die Rechtmäßigkeit der Satzung zu prüfen, es kommt also zu einer Schachtelprüfung:

**Überprüfung eines VA auf Grundlage einer Satzung:**

**I.** Rechtsgrundlage für den VA: Norm in der Satzung

**II.** Formelle Rechtmäßigkeit des VA

**III.** Materielle Rechtmäßigkeit des VA

- **1.** Wirksamkeit der Rechtsgrundlage
  - a) Rechtsgrundlage für die Satzung
  - b) Formelle Rechtmäßigkeit der Satzung
  - c) Materielle Rechtmäßigkeit der Satzung
- **2.** Subsumtion des VA unter die Norm der Satzung

**IV.** Ermessen, Verhältnismäßigkeit etc.

## C. Rechtsverordnungen

*Delegation von Rechtsetzungsgewalt*

Die Exekutive kann (unter den Voraussetzungen des Art. 80 I S. 4 bzw. Art. 61 I LV) auch Rechtsverordnungen erlassen, um bestimmte Aufgabenbereiche zu regeln. Rechtsverordnungen sind Ausdruck der Dekonzentration, indem der staatliche Gesetzgeber einen Teil seiner Rechtsetzungsgewalt delegiert.[883] Nach Art. 80 I S. 4 GG kann per Gesetz eine der Regierung bzw. dem Minister eingeräumte Rechtsetzungsermächtigung „weiter übertragen werden". Hiervon ist vielfach zugunsten der Gemeinden Gebrauch gemacht worden. 566

Wichtigster Fall ist der Erlass einer Polizeiverordnung nach § 10 I i.V.m. § 1 I PolG durch den Bürgermeister als Ortspolizeibehörde.[884] Die §§ 12 ff. PolG enthalten spezielle Verfahrens- und Formvorschriften und Aussagen zur Reichweite des staatlichen Zugriffs (Zustimmungsvorbehalte und Weisungsbefugnisse), die denen der Gemeindeordnung vorgehen. Soweit ein Beschluss des Gemeinderats erforderlich ist (vgl. § 15 PolG), gelten hierfür die kommunalrechtlichen Normierungen.

**hemmer-Methode: Gem. § 15 PolG bedürfen alle Polizeiverordnungen, die länger als einen Monat gelten sollen, der Zustimmung des Gemeinderats bzw. des jeweiligen Kollegialorgans (Kreistag, Verbandsversammlung, gemeinsamer Ausschuss).[885] D.h., es müssen die kommunalrechtlichen Einberufungs- und Beschlussfähigkeitsvorschriften erfüllt sein.**

***Bsp.:*** *Nach § 10 I i.V.m. § 1 I PolG kann das Verhalten im öffentlichen Raum (z.B. auf öffentlichen Plätzen) durch gemeindliche Rechtsverordnung reglementiert werden. Verhaltensmaßstäbe innerhalb gemeindlicher öffentlicher Einrichtungen werden in Erledigung einer Selbstverwaltungsaufgabe nach § 4 I GemO durch Satzung bestimmt.*

883 Da im Bereich der kommunalen Satzungen keine Regelungszuständigkeit delegiert wird, ist Art. 80 I GG auf den Satzungserlass nicht anwendbar, vgl. BVerfGE 97, 332 (362); Lange, Kap. 12 Rn. 5; Engel/Heilshorn, § 18 Rn. 5; Ennuschat/Ibler/Remmert, § 1 Rn. 285.

884 Ausführlich zu den Polizeiverordnungen **Hemmer/Wüst, Polizeirecht Baden-Württemberg, Rn. 675 ff.**

885 Sog. Demokratisierung des Polizeirechts, vgl. Würtenberger/Heckmann, Rn. 707; Belz/Mussmann/Kahlert/Sander, § 15 PolG, Rn. 1.

## § 11 VERTIEFEND:[886] KOMMUNALABGABEN

### A. Überblick

#### I. Die Finanz- und Abgabenhoheit

*Ausfluss des Selbstverwaltungsrechts*

Wesentlicher Bestandteil des gemeindlichen Selbstverwaltungsrechts aus Art. 28 II S. 1, 3 GG bzw. Art. 71 I LV ist die Finanzhoheit.[887] Denn ohne eigene Finanzmittel ist eine eigenverantwortliche Aufgabenerfüllung nicht möglich und die Selbstverwaltung wäre weitgehend staatlicher Bestimmung ausgesetzt.[888] 567

Die Finanzhoheit gewährleistet den Gemeinden - i.R.d. Gesetze - über eine aufgabenadäquate Finanzausstattung (vgl. Art. 106 V - IX GG) hinaus auch einen gewissen eigenen Gestaltungsspielraum bei der Mittelbeschaffung und -bewirtschaftung, d.h. Einnahme-, Ausgabe- und Haushaltshoheit.[889] Insbesondere ist deshalb das System staatlicher Mittelzuweisungen so zu gestalten, dass ein Höchstmaß an gemeindlicher Eigenverantwortlichkeit sowohl bezüglich der Einnahmen- als auch der Ausgabenentscheidungen gewährleistet ist.

*Steuerfindungsrecht nach § 9 IV KAG*

Das Selbstverwaltungsrecht umfasst dagegen nicht ein Steuerfindungsrecht (= Recht, neben den gesetzlich geregelten Steuern neue Steuern einzuführen und zu erheben).[890] Ein beschränktes Steuerfindungsrecht ergibt sich zumindest aus Art. 105 IIa GG i.V.m. § 9 IV KAG (vgl. auch Art. 73 II LV), der den Gemeinden die Möglichkeit gibt, örtliche Verbrauchs- und Aufwandsteuern einzuführen, solange und soweit diese nicht bundesgesetzlich geregelten Steuern gleichartig sind (hierzu unter Rn. 595). 568

**hemmer-Methode: Unterscheiden Sie die beiden Möglichkeiten von Gemeindesteuern. Bei der Steuererhebung durch die Gemeinden geht es darum, dass die Gemeinden Steuern, die in Gesetzen vorgesehen sind, erheben und ihnen die Einnahmen ganz oder teilweise zufließen. Dies ist verfassungsrechtlich gewährleistet, insbesondere in Art. 73 II LV. Bei der Steuerfindung geht es darum, dass die Gemeinde selbst die Steuer einführt, d.h. eine entsprechende Steuersatzung erlässt, aus der sich die Steuerpflicht ergibt.**

Die Gemeinden erzielen Einnahmen aus folgenden „Quellen“:[891] 569

- Abgaben (Steuern, Gebühren, Beiträge und sonstige Abgaben),
- kommunaler Finanzausgleich[892] und
- sonstige Einnahmen nach öffentlichem oder privatem Recht.

#### II. Begriff und Einteilung der Kommunalabgaben

*Begriff der Kommunalabgabe*

Unter Kommunalabgaben versteht man Geldleistungen, die der Staat oder andere Hoheitsträger zur Erzielung von Einnahmen kraft öffentlichen Rechts in Anspruch nimmt.[893] Kommunalabgaben sind solche Abgaben, deren Gläubiger eine kommunale Körperschaft (Gemeinden und Kreise) ist. 570

886 Das Kommunalabgabenrecht gehört weder in der staatlichen Pflichtfachprüfung noch im Assessorexamen zum Pflichtstoff, vgl. § 8 II Nr. 9 und § 51 I Nr. 9 JAPrO.

887 Hierzu bereits unter Rn. 18.

888 StGH Baden-Württemberg, VBlBW 1994, 52; grundlegend StGH Baden-Württemberg, BWVBl 1956, 168 (169).

889 BVerwGE 26, 228 (244); StGH Baden-Württemberg, VBlBW 1999, 294.

890 Jarass/Pieroth, Art. 28 GG, Rn. 14; Burgi, § 18 Rn. 4; Engel/Heilshorn, § 20 Rn. 27; Lange, Kap. 15 Rn. 39.

891 Engel/Heilshorn, § 20 Rn. 19; Lange, Kap. 15 Rn. 5.

892 Ausführlich zu diesen Finanzzuweisungen Engel/Heilshorn, § 20 Rn. 30-42; Lange, Kap. 15 Rn. 15-20.

893 BVerfGE 13, 181 (198); Faiß, § 1 KAG, Rn. 5; Siegel, JuS 2008, 1071 (1072); Lange, Kap. 15 Rn. 6.

*vier Abgabenarten*

Üblicherweise werden vier Abgabenarten unterschieden:

*Steuern*

Steuern sind entsprechend der Legaldefinition des § 3 I S. 1 AO (der gem. § 3 I Nr. 1b KAG auch für die kommunale Steuer gilt) Geldleistungen, die nicht eine Gegenleistung für eine besondere Leistung darstellen und von einem öffentlich-rechtlichen Gemeinwesen zur Erzielung von Einnahmen allen auferlegt werden, bei denen der Tatbestand zutrifft, an den das Gesetz die Leistungspflicht knüpft. Ist die Erzielung von Einnahmen Nebenzweck, spricht man von einer Lenkungssteuer (dazu unter Rn. 596). 571

**hemmer-Methode: Sie brauchen diese Definition nicht auswendig lernen. Sie ist für die Anwendbarkeit der AO maßgeblich. Für die Kommunalabgaben ist nur ein Aspekt der Definition wichtig, den Sie sich merken müssen: dass Steuern keine Gegenleistung für eine besondere staatliche Leistung sind. Dies unterscheidet die Steuer nämlich von den anderen Abgabenarten.**

*Gebühren*

Gebühren sind öffentlich-rechtliche Geldleistungen, die dem Gebührenschuldner aus Anlass individual zurechenbarer Leistungen als Gegenleistung auferlegt werden.[894] Je nach der Art der staatlichen Leistung werden Benutzungsgebühren und solche für öffentliche Leistungen (insbes. Verwaltungsgebühren) unterschieden.[895] Bei der Verwaltungsgebühr besteht die staatliche Leistung in einer Amtshandlung (z.B. Erteilung einer Baugenehmigung), §§ 11, 12 KAG. Benutzungsgebühren werden für die Benutzung öffentlicher Einrichtungen erhoben (z.B. Anmietung einer Stadthalle oder Wasser- und Abwassergebühren), § 13 I S. 1 KAG. 572

*Beiträge*

Beiträge sind öffentlich-rechtliche Geldleistungen, die auf den Ersatz des Aufwandes für die Anschaffung, die Herstellung oder den Ausbau öffentlicher Einrichtungen gerichtet sind (z.B. Erschließungs- oder Fremdenverkehrsbeiträge), § 20 I S. 1 KAG.[896] Von der Gebühr unterscheidet sich der Beitrag dadurch, dass für die Erhebung schon die bloße Möglichkeit der Inanspruchnahme einer öffentlichen Leistung ausreicht. 573

*Sonderabgaben*

Als sonstige Abgaben (sog. Sonderabgaben) werden diejenigen Geldleistungspflichten bezeichnet, die weder Steuern, Gebühren oder Beiträge sind.[897] 574

***Bspe.:*** *Stellplatzablöse nach § 37 VI LBO; Kurtaxe, § 43 KAG*

**hemmer-Methode: Diese Einteilung der Abgabenarten wird nicht nur im Bereich der Kommunalabgaben vorgenommen, sondern bei allen staatlichen Abgaben.[898]**

## B. Allgemeines

### I. Rechtsgrundlagen für einzelne Kommunalabgaben

*Sonderregelungen im Bundesrecht*

Das Aufkommen der wichtigsten Gemeindesteuern ist bereits durch das Grundgesetz den Gemeinden zugewiesen und in Bundesgesetzen näher ausgestaltet. Über die Grund- und Gewerbesteuer (sog. Realsteuern) haben die Gemeinden nach Art. 106 VI GG die vollständige Ertragshoheit.[899] 575

894 BVerfGE 110, 370 (388); Engel/Heilshorn, § 20 Rn. 29; Lange, Kap. 15 Rn. 12.

895 Engel/Heilshorn, § 20 Rn. 29; Lange, Kap. 15 Rn. 12.

896 BVerfGE 92, 91 (115); 110, 370 (388); Engel/Heilshorn, § 20 Rn. 29; Lange, Kap. 15 Rn. 13.

897 Lange, Kap. 15 Rn. 12 und 170 ff.; Siegel, JuS 2008, 1071 (1074). Instruktiv zu den Sonderabgaben vgl. **Hemmer/Wüst, Staatsrecht II, Rn. 312.**

898 Ausführlich zur Finanzverfassung des Grundgesetzes vgl. **Hemmer/Wüst, Staatsrecht II, Rn. 293 ff.**

899 Jarass/Pieroth, Art. 106 GG, Rn. 15; Lange, Kap. 15 Rn. 9.

Den Gemeinden wird zudem das Recht eingeräumt, die Hebesätze i.R.d. Gesetze (GewStG, GrStG)[900] festzusetzen, womit diese über die Höhe dieser Steuern wesentlich mitbestimmen.

Die wichtigste Steuerertragsquelle der Gemeinden ist der Anteil am Aufkommen der Einkommensteuer, welcher gem. Art. 106 V GG auf Grundlage der Einkommensteuerleistungen ihrer Einwohner vom Land an die Gemeinden weiterzuleiten ist.[901] Daneben erhält die Gemeinde nach Art. 106 Va GG einen Anteil am Aufkommen der Umsatzsteuer, der auf Grundlage eines orts- und wirtschaftsbezogenen Schlüssels vom Land an die Gemeinden weitergeleitet wird.

*Kommunalabgaben auf Grundlage des KAG*

Weitere Kommunalabgaben werden auf Grundlage des KAG in Verbindung mit einer kommunalen Satzung durch Verwaltungsakt erhoben.[902] Rechtsgrundlagen für kommunalabgabenrechtliche Satzungen bestehen u.a. für 576

- ⇨ Hundesteuern, § 9 III KAG
- ⇨ örtliche Verbrauchs- und Aufwandsteuern, § 9 IV KAG
- ⇨ Verwaltungsgebühren, §§ 11, 12 KAG
- ⇨ Benutzungsgebühren, § 13 KAG
- ⇨ Gebühren für die straßenrechtliche Sondernutzung nach § 19 StrG
- ⇨ Beiträge für bestimmte öffentliche Einrichtungen, § 20 KAG
- ⇨ Erschließungsbeiträge, §§ 127 ff. BauGB
- ⇨ Kostenersatz für Haus- und Grundstücksanschlüsse, § 43 KAG
- ⇨ Kurtaxe, § 43 KAG
- ⇨ Fremdenverkehrsbeiträge, § 44 KAG[903]

## II. Abgabensatzungen

*satzungsrechtliche Grundlage*

Nach § 2 I S. 1 KAG werden Kommunalabgaben aufgrund einer Satzung erhoben (Satzung als normative Grundlage der Abgabenerhebung). Das Kommunalabgabengesetz enthält in § 9 II - IV, § 10 II und den §§ 11 - 44 derartige Ermächtigungen. 577

Abgaben dürfen wegen der damit verbundenen Grundrechtseingriffe nicht schon aufgrund der allgemeinen Satzungsermächtigung der Gemeindeordnung erhoben werden. Dennoch gelten für Kommunalabgabensatzungen die Vorgaben des § 4 GemO und die übrigen einschlägigen Bestimmungen des Kommunalrechts.[904]

### 1. Mindestinhalt aller Abgabensatzungen

*Mindestinhalt, § 2 I S. 2 KAG*

Nach § 2 I S. 2 KAG soll die Satzung insbesondere den Kreis der Abgabenschuldner, den Gegenstand, an den die Abgabe geknüpft ist, den Maßstab und den Satz der Abgabe sowie die Entstehung und die Fälligkeit der Abgabenschuld bestimmen. Eine Abweichung von dieser Sollvorschrift muss sachlich geboten sein, andernfalls ist die Abgabensatzung rechtswidrig und unwirksam. 578

900 Grundlage der Steuerbescheide sind das Grundsteuergesetz (GrStG) und das Gewerbesteuergesetz (GewStG). Diese Steuerbescheide räumen den Gemeinden das Recht zur Festsetzung eines Hebesatzes (dabei handelt es sich um eine Prozentzahl, die in der Haushaltssatzung festgeschrieben wird) ein, mit dem die Steuer festgesetzt und erhoben wird, vgl. § 25 GrStG und § 16 GewStG. Instruktiv hierzu Lange, Kap. 15 Rn. 54-57.

901 Jarass/Pieroth, Art. 106 GG, Rn. 13; Lange, Kap. 15 Rn. 8. Der Ertrag ist relativ gleichbleibend, wohingegen die Gewerbesteuererträge je nach Konjunkturlage schwanken.

902 Engel/Heilshorn, § 20 Rn. 29; Lange, Kap. 15 Rn. 71 und 77.

903 Eine instruktive Fallbearbeitung zur Erhebung eines Fremdenverkehrsbeitrags bietet Schaefer, Beilage VBlBW Heft 7/2012, 16-20.

904 Faiß, § 2 KAG, Rn. 3; Siegel, JuS 2008, 1071 (1073). Hierzu bereits ausführlich unter Rn. 515 ff.

*Gegenstand der Abgabe*

**aa)** Der Gegenstand der Abgabe ist der Tatbestand (Vorgang oder Merkmal), an den die Erhebung der Abgabe geknüpft ist.[905] 579

*Bspe.: Das Halten eines Hundes im Gemeindegebiet bei der Hundesteuer, § 9 III KAG; die Veranlassung einer Amtshandlung bei Verwaltungsgebühren, § 11 KAG; die Benutzung einer öffentlichen Einrichtung bei Benutzungsgebühren, § 13 KAG.*

*Abgabenschuldner*

**bb)** Die Satzung soll den Abgabenschuldner bestimmen. Der Kreis der Abgabenschuldner folgt bei der Steuer in der Regel aus dem Steuertatbestand. 580

*Bsp.: Abgabenschuldner der Hundesteuer nach § 9 III KAG ist der Hundehalter; Abgabenschuldner einer Zweitwohnungssteuer der Halter der Zweitwohnung etc. Für die Anschluss- und Erschließungsbeiträge nach § 20 KAG legt § 21 KAG bereits den Beitragsschuldner fest (früherer/späterer Eigentümer, Erbbauberechtigter).*

Die Bestimmung des Abgabenschuldners steht auch i.Ü. in engem Zusammenhang mit dem Gegenstand der Abgabe. Für einen einzelnen Abgabengegenstand kommen jedoch theoretisch u.U. verschiedene Abgabenschuldner in Betracht.

*Bsp.: Abgabenschuldner einer Benutzungsgebühr sind diejenigen, die die öffentliche Einrichtung in Anspruch nehmen. Bei sog. Hausgebühren sind dies die dinglich oder obligatorisch Berechtigten (Mieter, Pächter).*

*Abgabenmaßstab*

**cc)** Die Satzung muss angeben, wie eine Abgabe der Höhe nach zu bemessen ist. Sie muss den Abgabenmaßstab (sog. Bemessungsgrundlage) festlegen.[906] 581

*Bspe.: Einfachster Maßstab ist eine einheitliche, pauschale Festlegung. So kann die Hundesteuersatzung bestimmen, dass Maßstab das Halten (mindestens) eines Hundes ist. Üblicherweise ist der Maßstab in diesen Fällen jedoch die Zahl der gehaltenen Hunde. Maßstab für die Wassergebühr ist in der Regel, wie viel Liter Wasser ein Abgabenschuldner bezogen hat. Maßstab für Beiträge nach § 20 KAG kann u.a. die Größe des Grundstücks sein.*

*Abgabensatz*

Der Abgabensatz bezeichnet die Höhe der Abgabe nach „Einheiten“. Bestimmtheitsgebot und Abgabengerechtigkeit erfordern, dass Abgaben in möglichst festen Sätzen und so zu bestimmen sind, dass die Belastung für den Abgabenschuldner vorhersehbar und berechenbar ist.[907] 582

*Bspe.: Der jährliche Abgabensatz bei der Hundesteuer beträgt in der Landeshauptstadt Stuttgart 108 € für den Ersthund und 216 € für jeden weiteren Hund. Für einen gefährlichen Hund bzw. Kampfhund werden 612 € erhoben. Die Zweitwohnungssteuer wird nach dem jährlichen Mietaufwand berechnet und beträgt 10 % der Jahresnettokaltmiete.*

*Abgabenschuld*

Die Abgabenschuld entsteht durch Verwirklichung des Abgabentatbestandes, an den die Satzung den Anspruch des Erhebungsberechtigten knüpft. Dieser Entstehungszeitpunkt ist in der Abgabensatzung zu konkretisieren. 583

*Bspe.: Beginn des Kalenderjahres; Zeitpunkt der Verwirklichung des Abgabentatbestandes, an den die Satzung die Leistungspflicht knüpft.*

905 Faiß, § 2 KAG, Rn. 6; Siegel, JuS 2008, 1071 (1073).

906 Faiß, § 2 KAG, Rn. 6; Siegel, JuS 2008, 1071 (1073).

907 VGH Mannheim, DÖV 2010, 447; VBlBW 1984, 27; Staatsgerichtshof Baden-Württemberg, BWVPr 1980, 85; Faiß, § 2 KAG, Rn. 6.

## 2. Grundsätze des Abgabenrechts

*Bestimmtheit*

**a)** Wie andere Rechtsvorschriften auch, müssen Abgabensatzungen dem rechtsstaatlichen Bestimmtheitsgrundsatz genügen. Dessen Vorgaben werden bereits in § 2 I S. 2 KAG weitgehend konkretisiert. Zu beachten ist, dass die Auslegungsbedürftigkeit von Satzungsregelungen der verfassungsrechtlich gebotenen Bestimmtheit nicht entgegensteht.[908] Angesichts der Vielgestaltigkeit und Kompliziertheit der zu erfassenden Vorgänge gelingt es nicht immer, einen Abgabetatbestand mit genau erfassbaren Maßstäben zu umschreiben. 584

Das Bestimmtheitsgebot steht daher der Normierung eines Auffangtatbestandes nicht schlechthin entgegen. Es ist dann Sache der Verwaltungsbehörden und der Verwaltungsgerichte, die bei der Gesetzesauslegung verbleibenden Zweifelsfragen mithilfe der anerkannten Auslegungsregeln zu beantworten.[909]

*Verhältnismäßigkeit*

**b)** Zudem ist der Grundsatz der Verhältnismäßigkeit zu beachten. Dies bedeutet allgemein, dass eine bestimmte Abgabe den Abgabenschuldner nicht übermäßig belasten darf. Soweit es sich um Abgaben handelt, die für eine staatliche Leistung erhoben werden (d.h. Gebühren und Beiträge), ist die Verhältnismäßigkeit im sog. Äquivalenzprinzip konkretisiert (hierzu ausführlich unter Rn. 608). Dieses besagt, dass die Zahlungspflicht im Verhältnis zu der staatlichen Leistung stehen muss.[910] 585

Für Steuern bedeutet Verhältnismäßigkeit insbesondere ein Erdrosselungsverbot. Eine Steuer darf nicht so hoch sein, dass dies einem Verbot des Verhaltens, an das die Steuerpflicht anknüpft, gleichkommt. Eine solche staatliche Abgabe ist nicht auf Einnahmeerzielung gerichtet und wegen des konfiskatorischen Charakters mit Art. 14 I GG (und Art. 105 IIa GG) unvereinbar.[911] Die bloße Auferlegung von Geldleistungspflichten berührt den Schutzbereich des Grundrechts auf Eigentum hingegen nicht.[912]

**Bspe.:** *Nach der Rspr. des BVerwG[913] kommt einer Kampfhundesteuer i.H.v. 2.000 € eine solche „erdrosselnde Wirkung" zu. Hintergrund ist das damit verbundene faktische Verbot der Haltung solcher Hunde.*

*Rückwirkungsverbot*

**c)** Bedeutung erlangt das ebenfalls im Rechtsstaatsprinzip verankerte Rückwirkungsverbot. In der kommunalen Praxis werden zur Nachbesserung bereits erfolgter Rechtsetzung fehlerfreie Satzungen mit Wirkung für die Vergangenheit erlassen.[914] Eine echte Rückwirkung, d.h. die Anknüpfung von Rechtsfolgen an einen in der Vergangenheit bereits abgeschlossenen Sachverhalt, ist zulasten des Einzelnen grundsätzlich unzulässig (hierzu bereits unter Rn. 550). 586

**d)** Zu beachten ist zudem der aus Art. 3 I GG abgeleitete Grundsatz der Abgabengerechtigkeit (sog. Gleichmäßigkeit der Abgabenerhebung).[915] An diesem muss sich neben dem Grund einer Abgabenschuld auch deren Höhe messen lassen. Hierbei sind allerdings die an den Satzungsgeber zu stellenden Anforderungen nicht zu überspannen. 587

908 BVerwG, NVwZ 2006, 589 (594); Faiß, § 2 KAG, Rn. 5; Siegel, JuS 2008, 1071 (1073).

909 BVerwG, NVwZ 2008, 911 (913); NVwZ 2006, 589 (594); Faiß, § 2 KAG, Rn. 5; Siegel, JuS 2008, 1071 (1073).

910 VGH Mannheim, VBlBW 2011, 353 (355); BVerwG, NVwZ 1988, 159 (160); Siegel, JuS 2008, 1071 (1073).

911 Jarass/Pieroth, Art. 105 GG, Rn. 20; BVerfGE 87, 153 (169). Instruktiv hierzu Jarass/Pieroth, Art. 14 GG, Rn. 29;.

912 Burgi, § 18 Rn. 14; Jarass/Pieroth, Art. 14 GG, Rn. 29; Kingreen/Poscher, Staatsrecht II, Rn. 1039.

913 BVerwGE 150, 225 = **Life&LAW 02/2015, 109** = JuS 2015, 381 (Anm. Selmer); Faiß, § 9 KAG, Rn. 11.

914 Lange, Kap. 15, Rn. 85; Siegel, JuS 2008, 1071 (1073).

915 VGH Mannheim, Gemeindehaushalt 2013, 22 (Fremdenverkehrsbeitragserhebung bei Zahnärzten); NVwZ-RR 2012, 327; (Fremdenverkehrsbeitragserhebung bei Krankenhäusern); Faiß, § 2 KAG, Rn. 4; Siegel, JuS 2008, 1071 (1073); Burgi, § 18 Rn. 14.

*Bsp.: Mit der Abgabengerechtigkeit nicht zu vereinbaren wäre es, einheimische Zweitwohnungsbesitzer von der Zweitwohnungssteuerpflichtigkeit auszunehmen. Zulässig ist hingegen, für die Benutzung einer öffentlichen Einrichtung (z.B. Stadtbibliothek) bei der Beitragsbemessung zwischen Einwohnern und Ortsfremden zu differenzieren.*[916]

## III. Verwaltungsverfahren

Der Vollzug von Abgabensatzungen gehört zum Kreis der Geschäfte der laufenden Verwaltung gem. § 44 II GemO, die der Bürgermeister in eigener Zuständigkeit erledigt.[917] Die Abgabe wird von jedem einzelnen Abgabepflichtigen durch Verwaltungsakt erhoben. Für dieses Verfahren gelten gem. § 3 KAG überwiegend die Vorschriften der AO, nicht die des LVwVfG. Dies hat für den Abgabepflichtigen den Vorteil, dass er sowohl bei der Steuererhebung als auch bei der Erhebung von Kommunalabgaben dem gleichen Verfahrensrecht unterliegt.[918] 588

## IV. Rechtsschutz

*Verwaltungsrechtsweg*

Der Verwaltungsrechtsweg ist gem. § 40 I S. 1 VwGO eröffnet. Die abdrängende Sonderzuweisung an die Finanzgerichte nach § 33 FGO greift nicht ein, da dieser auf Streitigkeiten mit den Finanzbehörden beschränkt ist.[919] 589

*Anfechtungswiderspruch*

Gegen Abgabenverwaltungsakte ist der Anfechtungswiderspruch nach § 68 I S. 1 VwGO statthaft, da § 3 KAG nicht auf das Einspruchsverfahren nach der AO verweist.[920]

Nach Durchführung des Widerspruchsverfahrens kann gegen den Abgabenverwaltungsakt vor dem Verwaltungsgericht geklagt werden. Im Rahmen der Anfechtungsklage kann auch die Unwirksamkeit der dem Abgabenbescheid zugrunde liegenden Abgabensatzung gerügt werden.

*einstweiliger Rechtsschutz*

Rechtsbehelfe gegen einen Kommunalabgabenbescheid entfalten nach § 80 II S. 1 Nr. 1 VwGO grds. keine aufschiebende Wirkung. Die Regelung soll sicherstellen, dass die Finanzierung notwendiger öffentlicher Aufgaben nicht gefährdet wird.[921] Die Vollziehung kann allerdings über einen erfolgreichen Antrag nach § 80 V S. 1 VwGO verhindert werden. Wegen § 80 VI S. 1 VwGO bedarf es allerdings eines vorherigen behördlichen Aussetzungsverfahrens nach § 80 IV VwGO. 590

*Normenkontrolle gem. § 47 I VwGO*

Kommunalabgabensatzungen können wie alle Satzungen der Gemeinde im Verfahren der Normenkontrolle nach § 47 I Nr. 2 VwGO i.V.m. § 4 AGVwGO überprüft werden. 591

---

916 BVerwGE 104, 60; Burgi, § 18 Rn. 15; Behr, LKV 2005, 105.

917 Faiß, § 3 KAG, Rn. 8; Aker/Hafner/Notheis, § 44 GemO, Rn. 13.

918 Faiß, § 3 KAG, Rn. 2.

919 Vgl. Wortlaut des § 33 I, II FGO, wonach sich die Sonderzuweisung auf die Erhebung durch Bundes- und Landesfinanzbehörden beschränkt. Instruktiv Faiß, § 3 KAG, Rn. 6; Siegel, JuS 2008, 1071 (1074).

920 Faiß, § 3 KAG, Rn. 6; Siegel, JuS 2008, 1071 (1074).

921 Kopp/Schenke, § 80 VwGO, Rn. 56; VGH Mannheim, DVBl. 1984, 345. Als Ausnahmevorschrift ist § 80 II S. 1 Nr. 1 VwGO aber eng auszulegen. Nicht hierunter fallen daher die Kosten von Verwaltungsvollstreckungsmaßnahmen oder Kostenerstattungsansprüche, vgl. VGH Mannheim, NVwZ-RR 2007, 296.

## C. Steuern nach dem KAG

*keine Nachrangigkeit der Steuer*

Steuern dienen im Unterschied zu Gebühren und Beiträgen der Deckung des allgemeinen Finanzbedarfs. Entgegen einer teilweise vertretenen Ansicht[922] ist in Baden-Württemberg die Steuererhebung (trotz § 78 II S. 1 Nr. 2 GemO) nicht strikt subsidiär ggü. anderen Einnahmemöglichkeiten.[923] 592

Es steht vielmehr im weiten Ermessen der Gemeinde, in welchem Ausmaß und aus welchen rechtlichen Gründen sie zur Deckung ihres Finanzbedarfs auf ihre Steuerquellen zurückgreifen will.

*einzelne Steuern*

Den Kommunen kommt nur ein begrenztes Steuerfindungsrecht zu.[924] Neben den Realsteuern, die durch Bundesgesetz geregelt sind (vgl. dazu § 9 II KAG), können Gemeinden gem. § 9 IV KAG örtliche Verbrauchs- und Aufwandsteuern einführen und erheben, solange und soweit diese nicht bundesgesetzlich geregelten Steuern gleichartig sind. Zur Erhebung einer Hundesteuer sind die Gemeinden gem. § 9 III KAG hingegen verpflichtet.

**hemmer-Methode: Art. 105 IIa GG bestimmt, dass die Länder die Gesetzgebungszuständigkeit für die örtlichen Verbrauchs- und Aufwandsteuern haben, soweit sie nicht bundesgesetzlich geregelten Steuern gleichartig sind. Diese Befugnis hat das Land Baden-Württemberg in § 9 IV KAG an die Gemeinden weitergegeben.**[925]

*Örtlichkeit der Steuer*

Örtlich sind solche Steuern, die an örtliche Gegebenheiten, vor allem an die Belegenheit einer Sache oder an einen Vorgang im Gebiet der steuererhebenden Gemeinde anknüpfen und wegen der Begrenzung ihrer unmittelbaren Wirkung auf das Gemeindegebiet nicht zu einem die Wirtschaftseinheit berührenden Steuergefälle führen können (sog. örtliche Radizierung).[926] 593

*Verbrauchsteuer*

Bei Verbrauchsteuern handelt es sich um Steuern, die auf den Verbrauch einer Sache an Ort und Stelle abstellen bzw. deren Erhebung an den Übergang einer Sache aus dem steuerlichen Nexus in den nicht gebundenen Verkehr anknüpft.[927] 594

**Bspe.:** *Getränkesteuer; Speiseeissteuer*

*Aufwandsteuer*

Aufwandsteuern sind Steuern auf die in einer bestimmten Einkommensverwendung für den persönlichen Lebensbedarf (nicht: Kapitalanlagen, Aufwand für den Einkommenserwerb) zum Ausdruck kommende wirtschaftliche Leistungsfähigkeit.[928] Angeknüpft wird folglich daran, dass die konkrete Art der Einkommensverwendung zeigt, dass der Steuerpflichtige wirtschaftlich leistungsfähig ist (dass es ihm gut geht, weil er sich diese Dinge leisten kann). Eine besonders aufwendige oder gar luxuriöse Einkommensverwendung ist nicht notwendig. 595

**Bspe.:** *Hundesteuer; Zweitwohnungssteuer; Vergnügungssteuer; Reitpferdesteuer;*[929] *Steuer auf entgeltliche Übernachtungen (sofern dem privaten Bereich zuzuordnen); Jagdsteuer*[930]

---

922 OVG Münster, DÖV 1990, 615; so auch Engel/Heilshorn, § 20 Rn. 69; ausführlich hierzu Aker/Hafner/Notheis, § 78 GemO, Rn. 19 ff.

923 VGH Mannheim, VBlBW 1998, 269; BVerwG, DÖV 1993, 1093; Faiß, § 9 KAG, Rn. 15; Aker/Hafner/Notheis, § 78 GemO, Rn. 19 ff.; Lange, Kap. 15 Rn. 66.

924 Faiß, § 9 KAG, Rn. 15; Siegel, JuS 2008, 1071 (1074); Lange, Kap. 15 Rn. 39.

925 Art. 106 VI S. 1 GG bezieht sich lediglich auf das Aufkommen, nicht darauf, wer über die Erhebung dieser Steuern entscheidet.

926 BVerfGE 16, 306 (327); Faiß, § 9 KAG, Rn. 16; Lange, Kap. 15 Rn. 29.

927 BVerfGE 16, 64 (74) - Erhebung einer Einwohnersteuer; BVerwG, NVwZ 1995, 59 (61) Erhebung einer Verpackungssteuer; Lange, Kap. 15 Rn. 27.

928 BVerfG, NVwZ 1989, 1152; NJW 1984, 785 (786); VGH Mannheim, NVwZ 1990, 395; Faiß, § 9 KAG, Rn. 16; Lange, Kap. 15 Rn. 28.

929 BVerwG, KommJur 2015, 415 = NVwZ 2016, 620.

930 Jagdsteuern können nach § 10 II KAG nur durch die Stadt- und Landkreise erhoben werden. Jagdausübungsberechtigte Gemeinden können nach BVerwG, NVwZ-RR 2012, 817 (818) nicht zur Jagdsteuer herangezogen werden, da sie keinen steuerbaren Aufwand i.S.d. Art. 105 IIa GG betreiben können.

*Gleichartigkeitsverbot*

Das Gleichartigkeitsverbot des Art. 105 IIa GG verbietet örtliche Verbrauch- und Aufwandsteuern, deren steuerbegründender Tatbestand (Steuergegenstand, Steuerbemessungsgrundlage, wirtschaftliche Auswirkungen) denselben Belastungsgrund erfasst wie eine bestehende Bundessteuer.[931]

*Lenkungssteuer*

Die Erzielung von Einnahmen schließt nicht aus, dass auch ein steuerlicher Nebenzweck verfolgt wird (sog. Lenkungssteuer). 596

**Bsp.:** *Eindämmung der Hundehaltung und der damit verbundenen Belästigungen und Gefahren durch die Erhebung einer Hundesteuer sowie die höhere Besteuerung von Kampf- und Zweithunden;[932] Hinwirken auf die Verlagerung des Erstwohnsitzes über die Erhebung einer Zweitwohnungssteuer;[933] Vergnügungssteuer zur Eindämmung von Bordellen sowie FKK- und Swingerklubs[934]*

*Zweitwohnungssteuer*

Besonders praxisrelevant ist die Zweitwohnungssteuer. Diese knüpft daran an, dass der Steuerpflichtige durch das Innehaben zweier Wohnungen einen besonderen finanziellen Aufwand betreibt, der seine gesteigerte finanzielle Leistungsfähigkeit belegt. Da der Gesetzgeber hier abstrahieren darf und nicht konkret diese besondere Leistungsfähigkeit nachweisen muss, kommt eine Zweitwohnungssteuer auch gegenüber Studierenden in Betracht.[935] 597

Die Erhebung einer Zweitwohnungssteuer stellt nach der Rechtsprechung keinen Verstoß gegen das Recht der Freizügigkeit nach Art. 11 GG bzw. Art. 20 AEUV dar.[936] Nach Ansicht des BVerfG verletzt eine Zweitwohnungssteuer allerdings Art. 6 I GG, wenn Eheleute nur aus beruflichen Gründen getrennt leben, zugleich aber zwingend die Ehewohnung für beide Eheleute als Hauptwohnung angesehen wird, die Wohnung am Berufsort also automatisch eine steuerpflichtige Zweitwohnung ist.[937]

*kommunale Verpackungssteuern*

Eine weitere interessante Problematik stellen die sog. kommunalen Verpackungssteuern dar. Es ging um eine Satzung der Stadt Kassel, die eine Steuer auf nicht wiederverwendbare Verpackungen erhob, sofern darin Speisen und Getränke zum Verzehr an Ort und Stelle verkauft wurden. Nachdem das BVerwG[938] diese Satzung für rechtmäßig erklärt hatte, erhoben die Betreiber einer Fast-Food-Kette Verfassungsbeschwerde. Das BVerfG erklärte daraufhin die Satzung für unvereinbar mit höherrangigem Bundesrecht und damit nach Art. 31 GG für unwirksam.[939] 598

Eine Kommune kann sich für die Einführung einer Verpackungssteuer grundsätzlich auf Art. 105 IIa GG (bzw. § 9 IV KAG) berufen. Die Verpackungssteuer sei als „Verbrauchsteuer“ zu qualifizieren, denn es werde der Verbrauch bzw. die Verwendung von Einwegverpackungen belastet. Auch knüpfe der Steuertatbestand ausdrücklich an den „Verzehr an Ort und Stelle" und damit an einen Verbrauch im Gemeindegebiet an, sodass eine „örtliche“ Steuer vorliege.

931 BVerfGE 98, 106 (125); 49, 343 = NJW 1979, 859 (860). Instruktiv hierzu Lange, Kap. 15 Rn. 30.

932 BVerwGE 110, 265 = NVwZ 2000, 929 (erhöhte Kampfhundesteuer); BVerwGE 150, 225 = **Life&LAW 02/2015, 109** (erdrosselnde Wirkung einer Kampfhundesteuer); VG Karlsruhe, Gemeindehaushalt 2012, 48 (höhere Besteuerung von Zweithunden).

933 Grundlegend VGH Mannheim, DÖV 1977, 674. Instruktiv zur Zweitwohnungssteuer und den damit verbundenen Rechtsproblemen Schwarting, LKRZ 2007, 180; Wollenschläger, NVwZ 2008, 506; eine instruktive Fallbearbeitung bietet Wollenschläger/Lippstreu, JuS 2008, 529-536.

934 VGH Mannheim, VBlBW 2011, 400 (Vergnügungssteuer für Bordell in Form eines sogenannten „Laufhauses“); KommJur 2016, 185 (keine Vergnügungssteuer auf das Vermitteln oder Veranstalten von Pferde- und Sportwetten in Wettbüros).

935 BVerwG, NVwZ 2009, 1437 = **Life&LAW 04/2010, 259**; BVerfG, NVwZ 2010, 1022; NVwZ-RR 2010, 457 (zur Residenzpflicht eines Beamten). Faiß, § 9 KAG, Rn. 19. Eine Zweitwohnungssteuersatzung, die verheiratete Paare ggü. ledigen Paaren besserstellt, verstößt nicht gegen Art. 3 I GG, vgl. BVerfG, NVwZ 2017, 617 = **Life&LAW 02/2017, 126.**

936 VGH München, BayVBl 2013, 499 = **Life&LAW 12/2013, 915**; Faiß, § 9 KAG, Rn. 19; Lange, Kap. 15 Rn. 31.

937 BVerfG, FamRZ 2005, 2047 = **Life&LAW 01/2006, 55**; Folgeentscheidung VGH München, BayVBl. 2006, 504.

938 BVerwGE 96, 272 = BWGZ 1994, 823.

939 BVerfG, NJW 1998, 2341 = **Life&LAW 09/1998, 608**; zusammenfassend hierzu Fischer, JuS 1998, 1096-1100.

Die Verpackungssteuer ist auch nicht „gleichartig“ mit der bundesgesetzlich geregelten Umsatzsteuer. Denn die Verpackungssteuer knüpft an die Stückzahl der verbrauchten Verpackungen an, die Umsatzsteuer an die unternehmerische Leistung im Entgelt.

*Widerspruch zur Konzeption des KrWG*

Die kommunale Verpackungssteuer widerspricht jedoch der Zielsetzung des KrWG. Dieses Bundesgesetz sieht u.a. vor, dass der Gebrauch von Verpackungen gerade nicht unterbunden, sondern Verpackungen umweltverträglich wiederverwertet werden. Das KrWG setzt nicht auf Verbote, sondern auf Globalziele und auf eine „Kreislaufwirtschaft“. 599

Dieser Konzeption widerspricht die Zielsetzung einer solchen Verpackungssteuer, welche auf Vermeidung bestimmten Abfalls zielt. Ein solcher Widerspruch verstößt gegen das Rechtsstaatsprinzip (Widerspruchsfreiheit der Rechtsordnung).

**hemmer-Methode: Die kommunalen Verpackungssteuern wurden auch in der Öffentlichkeit kontrovers diskutiert. Aus staatsrechtlicher bzw. kommunalrechtlicher Sicht bringt die Entscheidung des BVerfG nicht viel Neues, der Schwerpunkt liegt eher in der Analyse der umweltrechtlichen Regelungen. Gerade deshalb sollten Ihnen die Grundprobleme der sog. Lenkungssteuern jedoch vertraut sein.**

## D. Gebühren

### I. Gebührenarten

#### 1. Gebühren für öffentliche Leistungen

*Verwaltungsgebühren*

Gem. § 11 I KAG können die Gemeinden und Landkreise für öffentliche Leistungen, die sie auf Veranlassung oder im Interesse einzelner vornehmen, Gebühren erheben. Durch den Verweis auf § 2 II LGebG wird die öffentliche Leistung als behördliches Handeln definiert, d.h. im Anwendungsbereich des KAG als Handeln der Kommunalbehörden.[940] Insbesondere können für Amtshandlungen Verwaltungsgebühren erhoben werden. 600

*Abgrenzung § 11 KAG/§ 4 LGebG*

§ 11 I KAG ist gegenüber § 4 III LGebG abzugrenzen, der gem. § 1 I LGebG für die „staatlichen Behörden“ gilt. § 4 III S.1 LGebG enthält eine Satzungsermächtigung an die Gemeinden, Gebühren festzulegen, soweit die Gemeinden Aufgaben der unteren Verwaltungsbehörden oder der unteren Baurechtsbehörden wahrnehmen. Verlangt also eine Große Kreisstadt oder eine kreisfreie Stadt für eine Baugenehmigung Gebühren (untere Verwaltungsbehörde/untere Baurechtsbehörde, §§ 46 I Nr. 3, 48 I LBO), muss sich die entsprechende Gebührensatzung auf § 4 III LGebG stützen.[941] Verlangt die Gemeinde dagegen für ihre Verwaltungstätigkeit im Selbstverwaltungsbereich Gebühren (etwa für die Übersendung von Gemeinderatsdokumenten, Überlassung von Kopien aus dem Stadtarchiv u.ä.), ist Rechtsgrundlage für eine entsprechende Satzung § 11 I KAG.

Dementsprechend verweist § 11 III KAG für die Verwaltungsgebühren der Gemeinde auch auf wesentliche Vorschriften des LGebG.

940 Faiß, § 14 KAG, Rn. 1; Schlabach, VBlBW 2010, 104 (105).

941 Hier kommt es im Falle eines Widerspruchs gegen die baurechtliche Entscheidung **und** die Gebührenentscheidung zu einem gespaltenen Verfahren: Über den Widerspruch gegen den baurechtlichen Verwaltungsakt entscheidet die nächsthöhere Behörde, § 73 I Nr. 1 VwGO, über den Widerspruch gegen den Gebührenbescheid die Gemeinde selbst, § 73 I Nr. 3 VwGO (ggf. i.V.m. § 17 AGVwGO), da es sich (Finanzhoheit!) um eine Selbstverwaltungsangelegenheit handelt, VGH Mannheim, VBlBW 2005, 391.

### 2. Benutzungsgebühren

*Benutzungsgebühren*

Gemeinden und Landkreise können für die Benutzung ihrer öffentlichen Einrichtungen Gebühren erheben, § 13 I S. 1 KAG. 601

> **Bspe.:** *Bezug von Wasser und Abwasserentsorgung; Nutzung einer Bibliothek oder eines Schwimmbades*

Die Gemeinden sind nicht dazu verpflichtet, Gebühren zu erheben.[942] Sie können die Benutzung öffentlicher Einrichtungen auch privatrechtlich ausgestalten und statt (öffentlich-rechtlicher) Gebühren ein privatrechtliches Entgelt verlangen. Ein völliger Verzicht auf Einnahmen verstößt an sich nicht gegen das KAG, möglicherweise jedoch gegen § 77 II GemO, wonach die Gemeinde zu sparsamer und wirtschaftlicher Haushaltswirtschaft verpflichtet ist.

## II. Bemessungsgrundsätze

Im Unterschied zur Steuer dürfen die Kommunen Gebühren nur als Gegenleistung für eine von ihnen erbrachte Leistung erheben. Nichtsteuerliche Abgaben sind daher nicht nur hinsichtlich des „Ob“, sondern zugleich auch in ihrer Höhe aus Gründen der Verhältnismäßigkeit gesetzlich begrenzt.[943] 602

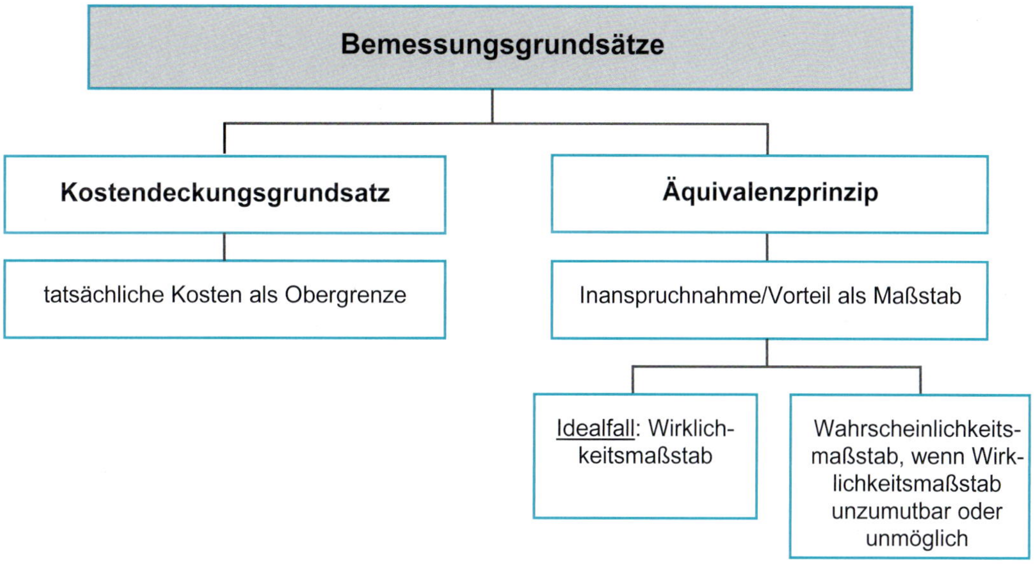


### 1. Kostendeckungsgrundsatz

#### a) Grundsatz

*Gebühreneinnahmen dürfen Kosten nicht übersteigen*

Der Kostendeckungsgrundsatz nach § 14 I S. 1 KAG hat zweierlei Funktionen: Er dient sowohl dem Schutz der Gemeindefinanzen als auch dem Schutz des Bürgers. Gem. § 14 I S. 1 KAG dürfen die Gebühren höchstens so bemessen sein, dass die nach betriebswirtschaftlichen Grundsätzen ansatzfähigen Kosten der Einrichtung gedeckt werden. Es darf kein Gewinn erwirtschaftet werden, eine nicht voraussehbare, verhältnismäßig geringe Überdeckung ist aber unerheblich.[944] 603

942 Faiß, § 13 KAG, Rn. 1; Lange, Kap. 15 Rn. 95.

943 BVerfGE 108, 1 (14); 97 (332); Lange, Kap. 15 Rn. 81.

944 Feiß, § 14 KAG, Rn. 1; Lange, Kap. 15 Rn. 101; OVG Schleswig, NVwZ 2000, 102 (Überdeckung von bis zu 5 % ist zulässig); BVerwG, NVwZ 1989, 571; VGH München, BayVBl. 1983, 305.

Der Kostendeckungsgrundsatz beschreibt demnach eine Obergrenze für die Gebühren. Er betrifft nicht die Höhe der einzelnen Gebühr, sondern die Gesamtsumme aller Gebühren.

**hemmer-Methode: § 14 I S. 1 KAG stellt nur eine Obergrenze dar. Die Gemeinde ist nicht verpflichtet, kostendeckende Gebühren zu erheben. Ob sie dies tut, oder mit den Gebühren nur einen Teil der Kosten abdeckt und die Differenz aus dem allgemeinen Gemeindehaushalt subventioniert, liegt in ihrem Satzungsermessen. Dieses muss fehlerfrei ausgeübt werden, Grenze ist auch hier wiederum § 77 II GemO.**

### b) Erforderliche Prognose

*voraussichtliche Gebühreneinnahmen*

Bezieht sich § 14 I S. 1 KAG auf die gesamten Gebühreneinnahmen, so bedeutet dies, dass die Gemeinde einschätzen muss, wie viele Gebühren anfallen werden (sog. Gebührenkalkulation).[945] 604

Die Gebühren werden in der Satzung stets für einen zukünftigen Zeitraum bestimmt.[946] Es kann daher nicht um tatsächlich eingenommene Gebühren gehen, sondern stets darum, wie viele Gebühren voraussichtlich anfallen werden. Das Gleiche gilt für die voraussichtlichen Kosten.

*Prognose für die Zukunft*

Es geht bei dem Kostendeckungsgrundsatz demnach stets um eine Prognose für die Zukunft, die der Gebührensatzung zugrunde liegen muss. Beurteilt werden kann nur, ob die Prognose ordnungsgemäß ist oder nicht. Erweist sich die Prognose nach Ablauf des Bemessungszeitraums als unrichtig, war sie aber ordnungsgemäß, so ist die Satzung rechtmäßig.[947] Übersteigen die tatsächlichen Gebühreneinnahmen die Kosten, so berührt dies die Rechtmäßigkeit der Gebührensatzung nicht, denn diese ist im Zeitpunkt des Satzungserlasses zu beurteilen. 605

Für die Überprüfung, ob § 14 I S. 1 KAG eingehalten wird, sind also die gesamten Gebühreneinnahmen zu errechnen und mit den Kosten der Einrichtung zu vergleichen. Gegen den Kostendeckungsgrundsatz wird verstoßen, wenn die voraussichtlichen Einnahmen die voraussichtlichen Kosten übersteigen.

Die Prognose hinsichtlich Kosten und Gebühren ist für einen bestimmten Zeitraum anzustellen, den sog. Bemessungszeitraum. Dieser darf gem. § 14 II KAG fünf Jahre nicht übersteigen.

*Kostenüberdeckung*

Stellt sich nach Ablauf des Bemessungszeitraums heraus, dass die tatsächlichen Gebühreneinnahmen höher als die tatsächlichen Kosten waren, so ist eine solche Kostenüberdeckung gem. § 14 II S. 2 KAG in den folgenden fünf Jahren auszugleichen. 606

**hemmer-Methode: Das Problem der Kostenüberdeckung ist die logische Folge dessen, dass der Gebührenkalkulation der Gemeinde nur eine Prognose zugrunde liegen kann.**

945 Zu den Anforderungen im Einzelnen VGH Mannheim, VBlBW 1996, 382 (Einbeziehung von Entwicklungs-, nicht aber von Personalkosten bei Entsorgungsgebühren); VBlBW 2005, 239 (Bemessung der Abwassergebühr). Ausführlich hierzu auch Feiß, § 14 Rn. 2.

946 VGH Mannheim, KStZ 2010, 236 = DVBl. 2010, 1584; Feiß, § 14 KAG, Rn. 3. Dies steht unter dem Vorbehalt, dass es sich nicht um eine rückwirkende Gebührensatzung handelt.

947 Feiß, § 14 KAG, Rn. 2. Insbesondere stellt dies auch keinen Fall des „Rechtswidrigwerdens" dar.

### c) Ausnahme für Versorgungseinrichtungen und wirtschaftliche Unternehmen

*Überschreiten der Kostendeckung in Grenzen eines angemessenen Ertrags zulässig*

Eine Besonderheit gilt jedoch nach § 14 I S. 2 KAG. Danach können Versorgungseinrichtungen und wirtschaftliche Unternehmen einen angemessenen Ertrag für den Haushalt der Gemeinde abwerfen.[948] Wirtschaftliche Unternehmen sind solche i.S.d. § 102 GemO. Dies stellt eine Abweichung von dem Kostendeckungsgrundsatz dar. Die Grenze für die zulässige Summe aller Gebühreneinnahmen, die § 14 I S. 1 KAG beschreibt, wird demnach um einen „angemessenen Ertrag" nach oben verschoben. Die Angemessenheit wird man im unteren einstelligen Prozentbereich im Verhältnis zu den gesamten Gebühreneinnahmen sehen. 607

## 2. Äquivalenzprinzip

*Höhe der einzelnen Gebühr im Vergleich zum Wert der Benutzung*

Das aus dem Verhältnismäßigkeitsgrundsatz folgende Äquivalenzprinzip (vgl. hierzu Rn. 585) besagt, dass zwischen einer Leistung der Verwaltung und der dafür erhobenen Entgelte kein offensichtliches Missverhältnis bestehen darf.[949] Über die notwendige Relation von Leistung und Gegenleistung setzt das Äquivalenzprinzip den Möglichkeiten der Einnahmeerzielung durch Beiträge Grenzen. 608

Anders als der Kostendeckungsgrundsatz, der sich auf die gesamten Gebühreneinnahmen bezieht, betrifft das Äquivalenzprinzip demnach die Höhe der einzelnen Abgabe. Es stellt eine Obergrenze für jede einzelne anfallende Gebühr dar. Der Maßstab der Abgabe muss so gestaltet werden, dass die Pflichtigen je nach Höhe des Vorteils bzw. des Ausmaßes der Inanspruchnahme stärker oder geringer belastet werden.[950]

Entscheidend ist, den Wert einer einzelnen Benutzung zu bestimmen. Wird die staatliche Leistung auch von anderen erbracht und gibt es demnach einen „Marktwert",[951] so wird dieser regelmäßig auch den Wert der Benutzung bestimmen. Gibt es keinen Marktwert, so kann der Wert nur anhand der tatsächlich anfallenden Kosten bestimmt werden, anteilig berechnet für die einzelne Benutzung im Verhältnis zur Summe aller Benutzungen.

*Gebührendifferenzierung*

Besondere Probleme ergeben sich, wenn die Gebührenhöhe nicht lediglich nach der Intensität der Benutzung und damit nach dem Wert der staatlichen Leistung, sondern auch nach anderen Gesichtspunkten unterschiedlich gestaltet ist. So werden Gebührenermäßigungen u.a. aus sozialen, regionalen, wirtschaftsfördernden o.Ä. Zwecken gewährt. 609

*keine „Quersubventionierung"*

Zunächst muss eine solche Differenzierung wegen Art. 3 I GG sachlich gerechtfertigt sein. Davon abgesehen muss das Äquivalenzprinzip auch für die Nicht-Privilegierten eingehalten werden. Diesen kann keine höhere Gebühr abverlangt werden, als ihre eigene Benutzung wert ist. Eine Ermäßigung zugunsten bestimmter Gruppen kann also niemals durch eine höhere Belastung der anderen erreicht werden. Eine solche Quersubventionierung zwischen verschiedenen Benutzergruppen verstößt immer gegen das Äquivalenzprinzip. Eine Ermäßigung für bestimmte Gruppen kann daher rechtmäßigerweise nur erreicht werden, wenn die Gemeinde die Einrichtung aus dem Haushalt bezuschusst. Ansonsten sind derartige Differenzierungen grundsätzlich zulässig.

948 Lange, Kap. 15 Rn. 101; Feiß, § 14 KAG, Rn. 11. Instruktiv hierzu Kamps/Kappel, BWGZ 2009, 428.

949 BVerfGE 118, 123 (125); Lange, Kap. 15, Rn. 84; Siegel, JuS 2008, 1071 (1072).

950 BVerwGE 118, 123 (125); VGH München, BayVBl. 2000, 626; Lange, Kap. 15 Rn. 84.

951 Unerheblich ist in diesem Zusammenhang, ob der Betrieb dieser Einrichtung gegen § 102 I Nr. 3 GemO verstößt.

### 3. Weitere Anforderungen

*Gebührenhöhe*

In Verbindung mit Art. 3 I GG folgt aus dem Äquivalenzprinzip, dass eine identische Inanspruchnahme grundsätzlich die gleiche Gebührenhöhe zur Folge haben muss (sog. Gleichmäßigkeit der Gebührenerhebung). 610

*Wirklichkeitsmaßstab und Wahrscheinlichkeitsmaßstab*

Demnach ist bei der Verteilung der Kosten unter den Benutzern einer öffentlichen Einrichtung grundsätzlich ein sog. Wirklichkeitsmaßstab anzulegen (z.B. durch Verwendung von Wasser- oder Fernwärmezählern).[952]

Wenn die Anwendung des Wirklichkeitsmaßstabs aus praktischen Gründen nicht möglich ist oder mit einem unangemessenen finanziellen Aufwand verbunden wäre, darf ein Wahrscheinlichkeitsmaßstab zugrunde gelegt werden. M.a.W.: Das Ausmaß der Benutzung kann dann geschätzt werden.

*Grundsatz der Typengerechtigkeit*

Dieser Maßstab muss nur sicherstellen, dass die nach der Lebenserfahrung wahrscheinlichen Unterschiede der Benutzungsintensität berücksichtigt werden. Es kann auf typische Durchschnittsfälle abgestellt werden (Grundsatz der Typengerechtigkeit).[953] 611

## E. Beiträge für grundstücksbezogene Einrichtungen, § 20 KAG

*Einrichtung mit der Möglichkeit des Anschlusses von Grundstücken*

Für die Kosten der Anschaffung, die Herstellung und den Ausbau öffentlicher Einrichtungen, die die Möglichkeit des nicht nur vorübergehenden Anschlusses von Grundstücken an die Einrichtung bieten, kann die Gemeinde Beiträge erheben. 612

> ***Bspe.:** Zu den Einrichtungen zählen die Wasserversorgung, die Abwasserbeseitigung, die Fernwärmeversorgung und die kommunale Stromversorgung.*

*Beitrag oder Gebühr*

Der Beitrag nach § 20 KAG dient der (teilweisen) Finanzierung dieser Einrichtungen. Alternativ hat die Gemeinde die Möglichkeit, die Kosten dieser Einrichtungen über Gebühren aufgrund von § 13 KAG zu finanzieren (sog. Auswahlermessen). Für die von § 20 KAG erfassten Einrichtungen hat die Gemeinde daher die Wahl zwischen beiden Finanzierungsinstrumenten.[954] 613

Sie kann natürlich für diese Einrichtungen auf eine Refinanzierung ganz verzichten, soweit dies nicht gegen § 77 II GemO verstößt (sog. Erhebungsermessen). Aus § 20 KAG jedenfalls folgt ebenso wenig wie aus § 13 KAG eine Pflicht zur Abgabenerhebung.[955] Dagegen ist die Gemeinde verpflichtet, Erschließungsbeiträge zu erheben.[956]

**hemmer-Methode: Vorteil einer Beitragsfinanzierung für die Gemeinde ist, dass sie Investitionen als Kosten der Einrichtung „auf einen Schlag“ über die Beiträge finanzieren kann, während bei einer Finanzierung über Gebühren Investitionen nur als Abschreibung (vgl. § 14 III Nr. 1 KAG) i.R.d. Kosten der Einrichtung berücksichtigt werden können.**

---

952 VGH Mannheim, KStZ 2010, 236 = DVBl. 2010, 1584; Lange, Kap. 15 Rn. 121.
953 BVerwG, NVwZ 2002, 199 (200); OVG Münster, NVwZ-RR 2012, 904 (905); Lange, Kap. 15 Rn. 123.
954 VGH Mannheim, VBlBW 1985, 428; Feiß, § 20 KAG, Rn. 4.
955 Feiß, § 20 KAG, Rn. 4.
956 Feiß, § 20 KAG, Rn. 4 und Rn. 22.

Ausreichend für eine Beitragserhebung ist, dass die Möglichkeit des Anschlusses des Grundstücks an die Einrichtung gegeben ist. Entsprechend dem o.g. Beitragsbegriff kommt es auf eine tatsächliche Nutzung nicht an.[957] 614

*Vorteil für das Grundstück*

Maßgeblich für die Beitragshöhe ist gem. § 31 I S. 1 KAG der dauerhafte Vorteil, der für das Grundstück wirtschaftlich entsteht. In aller Regel wird hierfür die Grundstücksfläche als Beitragsmaßstab herangezogen, vgl. § 31 I S. 2 KAG. 615

Für die Bemessung der Beiträge gelten grundsätzlich ebenso das Kostendeckungs- und das Äquivalenzprinzip.

*Kostendeckungsgrundsatz*

Der Kostendeckungsgrundsatz ergibt sich aus § 20 I S. 1 KAG direkt, denn Beiträge können nur „zur (teilweisen) Deckung der Kosten" erhoben werden. § 30 KAG bestimmt hierbei die berücksichtigungsfähigen Kosten. 616

Die Aussage, Beiträge dürften nur zur teilweisen Kostendeckung erhoben werden, konkretisiert § 23 I KAG, wonach die Gemeinde („der Beitragsberechtigte") mindestens fünf Prozent der Kosten tragen muss. Die gesamten Beitragseinnahmen dürfen daher höchstens 95 Prozent der Kosten betragen.

*Äquivalenzprinzip*

Das Äquivalenzprinzip ist im Zusammenhang mit den Beiträgen nach § 20 KAG dahingehend zu modifizieren, dass der einzelne Beitrag dem Wert des Vorteils entspricht, den das Grundstück durch die Möglichkeit des Anschlusses an die Einrichtung erhält.[958] Es geht demnach um eine Wertsteigerung des Grundstücks. Allerdings wird man zur Bestimmung des Werts der staatlichen Leistung vorrangig auf die tatsächlich entstehenden Kosten abstellen müssen, der Vergleich zu einem „Marktpreis" wird regelmäßig wegen der Besonderheiten der Leistung kaum möglich sein. 617

## F. Weitere Kommunalabgaben

*weitere Kommunalabgaben*

Das KAG enthält ferner Ermächtigungen für weitere Kommunalabgaben („Abgaben eigener Art" bzw. „Sonderabgaben"):

- ⇨ Kostenersatz für Haus- und Grundstücksanschlüsse an Versorgungsleitungen und Abwasserbeseitigungsanlagen, § 42 KAG[959] 618
- ⇨ Kurtaxe, § 43 KAG
- ⇨ Fremdenverkehrsbeiträge, § 44 KAG

957 BVerfGE 92, 91 (115); 110, 370 (388); Feiß, § 20 KAG Rn. 1; Engel/Heilshorn, § 20 Rn. 29; Lange, Kap. 15 Rn. 13.

958 Feiß, § 20 KAG, Rn. 8; Lange, Kap. 15 Rn. 160.

959 Hierbei handelt es sich um einen Kostenersatz, nicht um eine öffentliche Abgabe, weshalb auch § 80 II S. 1 Nr. 1 VwGO nicht gilt.

## § 12 KOMMUNALES HAUSHALTSRECHT

*Haushaltsrecht der GemO*

Das Haushaltsrecht ist in den §§ 77 - 95b GemO geregelt. 619

*Grundsätze der Haushaltswirtschaft*

Die zentralen Grundsätze der Haushaltswirtschaft sind in §§ 77, 78 GemO enthalten. Sie sind bei allen haushälterisch relevanten Maßnahmen der Gemeinde zu beachten. Dies gilt für die Finanz- und Haushaltsplanung, die Durchführung des Haushalts und die Abwicklung und Abrechnung. Die Gemeinde handelt rechtswidrig, wenn sie gegen das Haushaltsrecht und dessen Grundsätze verstößt.

Die Gemeinde hat 620

⇨ die Haushaltswirtschaft so zu planen und zu führen, dass die stetige Erfüllung ihrer Aufgaben gesichert ist (Grundsatz der Aufgabensicherung, § 77 I S. 1 GemO),

⇨ dabei den Erfordernissen des gesamtwirtschaftlichen Gleichgewichts grundsätzlich Rechnung zu tragen, § 77 I S. 2 GemO,

⇨ die Haushaltswirtschaft sparsam und wirtschaftlich zu führen (Grundsätze der Sparsamkeit und Wirtschaftlichkeit, § 77 II GemO) sowie

⇨ die Ausgaben aus den Einnahmen zu bestreiten, § 78 I, II GemO, und nur ausnahmsweise diese durch Kredite zu decken, § 78 III GemO.

*Haushaltssatzung*

Nach § 79 I GemO hat die Gemeinde für jedes Haushaltsjahr (vgl. § 79 IV GemO) eine Haushaltssatzung zu erlassen, wobei ein Erlass auch für zwei Haushaltsjahre (nach Jahren getrennt) möglich ist. Hauptbestandteil der Haushaltssatzung ist der Haushaltsplan, § 80 I S. 1 GemO. Er enthält die im Haushaltsjahr zu erwartenden Einnahmen und Ausgaben.[960] Für Haushaltssatzung und -plan können verbindliche Muster vorgeschrieben werden, vgl. § 145 GemO. Weitere Einzelheiten sind in der GemHVO vorgesehen. 621

Nach § 80 II S. 1 GemO ist der Haushaltsplan in einen Ergebnishaushalt und einen Finanzhaushalt zu gliedern. Auf diese Weise sollen die laufende Verwaltungstätigkeit (Ergebnisse der kommunalen Aufgabenerfüllung, also Aufwendungen und Erträge) einerseits und die kommunale Investitions- und Finanzierungstätigkeit (Ein- und Auszahlungen in diesem Bereich) anderseits effektiv dargestellt werden.[961] Die kommunalen Bücher sind nach den Grundsätzen einer doppelten Buchführung zu führen („kommunale Doppik", § 77 III GemO).

*Verfahren*

Die Haushaltssatzung unterliegt nach § 81 GemO (von § 4 I - III GemO abweichenden) besonderen Verfahrensanforderungen.[962] Der Entwurf ist öffentlich auszulegen, über sie muss der Gemeinderat nach § 81 II GemO in öffentlicher Sitzung beraten und beschließen. Damit ist der Ausschluss der Öffentlichkeit für alle Teile der Haushaltssatzung untersagt und die Beratung kann nicht an einen (beratenden) Ausschuss delegiert werden. 622

960 Instruktiv hierzu Engel/Heilshorn, § 20 Rn. 96; Aker/Hafner/Notheis, § 1 GemHVO, Rn. 3 ff.

961 Einzelheiten regeln die §§ 2, 3 GemHVO.

962 Engel/Heilshorn, § 20 Rn. 85; Aker/Hafner/Notheis, § 81 GemO, Rn. 4 und 8 f.

Die Haushaltssatzung ist nach dem Beschluss des Gemeinderats, aber vor ihrer Bekanntmachung der Rechtsaufsichtsbehörde gem. § 81 II GemO vorzulegen. Aufgrund dieser Vorlagepflicht darf sie gem. § 121 II GemO erst nach einer Bestätigung der Gesetzmäßigkeit seitens der Aufsichtsbehörde oder nach Ablauf eines Monats nach Vorlage vollzogen werden.[963]

*Ermächtigung des Bürgermeisters und der Gemeindeverwaltung*

623 Die Haushaltssatzung ermächtigt den Bürgermeister und damit die Gemeindeverwaltung, die im Haushaltsplan vorgesehenen Ausgaben zu tätigen und die vorgesehenen Verpflichtungen einzugehen. Die Formvorschriften des § 54 GemO für Verpflichtungserklärungen bleiben davon unberührt, sie gelten daneben.[964]

*Nachtragssatzung*

624 Da die Haushaltssatzung stets nur eine Prognose für Einnahmen und Ausgaben sein kann, ist eine Änderung im laufenden Haushaltsjahr erforderlich, wenn sich die Prognose nicht einstellt.[965] Die Änderung der Haushaltssatzung erfolgt durch eine Nachtragshaushaltssatzung nach § 82 GemO, für die gem. § 82 I S. 2 GemO die Vorschriften für die Haushaltssatzung entsprechend gelten.

*vorläufige Haushaltsführung*

625 Kommt es zum Beginn eines Haushaltsjahres nicht rechtzeitig zum Erlass der Haushaltssatzung, so bestimmt § 83 GemO über die vorläufige Haushaltsführung bis zum Inkrafttreten (Interimszeit)[966] einer neuen Haushaltssatzung.

963 Enthält die Haushaltssatzung genehmigungspflichtige Teile, kann sie erst nach der Genehmigungserteilung öffentlich bekanntgemacht werden, § 81 III S. 2 GemO. Vgl. hierzu Engel/Heilshorn, § 20 Rn. 86; Aker/Hafner/Notheis, § 82 GemO, Rn. 16.

964 Zu § 54 GemO unter Rn. 250.

965 Aker/Hafner/Notheis, § 82 GemO, Rn. 8; Engel/Heilshorn, § 20 Rn. 87.

966 Aker/Hafner/Notheis, § 83 GemO, Rn. 4; Engel/Heilshorn, § 20 Rn. 88.

# § 13 KOMMUNALE ZUSAMMENARBEIT

## A. Überblick

*Aufgabenwahrnehmung*

Die Wahrnehmung der kommunalen Aufgaben ist zwischen den kreisangehörigen Gemeinden, den Stadtkreisen und den Landkreisen aufgeteilt. Dabei kann es sinnvoll sein, dass bestimmte Aufgaben nicht von einzelnen Gemeinden oder einem Landkreis alleine erledigt werden, sondern dass die aus dem Gesetz resultierende Aufgabenverteilung verändert wird, indem Aufgaben mehrerer Gemeinden von einer einzigen Gemeinde erledigt werden oder von einer neu zu bildenden juristischen Person des öffentlichen Rechts. 626

*Ausfluss des Art. 28 II GG*

Das Recht auf Zusammenarbeit mit anderen kommunalen Trägern ist Teil der durch Art. 28 II GG bzw. Art. 71 LV geschützten Garantie der Eigenverantwortlichkeit in Gestalt der sog. Kooperationshoheit.[967]

Hierfür sind im Wesentlichen folgende Möglichkeiten gesetzlich vorgesehen: 627

⇨ Zweckverband, § 2 GKZ[968]

⇨ Verwaltungsgemeinschaft als Gemeindeverwaltungsverband, § 59 S. 1 HS 1 GemO

⇨ vereinbarte Verwaltungsgemeinschaft, § 59 S. 1 HS 2 GemO

⇨ öffentlich-rechtliche Vereinbarung, § 25 GKZ

**hemmer-Methode: Kommunale Zusammenarbeit ist ein weiter und ungenauer Begriff und umfasst mehr als diese vier gesetzlich fixierten Möglichkeiten. Eine Zusammenarbeit von Gemeinden kann auch informell stattfinden, d.h. durch Gespräche, Beratungen und andere Vorgehensweisen, sowie durch den Abschluss von (öffentlichrechtlichen oder privatrechtlichen) Verträgen. Von rechtlichem Interesse und daher auch in gewissem Maße klausurrelevant sind jedoch die gesetzlich bestimmten Möglichkeiten. Wichtig ist, dass es bei diesen nicht nur um eine irgendwie geartete Zusammenarbeit von Gemeinden geht, sondern um die „Verschiebung" von Aufgaben von einer Gemeinde zur anderen oder von Gemeinden auf eine neue juristische Person des öffentlichen Rechts. Das Gesetz ermöglicht, die Zuständigkeiten für bestimmte Aufgaben zu verändern.**

*zwei Unterscheidungskriterien*

Diese vier Möglichkeiten kommunaler Zusammenarbeit können anhand zweier Aspekte unterschieden werden. 628

*neue juristische Person des öffentlichen Rechts*

Erster Gesichtspunkt zur Unterscheidung ist, ob eine neue juristische Person des öffentlichen Rechts gebildet wird oder nicht. Eine neue juristische Person ist der Gemeindeverwaltungsverband[969] und der Zweckverband. Dies ergibt sich für den Zweckverband und den Gemeindeverwaltungsverband aus § 3 S. 1 GKZ sowie aus § 1 S. 1 GKZ bzw. § 59 S. 1 GemO, wonach diese „gebildet" werden. 629

Bei der Bildung einer neuen juristischen Person werden Aufgaben von den beteiligten Gemeinden (bzw. Landkreisen) auf diesen neuen Verwaltungsträger übertragen. Wird keine neue juristische Person des öffentlichen Rechts gebildet, so erfolgt die Verschiebung von Aufgaben von einer (oder mehreren) Gemeinden zu einer anderen Gemeinde.

967 Brüning, VBlBW 2011, 46 (47); Engel/Heilshorn, § 23 Rn. 2; Burgi, § 19 Rn. 2;

968 Dürig Nr. 61; Dolde/Kirchhof/Stilz Nr. 35. Zur kommunalen Zusammenarbeit Brüning, VBlBW 2011, 46.

969 Der Gemeindeverwaltungsverband ist eine Sonderform des Zweckverbandes. Im Gegensatz zur vereinbarten Verwaltungsgemeinschaft ist dieser Körperschaft des öffentlichen Rechts, vgl. Brüning, VBlBW 2011, 46 (50); Engel/Heilshorn, § 23 Rn. 55.

**hemmer-Methode: Achten Sie genau auf den Gesetzeswortlaut. Das Gesetz spricht von der „Bildung" einer Verwaltungsgemeinschaft als Gemeindeverwaltungsverband und der Bildung eines Zweckverbands. Vereinbarte Verwaltungsgemeinschaften und öffentlich-rechtliche Vereinbarungen werden, wie nicht anders zu erwarten, „vereinbart" (vgl. § 59 S. 1 HS 2 GemO, § 25 I S. 1 GKZ).**

*Umfang der Aufgabenübertragung*

Zweites Unterscheidungskriterium ist der Umfang der Aufgaben, die „verschoben" werden. Bei der Verwaltungsgemeinschaft als Gemeindeverwaltungsverband[970] und der vereinbarten Verwaltungsgemeinschaft wird ein ganzer „Katalog" von Aufgaben übertragen, der in § 61 GemO bestimmt ist. Zweckverband und öffentlich-rechtliche Vereinbarung betreffen dagegen nur einzelne, bestimmte Aufgaben (§ 1 S. 1 GKZ), deren Umfang nicht gesetzlich geregelt ist, sondern über die die beteiligten Gemeinden bzw. Kreise entscheiden. 630

Für die vier Arten der kommunalen Zusammenarbeit ergibt sich daher anhand der beiden Unterscheidungskriterien folgendes Schema:

| | **neue jur. Person** | **keine neue jur. Person** |
|---|---|---|
| **nur einzelne Aufgabe(n)** | Zweckverband | öffentlich-rechtliche Vereinbarung |
| **Katalog von Aufgaben** | Gemeindeverwaltungs-verband | vereinbarte Verwaltungsgemeinschaft |

*gemeinsame selbstständige Kommunalanstalten*

Seit der Reform der Gemeindeordnung und des GKZ vom Dezember 2015 ist es Kommunen zudem möglich, mit anderen Kommunen rechtsfähige Anstalten des öffentlichen Rechts (sog. gemeinsame selbstständige Kommunalanstalten) zu errichten, §§ 24a, 24b GKZ i.V.m. §§ 102a - § 102d GemO.[971] 631

## B. Zweckverband, § 2 GKZ

### I. Bildung

*Verbandsmitglieder*

Mitglieder eines Zweckverbands können gem. § 2 I GKZ Gemeinden und Landkreise sein. Daneben besteht auch gem. § 2 II GKZ die Möglichkeit, dass andere juristische Personen des öffentlichen Rechts (Körperschaften, Anstalten, Stiftungen) und sogar natürliche und juristische Personen des Privatrechts Mitglied des Zweckverbands sind. 632

*Verbandssatzung*

Die Bildung des Zweckverbands erfolgt durch die Vereinbarung einer Verbandssatzung, § 6 I GKZ. Diese ist keine Satzung im eigentlichen Sinn, sondern eine Vereinbarung, d.h. ein koordinationsrechtlicher öffentlich-rechtlicher Vertrag.[972] 633

970 Im Folgenden Gemeindeverwaltungsverband.

971 Instruktiv hierzu Katz, BWGZ 2016, 365; Fabry/Augsten, VBlBW 2016, 103, zum Anwendungsbereich und den Vorteilen.

972 Burgi, § 19 Rn. 4; Engel/Heilshorn, § 23 Rn. 32; Brüning, VBlBW 2011, 46 (50). Zu den Problemen demokratischer Legitimation bei der Beteiligung Privater vgl. Storck, DVBl. 2011, 69.

**hemmer-Methode: Die Verbandssatzung ist eine eigentümliche Konstruktion. Sie wird nicht wie eine „normale“ Satzung von einem kollegialen Vertretungsorgan beschlossen, sondern „vereinbart“. Ebenso werden auch bestimmte Änderungen der Verbandssatzung vereinbart, wie sich aus § 21 I GKZ ergibt. Lediglich sonstige Änderungen werden gem. § 21 II GKZ durch die Verbandsversammlung beschlossen. Grund für diese Besonderheiten ist, dass die Verbandssatzung, sofern sie genehmigt wird, eine neue juristische Person hervorbringt, den Zweckverband. Da dieser zuvor nicht existierte, kann er auch keine (Verbands-)Satzung erlassen. Die Bildung der neuen juristischen Person liegt in der Hand der beteiligten Gemeinden. Diese entscheiden darüber, ob diese juristische Person „ins Leben gerufen“ wird. In ihrer Hand liegt nicht nur die Bildung des Zweckverbands, sondern auch die qualitative Erweiterung seines Aufgabenkreises gem. § 21 I GKZ.**

*Genehmigung der Verbandssatzung*

634 Die Verbandssatzung muss bestimmten Mindestanforderungen genügen, die in § 6 II GKZ bestimmt sind. Sie bedarf der Genehmigung der Rechtsaufsichtsbehörde, § 7 I S. 1 GKZ. Diese Genehmigung ist zu erteilen, wenn die Bildung des Zweckverbands den Gesetzen nicht widerspricht und die Verbandssatzung die Anforderungen des § 6 II GKZ erfüllt. Die Rechtsaufsicht ist somit bei der Genehmigung auf eine reine Rechtskontrolle beschränkt.[973] Anders ist dies nur, wenn der Zweckverband Weisungsaufgaben erfüllen soll. In diesem Fall liegt die Genehmigung gem. § 7 I S. 3 GKZ im Ermessen.[974]

**hemmer-Methode: Insoweit vollzieht § 7 I GKZ nach, was aus dem Selbstverwaltungsrecht der Gemeinden geboten ist. Zur kommunalen Selbstverwaltung wird auch die Möglichkeit gezählt, dass die Gemeinden zusammenarbeiten können. Dies kann auch als Teilaspekt der Organisationshoheit aufgefasst werden (vgl. Rn. 18). Die Übertragung von Aufgaben auf einen Zweckverband ist dann ebenfalls von der Selbstverwaltungsgarantie geschützt. Dementsprechend muss sich die staatliche Kontrolle grundsätzlich auf eine Rechtmäßigkeitsprüfung beschränken.**

Gem. § 8 I S. 1 GKZ entsteht der Zweckverband, wenn die Genehmigung der Rechtsaufsichtsbehörde und die Verbandssatzung bekanntgemacht sind. Der (wirksam) gebildete Zweckverband ist gem. § 3 S. 1 GKZ eine Körperschaft des öffentlichen Rechts.

Der Zweckverband ist allerdings kein Gemeindeverband i.S.d. Art. 28 II S. 2 GG und nicht Träger des kommunalen Selbstverwaltungsrechts. Allerdings gewährleistet Art. 71 I S. 1 LV ihnen neben Gemeinden und Gemeindeverbänden ausdrücklich das Recht auf Selbstverwaltung.[975]

*Pflichtverband*

635 Die Bildung eines Zweckverbands kann gem. § 11 II GKZ auch gegen den Willen der beteiligten Gemeinden und Landkreise nach Ablauf einer angemessenen Frist durch die Rechtsaufsichtsbehörde verfügt werden (Pflichtverband im Gegensatz zum Freiverband). Erforderlich hierfür ist ein dringendes öffentliches Bedürfnis für die Bildung eines Zweckverbands zur Erfüllung bestimmter Pflichtaufgaben. Hintergrund der engen Voraussetzungen für Pflichtverbände ist der damit verbundene Eingriff in das kommunale Selbstverwaltungsrecht.[976]

*Pflichtaufgaben*

636 Eine Pflichtaufgabe i.S.d. § 11 GKZ liegt vor, wenn die Gemeinde zur Erfüllung bestimmter öffentlicher Aufgaben gesetzlich verpflichtet ist, vgl. § 2 II GemO. Es handelt sich um einen der (wenigen) Fälle, in denen innerhalb der weisungsfreien Angelegenheiten die Unterscheidung zwischen freiwilligen Aufgaben und Pflichtaufgaben relevant ist. Zu den Pflichtaufgaben i.S.d. § 11 GKZ zählen jedoch auch die Weisungsaufgaben (Pflichtaufgaben nach Weisung), vgl. auch § 2 III GemO.

973 Zu den Anforderungen Kunze/Hekking, § 7 GKZ, Rn. 2.

974 Die Genehmigung ist in beiden Fällen ein Verwaltungsakt, vgl. VGH Mannheim, ESVGH 27, 150; Engel/Heilshorn, § 23, Rn. 33.

975 Jarass/Pieroth, Art. 28 GG, Rn. 17; BVerwG, NVwZ 2012, 506; BVerfGE 52, 95; Ennuschat/Ibler/Remmert, § 1 Rn. 101.

976 Kunze/Hekking, § 11 GKZ, Rn. 2; Engel/Heilshorn, § 23, Rn. 36; Burgi, § 19 Rn. 2.

Die in § 10 II GKZ bestimmten Aufgaben zum Betrieb bestimmter Einrichtungen können gem. § 10 I GKZ durch Rechtsverordnung zu (bedingten) Pflichtaufgaben erklärt werden. Dann sind diese Aufgaben ebenfalls Pflichtaufgaben i.S.v. § 11 GKZ.

*Vereinigung und Eingliederung von Zweckverbänden*

In den §§ 20a bis 20d GKZ sind die Voraussetzungen für die Vereinigung und Eingliederung von Zweckverbänden geregelt. 637

## II. Aufgaben

*in der Verbandssatzung festgelegt*

Der Zweckverband nimmt diejenigen Aufgaben wahr, die ihm die Verbandssatzung zuweist. Die Aufgaben des Zweckverbands müssen in der Verbandssatzung festgelegt werden, vgl. § 6 II Nr. 2 GKZ. 638

*Übergang von Zuständigkeiten und Befugnissen auf den Zweckverband*

Mit der wirksamen Bildung des Zweckverbands gehen Zuständigkeiten und Befugnisse für diese Aufgaben auf den Zweckverband über, § 4 I S. 1 GKZ („Recht und Pflicht").

Dies bedeutet insbesondere, dass der Zweckverband anstelle der Verbandsmitglieder für diese Aufgaben zuständig ist („echte Delegation") und ihm auch die Befugnisse und Ermächtigungen im Rahmen dieser Aufgaben zustehen.

> ***Bsp.:***[977] *Die Gemeinden A, B und C bilden den Zweckverband „Wasserversorgung". In der Verbandssatzung werden dem Zweckverband alle Aufgaben im Zusammenhang mit der Wasserversorgung übertragen. Nach Genehmigung der Verbandssatzung erlässt der Zweckverband eine Satzung über den Anschluss- und Benutzungszwang.*
>
> Ermächtigungsgrundlage für diese Satzung ist § 11 GemO. Der Zweckverband ist insbesondere gem. § 11 I GemO, § 4 I GKZ i.V.m. der Verbandssatzung zuständig, denn die Zuständigkeit ist mit der wirksamen Bildung des Zweckverbands gemäß der Verbandssatzung auf den Zweckverband übergegangen (sog. Kompetenzverlagerung). Dabei umfasst die Wasserversorgung auch den Anschluss- und Benutzungszwang für diese Einrichtung.
>
> Hätte nicht der Zweckverband, sondern eine der Mitgliedsgemeinden A, B oder C die Satzung erlassen, wäre diese mangels (Verbands-) Zuständigkeit der Gemeinde formell rechtswidrig.

*zudem Annextätigkeiten*

Es kann strukturell und finanziell sinnvoll sein, dass ein Zweckverband für einzelne oder alle seiner Mitglieder zusätzlich Aufgaben durchführt, ohne dass hierfür die Aufgabenverantwortung auf den Verband übergeht. Diese sog. Annextätigkeit wird Zweckverbänden nach § 4 I S. 2 GKZ eingeräumt. 639

## III. Interne Organisation

*Organe*

Zwingende Organe des Zweckverbands sind die Verbandsversammlung und der Verbandsvorsitzende, § 12 I GKZ. Als weiteres Organ kann die Verbandssatzung einen Verwaltungsrat vorsehen, § 12 II GKZ. 640

*Verbandsversammlung*

Die Verbandsversammlung ist gem. § 13 I S. 1 GKZ das Hauptorgan des Zweckverbands. Sie besteht aus Vertretern der Verbandsmitglieder, d.h. der beteiligten Gemeinden, Landkreise und der anderen Verbandsmitglieder. Einzelheiten über die Zusammensetzung der Verbandsversammlung sind in § 13 II GKZ geregelt.

977 Wasser- und Abwasserzweckverbände sind das Paradebeispiel für einen Zweckverband. Vermehrt werden neuerdings Zweckverbände zur Koordinierung von Klimaschutzmaßnahmen gebildet, vgl. Dinglreiter, BayVBl. 2012, 169.

*Verbandsvorsitzender*

Der Verbandsvorsitzende wird von der Verbandsversammlung gewählt, § 16 III S. 1 GKZ. Seine Aufgaben sind in § 16 GKZ näher bestimmt. 641

**hemmer-Methode: Unübersehbar entspricht die interne Organisation des Zweckverbands derjenigen der Gemeinde. Die Verbandsversammlung ist ein Kollegialorgan und dem Gemeinderat vergleichbar und der Verbandsvorsitzende dem Bürgermeister. Sie können daher auf Ihr Wissen aus dem Organisationsrecht der Gemeinde zurückgreifen. Dementsprechend verweist § 5 II S. 1 GKZ auch für den Zweckverband auf die für Gemeinden geltenden Vorschriften. Im Unterschied zu den Gemeinden werden die Verbandsversammlung und der -vorsitzende nicht durch die Bürger gewählt, sondern die Vertreter in der Verbandsversammlung werden von den Verbandsmitgliedern bestimmt (§ 13 II GKZ) und der Verbandsvorsitzende wird durch die Verbandsversammlung gewählt, § 16 III S. 1 GKZ.**

## C. Gemeindeverwaltungsverband, § 59 S. 1 HS 1 GemO

### I. Bildung

*Bildung*

Der Gemeindeverwaltungsverband ist eine Körperschaft des öffentlichen Rechts, die Aufgaben ihrer Mitglieder wahrnimmt, wobei der übergehende Aufgabenkreis gesetzlich bestimmt ist (vgl. § 61 GemO). Für die Bildung gelten gem. § 60 I GemO die Vorschriften über Zweckverbände, soweit nichts anderes bestimmt ist. 642

*Mitglieder: nur kreisangehörige Gemeinden*

Abweichend von dem Recht der Zweckverbände sind die möglichen Verbandsmitglieder gem. § 59 S. 1 GemO auf „benachbarte Gemeinden desselben Landkreises" beschränkt. Dies bedeutet insbesondere, dass nur kreisangehörige Gemeinden einen Gemeindeverwaltungsverband bilden können.[978] Stadtkreise können demnach nicht Mitglieder einer Verwaltungsgemeinschaft sein.

*Verbandssatzung*

Der Gemeindeverwaltungsverband wird wie der Zweckverband gem. §§ 59 S. 1, 60 I GemO i.V.m. § 6 I GKZ gebildet, indem die beteiligten Gemeinden einen öffentlich-rechtlichen Vertrag schließen und eine Verbandssatzung erlassen.[979] 643

Die vereinbarte Verbandssatzung bedarf der Genehmigung der Rechtsaufsicht (§ 7 GKZ), und der Gemeindeverwaltungsverband entsteht erst mit der Bekanntmachung der Genehmigung und der Verbandssatzung (§ 8 GKZ). 644

*Genehmigung der Verbandssatzung im Ermessen der Aufsichtsbehörde*

Abweichend von § 7 II GKZ bestimmt jedoch § 60 II S. 2 GemO, dass die Rechtsaufsichtsbehörde bei der Entscheidung über die Genehmigung Ermessen hat. Sie ist nicht auf eine reine Rechtskontrolle beschränkt, sondern kann die Genehmigung auch aus Zweckmäßigkeitsgesichtspunkten versagen.[980] Dementsprechend besteht bei Vorliegen der gesetzlichen Voraussetzungen kein Anspruch auf Erteilung der Genehmigung, sondern lediglich ein Anspruch auf ermessensfehlerfreie Entscheidung der Rechtsaufsicht.[981] Damit wird diese Genehmigung zu einem sog. Kondominium.[982]

978 VGH Mannheim, ESVGH 25, 1 (30); Aker/Hafner/Notheis, § 59 GemO, Rn. 5.

979 Engel/Heilshorn, § 23 Rn. 56; Brüning, VBlBW 2011, 46 (51); Aker/Hafner/Notheis, § 60 GemO, Rn. 2.

980 Engel/Heilshorn, § 23 Rn. 57; Aker/Hafner/Notheis, § 60 GemO, Rn. 8. Hierdurch soll der Rechtsaufsicht ermöglicht werden, auf eine zweckmäßige räumliche Abgrenzung der Verwaltungsgemeinschaften hinzuwirken.

981 Aker/Hafner/Notheis, § 59 GemO, Rn. 5; Kunze/Bronner/Katz, § 60 GemO, Rn. 6; Engel/Heilshorn, § 23 Rn. 57.

982 Ausführlich zu den kommunalrechtlichen Genehmigungsvorbehalten unter Rn. 115 ff.

**hemmer-Methode: Grund für diesen stärkeren Einfluss der Rechtsaufsicht ist die viel größere Tragweite, die ein Gemeindeverwaltungsverband im Vergleich zu einem Zweckverband hat. Während dem Zweckverband nur einzelne Aufgaben übertragen werden, führt die Bildung eines Gemeindeverwaltungsverbands dazu, dass ein umfangreicher Katalog von Aufgaben von den beteiligten Gemeinden auf den Gemeindeverwaltungsverband übergeht (§ 61 GemO). Dieser tritt in vielen Bereichen anstelle der Mitgliedsgemeinden. Das vorgesehene Ermessen der Aufsicht bei der Entscheidung über die Genehmigung beeinträchtigt die *Eigenverantwortlichkeit* der gemeindlichen Aufgabenwahrnehmung und stellt daher einen Eingriff in Art. 28 II S. 1 GG dar, der jedoch gerechtfertigt ist.**

*zwangsweise Bildung eines Gemeindeverwaltungsverbands*

Wie der Zweckverband, so kann auch die Bildung eines Gemeindeverwaltungsverbands gegen den Willen der Gemeinden von der Rechtsaufsicht verfügt werden, wenn hierfür ein dringendes Bedürfnis besteht (§ 60 I GemO i.V.m. § 11 GKZ). 645

## II. Aufgaben

*zwei Arten der Aufgabenwahrnehmung:*

Die auf den Gemeindeverwaltungsverband übergehenden Aufgaben sind in § 61 GemO bestimmt. Aufgabe des Verbandes ist, die Mitgliedsgemeinden bei der Wahrnehmung ihrer Aufgaben zu beraten und durch eigene Bedienstete zu unterstützen, § 61 I, II GemO. Zudem sind dem Gemeindeverwaltungsverband kraft Gesetzes Erledigungs- und Erfüllungsaufgaben übertragen, § 61 III, IV GemO.[983] 646

Der Unterschied besteht in der unterschiedlichen Rechtsstellung des Gemeindeverwaltungsverbands bei der Wahrnehmung dieser gesetzlichen Aufgaben.

### 1. Erfüllungsaufgaben, § 61 IV GemO

*Erfüllungsaufgaben: Übergang auf den Gemeindeverwaltungsverband*

Die Erfüllungsaufgaben führt der Gemeindeverwaltungsverband „an Stelle seiner Mitgliedsgemeinden in eigener Zuständigkeit" aus, § 61 IV GemO. Es findet eine Zuständigkeitsverlagerung von den Mitgliedsgemeinden auf den Gemeindeverwaltungsverband statt.[984] Wie bei einem Zweckverband gehen Zuständigkeiten, Ermächtigungen und sonstige Befugnisse von den Mitgliedsgemeinden auf den Gemeindeverwaltungsverband über. Mitwirkungsrechte stehen ihnen nicht zu. 647

***Bspe.:*** *vorbereitende Bauleitplanung (d.h. der Flächennutzungsplan, § 1 II BauGB) und die Aufgaben des Trägers der Straßenbaulast für die Gemeindeverbindungsstraßen*

*Ausnahmen*

Die Rechtsaufsichtsbehörde kann von der Übertragung der Aufgaben des Trägers der Straßenbaulast in besonderen Fällen Ausnahmen zulassen, vgl. § 61 IV S. 2 GemO.

### 2. Erledigungsaufgaben, § 61 III GemO

*Erledigungsaufgaben*

Bei den Erledigungsaufgaben bleiben die einzelnen Mitgliedsgemeinden Aufgabenträger.[985] Diese werden allerdings vom Gemeindeverwaltungsverband „für seine Mitgliedsgemeinden in deren Namen" und „nach den Beschlüssen und Anordnungen der Gemeindeorgane" erledigt. 648

983 Nach § 61 V GemO können die Mitgliedsgemeinden einzeln oder gemeinsam weitere Aufgaben als Erledigungs- oder Erfüllungsaufgaben übertragen.

984 Engel/Heilshorn, § 23 Rn. 58; Brüning, VBlBW 2011, 46 (51); Aker/Hafner/Notheis, § 61 GemO, Rn. 9.

985 Engel/Heilshorn, § 23 Rn. 61; Brüning, VBlBW 2011, 46 (51); Aker/Hafner/Notheis, § 61 GemO, Rn. 6.

*Bspe.: technische Angelegenheiten bei der verbindlichen Bauleitplanung (z.B. interkommunale Abstimmung, § 2 II BauGB; Erarbeitung der Entwürfe, § 3 II BauGB; Organisation der Öffentlichkeitsbeteiligung, § 3 I BauGB); Unterhaltung der Gewässer zweiter Ordnung, § 49 II WG*

Die Rechtsstellung des Gemeindeverwaltungsverbands bei den Erledigungsaufgaben unterscheidet sich in zweierlei Hinsicht von den Erfüllungsaufgaben: 649

*die inhaltliche Entscheidung verbleibt bei der Gemeinde*

⇨ Der Gemeindeverwaltungsverband handelt nach den Beschlüssen und Anordnungen der Gemeindeorgane (§ 61 III S. 1 GemO), womit die Entscheidung bei der Gemeinde verbleibt. Sie hat ein Weisungsrecht gegenüber dem Gemeindeverwaltungsverband.[986]

*Gemeindeverwaltungsverband handelt als Vertreter*

⇨ Der Gemeindeverwaltungsverband handelt im Namen der Gemeinde, d.h. als deren Vertreter. Dies bedeutet insbesondere, dass die Zuständigkeit im Grunde bei der Gemeinde verbleibt. Der Gemeindeverwaltungsverband ist nur für die Erledigung zuständig.

*Ausnahmen*

Die Rechtsaufsichtsbehörde kann vom Katalog der vom Gemeindeverwaltungsverband zu erledigenden Aufgaben Ausnahmen zulassen, vgl. § 61 III S. 2 GemO. 650

### III. Interne Organisation

*grds. wie Zweckverband*

Auch für die interne Organisation des Gemeindeverwaltungsverbands gelten grundsätzlich die Vorschriften über den Zweckverband. Abweichungen in Einzelheiten sind in § 60 III GemO bestimmt. 651

## D. Öffentlich-rechtliche Vereinbarung, § 25 GKZ

### I. Vereinbarung und Aufgaben

*Aufgabenerfüllung, Aufgabendurchführung und Personalleihe*

Gemeinden und Landkreise können vereinbaren, dass einer der Beteiligten bestimmte Aufgaben für die anderen Beteiligten erfüllt oder sich verpflichtet, bestimmte Aufgaben für die übrigen Beteiligten durchzuführen, § 25 I S. 1 GemO.[987] Gegenstand einer öffentlich-rechtlichen Vereinbarung kann nach § 25 I S. 2 GemO auch eine Personalleihe sein. 652

Hauptanwendungsfall der Zweckvereinbarung ist die Vereinbarung einer Aufgabenerfüllung zwischen den beteiligten Körperschaften. Aufgabenerfüllung bedeutet die vollständige Aufgaben- und Zuständigkeitsübertragung mit allen Rechten und Pflichten vom originären Aufgabenträger auf einen anderen, § 25 II S. 1 GKZ. Den Beteiligten, der die Aufgaben wahrnimmt, bezeichnet das Gesetz als die „übernehmende Körperschaft“, vgl. § 25 II S. 1, III Nr. 1 GKZ.

*Bsp.: Die Gemeinden A, B und C vereinbaren, dass die größte Gemeinde C ein Freibad bauen soll, das den Bewohnern aller drei Gemeinden offenstehen soll. In der Vereinbarung wird auch geregelt, dass A und B einen Teil der Investition und der laufenden Kosten des Freibades tragen.*

---

986 Mit „Beschlüssen“ sind die Entscheidungen des Gemeinderats gemeint, während „Anordnungen“ die Regelungen des Bürgermeisters und der in seinem Namen handelnden Gemeindeverwaltung bezeichnet. Die Begrifflichkeiten sind mit denen des § 121 I S. 1 GemO deckungsgleich.

987 Eine der beteiligten Körperschaften kann seit der Reform des Jahres 2015 auch bestimmte Aufgaben für die anderen in deren Auftrag und Namen erledigen (sog. Aufgabendurchführung). Mit umfasst sind hiervon auch bloße Unterstützungstätigkeiten ohne eigenen hoheitlichen Charakter, wie z.B. technische Hilfsangebote, vgl. LT-Drs. 15/7610, S. 52.

Die zwischen den Gemeinden geschlossene Vereinbarung beinhaltet, dass die öffentliche Aufgabe „Betrieb eines Freibades“ auf die Gemeinde C übergeht. Damit gehen Rechte und Pflichten der Gemeinden A und B auf die Gemeinde C über (Satzungshoheit, Abgabenerhebung etc.). Wird das Freibad als öffentliche Einrichtung betrieben, so haben auch die Einwohner der Gemeinden A und B einen Benutzungsanspruch nach § 10 II S. 2 GemO gegen die Gemeinde C (und nicht nur als Auswärtige nach Art. 3 I GG einen Anspruch auf ermessensfehlerfreie Entscheidung).[988]

*Genehmigung der Vereinbarung erforderlich*

Gem. § 25 IV GKZ ist eine Kündigungsmöglichkeit in der Vereinbarung vorzusehen, sofern die Geltungsdauer nicht befristet ist. Die Vereinbarung muss schriftlich abgeschlossen werden und bedarf der Genehmigung der Rechtsaufsichtsbehörde. Gem. § 25 V S. 3 GKZ i.V.m. § 7 GKZ ist die Genehmigung zu erteilen, wenn die Vereinbarung nicht gegen Rechtsvorschriften verstößt. Ein Ermessen bei der Entscheidung über die Genehmigung hat die Aufsicht nur, wenn Weisungsaufgaben übertragen werden sollen. 653

Die öffentlich-rechtliche Vereinbarung nach §§ 25 ff. GKZ ist ein öffentlich-rechtlicher Vertrag i.S.d. §§ 54 ff. LVwVfG.[989] Fehlt die Genehmigung, ist die Vereinbarung gem. § 58 II LVwVfG unwirksam.[990]

*Bekanntmachung der Vereinbarung*

Wirksam wird die Vereinbarung nach § 25 VI GKZ erst mit der öffentlichen Bekanntmachung durch die Mitgliedsgemeinden.

*Pflichtvereinbarung*

Auch die öffentlich-rechtliche Vereinbarung kann zwangsweise gegen den Willen betroffener Gemeinden und Landkreise angeordnet werden, vgl. § 27a GKZ. 654

### II. Mitwirkung der übrigen Beteiligten

*Mitwirkung der anderen Beteiligten*

Die originären Aufgabenträger können sich gewisse Einflussmöglichkeiten über Gremien (z.B. Bildung eines gemeinsamen Ausschusses) oder sonstige Mitspracherechte (z.B. Vereinbarung eines Einspruchsrechts) sichern, § 25 III GKZ. 655

## E. Vereinbarte Verwaltungsgemeinschaft, § 59 S. 1 HS 2 GemO

**hemmer-Methode: Achten Sie bei der Lektüre der §§ 59 ff. GemO auf die gesetzliche Unterscheidung der Verwaltungsgemeinschaft als Gemeindeverwaltungsverband und der vereinbarten Verwaltungsgemeinschaft.**
**Bestimmte Vorschriften beziehen sich nur auf die eine oder die andere Rechtsform, während andere für beide gelten, oder wie § 61 GemO auch für die vereinbarte Verwaltungsgemeinschaft anwendbar sind, s. § 61 VII GemO.**

### I. Vereinbarung

*„erfüllende Gemeinde“*

Die vereinbarte Verwaltungsgemeinschaft ist nach § 59 I S. 1 Alt. 2 GemO eine Vereinbarung mehrerer kreisangehöriger Gemeinden desselben Landkreises. Die Vereinbarung hat den Inhalt, dass eine Gemeinde Aufgaben der anderen Gemeinde(n) erfüllt. 656

988 Hierzu unter Rn. 457.

989 Engel/Heilshorn, § 23 Rn. 48. Es handelt sich um einen sog. koordinationsrechtlichen Vertrag, vgl. Kunze/Hekking, § 25 GKZ, Rn. 5; Maurer/Waldhoff, § 14 Rn. 17.

990 Engel/Heilshorn, § 23 Rn. 48; Kunze/Hekking, § 25 GKZ, Rn. 16. Entgegen dem Wortlaut soll § 58 II VwVfG nicht nur für die Verwaltungsakte ersetzenden Verträge gelten, sondern für alle öffentlich-rechtlichen Verträge, vgl. Stelkens/Bonk/Sachs, § 58 VwVfG Rn. 8.

Diese Gemeinde wird als die „erfüllende Gemeinde" bezeichnet.[991] Es handelt sich demnach um die Übertragung von Aufgaben von einer oder mehrerer Gemeinden auf die erfüllende Gemeinde.

**hemmer-Methode: Die Verweisung auf das GKZ in § 60 I GemO bezieht sich für die vereinbarte Verwaltungsgemeinschaft nicht auf die Vorschriften für den Zweckverband, sondern auf die Regelungen über öffentlich-rechtliche Vereinbarungen nach §§ 25 ff. GKZ.[992] Dies ist unmittelbar einleuchtend, wenn man sich vergegenwärtigt, dass es nicht um die Bildung einer neuen juristischen Person geht, sondern nur um die „Verschiebung" von Aufgaben unter den beteiligten Gemeinden. Es gibt keine „Verbandssatzung" und auch keine interne Organisation einer neuen juristischen Person, die geregelt werden müssten.**

*Genehmigung der Vereinbarung durch die Rechtsaufsicht*

Auch diese Vereinbarung muss nach § 60 I GemO i.V.m. § 25 IV GKZ von der Rechtsaufsichtsbehörde genehmigt werden. Anders als bei den öffentlich-rechtlichen Vereinbarungen stehen jedoch gem. § 60 II S. 2 GemO alle Genehmigungen der Rechtsaufsicht in deren Ermessen. Der Verweis in § 25 IV S. 3 GKZ auf § 7 GKZ wird von dem für vereinbarte Verwaltungsgemeinschaften spezielleren § 60 II S. 2 GemO verdrängt.[993] *657*

*Bekanntmachung*

Die Vereinbarung über die vereinbarte Verwaltungsgemeinschaft wird gem. § 60 I GemO i.V.m. § 25 V GKZ mit der öffentlichen Bekanntmachung durch die beteiligten Gemeinden wirksam.

## II. Aufgaben der erfüllenden Gemeinde

*Erfüllungs- und Erledigungsaufgaben wie bei dem Gemeindeverwaltungsverband*

Eine vereinbarte Verwaltungsgemeinschaft hat nach § 61 VII GemO die gleichen Aufgaben wie ein Gemeindeverwaltungsverband. Die erfüllende Gemeinde ist demnach für die Erfüllungsaufgaben der anderen Mitgliedsgemeinden zuständig (§ 61 IV GemO), wie auch für die Erledigungsaufgaben gem. (§ 61 III GemO). Für die Rechtsstellung der erfüllenden Gemeinde bei der Wahrnehmung dieser Aufgaben gilt das zum Gemeindeverwaltungsverband Gesagte. *658*

## III. Mitwirkung der übrigen Gemeinden

*gemeinsamer Ausschuss*

Im Unterschied zur öffentlich-rechtlichen Vereinbarung ist bei der vereinbarten Verwaltungsgemeinschaft gem. § 60 IV S. 1 GemO ein gemeinsamer Ausschuss aus Vertretern der beteiligten Gemeinden zu bilden. *659*

Dieser entscheidet gem. § 60 IV S. 2 GemO anstelle des Gemeinderats der erfüllenden Gemeinde über die Erfüllungsaufgaben, soweit nicht der Bürgermeister der erfüllenden Gemeinde kraft Gesetzes zuständig ist.

Zweck dieses gemeinsamen Ausschusses ist, die Entscheidungen über die Erfüllungsaufgaben nicht dem Gemeinderat der erfüllenden Gemeinde zu überlassen, sondern diese in die gemeinsame Verantwortung aller beteiligten Gemeinden zu stellen.[994]

Der gemeinsame Ausschuss ist nur für Entscheidungen über Erfüllungsaufgaben zuständig. Die inhaltlichen Entscheidungen über die Erledigungsaufgaben verbleiben gem. § 61 III S. 1 GemO ohnehin bei den Mitgliedsgemeinden.[995]

991 Die erfüllende Gemeinde bei der vereinbarten Verwaltungsgemeinschaft entspricht der übernehmenden Körperschaft bei der öffentlich-rechtlichen Vereinbarung.

992 Engel/Heilshorn, § 23 Rn. 67; Aker/Hafner/Notheis, § 59 GemO, Rn. 10.

993 Engel/Heilshorn, § 23 Rn. 69; Aker/Hafner/Notheis, § 60 GemO, Rn. 10.

994 VGH Mannheim, ESVGH 26, 129; Aker/Hafner/Notheis, § 60 GemO, Rn. 17.

995 Engel/Heilshorn, § 23, Rn. 70; Aker/Hafner/Notheis, § 60 GemO, Rn. 16.

## WIEDERHOLUNGSFRAGEN: RANDNUMMER

### § 2 KOMMUNALE SELBSTVERWALTUNG



### § 3 DIE GEMEINDEN UND GEMEINDEVERBÄNDE IM STAATSAUFBAU



### § 4 STAATSAUFSICHT ÜBER KOMMUNEN

## § 5 HANDELN UND ORGANE DER GEMEINDE

59. In welchen Fällen ist die Öffentlichkeit der Sitzung verletzt? ... *171 ff.*

60. Welche Rechte der Gemeinderäte hat der Bürgermeister bei der Sitzungsleitung zu beachten? ... *176a*

61. Führt der Verstoß gegen die GeschO zur Rechtswidrigkeit eines Beschlusses? ... *178a*

62. Worin liegt der Unterschied zwischen Abstimmungen und Wahlen? ... *179*

63. Welchem Zweck dient § 18 GemO? ... *184*

64. Wie ist der Begriff des „unmittelbaren Vor- oder Nachteils" zu verstehen? ... *187 ff.*

65. Was gilt bei Bebauungsplänen und Flächennutzungsplänen? ... *189f.*

66. Welche Rechtsfolgen gelten bei Mitwirkung trotz Befangenheit? ... *196*

67. Besteht i.R.d. § 18 VI GemO ein Kausalitätserfordernis? ... *196*

68. Wann ist ein Ratsbeschluss materiell rechtmäßig? ... *200 ff.*

69. Welche Funktionen haben beschließende und beratende Ausschüsse? ... *203 f.*

70. In welcher Weise kann der Gemeinderat Ausschüsse bilden? ... *205*

71. Haben die Fraktionen ein Abberufungsrecht hinsichtlich der von ihnen vorgeschlagenen Ausschussmitglieder? ... *215*

72. Welche Vorschriften gelten für den Geschäftsgang in den Ausschüssen? ... *216*

73. Kann ein beschließender Ausschuss eine Angelegenheit an den Gemeinderat zurückverweisen? ... *221*

74. Darf der Gemeinderat im Zuständigkeitsbereich eines beschließenden Ausschusses entscheiden? ... *223 f.*

75. Definieren Sie den Begriff der Geschäfte der laufenden Verwaltung! ... *226*

76. Wie ist eine Festlegung der Geschäfte der laufenden Verwaltung durch den Gemeinderat in der Hauptsatzung zu behandeln? ... *228*

77. Wie kann der Gemeinderat Aufgaben an den Bürgermeister übertragen? ... *229 ff.*

78. Wo ist die ausschließliche Zuständigkeit des Bürgermeisters für Weisungsaufgaben geregelt? ... *232*

79. Kann der Bürgermeister im Rahmen seines Eilentscheidungsrechts Satzungen erlassen? ... *239*

80. Müssen Maßnahmen des Bürgermeisters in dringenden Angelegenheiten nachträglich vom Gemeinderat genehmigt werden? ... *240*

81. Welchen Umfang hat die Vertretungsmacht des Bürgermeisters aus § 42 I S. 2 GemO? ... *242*

82. Aus welchen Gründen ist zwischen der gemeindeinternen Entscheidung und dem Vollzug nach außen zu trennen? ... *243*

83. Besteht die Vertretungsmacht des Bürgermeisters auch bei Überschreitung der gemeindeinternen Zuständigkeit? ... *245 f.*

84. Welche Folgen hat eine Überschreitung der gemeindeinternen Zuständigkeit für zivilrechtliche / für öffentlich-rechtliche Rechtsgeschäfte? ... *249 ff.*

85. Welche Handlungen umfasst der Vollzug von Ratsbeschlüssen gem. § 43 I GemO? ... *259*

86. Nennen Sie den Zweck des Verfahrens nach § 43 II GemO! ... *262*

87. Wer vertritt den Bürgermeister? ... *264 ff.*

88. Welchen Umfang hat die allgemeine Stellvertretung nach § 49 III S. 1 GemO? ... *267*

89. Beschreiben Sie die Rechtsstellung der Beigeordneten! ... *268 ff.*

## § 6 KOMMUNALVERFASSUNGSSTREIT



## § 7 BÜRGERSCHAFTLICHE MITWIRKUNG IN DER GEMEINDE

## § 8 KOMMUNALE UNTERNEHMEN UND BETEILIGUNGEN



## § 9 ÖFFENTLICHE EINRICHTUNGEN

## § 10 RECHTSSETZUNG

## § 11 VERTIEFEND: KOMMUNALABGABEN



## § 12 KOMMUNALES HAUSHALTSRECHT



## § 13 KOMMUNALE ZUSAMMENARBEIT

Die Zahlen verweisen auf die Randnummern des Skripts

## A

## G



## H



## I



## K



## L



## M